马克思主义
经典作家民族问题文选

列宁卷

（上册）

中国社会科学院
民族学与人类学研究所民族理论室
编

社会科学文献出版社
SOCIAL SCIENCES ACADEMIC PRESS(CHINA)

选编说明

《马克思主义经典作家民族问题文选》（全五册）是对马克思、恩格斯、列宁和斯大林关于民族问题论述的集中辑录，分为《马克思恩格斯卷》（上下册）、《列宁卷》（上下册）和《斯大林卷》，力图用原文汇编的形式全面展示马克思主义经典作家的民族理论及其形成发展过程。这五册书按照统一的安排同时选编同时推出，体例统一、主题统一，以便读者作为一套书使用。

本文选原计划是对署名"中国社会科学院民族研究所编"的五卷本丛书《马克思恩格斯论民族问题》（上下册）、《列宁论民族问题》（上下册）和《斯大林论民族问题》（以下简称"原五卷本"）的修订。该丛书主要是由中国社会科学院民族学与人类学研究所（即前中国社会科学院民族研究所）的部分学者选编、民族出版社在1987～1990年出版发行的。由于该书所收经典作家有关论述的全面性和代表性，长期以来成为我国理论界学习和研究马克思主义民族理论的必读书目，有着广泛的社会影响。然而，进入21世纪以来，随着国内外民族问题变化以及中央马克思主义理论学习和建设工程的开展，学界和社会上系统学习和研究马克思主义民族理论的要求不断增长，特别是出版界陆续推出了《列宁全集》《马克思恩格斯选集》《列宁选集》《马克思恩格斯全集》《马克思恩格斯文集》《列宁专题文集》等经典著作的新版本，这就使重新梳理和选编马克思主义经典作家关于民族问题的论述成为必要。为此，我们将修订马克思主义经典作家论民族问题原五卷本丛书作为一项重要课题加以提出和实施。

经过几年来的努力，丛书的修订基本结束。我们主要做了以下几项工作。

一、分工合作，以新版本的经典原著为准对"原五卷本"的内容做出修正。这种修正是必要的，因为新版本不但在所辑文章上更趋全面和丰富，在译文上也有所改进。为准确传达经典作家的思想，无疑是要以后出的新版本译文为标准的。当然，在新版本尚未出齐或没有新版本的情况下，仍要使用旧版的内容。以此，我们对版本要求的顺序是：

1.《马克思恩格斯文集》（十卷本）、《列宁专题文集》（五卷本）；

2.《马克思恩格斯全集》新版（即第2版，未出齐）、《列宁全集》新版（即第2版），或《马克思恩格斯选集》新版（即第2版，共四卷）和《列宁选集》新版（即第2版，共四卷）；

3.《马克思恩格斯全集》旧版（即第1版）。

斯大林的著作未出新版，故只能用已有的《斯大林全集》（十三卷）和《斯大林文集》（一卷）。

二、在通览原著的基础上增添了部分选文。其中马克思恩格斯部分增添了14篇；列宁部分增添了15篇；斯大林部分增添了17篇。除了斯大林部分之外，新增选文均选自经典著作的新版本。

三、删减和调整了部分内容。在增添部分选文的同时，也删去了原来过于简略或与民族问题关系不大的个别篇目，以使选文不论整篇还是节选都尽量保持意思的完整。此外，对原为一文而被分为两篇文章的个别篇目做了合并处理。

四、对注释和部分篇目的顺序做出调整。"原五卷本"（原著亦同）的注释有页下注和书后注两种。其中页下注基本取自选文原著，书后注则既有取自选文原著的，也有选编者自加的。自加的内容主要是选编者对该文时代背景的介绍或观点的评价。由于书后注离原文正文太远，查阅起来不方便，自加的内容也带有一定的时代痕迹和历史局限，故本书将原来的书后注一律改为文后注，撤去原选编者自加的注释，尽量保留原著的注释文字。此外，对各篇文章的写作或发表时间做了认真核实，依此在选文的排序上也做了一些调整。

上述工作完成之后，我们发现，尽管我们的选编是在"原五卷本"的基础上进行的，但如果把这项成果称为"修订"却是有问题的。因为参与这次选编的已不是"原五卷本"的选编人员，事前也没有得到他们的授权，而出版社也发生了变更。在这种情况下，还用"原五卷本"的书名，称其为该丛书的"修订本"就很不合适了。正因为这样，我们将五册总称为《马克思主义经典作家民族问题文选》，而不再是《马克思恩格斯论民族问题》等"原五卷本"的"修订本"。

实际上，与"原五卷本"相比，这套文选在选文篇目上因增减已有所不同，注释的方式和部分内容发生了大的改变，译文也有了变化，已在事实上形成经典作家民族问题论著选编的另一种读本。所以，本文选出版后和"原五卷本"作为并列的两套书为读者所选用，而不成为一种前后取代的关系，可能更好一些。

此外，尽管我们的选编工作是在"原五卷本"基础上完成的，也做了大量的工作，但我们不敢说这个本子就会超过原本。就此来看，我们以不同于"原五卷本"的书名面世，也是承担责任的需要。

本文选是中国社会科学院民族学与人类学研究所民族理论室承担的中国社会科学院重点学科方向"马克思主义民族理论研究"的重点课题。我主持了本课题的筹划设计、组织协调、审稿统稿，并参与了具体选编。郑信哲、周竞红、杨华、刘玲以及我的博士生张淑娟、侯发兵分别承担了各卷的选编工作；我的博士生杨须爱及博士后张三南、肖斌分别对各卷的体例做了规范性调整，对全文做了校对。陈建樾研究员为本书的出版做了大量协调工作。

中国社会科学院民族学与人类学研究所前所长郝时远研究员为本文选提出了指导性意见，在此谨表谢意！

王希恩
2015 年 6 月 30 日

凡　例

一、本书选文均为中文版列宁原著：《列宁全集》第 2 版（60 卷本，人民出版社）、《列宁专题文集》（5 卷本，人民出版社，2009）、《列宁全集补遗》（人民出版社，2001）、《列宁选集》（4 卷本，人民出版社，1995）。选文出处均在文后标出，但省略了出版社、出版年份和版次的信息。

二、选文篇目依据该文发表或写作的时间排序。

三、文中的黑体字、外文单词和加重号等，均为选文原著所有。

四、本书注释分脚注（页下注）和尾注（文后注）两种。脚注除标明"编者注"外，均为选文原著原有；尾注均为原著中文版编者所加，但其中原有的"本卷"等则由本书编者以具体卷、册取代。

五、书中的"原编者注"是指原著中文版中的编者注；而"编者注"则指本书编者加的注。

六、脚注中所引的《马克思恩格斯全集》均指中文第一版，人民出版社。

目 录

什么是"人民之友"以及他们如何攻击社会民主党人？（节选）

　　（答《俄国财富》杂志反对马克思主义者的几篇文章）

　　（1894年春夏） ………………………………………………… 1

调查提纲（节选）

　　（1894～1895年） ……………………………………………… 5

社会民主党纲领草案及其说明（节选）

　　（1895年和1896年） …………………………………………… 6

对华战争

　　（1900年9～10月） ……………………………………………… 9

芬兰人民的抗议

　　（1901年11月） ………………………………………………… 14

俄国社会民主工党纲领草案（节选）

　　（1902年1月8日和2月18日〔1月21日和3月3日〕

　　之间） …………………………………………………………… 19

关于俄国社会民主工党各委员会和团体向全党代表大会的

　　报告的问题（节选）

　　（1902年12月～1903年1月） ………………………………… 21

论崩得的声明（节选）

　　（1903年2月1日〔14日〕） …………………………………… 22

1

论亚美尼亚社会民主党人联合会的宣言

　　（1903年2月1日〔14日〕）⋯⋯⋯⋯⋯⋯⋯⋯⋯⋯⋯24

犹太无产阶级是否需要"独立的政党"

　　（1903年2月15日〔28日〕）⋯⋯⋯⋯⋯⋯⋯⋯⋯⋯28

致格·马·克尔日扎诺夫斯基

　　（1903年4月3日）⋯⋯⋯⋯⋯⋯⋯⋯⋯⋯⋯⋯⋯⋯33

为俄国社会民主工党第二次代表大会准备的决议草案

　　（1903年6～7月）⋯⋯⋯⋯⋯⋯⋯⋯⋯⋯⋯⋯⋯⋯35

我们纲领中的民族问题

　　（1903年7月15日〔28日〕）⋯⋯⋯⋯⋯⋯⋯⋯⋯⋯37

俄国社会民主工党第二次代表大会文献（节选）

　　（1903年7～8月）⋯⋯⋯⋯⋯⋯⋯⋯⋯⋯⋯⋯⋯⋯47

崩得民族主义的顶峰

　　（1903年8月15日〔28日〕）⋯⋯⋯⋯⋯⋯⋯⋯⋯⋯55

最高的无耻和最低的逻辑（节选）

　　（1903年10月1日〔14日〕）⋯⋯⋯⋯⋯⋯⋯⋯⋯⋯59

俄国革命社会民主党人国外同盟第二次代表大会文献（节选）

　　（1903年10月）⋯⋯⋯⋯⋯⋯⋯⋯⋯⋯⋯⋯⋯⋯⋯61

崩得在党内的地位

　　（1903年10月22日〔11月4日〕）⋯⋯⋯⋯⋯⋯⋯64

进一步，退两步（节选）

　　（我们党内的危机）

　　（1904年2～5月）⋯⋯⋯⋯⋯⋯⋯⋯⋯⋯⋯⋯⋯⋯75

《警察司司长洛普欣的报告书》小册子序言（节选）

　　（1905年2～3月）⋯⋯⋯⋯⋯⋯⋯⋯⋯⋯⋯⋯⋯⋯80

五一节

　　（1905年4月12日〔25〕以前）⋯⋯⋯⋯⋯⋯⋯⋯82

俄国社会民主工党第三次代表大会文献（节选）

　　（1905年4月）⋯⋯⋯⋯⋯⋯⋯⋯⋯⋯⋯⋯⋯⋯⋯86

告犹太工人书
   （1905年5月底） …………………………………………… 99
莫斯科流血的日子（节选）
   （1905年9月27日〔10月10日〕） ………………………… 102
全俄政治罢工（节选）
   （1905年10月13日〔26日〕） …………………………… 105
提交俄国社会民主工党统一代表大会的策略纲领（节选）
   提交俄国社会民主工党统一代表大会的决议草案
   （1906年3月20日〔4月2日〕） ………………………… 108
修改工人政党的土地纲领（节选）
   （1906年3月下半月） ……………………………………… 110
谈谈崩得机关报上的一篇文章（节选）
   （1906年12月20日〔1907年1月2日〕） ……………… 112
斯图加特国际社会党代表大会（节选）
   （1907年8月和10月之间） ……………………………… 113
斯图加特国际社会党代表大会（节选）
   （1907年9月和10月之间） ……………………………… 115
社会民主党在1905～1907年俄国第一次革命中的土地纲领（节选）
   （1907年11～12月） ……………………………………… 117
公社的教训
   （1908年3月10日〔23日〕） …………………………… 128
国际自由派对马克思的评价（节选）
   （1908年3月12日〔25日〕） …………………………… 133
社会民主党在俄国革命中的土地纲领（节选）
   （1908年7月5日〔18日〕）
   自拟简介 …………………………………………………… 136
好战的军国主义和社会民主党反军国主义的策略（节选）
   （1908年7月23日〔8月5日〕） ………………………… 138

3

对彼·马斯洛夫的《答复》的几点意见（节选）
　　（1908年10～11月） ································· 144
致伊·伊·斯克沃尔佐夫-斯捷潘诺夫（节选）
　　（1909年12月16日） ································· 147
对芬兰的进攻
　　（1910年4月26日〔5月9日〕） ······················ 149
马克思主义和《我们的曙光》杂志（节选）
　　（1911年1月22日〔2月4日〕以后） ················ 153
俄国社会民主工党第六次（布拉格）全国代表会议文献（节选）
　　（1912年1月） ·· 155
俄国社会民主工党的选举纲领（节选）
　　（1912年3月初） ····································· 161
劳动派和工人民主派（节选）
　　（1912年5月8日和9日〔21日和22日〕） ··········· 164
论俄国各政党（节选）
　　（1912年5月10日〔23日〕） ························ 166
移民问题（节选）
　　（1912年6月3日〔16日〕） ·························· 169
"联合者"（节选）
　　（1912年6月4日〔17日〕） ·························· 171
孤注一掷
　　（1912年10月4日〔17日〕） ························ 175
告俄国全体公民书
　　（1912年10月10日〔23日〕以前） ··················· 178
论狐狸和鸡窝
　　（1912年10月18日〔31日〕） ······················· 184
可耻的决议
　　（1912年10月18日〔31日〕） ······················· 187

世界历史的新的一章
 （1912年10月21日〔11月3日〕） ………………………… 189

立宪民主党人和民族党人
 （1912年10月24日〔11月6日〕） ………………………… 191

塞尔维亚和保加利亚的胜利的社会意义
 （1912年11月7日〔20日〕） …………………………… 193

关于工人代表的某些发言问题（节选）
 （1912年11月11日〔24日〕以后） ……………………… 195

关于杜马中的工人代表和他们的宣言问题（节选）
 （不晚于1912年11月13日〔26日〕） …………………… 197

我们党的"迫切的难题"（节选）
 "取消派"问题和"民族"问题（1912年11月） ………… 199

民族主义自由派
 （1912年12月22日〔1913年1月4日〕） ……………… 202

有党的工作者参加的俄国社会民主工党中央委员会克拉科夫
 会议的通报和决议（节选）
  （1912年底～1913年初） ……………………………… 205

致约·阿·皮亚特尼茨基
 （1913年1月14日以后） ………………………………… 209

俄罗斯人和黑人
 （1913年1月底～2月初） ………………………………… 213

致阿·马·高尔基（节选）
 （1913年2月14日至25日之间） ………………………… 215

致列·波·加米涅夫（节选）
 （1913年2月25日） ……………………………………… 217

巴尔干战争和资产阶级沙文主义
 （1913年3月29日〔4月11日〕） ………………………… 218

5

今天的俄国和工人运动（节选）

（1913年4月9日〔22日〕）

 报 道 ………………………………………………………… 221

俄国的分离主义者和奥地利的分离主义者

（1913年4月26日〔5月9日〕） ………………………… 223

路标派和民族主义

（书刊评述）

（1913年4月） ……………………………………………… 226

工人阶级和民族问题

（1913年5月3日〔16日〕） …………………………… 228

亚洲的觉醒

（1913年5月7日〔20日〕） …………………………… 230

向拉脱维亚边疆区社会民主党第四次代表大会提出的纲领
 草案（节选）

  （1913年5月25日〔6月7日〕以前） …………… 232

论自由主义的和马克思主义的阶级斗争概念（节选）

 短 评

（1913年5月） ……………………………………………… 237

民族问题提纲

（1913年6月26日〔7月9日〕以前） ………………… 241

立宪民主党人论乌克兰问题

（1913年7月16日〔29日〕） ………………………… 249

犹太学校的民族化

（1913年8月18日〔31日〕） ………………………… 252

都柏林的阶级战争

（1913年8月29日〔9月11日〕） …………………… 254

尼孔主教是怎样保护乌克兰人的？

（1913年9月13日〔26日〕） ………………………… 259

有党的工作者参加的俄国社会民主工党中央委员会1913年
   夏季会议的决议（节选）
      （1913年9月） ………………………………………… 261

关于民族问题的决议草稿
      （1913年9月） ………………………………………… 266

资本主义和工人移民
      （1913年10月29日〔11月11日〕） ……………… 269

关于民族问题的批评意见
      （1913年10～12月） …………………………………… 273

论"民族文化"自治
      （1913年11月28日〔12月11日〕） ……………… 306

致斯·格·邵武勉
      （1913年12月6日） …………………………………… 310

立宪民主党人和"民族自决权"
      （1913年12月11日〔24日〕） ……………………… 314

俄国学校中学生的民族成分
      （1913年12月14日〔27日〕） ……………………… 318

论俄国社会民主工党的民族纲领
      （1913年12月15日〔28日〕） ……………………… 323

再论按民族分学校
      （1913年12月17日〔30日〕） ……………………… 331

民族自由主义和民族自决权
      （1913年12月20日〔1914年1月2日〕） ………… 334

《新时报》和《言语报》论民族自决权
      （1913年12月25日〔1914年1月7日〕） ………… 337

关于民族问题的报告提纲
      （1914年1月10日和20日〔1月23日和2月2日〕之间） ……… 339

需要强制性国语吗？
      （1914年1月18日〔31日〕） ……………………… 351

致社会党国际局的报告（节选）

（1914年1月18～19日〔1月31日～2月1日〕）……………… 354

关于奥地利和俄国的民族纲领的历史

（1914年2月5日〔18日〕）……………………………………… 357

再论"民族主义"

（1914年2月20日〔3月5日〕）………………………………… 361

编辑部对老兵的《民族问题和拉脱维亚的无产阶级》一文的意见

（1914年2月）…………………………………………………… 364

英国自由党人和爱尔兰

（1914年3月12日〔25日〕）…………………………………… 366

告乌克兰工人书

（不晚于1914年3月19日〔4月1日〕）……………………… 370

政治教训

（1914年3月22日〔4月4日〕）………………………………… 373

关于民族平等的法律草案

（1914年3月28日〔4月10日〕）……………………………… 376

"八月联盟"的空架子被戳穿了（节选）

（1914年3月30日〔4月12日〕）……………………………… 379

致伊·费·阿尔曼德

（1914年4月1日）……………………………………………… 381

关于民族政策问题

（1914年4月6日〔19日〕以后）……………………………… 383

民族平等

（1914年4月16日〔29日〕）…………………………………… 393

我们的任务（节选）

（1914年4月22日〔5月5日〕）………………………………… 395

致《钟声》杂志编辑部

（1914年4月26日）……………………………………………… 396

关于民族平等和保护少数民族权利的法律草案

  （1914年5月6日〔19日〕以后） ………………………… 398

精致的民族主义对工人的腐蚀

  （1914年5月10日〔23日〕） ………………………………… 401

致斯·格·邵武勉

  （1914年5月19日） …………………………………………… 405

论民族自决权

  （1914年2～5月） …………………………………………… 408

问题明确了（节选）

  请觉悟的工人们注意

  （1914年6月5日〔18日〕） ………………………………… 466

一位自由派的坦率见解

  （1914年6月10日〔23日〕） ………………………………… 468

俄国社会民主工党中央委员会在布鲁塞尔会议上的报告和
给出席该会议的中央代表团的指示（节选）

  （1914年6月23～30日〔7月6～13日〕） ……………… 471

对奥克先·洛拉的《告乌克兰工人书》加的《编者按》

  （1914年6月29日〔7月12日〕） ………………………… 475

致斯·格·邵武勉

  （1914年7月6日以前） ……………………………………… 476

致伊·埃·格尔曼

  （1914年7月18日以后） ……………………………………… 478

致扬·鲁迪斯-吉普斯利斯

  （1914年7月26日） …………………………………………… 482

关于无产阶级和战争的报告（节选）

  （1914年10月1日〔14日〕）

  报 道 ……………………………………………………… 485

9

社会党国际的状况和任务（节选）
　　（不晚于1914年10月7日〔20日〕）·················· 488
卡尔·马克思（节选）
　　（传略和马克思主义概述）
　　（1914年11月）·· 493
论大俄罗斯人的民族自豪感
　　（1914年11月29日〔12月12日〕）················ 498
后　　记··· 503

什么是"人民之友"以及
他们如何攻击社会民主党人？（节选）

(答《俄国财富》杂志反对马克思主义者的几篇文章)[1]

(1894年春夏)

米海洛夫斯基先生还举出一个事实，但这又是一种奇谈怪论！他继续修正唯物主义："至于氏族联系，那么它们在各文明民族的历史中，确实有一部分已在生产形式影响的光线下褪色了〈又是一个遁词，不过是更加明显的遁词。究竟是什么生产形式呢？一句空话！〉，但还有一部分在它们本身的延续和普遍化中——在民族联系中发展了。"这样说来，民族联系就是氏族联系的延续和普遍化了！米海洛夫斯基先生关于社会历史的观念，显然是从给学生们讲的儿童故事中得来的。按这个陈腐浅陋的道理说来，社会历史是这样的：起初是家庭，这是任何一个社会的细胞①，然后家庭发展为部落，部落又发展为国家。米海洛夫斯基先生郑重其事地重复这种幼稚的胡说，不过是表明（除其他一切外）他甚至连俄国历史的进程也一点都不了解。如果可以说古罗斯[2]有过氏族生活，那么毫无疑问，在

---

① 这是纯粹的资产阶级观念，因为分散的小家庭，只是在资产阶级制度下才占统治地位；这种家庭，在史前时期是根本没有的。资产者最大的特点，就是把现代制度的特征硬套在一切时代和一切民族身上。

中世纪，在莫斯科皇朝时代[3]，这些氏族联系便不存在了，就是说，国家完全不是建立在氏族的联合上，而是建立在地域的联合上：地主和寺院接纳了来自各地的农民，而这样组成的村社纯粹是地域性的联合。但在当时未必能说已有真正的民族联系：国家分成各个"领地"，其中有一部分甚至是公国，这些公国还保存着从前自治制度的鲜明遗迹、管理的特点，有时候还保存着自己单独的军队（地方贵族是带领自己的军队去作战的）、单独的税界等等。仅仅在近代俄国历史上（大约从17世纪起），这一切区域、领地和公国才真正在事实上融合成一个整体。最可尊敬的米海洛夫斯基先生，这种融合并不是由氏族联系引起的，甚至不是由它的延续和普遍化引起的，而是由各个区域之间日益频繁的交换，由逐渐增长的商品流通，由各个不大的地方市场集中成一个全俄市场引起的。既然这个过程的领导者和主人是商人资本家，所以这种民族联系的建立也就无非是资产阶级联系的建立。米海洛夫斯基先生举出这两件事实，都是自己打自己的耳光，而给予我们的不过是标本的资产阶级的庸俗见解而已，其所以是**庸俗见解**，是因为他用子女生产及其心理来解释遗产制度，而用氏族联系来解释民族；其所以是**资产阶级的**，是因为他把历史上一个特定的社会形态（以交换为基础的社会形态）的范畴和上层建筑，当作同子女教育和"直接"两性关系一样普遍的和永恒的范畴。

这里最值得注意的是，我们的主观哲学家一试图由空话转到具体事实，就立刻滚到泥坑里去了。他在这个不很干净的地方，大概感到很舒服：安然坐着，收拾打扮，弄得污泥浊水四溅。例如，他想推翻历史是一系列阶级斗争事件这一原理，于是便以深思的神情宣称这是"走极端"，他说"马克思所建立的、以进行阶级斗争为目的的国际工人协会，并没有阻止住法德两国工人互相残杀和弄得彼此破产"，据他说，这也就证明唯物主义没有清除"民族自负和民族仇恨的邪魔"。这种断语表明，这位批评家丝毫不懂得工商业资产阶级的非常实际的利益是这种仇恨的主要基础，丝毫不懂得把民族感情当作独立因素来谈，就是掩盖问题的实质。不过，我们已经看出，我们的哲学家对民族有多么深奥的认识。米海洛夫斯基先生只会以纯粹布勒宁式的讥讽态度[4]来对待国际[5]，说"马克思是那个诚然已经瓦解但一定会复活的国际工人协会的首脑"。当然，如果象《俄国财富》第 2 期国内生活栏编者按小市民的庸俗见解所写的那样，把"公平"交换制度看作国际团结的极限，而不懂得无论公平的或不公平的交换始终都以资产阶级的统治为前提和内容，不懂得不消灭以交换为基础的经济组织就不能停止国际冲突，那就不难了解，为什么他一说到国际，就一味嘲笑。那就不难了解，为什么米海洛夫斯基先生怎么也不能接受这样一个简单真理：除非在每一个国家把被压迫者阶级组织团结起来反对压迫者阶级，除非把这些民族的工人组织团结成一支国际工人大军去反对国际资本，是没有办法来消除民族仇恨的。至于说国际没有阻止住工人互相残杀，那只要向米海洛夫斯基先生提醒一下巴黎公社事变就够了，它表现了组织起来的无产阶级对待进行战争的统治阶级的真正态度。

1894 年胶印出版　　　　　　　　　选自《列宁全集》第 1 卷，第 123～126 页

注释：

[1]《什么是"人民之友"以及他们如何攻击社会民主党人？（答《俄国财富》杂志反对马克思主义者的几篇文章）》一书于 1894 年写成（第 1 编于 4 月完稿，第 2、3 编于夏天完稿）。1892～1893 年列宁在萨马拉开始为写作此书作准备，他当时曾在萨马拉一个马克思主义小组中作过一些报告，批评自由主义民粹派分子瓦·沃·（瓦·巴·沃龙佐夫）、尼·康·米海洛夫斯基、谢·尼·尤沙柯夫和谢·尼·克里文柯等人。这些报告是《什么是"人民之友"》一书的准备材料。

这部书于 1894 年在彼得堡、莫斯科、哥尔克等地分编胶印出版，在俄国其他一些城市也传抄和翻印过。在国外，劳动解放社和其他俄国社会民主党人组织也看到过这部著作。

这部书的第 1、3 两编的胶印本于 1923 年初在柏林社会民主党档案馆和列宁格勒国立萨尔蒂科夫–谢德林公共图书馆差不多同时发现。《列宁全集》

俄文第1、2、3版就是根据1923年发现的胶印本刊印的。1936年发现了新的胶印本，上面有许多显然是列宁所作的文字修改。《列宁全集》俄文第4、5版是根据这个胶印本刊印的，还补上了前几版遗漏的列宁对附录一的统计表的说明。

这部书的第2编至今没有找到。

[2] 指俄国古代的基辅罗斯（9～12世纪初）。

[3] 即莫斯科国时期（15世纪末～17世纪）。

[4] 布勒宁式的讥讽态度指卑劣的论战手法。维·彼·布勒宁是俄国政论家和作家，反动报纸《新时报》的撰稿人。他对一切进步社会思潮的代表人物肆意诽谤。

[5] 指国际工人协会。

国际工人协会（第一国际）是国际无产阶级的第一个群众性的革命组织，1864年9月28日在伦敦建立。马克思为国际工人协会起草了成立宣言和临时章程等重要文件，规定其任务是：团结各国工人，为完全解放工人阶级并消灭任何阶级统治而斗争。国际工人协会的中央领导机关是总委员会，马克思是总委员会的成员。国际工人协会在马克思和恩格斯的指导下，团结了各国工人阶级，传播了科学社会主义，同蒲鲁东主义、工联主义、拉萨尔主义、巴枯宁主义等各种机会主义流派进行了坚决的斗争。国际工人协会积极支持了1871年的巴黎工人起义。巴黎公社失败后，反动势力猖獗，工人运动处于低潮。1872年海牙代表大会以后，国际工人协会实际上已停止活动。根据马克思的建议，国际工人协会于1876年7月在费城代表会议上正式宣布解散。

调查提纲[*]（节选）

（1894～1895年）

8. 工人的民族（每个民族各有多少人）。各族工人之间关系如何。对俄罗斯工长等人的态度如何。不同的民族之间有无相互敌视的情况出现。原因何在。举例。其他民族工人的开化程度如何。

载于《列宁文集》第40卷，1985年俄文版

选自《列宁全集补遗》，第3页

---

[*] 这份关于工人劳动和生活条件的调查提纲于1894～1895年冬在彼得堡工人阶级解放斗争协会成员和其他小组的鼓动员中间传看。

　　这份调查提纲是从沙皇俄国警务厅有关1895年12月与列宁同时被捕的以及此后大逮捕时被捕的彼得堡工人阶级解放斗争协会成员的案卷中发现的。调查提纲用黑墨水笔写在笔记本大小的几张纸上，没有署名和日期。通过把这份提纲与列宁同期著作从文笔上作比较，并根据彼得堡工人阶级解放斗争协会中列宁的战友的回忆，可以确认这一调查提纲的作者是列宁。如工人阶级解放斗争协会中心小组成员米·亚·西尔文在其题为《在"工人阶级解放斗争协会"的日子里》的回忆录中谈到："研究各厂工人的工作条件和生活条件的问题早就由弗拉基米尔·伊里奇提出来了。这时他编了一份详细的《调查提纲》，现在要是能在旧宪兵档案里找到它才有意思呢。这种四开纸的调查提纲有4页多，写满了他那密密麻麻的字迹。这种调查提纲我们每人都有一份。我们还把它复制出来发给其他小组的宣传员。我们非常热心于收集情况，有一个时期，连宣传工作也放弃了。弗拉基米尔·伊里奇对收集情况也十分热心。我们工人中不知是哪一位（是舍尔古诺夫，也可能是美尔库洛夫）到他家里去看他时，常常被他盘问得汗如雨下。"（《回忆列宁》第2卷，人民出版社，1982，第56页）

　　列宁本人也在他的《怎么办？（我们运动中的迫切问题）》一书中提到，他曾围绕与这里发表的《调查提纲》内容相近的一些问题同工人谈过话（参看《列宁全集》第6卷，第144页）。

社会民主党纲领草案及其说明[1]（节选）

（1895年和1896年）

党纲草案

（1895年12月9日〔21日〕以后）

三、根据这些观点，俄国社会民主党首先要求：

1. 召开由全体公民的代表组成的国民代表会议来制定宪法。

2. 凡年满21岁的俄国公民，不分宗教信仰和民族，都有普遍的、直接的选举权。

3. 集会、结社和罢工自由。

4. 出版自由。

5. 消灭等级，全体公民在法律面前完全平等。

6. 宗教信仰自由，所有民族一律平等。出生、结婚和死亡的登记事宜交由不受警察干涉的独立民政官管理。

7. 每个公民有权向法院控告任何官吏，不必事先向上级申诉。

8. 废除身分证，流动和迁徙完全自由。

9. 有从事任何行业和职业的自由，废除行会。

党纲说明

(1896年6~7月)

一、5. 目前，同资本家阶级的统治进行斗争的已经是欧洲各国的工人，并且还有美洲和澳洲的工人。工人阶级的联合和团结已经不限于一个国家或一个民族：各个国家的工人政党都大声宣布，全世界工人的利益和目的是完全共同一致的。它们在一起开代表大会，向各国资本家阶级提出共同要求，给整个联合起来争取自身解放的无产阶级规定国际性的节日（5月1日），把各个民族和各个国家的工人阶级团结成一支工人大军。各国工人的这种联合是必然的，因为统治工人的资本家阶级并不限于在一个国家内进行自己的统治。各个国家的贸易关系越来越密切，越来越广泛；资本不断从一个国家流入另一个国家。银行，这些把各地的资本收集起来并贷给资本家的资本大仓库，逐渐从国家银行变成了国际银行，它们把各国资本收集起来，分配给欧洲和美洲的资本家。大股份公司的建立已经不是为了在一个国家内开办资本主义企业，而是为了同时在几个国家内开办资本主义企业。资本家的国际协会出现了。资本的统治是国际性的。因此，工人只有进行反对国际资本的共同斗争，各国工人争取解放的斗争才会取得成就。因此在反对资本家阶级的斗争中，无论是德国工人、波兰工人或法国工人，都是俄国工人的同志，同样，无论是俄国资本家、波兰资本家或法国资本家，也都是他们的敌人。譬如，最近一个时期，外国资本家特别愿意把自己的资本投到俄国来，在俄国建立自己的分厂，设立公司，以便在俄国开办新的企业。他们贪婪地向年轻的国家扑来，因为这个国家的政府比其他任何国家的政府都更加对资本有好感、更加殷勤，因为他们在这个国家可以找到不如西方工人那样团结、那样善于反抗的工人，因为这个国家工人的生活水平低得多，因而他们的工资也低得多，所以外国资本家可以获得在自己本国闻所未闻的巨额利润。国际资本已经把手伸进俄国。俄国工人也把手伸向

马克思主义经典作家民族问题文选

国际工人运动。

载于《无产阶级革命》杂志1924年第3期

选自《列宁全集》第2卷，第71、81~82页

注释：

[1]《社会民主党纲领草案及其说明》是在彼得堡狱中写的，《党纲草案》写于1895年12月9日（21日）以后，《党纲说明》写于1896年6~7月。据娜·康·克鲁普斯卡娅和安·伊·乌里扬诺娃-叶里扎罗娃回忆，原件是用牛奶写在一本书的行间的。现存稿本显然是在原件经过处理显出字迹以后誊抄下来的。苏共中央马克思列宁主义研究院档案馆里现存三个《党纲草案》抄本。第一个来自列宁1900~1904年的私人档案，是由德·伊·乌里扬诺夫和玛·伊·乌里扬诺娃用密写墨水书写在1900年《科学评论》杂志第5期的一篇文章的行间的。这个抄本没有标题，由列宁用铅笔编了页码，在封套上有列宁的手迹："旧的（1895年）党纲草案"。第二个也发现于同一时期的列宁私人档案，是用打字机打在薄卷烟纸上的，标题是："旧的（1895年）社会民主党纲领草案"。第三个是在俄国社会民主工党日内瓦档案中找到的，胶印本，共39页，包括《党纲草案》和《党纲说明》，是一篇完整的著作。

对华战争

（1900年9～10月）

俄国正在结束对华战争。动员了许多军区，耗费了亿万卢布，派遣了数以万计的士兵到中国去，打了许多仗，取得了一连串的胜利，——不过，这些胜利与其说是战胜了敌人的正规军，不如说是战胜了中国的起义者，更不如说是战胜了手无寸铁的中国人。水淹和枪杀他们，不惜残杀妇孺，更不用说抢劫皇宫、住宅和商店了。而俄国政府以及奉承它的报纸，却庆祝胜利，欢呼英勇的军队的新战功，欢呼欧洲的文化击败了中国的野蛮，欢呼俄罗斯"文明使者"在远东的新成就。

在这一片欢呼声中，只是听不到千百万劳动人民的先进代表——觉悟工人的声音。但是，这次新的胜利征战的重负，都落在劳动人民的肩上，从他们中间抽人到遥远的地方去，为了弥补庞大的开支，向他们征收了重税。那么，社会党人对于这次战争应该采取什么态度呢？这次战争对谁有利呢？俄国政府的政策的真正意义是什么呢？我们现在试来分析一下这个问题。

我国政府首先想使人相信，它并不是在同中国打仗，它只是在平定暴乱，制服叛乱者，帮助合法的中国政府恢复正常的秩序。虽然没有宣战，但是问题的本质并没有因此而有丝毫改变，因为战争毕竟是在进行。试问，中国人对欧洲人的袭击，这次遭到英国人、法国人、德国人、俄国人和日本人等等疯狂镇压的暴动，究竟是由什么引起的呢？主战派说，这是由"黄种人敌视白种人"，"中国人仇视欧洲的文化和文明"引起的。是的，中国人的确憎恶欧洲人，然而他们憎恶的是哪一种欧洲人呢？为什么要憎恶呢？中国人憎恶的不是欧洲人民，因为他们之间并无冲突，他们憎恶的是欧洲资本家和唯资本家之命是从的欧洲各国政府。那些到中国来只是为了大发横财的人，那些利用自己吹捧的文明来进行欺骗、掠夺和镇压的人，那些为了取得贩卖毒害人民的鸦片的权利而同中国作战（1856年英法对华的战争）的人，那些利用传教伪善地掩盖掠夺政策的人，中国人难道能不痛恨他们吗？欧洲各国资产阶级政府早就对中国实行这种掠夺政策了，现在俄国专制政府也参加了进去。这种掠夺政策通常叫作殖民政策。凡是资本主义工业发展很快的国家，都要急于找寻殖民地，也就是找寻一些工业不发达、还多少保留着宗法式生活特点的国家，它们可以向那里销售工业品，牟取重利。为了让一小撮资本家大发横财，各国资产阶级政府进行了连年不断的战争，把士兵整团整团地开到有损健康的热带国家去送命，耗费了从人民身上搜刮来的大量钱财，迫使当地居民奋起反抗，或者使他们濒于饿死的境地。我们不妨回忆一下印度土著的抗英起义[1]和印度的饥荒，以及现在英国人对布尔人的战争[2]。

　　欧洲资本家贪婪的魔掌现在伸向中国了。俄国政府恐怕是最先伸出魔掌的，但是它现在却扬言自己"毫无私心"。它"毫无私心地"占领了中国旅顺口，并且在俄国军队保护下开始在满洲修筑铁路。欧洲各国政府一个接一个拼命掠夺（所谓"租借"）中国领土，无怪乎出现了瓜分中国的议论。如果按照真实情况，就应当说：欧洲各国政府（最先恐怕是俄国政府）已经开始瓜分中国了。不过它们在开始时不是公开瓜分，而是象贼那样偷偷摸摸进行的。它们盗窃中国，就象盗窃死人的财物一样，一旦这个假死人试图反抗，它们就象野兽一样猛扑到他身上。它们把一座座村庄烧光，把老百姓赶进黑龙江中活活淹死，枪杀和刺死手无寸铁的居民和他们的妻子儿女。这些基督教徒建立功勋的时候，却大叫大嚷反对野蛮的中国人，说他们竟胆敢触犯文明的欧洲人。俄国专制政府在1900年8月12日致各国的照会中宣称：俄国军队占领牛庄并且开入满洲境内，是临时性措施；采取这些措施，"完全是由于必须击退中国叛民的侵略行动"；"绝对不能说明帝国政府有任何背离自己政策的自私计划"。

帝国政府多么可怜啊！它简直象基督教徒那样毫无私心，人们竟冤枉了它，简直太不公平了！几年以前，它毫无私心地侵占了旅顺口，现在又毫无私心地侵占满洲，毫无私心地把大批承包人、工程师和军官派到与俄国接壤的中国地区，这些人的所作所为引起了以温顺出名的中国人的愤怒。修筑中东铁路，每天只付给中国工人10戈比的生活费，难道这就是俄国毫无私心的表现吗？

但是，我国政府为什么要对中国实行这种疯狂的政策呢？这种政策对谁有利呢？它对一小撮同中国做生意的资本家大亨有利，对一小撮为亚洲市场生产商品的厂主有利，对一小撮现在靠紧急军事订货大发横财的承包人有利（有些生产武器、军需品等等的工厂正在拼命地干，并且增雇成百上千的日工）。这种政策对一小撮身居军政要职的贵族有利。他们所以需要冒险政策，是因为借此可以飞黄腾达，建立"战功"而扬名于世。我国政府为了这一小撮资本家和狡猾的官吏的利益，竟然毫不犹豫地牺牲全国人民的利益。沙皇专制政府这一次也和往常一样，表明自己是甘愿对资本家大亨和贵族卑躬屈膝的昏官政府。

侵略中国对俄国工人阶级和全体劳动人民有什么好处呢？成千上万个家庭因劳动力被拉去打仗而破产，国债和国家开支激增，捐税加重，剥削工人的资本家的权力扩大，工人的生活状况恶化，农民的死亡有增无减，西伯利亚大闹饥荒，——这就是对华战争能够带来而且已经带来的好处。俄国的一切出版物、一切报刊，都处于奴隶的地位，不得到政府官员的许可，它们就不敢登载任何东西，因此，在对华战争中人民付出了多少代价，我们没有确切的材料，但是，这次战争的费用高达**几亿卢布**，这是没有疑问的。有消息说，政府按照一项没有公布的指令，一次就拨出军费15000万卢布，而目前的战费开支每三四天就要耗掉**100万卢布**。政府肆意挥霍钱财，但是给饥饿农民的救济金却一扣再扣，斤斤计较每一个戈比，不愿意把钱用在国民教育上，它和一切富农一样，从官办工厂的工人和邮政机关小职员等等的身上榨取血汗!

财政大臣维特曾宣称,1900年1月1日以前,国库尚存闲置现款25000万卢布,但是现在这笔钱已经没有了,都投入了战争,政府正在发行公债,增加捐税,因财政拮据而缩减必要的开支,停止修筑铁路。沙皇政府面临破产的危险,但它仍然拼命实行侵略政策,这不但需要大量资金,而且有卷入更可怕的战争的危险。进攻中国的欧洲列强,已经在分赃问题上争吵起来了,谁也不能断定这次争吵会怎样收场。

沙皇政府对中国实行的政策不仅侵犯人民的利益,而且还竭力毒害人民群众的政治意识。凡是只靠刺刀才能维持的政府,凡是不得不经常压制或遏止人民愤怒的政府,都早就懂得一个真理:人民的不满是无法消除的,必须设法把这种对政府的不满转移到别人身上去。例如煽起对犹太人的仇恨,卑鄙的报纸中伤犹太人,说犹太工人似乎不象俄国工人那样受资本和警察政府的压迫。目前报刊上又大肆攻击中国人,叫嚣黄种人野蛮,仇视文明,俄国负有开导的使命,说什么俄国士兵去打仗是如何兴高采烈,如此等等。向政府和大财主摇尾乞怜的记者们,拼命在人民中间煽风点火,挑起对中国的仇恨。但是中国人民从来也没有压迫过俄国人民,因为中国人民也同样遭到俄国人民所遭到的苦难,他们遭受到向饥饿农民横征暴敛和用武力压制一切自由愿望的亚洲式政府的压迫,遭受到侵入中华帝国的资本的压迫。

俄国工人阶级已经开始从人民群众所处的那种政治上的愚昧无知中挣脱出来。因此,一切觉悟的工人就有责任全力起来反对那些煽起民族仇恨和使劳动人民的注意力离开其真正敌人的人们。沙皇政府在中国的政策是一种犯罪的政策,它使人民更加贫困,使人民受到更深的毒害和更大的压迫。沙皇政府不仅把我国人民变成奴隶,而且还派他们去镇压那些不愿做奴隶的别国人民(如1849年,俄国军队曾镇压匈牙利革命)。它不仅帮助俄国资本家剥削本国工人,把工人的双手捆起来,使他们不能团结自卫,而且还为了一小撮富人和显贵的利益出兵掠夺别国人民。要想打碎战争强加在劳动人民身上的新的枷锁,唯一的办法就是召开人民代表大会，以结束政府的专制统治，迫使政府不要光照顾宫廷奸党的利益。

载于《火星报》，1900年12月，创刊号　　选自《列宁全集》第4卷，第319~323页

注释：

[1] 指1857~1859年印度人民反抗英国殖民者的起义。1857年5月10日，德里东北密拉特城的西帕依部队首先举行起义，随即攻占了德里。不久，印度中部、北部大部分地区的农民、手工业者、城市贫民以及一部分封建主也参加了起义。由于缺乏统一的领导和封建主的背叛，这次起义于1859年在英军镇压下遭到失败。但它仍迫使英国在统治印度的政策方面作了若干让步。

[2] 英布战争，亦称布尔战争，指1899年10月~1902年5月英国对布尔人的战争。布尔人是南非荷兰移民的后裔，19世纪建立了德兰士瓦共和国和奥兰治自由邦。为了并吞这两个黄金和钻石矿藏丰富的国家，英国发动了这场战争。由于布尔人战败，这两个国家丧失了独立，1910年被并入英国自治领南非联邦。

芬兰人民的抗议

（1901 年 11 月）

在这里我们全文引录一篇新的群众的呈文，在这篇呈文中，芬兰人民对政府违背亚历山大一世至尼古拉二世各代沙皇的庄重**誓言**，一贯践踏芬兰宪法的政策表示强烈的抗议。

这篇呈文是在 1901 年 9 月 17 日（30 日）递交芬兰参政院转呈沙皇的。在呈文上签名的有芬兰各社会阶层的男女居民 473363 人，就是说，有近 **50 万**公民签了名。芬兰的全部人口为 250 万人，这个新的呈文真可以说是**全民的呼声**了。

呈文的全文如下：

最威严最仁慈的皇帝和大公陛下！陛下对芬兰义务兵役法的修改在整个边疆引起了普遍的不安和极大的悲痛。

陛下于今年 7 月 12 日（6 月 29 日）批准的关于义务兵役制的敕令、诏书和法律，彻底破坏了大公国的根本法和根本法所赋予芬兰人民和边疆全体公民的各项最珍贵的权利。

按根本法规定，关于公民保卫边疆的义务的法规，只有经地方议会议员同意才能颁布。1878 年的义务兵役法就是通过这个程序由亚历山大二世皇帝和地方议会议员一致决定而颁布的。亚历山大三世皇帝在位时，这项法律先后作了多次局部性的修改，但是每次都得到地方议会议员的同意。现在却与此相反，未经地方议会议员的同意，就宣布废除1878年的法律，而取而代之的新法令，同1899年地方非常议会的议员所作出的决定完全背道而驰。

在芬兰法律的保护下生活和行动，这是每个芬兰公民的最重要的权利之一。现在成千上万的芬兰公民却被剥夺了这个权利，因为新的义务兵役法要求他们在俄国军队中服役。边疆的子弟将被强行编入同自己语言不同、宗教信仰不同、风俗习惯不同的军队，对于他们来说，服兵役就变成了痛苦的事情。

新法令废除了法律规定的每年服役名额的任何限制。此外，新法令根本不承认根本法规定的地方议会议员参与确定军事预算的权利。

同1878年的法律的基本原则相反，甚至民军也要完全听命于陆军部。

诏书中虽然声明，在暂时尚未确定的过渡时期，将采取减轻负担的措施，但这并不能冲淡人们从上述规定中得到的印象，因为在暂时减少应征者人数之后，将会无限制地征召兵员到俄国军队中服役。

芬兰人民不是要求减轻现在的军事负担。代表人民意见的地方议会议员已经表示，只要保持芬兰军队作为芬兰机构的法律地位，芬兰方面准备为保卫国家尽量多贡献力量。

与此相反，新法令规定：芬兰的大部分军队将被撤销，俄国军官可以到保存下来的少数部队中任职；甚至这些部队的士官也必须精通俄语，因此，多半出身于农民等级的芬兰籍人员就根本无法担任上述职务；这些军队要受俄国当局的管辖，就是在和平时期，也可能驻扎在芬兰境外。

这些敕令并不是什么改革，而不过是要消灭芬兰的民族军队，这说明对芬兰人民的不信任，而芬兰人民在并入俄国的将近100年间，是没有什么地方可以使人产生不信任的。

在关于义务兵役制的新法令中，还写有否认芬兰人民有自己的祖国，否认边疆居民享有芬兰公民权利的词句。芬兰人民在并入俄国以后的政治地位早在1809年就已经不可动摇地确定了,这些词句所反映出来的目的显然是同芬兰人民保持这种政治地位的必要权利不相容的。

近几年来,我们边疆遭受了许多不堪忍受的痛苦。人们一次又一次地感到,边疆根本法的各项规定屡遭忽视,这一方面表现在各种立法措施上,一方面表现在俄罗斯人接替了许多重要职务上。边疆行政当局的任务好象就是要扰乱安宁和秩序,阻挠共同有益的愿望的实现,挑起俄罗斯人和芬兰人之间的不和。

然而,对于边疆来说,实施关于义务兵役制的新法令才是最大的不幸。

在1899年5月27日给皇帝的回奏中,地方议会的议员详细陈述了按照芬兰的根本法,在颁布义务兵役法时所应遵循的程序。同时,他们指出,如果新的义务兵役法将以其他程序颁布,那么,这样的法令,即使能够强制执行,也不能为法律所承认,而且在芬兰人民看来,这不过是一种暴力行为而已。

地方议会议员所指明的一切,始终是芬兰人民的法律意识,这种意识是暴力所不能改变的。

应该考虑到这种同边疆法律相抵触的敕令所造成的非常严重的后果。从官员和政府机关来说,他们感到很难履行自己的职责,因为良心驱使他们不要听从这样的敕令。有劳动能力的移民由于害怕可能发生变故早就被迫迁往外地,一旦所公布的法令付诸实施,他们的人数还会增多。

关于义务兵役制的新法令,以及其他旨在破坏芬兰人民自己的政治生存权和民族生存权的措施,必然要破坏君民的相互信任,同时会引起愈来愈强烈的不满和普遍受压抑的感觉,使社会和它的成员对为边疆造福的工作感到没有信心和困难重重。要防止这些,只有用在地方议会议员参加下颁布的义务兵役法来代替上述敕令,而边疆政府当局应该切实遵守根本法的规定。

芬兰人民仍然是一个独立的民族。我们的民族由于共同的历史命运，由于法律概念和文化活动而结合在一起，始终真挚地热爱芬兰祖国和自己的合法的自由。我们的民族将始终不渝地力求问心无愧地在各民族中占有命运所安排给它的那一席之地。

我们坚信我们的权利，尊重作为我们社会生活支柱的法律，我们也同样坚信，只要今后仍能依照1809年所规定的根本原则来治理芬兰，使芬兰感到并入俄国是幸福和安宁的，那么，强大的俄国的统一就不会受到损害。

各村社和社会各阶层的居民，出于对祖国的责任感，诚挚地将事态如实地启奏于皇帝陛下。上面已经指出，不久前颁布的义务兵役制法令是同得到庄严确认的大公国根本法相抵触的，因此不能为法律所承认。我们认为应该再补充说明一点：军事负担本身，对芬兰人民来说，并不象失去硬性的法律规定和在这个如此重要的问题上得到法律所保障的安宁那样具有重要的意义。鉴于奏文中所涉及的问题的严重性，伏请皇帝陛下审核。谨奏。

这篇呈文成了人民对破坏根本法的一帮俄国官僚的真正审判，我们对此呈文要补充的不多了。

现在我们来提示一下有关"芬兰问题"的主要资料。

芬兰是在1809年俄瑞战争期间并入俄国的。为了把瑞典国王的过去的臣民芬兰人拉到自己方面来，亚历山大一世决定承认和批准芬兰的旧宪法。按照这个宪法，**未经议会，即各等级的代表会议的同意**，不得颁布、修改、解释或废除任何根本法。亚历山大一世在几次颁布的诏书中都"庄严地"承认"**关于要绝对保护边疆特别宪法的诺言**"。

后来俄国的各代皇帝，包括尼古拉二世在内，都确认了这个誓言。尼古拉二世在1894年10月25日（11月6日）的诏书中说："……我保证保护它们〈根本法〉，使它们具有不可违反的和确定不变的力量和效用。"

可是，还不到五年，俄国沙皇就**背信弃义**了。在卖身投靠、卑躬屈节的报刊对芬兰进行了长期攻击以后，1899年2月3日（15日）颁布了建立新程序的"诏书"：颁布"涉及全国需要的法律或者和帝国的立法有关的法律"，可以**不经议会同意**。

这是严重违反宪法的行为，是一次真正的**国家政变**，因为任何法律都可以被说成是涉及全国需要的法律！

这次国家政变是用暴力完成的：总督博勃里科夫威胁说，如果参政院拒绝公布诏书，他就要把军队开进芬兰。驻扎在芬兰的俄国军队（据俄国军官所说）已经荷枪实弹，备马待发了，等等。

继第一次暴力行为之后，又接二连三地发生了无数次暴力行为：芬兰报纸相继被封闭，集会自由被取消，芬兰到处有俄国的间谍，到处有极其无耻的挑衅者在激起暴动，如此等等。最后，**未经议会的同意**，就颁布了6月29日（7月12日）的义务兵役法，颁布了这个在呈文中已作了充分分析的法律。

1899年2月3日的诏书和1901年6月29日的法律都是**非法的**，这是背信弃义者和被称作沙皇政府的一伙杀人强盗的暴力行为。当然，250万芬兰人根本别想举行什么暴动，但是，我们所有这些俄国公民，倒应该想一想我们蒙受了什么样的耻辱。我们仍然是个驯服的奴隶，竟被人利用去奴役其他的民族。我们仍然容忍我们的政府，容忍它不仅象刽子手那样残暴地镇压俄国国内的任何自由倾向，而且利用俄国军队对其他民族的自由进行武力侵犯！

载于《火星报》，1901年11月20日，第11号

选自《列宁全集》第5卷，第317～321页

俄国社会民主工党纲领草案*（节选）

（1902年1月8日和2月18日
〔1月21日和3月3日〕之间）

因此①，俄国社会民主工党的最近的政治任务是推翻沙皇专制制度，代之以建立在民主宪法基础上的**共和国**，民主宪法应保证：

（1）建立人民专制，即国家的最高权力全部集中在立法会议手里，立法会议由人民代表组成；

（2）无论选举立法会议还是选举各级地方自治机关，凡年满21岁的公民都有普遍、平等和直接的选举权；一切选举都采取无记名投票；每个选民都有权被选入各级代表会议；人民代表领取薪金；

（3）公民的人身和住宅不受侵犯；

（4）信仰、言论、出版、集会、罢工和结社的自由不受限制；

（5）有迁徙和从业的自由；

（6）废除等级制，全体公民不分性别、宗教信仰和种族一律平等；

（7）承认国内各民族都有自决权；

---

* 这个草案的原则部分是编辑部的一个委员会弗雷提出的草案（他是根据格·瓦一奇的草案初稿拟定的）。而实践部分（从下面指明的地方起到最后）是由整个委员会即编辑部的五个委员提出的。

① 从这里开始是由整个委员会通过的。

(8) 每个公民都有权向法院控告任何官吏，不必向上级申诉；

(9) 用普遍的人民武装代替常备军；

(10) 教会同国家分离，学校同教会分离；

(11) 对未满16岁的儿童一律实行免费的义务教育；由国家供给贫苦儿童膳食、服装、教材和教具。

载于《列宁文集》第2卷，1924年俄文版

选自《列宁全集》第6卷，第194～195页

关于俄国社会民主工党各委员会和团体向全党代表大会的报告的问题(节选)

(1902年12月~1903年1月)

五 同其他种族和其他民族的革命的
(特别是社会民主党的)
团体的关系

23. 是否有其他民族和其他种族的工人？在他们中间的工作进行得怎样？是有组织地进行，还是偶尔地进行？用什么语言进行？同使用其他语言共同工作的社会民主党人的团体的关系如何？最好对这些关系作确切详细的说明。是否有意见分歧？是关于民族纲领的原则问题的意见分歧？还是策略上的意见分歧，组织上的意见分歧？为了共同工作，最好有什么样的关系？是否可能有**统一**的党的机关刊物？联邦制是否理想，哪种类型的联邦制？

载于《无产阶级革命》杂志1924年第1期

选自《列宁全集》第7卷，第63页

论崩得的声明(节选)

(1903年2月1日〔14日〕)

我们还要就崩得对组织委员会的如下责难说几句。崩得说组织委员会没有作出如下"唯一正确的结论":"既然党实际上不存在,那么即将举行的代表大会应当具有成立大会的性质,因此俄国现有的一切社会民主党组织,无论是俄罗斯的还是其他一切民族的社会民主党组织,都应当有权参加代表大会。"崩得力图回避那个使它感到不快的事实,即俄国社会民主工党虽然没有统一的中央,但是它的存在由许多委员会和机关刊物体现出来了,并且有第一次代表大会的《宣言》和决定,顺便说说,在那次代表大会上,也有一些以犹太无产阶级的名义进行活动的人,他们还没有发生经济主义、恐怖主义以及民族主义动摇。崩得正式提出"一切"民族都有"权利"建立早已建立了的俄国社会民主工党,这清楚地证明,它正是为了臭名远扬的"联邦制"问题才掀起这场风波的。但是这个问题不应当由崩得先提出来,在真正的革命者中间也不应当谈什么"权利"。现在摆到日程上的是俄国社会民主工党的主要核心的团结和统一的问题,这是尽人皆知的。不能不同意"一切"民族都派代表出席代表大会,但是也不能忘记,**只有在这个核心形成以后**(或者至少是确实巩固了以后),才能考虑**扩大**核心以及核心同其他组织联合的问题。当我们自己还没有在组织上统一起来,还没有坚定地走上正确的道路以前,同我们联合对"其他一切"民族不会有什么好处!至于"其他一切"民族派代表出席我们代表大会的

可能性（不是"权利"，先生们！）的问题，取决于组织委员会和俄国各委员会的一系列策略措施和组织措施，一句话，取决于组织委员会活动的成功。而崩得一开始就对组织委员会百般干扰，这是历史事实。

载于《火星报》，1903年2月1日，第33号

选自《列宁全集》第7卷，第85~86页

论亚美尼亚社会民主党人联合会的宣言

(1903年2月1日〔14日〕)

高加索出现了一个新的社会民主党组织:"**亚美尼亚社会民主党人联合会**"[1]。我们知道,这个联合会开始自己的实际活动已经半年多了,而且已经有了自己的亚美尼亚文机关报。我们收到了这家机关报的创刊号。报纸的名称是《无产阶级报》[2],报头上有"俄国社会民主工党"的字样。上面刊载了好几篇文章、短评和通讯,其中阐明了促使"亚美尼亚社会民主党人联合会"成立的社会条件和政治条件,并大体拟定了联合会的活动纲领。

题为《亚美尼亚社会民主党人宣言》的社论这样写道:"亚美尼亚社会民主党人联合会'是广泛分布在全俄各地的俄国社会民主工党的一个分支,它的活动同俄国社会民主工党完全一致,并将同俄国社会民主工党一道为整个俄国无产阶级,尤其是亚美尼亚无产阶级的利益而奋斗。"其次,作者指出,高加索资本主义发展迅速,这一过程所引起的结果,就其力量之大和范围之广来说,都非常惊人。接着作者谈到了高加索工人运动的现状。在巴库、梯弗利斯和巴统这样一些高加索的工业中心,资本主义企业规模巨大,工厂无产阶级人数众多,那里的工人运动已经深深扎根。但是由于高加索工人的文化水平极低,因此到目前为止,他们同业主的斗争自然或多或少带有不自觉的自发的性质。所以需要有一种力量能够把分散的

列宁卷（上册）

工人的力量联合起来，能够使工人的要求具有鲜明的形式，能够培养工人的阶级自觉。这种力量就是社会主义。——随后，联合会在扼要地叙述了科学社会主义的基本原理以后，阐明了自己对待国际社会民主主义运动中，尤其是俄国社会民主主义运动中的当前各个派别的态度。宣言中说："照我们的意见，无论靠工人阶级自己进行的经济斗争，还是靠局部的政治改革和社会改革来实现社会主义的理想，都是不可想象的；只有彻底摧毁整个现存制度，实行应以无产阶级政治专政为序幕的社会革命，这种理想才有可能实现。"接着，联合会指出俄国现存的政治制度是敌视一切社会运动特别是工人运动的制度，并且声明，它最近的任务就是对亚美尼亚无产阶级进行政治教育，使他们参加整个俄国无产阶级推翻沙皇专制制度的斗争。联合会不完全否认工人同厂主进行局部经济斗争的必要性，但是并不认为这种斗争具有独立的意义。联合会承认这种斗争，是因为这种斗争能改善工人的物质状况，有助于培养工人的政治自觉和阶级团结精神。

我们尤其感兴趣的，是联合会对民族问题的态度。宣言中说："鉴于俄国存在着许多不同的民族，它们处于文化发展的不同阶段，只有广泛发展地方自治才能保障这些不同民族的利益。因此我们认为将来在自由的俄国必须建立一个**联邦制的**〈黑体是我们用的〉共和国。至于高加索，由于它的居民种族极不相同，我们将努力团结当地分属于不同民族的一切社会主义者和工人；我们将努力建立一个统一而巩固的社会民主党组织，以便更有成效地同专制制度进行斗争。在将来的俄国，我们承认一切民族都有自由的自决权利，因为我们只把民族自由看作是整个公民自由的一种形式。根据这个论点，同时考虑到我们上面所指出的高加索居民分属不同的种族，各种族之间又不存在地理上的界限，我们认为不可能把高加索各民族实行政治自治的要求列入我们的纲领；我们只要求文化生活方面的自治，即语言、学校、教育等方面的自由。"

我们衷心欢迎"亚美尼亚社会民主党人联合会"的宣言，特别是它在民族问题的正确提法方面所作的卓越尝试。如能把这种尝试进行到底，那就太好了。俄国一切社会民主党人在民族问题上应当遵循的两条基本原则，联合会都**拟定得**完全正确。这就是：第一，不要求民族自治，而要求政治自由、公民自由和完全平等；第二，要求国内每个民族都有自决权。不过，这两条原则"亚美尼亚社会民主党人联合会"还没有完全贯彻。事实上，**从他们的观点出发**能否提出成立**联邦制**的共和国的要求呢？联邦制**是**以存在着一些自治的、民族的、政治的统一体**为前提的**，而联合会却拒绝提出民族自治的要求。联合会如果要做到立论前后完全一致，就应当从纲领中删去成立**联邦制**的共和国的要求，只提出成立一般民主共和国的要求。**鼓吹**联邦制和民族自治并不是无产阶级应做的事情，提出这类必然导致要求成立自治的**阶级**国家的要求，也不是无产阶级应做的事情。无产阶级应做的事情就是要把所有民族中尽可能广泛的工人**群众更紧密地**团结起来，以便**在尽可能广阔的舞台上**为建立民主共和国和社会主义而斗争。由于当局采用一系列令人愤懑的暴力，当前让我们表演的全国性舞台已经建立起来，而且还将继续存在并日益扩大，那么，正是为了成功地同各种剥削和压迫进行斗争，我们应当把深受压迫、最善于斗争的**工人阶级**的力量联合起来，而不是使之分散。要求承认每个民族具有自决权，这件事本身仅仅说明我们无产阶级政党应当永远无条件地**反对任何用暴力或非正义手段**从外部影响人民**自决的企图**。我们一直履行着自己这种否定的义务（对暴力进行斗争和提出抗议），从我们这方面来说，我们所关心的并不是各民族的自决，而是每个民族中的**无产阶级**的自决。因此，俄国社会民主党永远必须遵循的总的基本纲领，应当只是要求公民（不分性别、语言、宗教、种族、民族等等）的完全平等和公民的自由的民主的**自决权**。至于说到对**民族**自治要求的**支持**，那么这种支持根本不是无产阶级经常性和纲领性的职责。只有在个别的特殊情况下，这种支持才是无产阶级所必须提供的。对于亚美尼亚社会民主党来说，这种特殊情况并不存在，这是"亚美尼亚社会民主党人联合会"自己也承认的。

我们希望有机会再来谈谈联邦制问题和民族问题①。现在，在结束本文的时候，我们再次向俄国社会民主工党的新成员——"亚美尼亚社会民主党人联合会"表示欢迎。

载于《火星报》，1903年2月1日，第33号

选自《列宁全集》第7卷，第87~90页

注释：

[1] 亚美尼亚社会民主党人联合会是亚美尼亚第一个列宁火星派社会民主党组织，1902年夏由斯·格·邵武勉、波·米·克努尼扬茨、阿·格·祖拉博夫、А.Х.胡马良等在梯弗利斯创立。联合会同俄国社会民主工党梯弗利斯委员会有密切联系，1902年底并入该委员会。

[2]《无产阶级报》是用亚美尼亚文出版的不合法报纸，亚美尼亚社会民主党人联合会的机关报，由斯·格·邵武勉创办。该报只在1902年10月出版了一号（出版地点是梯弗利斯，为保密起见印作日内瓦），另外出了《〈无产阶级报〉小报》第1、2号。根据1903年3月举行的高加索社会民主党组织第一次代表大会的决定，《无产阶级报》和《斗争报》（格鲁吉亚社会民主党组织机关报）合并为《无产阶级斗争报》。《无产阶级斗争报》于1903年4~5月开始用格鲁吉亚文和亚美尼亚文出版，1905年7月起增出俄文版。三种文字版的内容完全相同。

《无产阶级报》第1号所载《亚美尼亚社会民主党人联合会宣言》一文是邵武勉写的。

---

① 见《列宁全集》第7卷，第218~227页。——编者注

犹太无产阶级是否需要"独立的政党"

（1903年2月15日〔28日〕）

在"立陶宛、波兰和俄罗斯犹太工人总联盟国外委员会"出版的《最新消息》第105号（1903年1月15日（28日））上《关于一份传单》（指俄国社会民主工党叶卡捷琳诺斯拉夫委员会的传单）这篇短文中，有下面一个既离奇又重要，而且真正"会引起一些后果"的论点："犹太无产阶级已形成为〈原文如此！〉独立的〈原文如此！〉政党崩得。"

这点我们至今不知道。这是新闻。

迄今为止，崩得是俄国社会民主工党的一个组成部分，而且就在（就在！）《最新消息》第106号上，我们看到崩得中央委员会的声明，声明的标题还是《俄国社会民主工党》。不错，崩得在自己最近的第四次代表大会上曾决定更改自己的名称（没有附带声明愿意听取俄罗斯同志关于俄国社会民主工党某部分的名称问题的意见），决定把新的**联邦制的**关系"贯彻"到俄国党的章程中去。崩得国外委员会退出国外"俄国社会民主党人联合会"并同这个联合会订立联邦制协定，如果这就叫作"贯彻"的话，那其至可以说它已经"贯彻了"这种关系。

但是，当《火星报》对崩得第四次代表大会的决定有争议时，崩得自己就非常明确地声明：它只想在俄国社会民主工党内**贯彻自己的愿望和决定**，就是说，它坦率而明确地承认：在党没有通过新的章程以前，在党没有确定对崩得新的关系以前，它还是俄国社会民主工党的一个部分。

可是现在却突然说犹太无产阶级已**形成为独立的**政党了！我们再说一遍：这是新闻。

崩得国外委员会对叶卡捷琳诺斯拉夫委员会所进行的可怕的不聪明的攻击，也同样是新闻。我们终于得到了（**尽管可惜已经很晚了**）这份传单，并且可以毫不犹豫地说：对**这样的**传单进行攻击，无疑是崩得方面的重大政治步骤①。这个步骤同宣布崩得为独立的政党是完全吻合的，同时它本身也充分展示了这个新政党的面目和行动方式。

可惜限于篇幅，我们不能全文转载叶卡捷琳诺斯拉夫的传单了（它几乎要占《火星报》两栏的篇幅②）；我们只指出，这份出色的传单把社会民主党对锡安主义[1]和反犹太主义的态度向**叶卡捷琳诺斯拉夫市**（我们马上就要解释，为什么强调这几个字）的犹太工人作了很好的说明。同时，这份传单对犹太工人的感情、情绪和愿望深表关切，完全是同志般的关切，以至特别预先声明和强调指出："即使是为了保存和进一步发展你们的〈传单是对犹太工人讲的〉**民族文化**"，"即使是为了纯粹的民族利益"（黑体是传单上原有的），也必须在俄国社会民主工党的旗帜下进行斗争。

但是崩得国外委员会（我们差点儿说成新政党的中央委员会了）却猛烈攻击这份传单，说**它对崩得只字不提**。这就是传单唯一的、然而是不可宽恕的弥天大罪。因此叶卡捷琳诺斯拉夫委员会被责备为缺乏"政治观念"。叶卡捷琳诺斯拉夫的同志受到责难，说他们"始终没有领会关于建立单独的犹太无产阶级力量〈!!〉的组织的必要性的思想〈多么深奥和重要的思想!〉"，说他们"始终痴心妄想摆脱它（崩得）"；说他们散播关于反犹太主义同资产阶级各阶层及其利益有联系，而不是同工人阶级各阶层及其利益有联系的"〈和锡安主义〉同样有害的神话"。因此劝告叶卡捷琳

---

① 当然，如果崩得国外委员会在这个问题上反映整个崩得观点的话。
② 我们打算在我们即将付印的小册子（列宁这里指的这个小册子后来没有出版——编者注）中，全文转载这个宣言和崩得国外委员会对宣言的攻击。

诺斯拉夫委员会"抛弃那种讳言独立的犹太工人运动的恶习"而"承认崩得存在的事实"。

请问：叶卡捷琳诺斯拉夫委员会是否真的就犯了罪？它是否真的非得提到崩得不可？对这些问题只能作出否定的回答，原因很简单，因为这份传单不是对全体"犹太工人"讲话（象崩得国外委员会对传单完全错误地表述的那样），而是对"**叶卡捷琳诺斯拉夫市**的犹太工人"（崩得国外委员会忘了引用叶卡捷琳诺斯拉夫市这几个字！）讲话。在叶卡捷琳诺斯拉夫**没有任何的崩得组织**。（对于俄国南方，崩得第四次代表大会曾经作出决定：在犹太组织已经加入党的委员会而不从这些委员会中分出来也能完全满足需要的城市中，一般**不应建立单独的崩得委员会**。）既然叶卡捷琳诺斯拉夫的犹太工人并没有组成单独的委员会，那就是说，他们的运动（和当地的整个工人运动是不可分离的）完全由叶卡捷琳诺斯拉夫委员会来领导，该委员会使他们**直接**共同隶属于俄国社会民主工党，而党则**应当号召他们为全党**而不是为党的个别部分工作。显而易见，在这种情况下，叶卡捷琳诺斯拉夫委员会不但不应提到崩得，而且恰恰相反，如果它想宣传"建立单独的犹太无产阶级力量的组织〈不如说是**没有力量**的组织〉① 的必要性"（如崩得分子所想的那样），那么，它就犯了极大的错误，不仅直接违反了党章，而且直接违反了无产阶级阶级斗争团结一致的利益。

其次，叶卡捷琳诺斯拉夫委员会受到责备，说它在反犹太主义问题上不"了解情况"。崩得国外委员会对大规模的社会运动表现出真正幼稚的观点。叶卡捷琳诺斯拉夫委员会在说到**近几十年来国际**反犹太主义运动的时候指出："这个运动已经从德国扩展到其他的国家，而且正是在资产阶级各居民阶层中，而不是在工人阶级各居民阶层中到处找到了它的拥护

---

① 崩得是在为"没有力量的组织"效劳，例如它使用了这样的说法："基督教的工人组织"中我们的同志。这种说法和对叶卡捷琳诺斯拉夫委员会的所有攻击都是同样毫无道理的。我们不知道什么"**基督教的**"工人组织。那些属于俄国社会民主工党的组织从来没有按宗教信仰划分过党员，从来不过问他们的宗教信仰，而且任何时候也不**会**这样做，即使当崩得在**实际上**"形成为独立的政党"的时候。

者。"崩得国外委员会却怒气冲冲地说："这是〈和锡安主义神话〉同样有害的神话。"反犹太主义"已经在工人群众中扎根"，"了解情况的"崩得举了两件事实来证明：(1)工人参加了琴斯托霍瓦的大暴行；(2)日托米尔的12名（**十二名**！）工人基督教徒的行为，他们参加了罢工，并且威胁说要"杀尽一切犹太佬"。证据确实很有分量，尤其是后一条！《最新消息》编辑部太习惯于利用5人或10人大罢工了，居然把日托米尔12名愚昧工人的行为拿来作为对国际反犹太主义同某部分"居民阶层"之间有联系的评价。这真是太妙了！如果崩得分子不是愚蠢地和可笑地对叶卡捷琳诺斯拉夫委员会大动肝火，而是稍微思考一下这个问题，哪怕去查阅一下他们不久前用依地语出版的考茨基论社会革命的小册子，那么他们就会懂得，反犹太主义正是同资产阶级各居民阶层的利益，而不是同工人阶级各居民阶层的利益有**确定无疑**的联系。只要稍微再想一下，他们就会懂得：不要说几十个，就是几百个没有组织起来的、其中十分之九还完全是愚昧的工人参加了某次大暴行，当代反犹太主义的社会性质也不会因此而改变。

叶卡捷琳诺斯拉夫委员会起来反对（正当地反对）锡安主义者关于反犹太主义永远存在的神话，而崩得这样怒气冲冲地出来纠正，只是搞乱了问题，在犹太工人中散布了**模糊**他们的阶级意识的观念。

从俄国整个工人阶级争取政治自由和争取社会主义的斗争的观点来看，崩得对叶卡捷琳诺斯拉夫委员会的攻击是极不明智的。从"独立的政党崩得"的观点来看，这种攻击就变得可以理解了：决不容许把"犹太"工人同"基督教"工人不可分割地组织在一起！决不容许"撇开"崩得，不通过崩得，不提到崩得，以俄国社会民主工党或者它的委员会的名义直接向犹太工人讲话！

出现这种令人深感痛心的事情并不是偶然的。既然在有关犹太无产阶级的事务方面你们要求的不是自治，而是"联邦制"，——你们就**不得不**称崩得为"独立的政党"，以便有可能**不惜任何代价**贯彻这个联邦制。但是把崩得称为独立的政党，正是把民族问题上的基本错误弄到荒谬绝伦的

31

地步，结果不可避免地必然成为犹太无产阶级和全体犹太社会民主党人转变看法的出发点。1898年章程规定的"自治"保证了犹太工人运动可能需要的一切：用依地语进行宣传和鼓动，出版书刊和召开代表大会，提出特殊的要求来发展一个共同的社会民主党纲领，满足由于犹太人的生活特点所产生的地方性需求。在其余各方面，都必须完全同俄罗斯无产阶级最密切地结合在一起，这是为了整个俄国无产阶级斗争的利益。害怕这样的结合会发生"多数压制少数"，事实上是毫无根据的，因为在**犹太**运动的特殊问题上，正是这种自治可以保证不会发生多数压制少数的现象，而在同专制制度、同全俄资产阶级斗争的问题上，我们应当以一个统一的、集中的战斗组织出现，我们应当不分语言和民族依靠整个无产阶级，依靠在经常共同解决理论问题和实际问题、策略问题和组织问题中团结一致的无产阶级，而不应当建立一些各行其是的组织，不应当分散成为许多独立的政党而削弱自己进攻的力量，不应当造成隔阂和隔绝，过后再拿声名狼藉的"联邦制"这种膏药来治疗人为的病痛。

载于《火星报》，1903年2月15日，第34号

选自《列宁全集》第7卷，第99～104页

注释：

[1] 锡安主义即犹太复国主义，是19世纪末在欧洲各国犹太资产阶级中产生的一种资产阶级民族主义思潮。锡安是耶路撒冷的一座山，古犹太人把它看作是犹太国的政治和宗教中心，锡安主义即得名于此。锡安主义的中心思想为：世界各国的犹太人是一个统一的犹太民族，具有一致的民族利益，因此要"从世界各地回到巴勒斯坦重建国家"。锡安主义者鼓吹犹太劳动人民同犹太资产阶级之间的阶级和平，诱使犹太劳动人民不去进行反对资产阶级的阶级斗争，不同其他民族的劳动人民共同进行争取民主自由和社会主义的斗争。

致格·马·克尔日扎诺夫斯基[*]

（1903年4月3日）

（老头：）

这一次我能告诉的事情不多。我看，现在主要的是尽一切力量加速筹备代表大会，并保证多数代表是干练的（和"自己的"）。几乎全部希望都落在布鲁特身上。要让他尽可能亲自料理**一切**，特别是有关代表的事，力求使我们的人多**一些**。每一个委员会两票的规定对这一点非常有利。其次，崩得的问题极其重要。我们已经停止同崩得关于组织委员会的论战，但是原则性的论战当然没有结束。这是办不到的。要使所有的人都透彻地、完全"装进头脑"地了解到，要想同崩得和平，就必须准备同它作战。要在代表大会上进行斗争，甚至分裂也在所不惜。毫无疑问，只有如此崩得才会屈服。那种荒谬的联邦制我们绝对不能接受，而且永远也不会接受。顶多是按照1898年的老章程实行自治，由中央委员会派一个代表参加崩得的中央委员会，这是最大限度了。必须对大家进行工作，说明并指出攻击叶卡捷琳诺斯拉夫是荒谬的野蛮行为[1]，等等。请速来信告知，大家在这方面的情绪怎样？你们的宣传工作进行得怎样？是否有希望使大多数人坚持正确的观点？

---

[*] 这封信是写在娜·康·克鲁普斯卡娅信上的附笔。——俄文版编者注

我们想给犹太工人出版一本小册子，说明紧密团结的必要性，揭露联邦制和"民族"政策的荒谬性。

从伦敦发往萨马拉
载于《列宁全集》第 8 卷，1928 年俄文版

选自《列宁全集》第 44 卷，第 341~342 页

注释：

[1] 崩得对俄国社会民主工党叶卡捷琳诺斯拉夫委员会的攻击，列宁在《犹太无产阶级是否需要"独立的政党"》一文中作了详细的叙述（见《列宁全集》第 7 卷，第 99~144 页）。

为俄国社会民主工党
第二次代表大会准备的决议草案[1]

（1903年6～7月）

1 关于崩得在俄国社会民主工党内的
地位的决议草案

崩　得

鉴于：

——无论为了尽快地实现无产阶级的最终目的，还是为了在现在的社会基础上坚定不移地进行整治斗争和经济斗争，战斗的无产阶级最亲密无间的团结都是绝对必要的；

——政府和剥削阶级夸大种族特点和煽动民族仇恨，为了同这种反犹太主义的卑鄙企图作卓有成效的斗争，尤其需要犹太无产阶级和非犹太无产阶级的亲密团结；

——犹太无产阶级和非犹太无产阶级的社会民主党组织的完全合并，无论在哪方面都丝毫不会限制我们的犹太同志的独特性，他们可以用任何一种语言进行宣传和鼓动，可以出版适合当地的地方运动或民族运动需要的书刊，可以提出鼓动口号和直接的政治斗争口号（这些口号将是社会民主党纲领中关于语言和民族文化的完全平等、完全自由以及其他问题总的基本的原则的运用和发挥），代表大会坚决反对把联邦制原则作为俄国党的建党原则，确认以1898年党章为基础的组织原则，即各民族的社会民主党组织在下列事务上实行自治，就是……①

载于《列宁文集》第 6 卷，1927 年俄文版

选自《列宁全集》第 7 卷，第 227～228 页

注释：

[1] 为俄国社会民主工党第二次代表大会准备的这些决议草案，列宁后来在代表大会上只提出了其中的一个，即《关于对待青年学生的态度的决议草案》。

---

① 手稿到此中断。——俄文版编者注

我们纲领中的民族问题

（1903年7月15日〔28日〕）

在党纲草案中，我们提出了建立具有民主宪法的共和国的要求，民主宪法应保证"承认国内各民族有自决权"。许多人觉得我们纲领中的这一要求不够明确，所以在本报第33号上谈到亚美尼亚社会民主党人宣言时，我们对这一条的意义作了如下的说明。社会民主党将永远反对任何用暴力或任何非正义手段从外部影响民族自决的企图。但是，无条件地承认争取民族自决的自由的斗争，这丝毫也不意味着我们必须支持任何民族自决的要求。社会民主党作为无产阶级的政党，其真正的主要的任务不是促进各民族的自决，而是促进每个民族中的无产阶级的自决。我们应当永远无条件地努力使各民族的无产阶级**最紧密地**联合起来。只有在个别的特殊情况下，我们才能提出并积极支持建立新的阶级国家或者用比较松散的联邦制的统一代替一个国家政治上的完全统一等等要求。①

我们纲领中对于民族问题的这个解释，招来了波兰社会党[1]的强烈抗议。在《俄国社会民主党对民族问题的态度》一文（1903年3月《黎明》[2]）中，波兰社会党对于这种"令人惊异的"解释，对我们"神秘的"自决之"模糊不清"表示愤慨，指责我们是学理主义，是"无政府主

---

① 见《列宁全集》第7卷，第87～90页。——编者注

义"观点，似乎我们认为"除了彻底消灭资本主义之外，其余什么都与工人无关，因为语言、民族、文化等等都只是资产阶级的虚构"，如此等等。这个论据值得详细地谈一谈，因为它把社会党人中在民族问题上很经常、很普遍的误解几乎暴露无遗了。

我们的解释为什么会这样"令人惊异"呢？为什么会认为它违背了"本"义呢？难道承认民族自决**权**就得**支持**任何民族自决的任何要求吗？我们社会民主党人承认一切公民有自由结社的**权利**，这丝毫不意味着我们必须**支持**组织任何新的社团，**丝毫**也不妨碍我们发表意见、进行鼓动，反对不适宜的和不明智的组织某种新的社团的想法。我们甚至承认耶稣会教徒有自由传道的**权利**，可是我们反对（当然不是用警察手段来反对）耶稣会教徒同无产者结社。《黎明》说："如果自由自决这个要求能按它的本义来理解（我们至今是这样来理解的），那我们就满意了。"这就十分明显，违背纲领本义的正是波兰社会党。从形式上看来，它的结论之不合逻辑是肯定无疑的。

但是我们不愿只从形式上来检验我们的解释。我们要直截了当地从实质上提出问题：社会民主党应当永远无条件地要求民族独立呢，还是只在某种条件下提出这个要求？这种条件究竟是什么？波兰社会党在解答这个问题时总是赞成无条件地承认民族独立。因此，它对要求建立联邦制的国家制度、主张"完全地无条件地承认民族自决权"（《革命俄国报》第18号《民族的奴役和革命的社会主义》一文）的俄国社会革命党人脉脉含情，我们就一点也不觉得奇怪了。可惜这只不过是一种资产阶级民主主义的空话，它第一百次、第一千次地表明了所谓社会革命党人的所谓党的本性。波兰社会党经不起这种空话的引诱，受到这种叫嚣的迷惑，这证明它在理论认识和政治活动方面同无产阶级的阶级斗争的联系是多么薄弱。我们应当**使**民族自决的要求**服从**的正是无产阶级阶级斗争的利益。这个条件正是我们对民族问题的提法同资产阶级民主派的提法的区别之所在。资产阶级民主派（以及跟在他们后面亦步亦趋的现代社会党内的机会主义者）以为民主制可以消灭阶级斗争，所以他们抽象地、笼统地、"无条件地"、从"全民"利益的观点、甚至从永恒的绝对的道德原则的观点来提出自己的一切政治要求。社会民主党人无论何时何地都无情地揭露这种资产阶级的幻想，不管它表现为抽象的唯心主义哲学，还是表现为无条件地要求民族独立。

马克思主义者只能有条件地而且只能在上述条件下承认民族独立的要求，这一点如果还需要证明，我们可以援引一位著作家的话，他曾经从马克思主义观点出发**卫护**过波兰无产者提出的波兰独立要求。1896年，卡尔·考茨基在《波兰完了吗？》一文中写道："只要波兰无产阶级着手解决波兰问题，他们就不能不主张波兰独立，也不能不欢迎目前在这方面可能采取的每一步骤，因为这种步骤总的说来同正在进行斗争的国际无产阶级的阶级利益是相符的。"

考茨基继续写道："这个附带条件，无论如何必须加上。**民族独立同正在进行斗争的无产阶级的阶级利益并不是完全密不可分的，不应当在任何情况下都无条件地要求民族独立**[①]。马克思和恩格斯曾经十分坚决地主张意大利的统一和解放，可是这并不妨碍他们在1859年反对意大利同拿破仑结成联盟。"（《新时代》[3]第14年卷第2册，第520页）

你们看：考茨基坚决反对**无条件地**要求民族独立，他不仅坚决要求在一般的历史基础上提出问题，而且正是要求在阶级基础上提出问题。如果我们研究一下马克思和恩格斯对波兰问题的提法，那就会发现，他们一开始就是这样提出问题的。《新莱茵报》[4]曾经用了很大的篇幅来谈波兰问题，它不仅坚决要求波兰独立，而且坚决要求德国为了波兰的自由同俄国作战。然而，马克思同时也抨击过在法兰克福议会[5]主张波兰自由的卢格，因为他只用"可耻的非正义行为"这类资产阶级民主主义的空话解决波兰问题，而不作任何历史分析。马克思并不是那种最怕在革命的历史关头进行"论战"的革命中的腐儒和庸人。马克思用辛辣的讽刺无情地嘲笑

[①] 黑体是我们用的。

了"人道的"公民卢格，用法国北部压迫南部的例子向他说明，在民主派和无产阶级看来，并不是任何民族压迫在任何时候所引起的独立要求都是正当的。马克思引述了一些特殊的社会条件，由于这些条件，"波兰已经成了俄国、奥地利和普鲁士的革命的部分……甚至波兰小贵族阶级（一部分还站在封建的立场上）也以无比的忘我精神参加民主的土地革命。当德国还在最庸俗的立宪思想和浮夸的哲学思想中徘徊的时候，波兰就已经成了东欧①民主的策源地……只要我们〈德国人〉还在帮助压迫波兰，只要我们还把波兰的一部分拴在德国身上，我们自己就仍然要受俄国和俄国政策的束缚，我们在国内就不能彻底摆脱宗法封建的专制政体。建立民主的波兰是建立民主德国的首要条件。"②

我们如此详细地摘录了这些话，因为它们生动地表明，国际社会民主党在几乎整个19世纪后半期对波兰问题的提法，是在怎样的历史条件下形成的。忽视从那时以来已经变化了的条件，坚持马克思主义的旧的答案，那就是只忠于学说的字句，而不是忠于学说的精神，就是只背诵过去的结论，而不善于用马克思主义的研究方法来分析新的政治局势。当时和现在，一个是最后的资产阶级革命运动的时代，一个是在无产阶级革命前夕反动派十分猖獗、各方面力量极其紧张的时代，这两个时代的区别是极其明显的。**当时**整个波兰，不仅农民而且很多贵族都是革命的。民族解放斗争的传统是如此地有力和深刻，甚至在本国失败之后，波兰的优秀儿女还到处去支援革命阶级，东布罗夫斯基和弗卢勃列夫斯基的英名，同19世纪最伟大的无产阶级运动，同巴黎工人最后一次——我们希望是最后一次——不成功起义，是紧密地联系在一起的。**当时**，不恢复波兰的独立，民主运动在欧洲确实不可能取得完全的胜利。**当时**，波兰确实是反对沙皇制度的文明堡垒，是民主运动的先进部队。**现在**，波兰的统治阶级、德奥的贵族地主、俄国的工业金融大亨，都在充当压迫波兰的各国统治阶级的

---

① 在列宁的引文中是"欧洲"。——原编者注
② 见《马克思恩格斯全集》中文第1版第5卷，第421~422、391页。——编者注

支持者。而德国和俄国的无产阶级，同英勇地继承了过去革命波兰的伟大传统的波兰无产阶级一起，在为自己的解放而斗争。**现在**，邻国先进的马克思主义者密切地注视着欧洲政局的发展，对波兰人的英勇斗争充满了同情，不过他们也公开承认："彼得堡现在已经成为比华沙重要得多的革命中心，俄国革命运动已经比波兰革命运动具有更大的国际意义。"早在1896年，考茨基在赞成波兰社会民主党的纲领中包括恢复波兰的独立要求的时候就有过这样的评语。1902年，梅林考察了1848年以来波兰问题的演进情况，得出了这样的结论："如果波兰无产阶级要在自己的旗帜上写上恢复波兰的阶级国家（关于这一要求，统治阶级本身连听都不愿意听），那就等于演出历史的滑稽剧：对有产阶级来说这是常有的事（如波兰贵族在1791年就是如此），但是工人阶级却不该堕落到这个地步。如果提出这种反动的空想，为的是吸引那些对民族的鼓动还能有一定反响的知识分子和小资产阶级阶层，让他们接受无产阶级的鼓动，那么这种空想作为卑鄙的机会主义的表现，更应加倍地受到谴责，这种机会主义为了一时微小的和廉价的成功而牺牲工人阶级的长远利益。

这种利益绝对地要求在三个瓜分波兰的国家中的波兰工人义无反顾地同自己的阶级弟兄并肩战斗。资产阶级革命可以建立自由波兰的时代已经一去不复返了；现在，只有通过一场现代无产阶级将在其中砸碎自己身上锁链的社会革命，波兰才有恢复独立的可能。"

我们完全同意梅林的这个结论。只是要指出：我们在论证时即使不象梅林走得那么远，这个结论也是无懈可击的。毫无疑问，现在波兰问题的情况和50年前根本不同了。但是不能认为现在这种情况是万古不变的。毫无疑问，现在阶级的对抗已经使民族问题远远地退居次要地位了，但是，也不能绝对肯定地说某一个民族问题不会暂时地居于政治戏剧舞台的主要地位，否则就有陷入学理主义的危险。毫无疑问，在资本主义崩溃以前，恢复波兰的独立是不可思议的；但是也不能说绝对没有可能，不能说波兰资产阶级不会在某种情况下站到主张独立这边来，如此等等。俄国的社会民主党决不束缚住自己的手脚。它在自己的纲领中承认民族自决权的时候，把**所有的**可能性，甚至凡是**可能发生的**一切情况都估计到了。这个纲领丝毫不排斥波兰无产阶级把建立自由独立的波兰共和国作为自己的口号，尽管这在社会主义以前极少有实现的可能。这个纲领只是要求，真正的社会主义政党不要腐蚀无产阶级的意识，不要掩盖阶级斗争，不要用资产阶级民主主义的空话来诱惑工人阶级，不要破坏现代无产阶级政治斗争的统一。这个条件正是全部关键之所在，只有在这个条件下，我们才承认民族自决。波兰社会党枉费心机地把事情说成似乎它同德国或俄国的社会民主党人的不同之处，就在于这两国的社会民主党人否认自决权，否认要求建立自由独立的共和国的权利。并非如此，是他们忘掉了阶级观点，用沙文主义掩盖阶级观点，破坏当前政治斗争的统一，——正是这一点，使我们看不出波兰社会党是真正的工人社会民主党。请看波兰社会党通常对问题的提法吧："……我们只能用波兰脱离俄国的方法来削弱沙皇制度，至于推翻沙皇制度则是俄国同志的事情。"又如："……专制制度消灭以后，我们只会这样来决定自己的命运：使波兰同俄国脱离。"请看，这种即使从恢复波兰独立的纲领性要求看来也是十分奇怪的逻辑引出了多么奇怪的结论。**因为**恢复波兰独立是民主演进可能产生的（不过在资产阶级统治之下肯定不会很有保障）结果之一，**所以**波兰无产阶级不能同俄国无产阶级一起为推翻沙皇制度而斗争，而"只能"用波兰脱离俄国的方法来削弱沙皇制度。**因为**俄国沙皇制度同德奥等国的资产阶级和政府结成日益紧密的联盟，**所以**波兰无产阶级就应该削弱同俄国、德国和其他国家的无产阶级（现在波兰无产阶级正和他们在反对**同一种**压迫）的联盟。这无非是为了迎合资产阶级民主派关于民族独立的见解而牺牲无产阶级最迫切的利益。**和我们推翻专制制度的目的不同**，波兰社会党所追求的是俄国的四分五裂，而只要经济的发展使一个政治整体的各个部分更加紧密地结合在一起，只要世界各国资产阶级愈来愈齐心地联合起来反对共同的敌人——无产阶级，支持共同的盟友——沙皇，那么俄国的四分五裂在目前和将来都只能是一句空话。然而，目前在这种专制制度压迫下受苦受难的**无产阶级力量的四分五裂**，这倒是可悲的现实，这是波兰社会党犯错误的直接后果，是波兰社会党崇拜资产阶级民主公式的直接后果。为了假装看不到**无产阶级力量的四分五裂**，波兰社会党只得堕落到沙文主义的地步，例如，他们对俄国社会民主党人的观点作了这样的歪曲："我们〈波兰人〉应当等待社会革命，在这以前应该耐心忍受民族压迫。"这简直是胡说八道。俄国社会民主党人不但从来没有提出过这样的劝告，相反，他们自己在为反对俄国境内的任何民族压迫而斗争，并且号召俄国整个无产阶级来进行这一斗争，他们在**自己的**纲领中不仅提出语言、民族等等完全平等，而且承认每个民族有自己决定自己命运的权利。在承认这种权利的时候，我们对民族独立要求的支持，是**服从于**无产阶级斗争的利益的，只有沙文主义者才会把我们的立场解释成俄罗斯人对异族人的不信任，因为实际上，这种立场是由于觉悟的无产者对资产阶级不信任而必然产生的。在波兰社会党看来，民族问题**只是**"我们"（波兰人）同"他们"（德国人、俄国人等等）的对立。而社会民主党人则把"我们"无产者同"他们"资产阶级的对立放在首位。"我们"无产者多次看到，当革命的无产阶级在资产阶级面前站起来的时候，资产阶级是怎样**出卖**自由、祖国、语言和民族的利益的。我们看到，在法兰西民族受压迫、受屈辱最厉害的时候，法国的资产阶级如何卖身投靠普鲁士人，民族抵抗政府如何变成了背叛人民的政府，被压迫民族的资产阶级如何召唤压迫民族的兵士来帮助镇压敢于伸手夺取政权的无产者同胞。正因为如此，我们根本不在乎沙文主义和机会主义的攻击，我们要经常地告诉波兰工人：只有同俄国无产阶级结成最亲密无间的联盟，才能满足目前反对专制制度的政治斗争的要求，只有这样的联盟，才能保证政治上和经济上的彻底解放。

我们在波兰问题上所说的话，也完全适用于任何其他民族问题。万恶的专制制度的历史，给我们遗留下了专制制度压迫下各族工人阶级之间的**严重隔阂**，这种隔阂是反专制制度斗争中极大的弊端、极大的障碍。我们不应当用什么党的独特性或党的"联邦制""原则"使这种弊端合法化，把这种怪事神圣化。比较简单省事的办法当然是走阻力最小的道路，各顾各，"各人自扫门前雪"，崩得现在就想这样做。我们愈是意识到统一的必要性，愈是坚信没有完全的统一就不能对专制制度发起总攻，集中的斗争组织在我国政治制度下愈是显得必要，我们就愈不能满足于用表面"简单"实际十分虚假的办法来解决问题。既然认识不到隔阂的危害，既然不愿意不惜任何代价彻底消除无产阶级政党阵营内的这种隔阂，那就用不着"联邦制"这种遮羞布了，就不必去解决问题了，因为有"一方"实际上并不想解决问题，既然如此，最好还是让生活经验和实际运动的教训去说服人们：受专制制度压迫的各族无产者反对专制制度、反对日益紧密团结的国际资产阶级的斗争要取得胜利，集中制是必不可少的。

载于《火星报》，1903年7月15日，第44号

选自《列宁全集》第7卷，第218～226页

注释：

[1] 波兰社会党是以在波兰社会党人巴黎代表大会（1892年11月）确定的纲领方针为基础于1893年成立的。这次代表大会提出了建立独立民主共和国、为争取人民群众的民主权利而斗争的口号，但是没有把这一斗争同俄国、德国和奥匈帝国的革命力量的斗争结合起来。该党右翼领导人约·皮尔苏茨基等认为恢复波兰国家的唯一道路是民族起义，而不是以无产阶级为领导的全俄反对沙皇的革命。从1905年2月起，以马·亨·瓦列茨基、费·雅·柯恩等为首的左派逐步在党内占了优势。1906年11月召开的波兰社会党第九次代表大会把皮尔苏茨基及其拥护者开除出党，该党遂分裂为两个党：波兰社会党—"左派"和所谓的波兰社会党—"革命派"。波兰社会党—"左派"逐步转到了革命的和国际主义的立场，于1918年12月同波兰王国和立陶宛社会民主党一起建立了波兰共产党。波兰社会党—"革命派"于1909年重新使用波兰社会党的名称，强调通过武装斗争争取波兰独立，但把这一斗争同无产阶级的阶级斗争割裂开来。从第一次世界大战开始起，该党的骨干分子参加了皮尔苏茨基站在奥德帝国主义一边搞的军事政治活动（成立波兰军团）。1918年波兰社会党参加创建独立的资产阶级波兰国家。该党不反对地主资产阶级波兰对苏维埃俄国的武装干涉，并于1920年7月参加了所谓国防联合政

府。1926年该党支持皮尔苏茨基发动的政变，同年11月，由于拒绝同推行"健全化"的当局合作而成为反对党。

[2] 《黎明》杂志（《Przedświt》）是波兰政治刊物，由一些波兰社会主义者于1881年创办。1884年起是波兰第一个工人政党"无产阶级"党的机关刊物。1892年起《黎明》杂志被右翼社会党人和民族主义分子所掌握，但偶尔也刊登一些马克思主义者的文章。1893～1899年该杂志是波兰社会党人国外联合会（波兰社会党的国外组织）的机关刊物，1900～1905年是波兰社会党的理论性和争论性机关刊物。1907年起，该杂志是右派波兰社会党（所谓波兰社会党—"革命派"）的机关刊物；1918～1920年是波兰社会党的机关刊物。1920年停刊。1881～1901年《黎明》杂志在国外（日内瓦、利普斯克、伦敦、巴黎）出版，后来在波兰（克拉科夫、华沙、利沃夫）出版。

[3] 《新时代》杂志（《Die Neue Zeit》）是德国社会民主党的理论刊物，1883～1923年在斯图加特出版。1890年10月前为月刊，后改为周刊。1917年10月以前编辑为卡·考茨基，以后为亨·库诺。1885～1895年间，杂志发表过马克思和恩格斯的一些文章。恩格斯经常关心编辑部的工作，并不时帮助它纠正背离马克思主义的倾向。为杂志撰过稿的还有威·李卜克内西、保·拉法格、格·瓦·普列汉诺夫、罗·卢森堡、弗·梅林等国际工人运动活动家。《新时代》杂志在介绍马克思主义基本理论、宣传俄国1905～1907年革命等方面做了有益的工作。随着考茨基转到机会主义立场，1910年以后，《新时代》杂志成了中派分子的刊物。

[4] 《新莱茵报》（《Neue Rheinische Zeitung》）是德国和欧洲革命民主派中无产阶级一翼的日报，1848年6月1日～1849年5月19日在科隆出版。马克思任该报的主编，编辑部成员恩格斯、恩·德朗克、斐·沃尔弗、威·沃尔弗、格·维尔特、斐·弗莱里格拉特等都是共产主义者同盟的盟员。该报揭露反动的封建君主派和资产阶级反革命势力，主张彻底解决资产阶级民主革命的任务和用民主共和国的形式统一德国，是当时指导群众革命行动的中心。该报创刊不久，就遭到反动报纸的围攻和政府的迫害，1848年9～10月间一度被查封。1849年5月，普鲁士政府借口马克思没有普鲁士国籍而把他驱逐出境，并对其他编辑进行迫害，该报因此被迫停刊。

[5] 法兰克福议会是德国1848年三月革命以后召开的全德国民议会，1848年5月

18日在美因河畔法兰克福正式开幕。法兰克福议会的选举由各邦自行办理,代表中资产阶级自由派占多数。由于自由派的怯懦和动摇以及小资产阶级左派的不坚定和不彻底,法兰克福议会不敢夺取国家最高权力,也没有能建立人民武装来粉碎反革命,以克服德国的分崩离析状态。法兰克福议会从一开始就宣布制定全德宪法为其唯一重要任务。在制宪过程中,代表们竞相发表演说,无休止地空谈和争辩。直至1849年3月27日,议会才通过了帝国宪法,而这时反动势力已在奥地利和普鲁士得胜。法兰克福议会制定的宪法尽管很保守,但毕竟主张德国统一,有些自由主义的气味,因此普鲁士、奥地利、巴伐利亚等邦纷纷宣布予以拒绝,并从议会召回自己的代表。留在议会里的小资产阶级左派不敢领导已经兴起的人民群众保卫宪法的斗争,于1849年5月30日把法兰克福议会迁至持中立立场的符腾堡的斯图加特。6月18日,法兰克福议会被符腾堡军队解散。

俄国社会民主工党
第二次代表大会文献[1]（节选）

（1903年7~8月）

5 关于崩得在俄国社会民主工党内的地位问题的发言

（1903年7月20日〔8月2日〕）

我首先来谈谈霍夫曼的发言和他的"紧密的多数派"[2]的说法。霍夫曼同志用这个字眼是带着责备的口吻的。我认为，对于在代表大会上有紧密的多数派这一点，我们不必感到惭愧，而应当感到骄傲。如果我们全党能成为一个紧密的、高度紧密的占百分之九十的多数派，那我们就更要感到骄傲了。（鼓掌）多数派把崩得在党内的地位问题放到第1项是正确的：崩得分子立刻证明了这种正确性，他们提出了自己那个所谓的章程，而实质上就是建议实行**联邦制**[3]。既然在党内有人建议实行联邦制，有人反对联邦制，那么除了把崩得问题放到第1项而外，也就没有别的办法了。爱情不能强求，在没有坚定不移地解决我们愿不愿意一起前进这个问题以前，是无从谈论党的内部事务的。

所争论的问题的实质，有时在讨论中阐述得不完全正确。问题在于：许多党员认为联邦制**是有害的**，把联邦制应用于俄国当前的实际是同社会民主党的原则相抵触的。联邦制之所以有害，是因为它**把独特性和隔阂合**

法化，使之提高为原则，提高为法律。我们之间确实存在着极严重的隔阂，我们不应当把它合法化，不应当用遮羞布把它掩盖起来，而应当消除这种隔阂，我们应当坚决承认并且声明必须坚定不移地努力实现**最紧密的**团结。正因为如此，我们在原则上、从门口起①（借用一个有名的拉丁成语）就反对联邦制，反对我们之间有**任何**必然存在的壁障。在党内本来总是会有各种不同的派别，即在纲领、策略和组织等问题上意见并不完全一致的同志组成的派别，但愿全党**只有一种**划分派别的方法，即让所有思想一致的人联合成为一个派别，而不是先由一些派别组成党的**一个部分**，同党的其他部分内的那些派别互不相干，然后联合在一起的不是观点不同和观点有细微差别的派别，而是由各种不同派别凑成的党的各个部分。我再说一遍：我们不承认任何**必然存在**的壁障，因此在原则上反对联邦制。

现在来谈自治问题。李伯尔同志说，联邦制是集中制，而自治是分权制。难道李伯尔同志以为代表大会的代表都是些六岁小孩，用这种诡辩就能哄住吗？集中制要求中央和党的最遥远、最偏僻的部分之间**没有**任何壁障，这难道不清楚吗？我们的中央将得到直接了解每一个党员的绝对权利。如果有谁建议在崩得**内部**实行这样一种"集中制"，使崩得的中央委员会**不通过**科夫诺委员会**就**不能和所有的科夫诺小组和同志取得联系，那么崩得分子只会一笑置之。现在再顺便谈谈委员会。李伯尔同志激昂慷慨地大声说道："既然崩得是服从于一个中央的组织，那还要谈论崩得的自治干什么？你们总不会让某个图拉委员会实行自治吧？"李伯尔同志，您说错了：我们毫不动摇地一定也要让"某个"图拉委员会实行自治，实行不受中央的琐碎干预的自治，当然，仍然有服从中央的义务。"琐碎的干预"这个说法，我是从崩得的传单《自治还是联邦制？》中借用来的。崩得提出这种不受"琐碎的干预"的自由作为一项**条件**，作为对党的一项**要求**。提出这种可笑的要求本身就表明，崩得在所争论的问题上有多么糊涂。难道崩得竟认为，党会容许

---

① 从一开始。——原编者注

一个对党的**任何**组织或团体的事务进行"**琐碎的**"干预的中央存在下去吗？难道这实际上不正是代表大会上已经谈到的那种"组织上的不信任"吗？崩得分子的一切建议和一切议论中都流露了这种不信任。实际上，为争取**完全的**平等以至为争取**承认**民族自决权而斗争，不是我们全党的**义务**吗？因此，如果我们党的任何一部分没有履行这项义务，那么按照我们的原则，它必然要受到谴责，必然要由党的中央机关去**纠正**。如果明明完全有可能履行这个义务却故意不去履行，那就是**背叛行为**。

其次，李伯尔同志用打动人心的口气问我们：**怎么能够证明**自治可以保证犹太工人运动具有必不可少的独立性呢？真是个怪问题！怎么能证明所提出的道路中有一条是正确的呢？唯一的办法就是沿着这条路走走看，在实践中去检验。对李伯尔同志的问题，我的回答是：**同我们一起走吧**，我们会在实践中向你们证明，关于独立性的一切正当要求都完全可以得到满足。

在争论崩得地位问题的时候，我总是想起英国的煤矿工人。他们组织得很好，比其他的工人都组织得好。他们**因此**想否决全体无产者所提出的八小时工作制的共同要求[4]。这些煤矿工人对无产阶级团结的理解，同我国崩得分子的理解一样狭隘。愿煤矿工人的可悲的例子会成为崩得同志的借鉴。

载于1904年中央委员会出版社在日内瓦出版的《俄国社会民主工党第二次（例行）代表大会记录全文》一书

选自《列宁全集》第7卷，第248～250页

11　对党纲的一般政治要求的几条条文的建议[5]

（1903年7月30日和8月1日〔8月12日和14日〕之间）

（1）在第6条中"和语言"这几个字可不动。

（2）再增加一条：

"居民有权受到用本民族语言进行的教育，每个公民都有在各种会议

上、在各社会团体和国家机关中讲本民族语言的权利。"

（3）删去第11条中关于语言的一句话。

译自《列宁全集》第7卷，俄文第5版，第277页

选自《列宁全集》第7卷，第258页

21　关于崩得退出俄国社会民主工党的决议草案[6]

（1903年8月5日〔18日〕）

崩得的退党

代表大会认为，崩得的代表拒绝服从代表大会多数的决定，就是表示崩得退出俄国社会民主工党。[7]

代表大会对这一步骤深表遗憾，代表大会确信这一步骤是"犹太工人联盟"现领导人的严重政治错误，这个错误必然会损害犹太无产阶级和犹太工人运动的利益。崩得的代表为自己所采取的这一步骤进行辩护，代表大会认为，他们提出的理由在实践方面是毫无根据地担心和怀疑俄国社会民主党人的社会民主主义信仰不真诚和不彻底，在理论方面则是民族主义可悲地渗入崩得的社会民主主义运动的结果。

代表大会表示希望并且坚信俄国的犹太工人运动和俄罗斯工人运动必然亲密无间地团结，不仅是原则上的团结，而且是组织上的团结。代表大会决定采取一切措施，使犹太无产阶级详细地了解代表大会的本决议，也详细地了解俄国社会民主党对一切民族运动的态度。

载于《列宁文集》第15卷，1930年俄文版

选自《列宁全集》第7卷，第283页

22　对马尔托夫关于崩得退出俄国社会民主工党的决议案的补充

（1903年8月5日〔18日〕）

代表大会决定采取一切措施以恢复犹太工人运动和非犹太工人运动的团结，并向尽量广泛的犹太工人群众解释俄国社会民主党对民族问题的提法。

译自《列宁全集》第7卷，俄文第5版，第301页

选自《列宁全集》第7卷，第284页

注释：

[1] 这是有关俄国社会民主工党第二次代表大会的一组文献。有关这次代表大会的另一些材料收在《列宁全集》第7卷《附录》中。

俄国社会民主工党第二次代表大会于1903年7月17日（30日）～8月10日（23日）召开。7月24日（8月6日）前，代表大会在布鲁塞尔开了13次会议。后因比利时警察将一些代表驱逐出境，代表大会移至伦敦，继续开了24次会议。

代表大会是《火星报》筹备的。列宁为代表大会起草了一系列文件，并详细拟订了代表大会的议程和议事规程。出席代表大会的有43名有表决权的代表，他们代表着26个组织（劳动解放社、《火星报》组织、崩得国外委员会和中央委员会、俄国革命社会民主党人国外同盟、国外俄国社会民主党人联合会以及俄国社会民主党的20个地方委员会和联合会），共有51票表决权（有些代表有两票表决权）。出席代表大会的有发言权的代表共14名。代表大会的成分不一，其中有《火星报》的拥护者，也有《火星报》的反对者以及不坚定的动摇分子。

列入代表大会议程的问题共有20个：1. 确定代表大会的性质。选举常务委员会。确定代表大会的议事规程和议程。组织委员会的报告和选举审查代

表资格和决定代表大会组成的委员会。2. 崩得在俄国社会民主工党内的地位。3. 党纲。4. 党的中央机关报。5. 代表们的报告。6. 党的组织（党章问题是在这项议程下讨论的）。7. 区组织和民族组织。8. 党的各独立团体。9. 民族问题。10. 经济斗争和工会运动。11. 五一节的庆祝活动。12. 1904年阿姆斯特丹国际社会党代表大会。13. 游行示威和起义。14. 恐怖手段。15. 党的工作的内部问题：（1）宣传工作，（2）鼓动工作，（3）党的书刊工作，（4）农民中的工作，（5）军队中的工作，（6）学生中的工作，（7）教派信徒中的工作。16. 俄国社会民主工党对社会革命党人的态度。17. 俄国社会民主工党对俄国各自由主义派别的态度。18. 选举党的中央委员会和中央机关报编辑部。19. 选举党总委员会。20. 代表大会的决议和记录的宣读程序，以及选出的负责人和机构开始行使自己职权的程序。有些问题没有来得及讨论。

列宁被选入了常务委员会，主持了多次会议，几乎就所有问题发了言。他还是纲领委员会、章程委员会和代表资格审查委员会的委员。

代表大会要解决的最重要的问题，是批准党纲、党章以及选举党的中央领导机关。列宁及其拥护者在大会上同机会主义者展开了坚决的斗争。代表大会否决了机会主义分子要按照西欧各国社会民主党的纲领的精神来修改《火星报》编辑部制定的纲领草案的一切企图。大会先逐条讨论和通过党纲草案，然后由全体代表一致通过整个纲领（有1票弃权）。在讨论党章时，会上就建党的组织原则问题展开了尖锐的斗争。由于得到了反火星派和"泥潭派"（中派）的支持，尔·马尔托夫提出的为不坚定分子入党大开方便之门的党章第1条条文，以微弱的多数票为大会所通过。但是代表大会还是基本上批准了列宁制定的党章。

大会票数的划分起初是：火星派33票，"泥潭派"（中派）10票，反火星派8票（3名工人事业派分子和5名崩得分子）。在彻底的火星派（列宁派）和"温和的"火星派（马尔托夫派）之间发生分裂后，彻底的火星派暂时处于少数地位。但是，8月5日（18日），7名反火星派分子（2名工人事业派分子和5名崩得分子）因不同意代表大会的决议而退出了大会。在选举中央机关时，得到反火星派分子和"泥潭派"的支持的马尔托夫派（共7人）成为少数派，共有20票（马尔托夫派9票，"泥潭派"10票，反火星派1票），而团结在列宁周围的20名彻底的火星派分子成为多数派，共有24票。

列宁及其拥护者在选举中得到了胜利。代表大会选举列宁、马尔托夫和格·瓦·普列汉诺夫为中央机关报《火星报》编委，格·马·克尔日扎诺夫斯基、弗·威·林格尼克和弗·亚·诺斯科夫为中央委员会委员，普列汉诺夫为党总委员会委员。从此，列宁及其拥护者被称为布尔什维克（俄语多数派一词音译），而机会主义分子则被称为孟什维克（俄语少数派一词音译）。

[2] 指分裂前的火星派。

[3] 1903年7月19日（8月1日），在俄国社会民主工党第二次代表大会第4次会议讨论崩得在党内的地位问题时，崩得代表米·伊·李伯尔将崩得第五次代表大会通过的崩得章程提交代表大会审议。这个章程实质上要求同俄国社会民主工党建立联邦制关系。会议就此问题展开了激烈的争论。多数代表谴责崩得提出的联邦制原则。在7月21日（8月3日）第7次会议上，李伯尔又提出了崩得章程的修正案，并向代表大会发表了最后通牒式的声明。崩得的代表一再坚持要求大会在讨论总的党章以前，应立即逐条讨论崩得的章程。多数代表反对这一要求。7月21日（8月3日）下午举行的第8次会议以45票赞成，5票反对通过了尔·马尔托夫起草的决议，否决了崩得提出的联邦制原则。决议认为崩得的章程应作为党章的一个部分，在讨论党章时再予以审议。后来，在8月5日（18日）的第27次会议上，再次讨论了崩得的章程。

[4] 指英国诺森伯兰和达勒姆两郡的煤矿工人工会。这两个工会在19世纪80年代通过同业主搞交易而争取到让熟练的井下工人实行七小时工作制，后来他们就一直反对通过立法让英国所有的工人实行八小时工作制。

[5] 这个建议草案是在第二次讨论党纲的一般政治要求第7条（火星派草案第6条）的条文时由列宁提交纲领委员会会议的。

在火星派的纲领草案中，这一条包含废除等级制和全体公民不分性别、宗教信仰和种族一律平等的要求。纲领委员会初次讨论时，把这一条中间的文字改成："……不分宗教信仰、种族、民族和语言……"，然后提交7月30日（8月12日）代表大会第16次会议。在代表大会讨论这一条文时，崩得分子要求把"语言平等"问题专写一条。由于他们把一部分动摇的火星派分子拉到自己方面，在代表大会上进行表决时，双方票数相等。后来列宁在《俄国社会民主工党第二次代表大会记事》一文中曾提到这次"使用语言平等"的事件（见《列宁全集》第8卷）。

第7条条文修改问题在代表大会第16次和第17次会议上争论不休，于是被再次提交纲领委员会。委员会通过了列宁的建议（文字上略有修改）并以委员会的名义提交8月1日（14日）代表大会第21次会议。建议的第1项被大会否决；第2项作了一些修改后得到通过（在代表大会通过的纲领中是第8条）；第3项按原来文字通过。

列宁建议的第3项中提到的第11条，在火星派的纲领草案中是这样措辞的："对未满十六岁的男女儿童一律实行免费的义务的普通教育和职业教育；由国家供给贫苦儿童膳食、服装、教材和教具。"纲领委员会起初通过了这一条，未加修改（第14条），但在7月31日（8月13日）代表大会第18次会议上讨论本条时通过了一项补充内容："按照居民的要求，使用本民族语言进行教学。"（见《俄国社会民主工党第二次代表大会》1959年俄文版第198页）由于已经通过了关于语言问题的单独的一条，故列宁建议删去这项补充。

[6]《关于崩得退出俄国社会民主工党的决议草案》以及下面收载的《对马尔托夫关于崩得退出俄国社会民主工党的决议的补充》、《关于各独立团体的决议草案》、《关于军队工作的决议草案》和《关于农民工作的决议草案》，列宁都没有提交代表大会。后两个问题也没有在代表大会上讨论。1903年10月14日（27日），列宁在俄国革命社会民主党人国外同盟第二次代表大会上作关于俄国社会民主工党第二次代表大会的报告时指出，由于"泥潭派"的阻碍和拖延，不得不从议程中取消了许多重要项目，并且根本没有剩下的时间讨论全部策略问题（参看《列宁全集》第8卷《俄国社会民主党人国外同盟第二次代表大会文献》）。

[7] 这里说的是1903年8月5日（18日）代表大会通过的关于拒绝接受崩得提交代表大会讨论的崩得章程的第2条的决定。崩得章程的这一条说："崩得是犹太无产阶级的社会民主党组织，它的活动不受任何地区范围的限制，它是作为犹太无产阶级的唯一代表加入党的。"（见《俄国社会民主工党第二次代表大会》1959年俄文版第51页）鉴于这一条具有原则性的意义，所以在代表大会上首先讨论。崩得的代表为了抗议代表大会的决定，声明崩得退出俄国社会民主工党，并离开了代表大会。

崩得民族主义的顶峰

（1903年8月15日〔28日〕）

崩得国外委员会刚刚印发了一种载有关于崩得第五次代表大会的报告的传单。代表大会是在俄历6月举行的。在代表大会的各项决议中，占有主要地位的是有关崩得在党内的地位的"章程草案"。草案是很有教益的，就其内容的明确性和"坚决性"来说，是再好没有的了。其实，草案的第1条已经说得相当明显了，其余各条或者不过是简单的说明，或者甚至是完全不必要的赘述。第1条说："崩得是俄国社会民主工党的一个**联邦**〈黑体是我们用的〉部分。"所谓联邦，就是在各单个的完全独立的整体之间订立**条约**，这些整体只能根据双方自愿取得一致意见来确定它们的相互关系。因此，难怪"章程草案"屡次提到"**缔约各方**"（第3、8、12条）。难怪根据该草案，**党代表大会**无权修改、补充或取消有关党的**某一部分的章程**。难怪崩得要保留自己在党中央委员会中的"代表席位"，并且"**只有取得崩得中央委员会的同意**"，才准许这个党中央委员会向犹太无产阶级发号召，同崩得的各个部分进行联络。这一切都是由"联邦"和"缔约各方"这两个概念必然得出的逻辑推论，如果崩得第五次代表大会干脆决定崩得成立独立的社会民主民族党（或称民族主义社会民主党？）的话，它就能使自己（也使别人）节省很多时间、很多精力、很多纸张了。从一方面说，不言而喻，独立的单个的政党只能作为"缔约的一方"，只能在"相互意见一致"的基础上确定自己同其他政党的关系。把需要取得这种意见一致的所有个别情况都一一列举，这没有必要（实际上把**所有**这样的情况都一一列举也不可能，象崩得那样列举得不完全，反而会产生许多误会）。违背逻辑和良心，把两个独立单位的条约叫作关于党的某一部分的地位的章程，这也没有必要。这种冠冕堂皇、十分体面的叫法（"关于崩得在党内的地位的章程"）其实质之所以虚伪，尤其是因为整个党事实上还没有恢复组织上的完全统一，而崩得却以已经团结起来的一个部分的姿态出现，想趁整个组织存在缺点的机会，更远地**脱离整体**，**企图使这个整体永远支离破碎**。

从另一方面说，直截了当地提出问题，就能使那些起草臭名远扬的章程草案的人不必再写一些条文，来规定党的**任何一个**有组织的部分、任何一个区组织、任何一个委员会、任何一个团体都有的那些权利，例如，根据党纲来解决历次党代表大会尚未作出决议的共同问题的权利。起草带有这种条文的章程，简直令人发笑。

现在我们来看看崩得所采取的立场的实质是什么。崩得既然已经站在民族主义的斜坡上，那它理所当然地、不可避免地（如果他不愿放弃自己的基本错误的话）就会去建立一个单独的犹太党。授予崩得**垄断**犹太无产阶级代表席位的章程第2条，正是触及了这一点。该条说：崩得是作为它的（犹太无产阶级的）**唯一的**（黑体是我们用的）代表加入党的。崩得的活动和崩得的组织不应受任何区域范围的限制。这样，俄国的犹太无产阶级同非犹太无产阶级之间的完全分离和完全划清界限，不但在这里**完全地**、绝对彻底地得到实现，而且用可以称之为公证的条约、"章程"、"根本"法（见草案第12条）固定下来了。党的叶卡捷琳诺斯拉夫委员会不经崩得（当时崩得在叶卡捷琳诺斯拉夫还没有任何单独的组织！）同意，胆敢向犹太工人发出了"令人愤慨"的号召，按照新草案的想法，这种事情今后就不可能再发生了。不管某地的犹太工人多少少，不管这一地区离崩得组织的中央机关多么远，党的任何一部分，甚至党的中央委员会，不经崩得中央委员会的同意，都不得向犹太无产阶级发号召！简直不能相信，竟会提出这样的建议——这种垄断的要求太骇人听闻了，尤其是在我们俄国的条件下，——但是章程草案的第2条和第8条（附注）却不容人们对此有丝毫的怀疑。崩得想离俄罗斯同志远一些，这种愿望不仅贯穿于章程草案的每一条，而且也表现在代表大会的其他决议中。例如，第五次代表大会决定每月出版一次《最新消息》（崩得国外委员会的刊物），"作为阐明崩得纲领立场和策略立场的报纸"。我们将迫不及待、饶有兴趣地等待他们阐明这种立场。代表大会**撤销**了第四次代表大会关于南方工作的决定。大家知道，崩得第四次代表大会决定，在犹太组织加入党的委员会的那些南方城市中，**不建立单独的崩得委员会**（黑体是崩得用的）。撤销这个决定，就是向进一步隔绝迈了一大步，就是向那些曾经在和愿意在犹太无产阶级中间工作、仍然同当地的**全体**无产阶级有密不可分的联系的南方同志提出直接的挑战。"有一必有二。"谁采取了民族主义立场，他自然就会希望在本民族、在本民族工人运动的周围筑起一道万里长城，甚至明知城墙就得分别筑在每个城镇和村庄的周围，明知他的分崩离析的策略会把关于让一切民族、一切种族、操各种语言的无产者接近和团结起来的伟大遗训**化为乌有**，也并不感到不安。在这以后，同一个崩得第五次代表大会在关于大暴行的决议中还说什么"坚信**只有各**民族无产者的**共同斗争**，才能根除造成基什尼奥夫这类事件[1]的条件"（黑体是我们用的），听起来该是多么辛辣的嘲讽啊！一面说要进行共同斗争，一面却立即把一份"章程"奉献给我们，不仅要使共同斗争的战士各自**分离**，而且要通过组织途径使这种分离和隔阂固定下来，这些关于共同斗争的话是多么虚伪啊！真想奉劝崩得民族主义者：向那些敖德萨工人学习吧，他们参加了共同的罢工、共同的集会和共同的游行示威，却没有事先征得（真是胆大妄为！）崩得中央委员会的"同意"就向犹太民族发出呼吁，他们安抚商人说（见《火星报》第45号）："别害怕，别害怕，这又不是基什尼奥夫，我们要干的完全是另一回事，我们之间不分什么犹太人和俄罗斯人，我们**都是工人**，我们都是一样地受苦。"让崩得的同志们想想这番话吧，趁现在还不晚；让他们好好想一想，他们在往哪里走！

载于《火星报》，1903年8月15日，第46号

选自《列宁全集》第7卷，第303～306页

注释：

[1] 基什尼奥夫事件是指1903年在基什尼奥夫发生的大规模蹂躏犹太人的血腥事件。这一暴行是沙皇政府内务大臣、宪兵司令维·康·普列韦指挥进行的，其目的是诱使群众离开日益高涨的革命运动。在这一事件中死伤者有几百人，被抢劫和捣毁的住房和店铺上千座。

最高的无耻和最低的逻辑(节选)

(1903年10月1日〔14日〕)

这个问题如何解决,要由崩得自愿地作出选择,因为正如我们在第33号上已经说过的,"爱情不能强求"。如果你们**愿意**转向融合,那就会放弃联邦制,接受自治。那时,你们就会了解,自治可以使融合成为一个渐进的过程,使改组可能带来的破坏减少到最小限度,同时使犹太工人运动不会因这个改组和融合受到任何损失,反而会大有所得。

如果你们不愿意转向融合,那就是坚持联邦制(不管是以最高形式还是最低形式,发表宣言还是不发表宣言),害怕"少数服从多数的原则",把崩得的不幸的隔绝状态奉为偶像,一听到消除隔绝状态就叫喊是消灭崩得,找论据为自己的隔绝状态进行辩护,而为了寻找论据,不是抓住犹太"**民族**"的锡安主义[1]思想不放,就是进行蛊惑宣传和造谣诽谤。

联邦制在理论上只能用民族主义思想来进行论证;我们奇怪的是,还要我们向崩得分子证明,正是那个通过关于存在犹太民族的宣言的第四次代表大会宣布了联邦制的宣言,并不是偶然的。

载于《火星报》,1903年10月1日,第49号

选自《列宁全集》第8卷,第26~27页

注释：

[1] 锡安主义即犹太复国主义，是19世纪末在欧洲各国犹太资产阶级中产生的一种资产阶级民族主义思潮。锡安是耶路撒冷的一座山，古犹太人把它看作是犹太国的政治和宗教中心，锡安主义即得名于此。锡安主义的中心思想为：世界各国的犹太人是一个统一的犹太民族，具有一致的民族利益，因此要"从世界各地回到巴勒斯坦重建国家"。锡安主义者鼓吹犹太劳动人民同犹太资产阶级之间的阶级和平，诱使犹太劳动人民不去进行反对资产阶级的阶级斗争，不同其他民族的劳动人民共同进行争取民主自由和社会主义的斗争。

俄国革命社会民主党人国外同盟第二次代表大会文献[1]（节选）

（1903年10月）

3 关于俄国社会民主工党第二次代表大会的报告

（1903年10月14日〔27日〕）

继组委会事件之后，在大会上发生的第二个重大事件就是关于语言平等的事件，或者象人们在大会上用讽刺的口吻所说的"关于舌头自由"的事件。（马尔托夫："或者叫作'关于驴子'的事件。"笑声）不错，也可以叫作"关于驴子"的事件。事情是这样的。党纲草案中规定，全体公民，不分性别、民族、宗教信仰等等，都享有平等权利。但是崩得分子感到不满足，他们要求在党纲中规定每个民族都有使用本民族语言进行学习以及在各种社会团体和国家机关内使用本民族语言的权利。一个能说会道的崩得分子在发言中拿国家种马场做例子，普列汉诺夫针对他的意见指出，谈论种马场没有必要，因为马不会讲话，"只有驴子才会讲话"。崩得分子为此感到不快，显然认为这是拿他们开玩笑。

在语言平等问题上，第一次出现了分裂。除了崩得分子、工人事业派、"泥潭派"以外，赞成"舌头自由"的还有一些火星派分子。在这个问题表决时，捷依奇同志的表现使我们感到惊奇、不满和气愤；他一会儿弃权，一会儿又投票反对我们。最后，这个问题总算在意见一致的情况下友好地得到了解决。

一般说来，在大会的前半期所有火星派分子是一致行动的。当时，崩得分子说有人在制造反对他们的阴谋。一个崩得分子在发言中用"紧密的多数派"来形容代表大会。为了回答这种说法，我表示希望我们全党能成为一个紧密的多数派。①

大会的后半期情况就完全不同了。从这时起开始了马尔托夫的历史性的转变。这时我们之间的分歧已经不是无足轻重的分歧了。这些分歧的产生是由于马尔托夫对当时的情况作了错误的估计。马尔托夫同志背离了他过去所遵循的路线。

载于1903年10月底日内瓦出版的《俄国革命社会民主党人国外同盟第二次（例行）代表大会记录》一书

选自《列宁全集》第8卷，第43~44页

注释：

[1] 这是有关俄国革命社会民主党人国外同盟第二次代表大会的一组文献。

　　俄国革命社会民主党人国外同盟第二次代表大会于1903年10月13~18日（26~31日）在瑞士日内瓦举行。大会是在孟什维克再三要求下召开的。他们想以这个代表大会对抗俄国社会民主工党第二次代表大会。列宁反对召开这次国外同盟代表大会。

　　出席国外同盟第二次代表大会的多数派代表15名（列宁、格·瓦普列汉诺夫、尼·埃·鲍曼、娜·康·克鲁普斯卡娅、弗·德·邦契-布鲁耶维奇、马·马·李维诺夫等），共18票（未出席代表大会的同盟成员可以委托他人表决）；少数派代表18名（帕·波·阿克雪里罗得、费·伊·唐恩、列·格·捷依奇、维·伊·查苏利奇、尔·马尔托夫、列·达·托洛茨基等），共

---

① 见《列宁全集》第7卷，第248页。——编者注

22票（从第2次会议起多数派代表为14名，少数派代表为19名）；既不参加多数派也不参加少数派的代表1名（康·米·塔赫塔廖夫），2票。列入大会议程的有下列问题：同盟领导机关的报告；出席第二次党代表大会的同盟代表的报告；同盟章程；选举同盟领导机关。

大会议程的中心问题是出席俄国社会民主工党第二次代表大会的同盟的代表列宁的报告。列宁在报告中对党的第二次代表大会的工作作了说明，并揭露了孟什维克的机会主义及其在代表大会上的无原则行为。反对派利用他们在同盟代表大会上的多数通过决议，让马尔托夫在列宁报告之后作副报告。马尔托夫在副报告中为孟什维克作辩护，对布尔什维克进行污蔑性责难。为此列宁和多数派代表退出了大会的这次会议。孟什维克就这一项议程通过了三项决议，反对列宁在组织问题上的立场，并号召不断地进行反对布尔什维克的斗争。

大会通过的国外同盟章程中有许多条文是违反党章的（如同盟出版全党性书刊、同盟领导机关不通过中央委员会和中央机关报同其他组织发生关系等），孟什维克还对中央委员会批准同盟章程的权利提出异议。出席大会的中央委员会代表弗·威·林格尼克要求修改同盟章程使其符合党章规定。他在反对派拒绝了这个要求之后，宣布这个大会是非法的。林格尼克和多数派代表退出大会。党总委员会随后赞同了中央委员会代表的这一行动。

在同盟第二次代表大会以后，孟什维克把同盟变成了反党的据点。

崩得在党内的地位

（1903年10月22日〔11月4日〕）

崩得用这个标题发表了《工人呼声报》[1]第34号上一篇文章的译文。这篇文章和崩得第五次代表大会的决定唱的是同样的调子，可以看作是对决定的正式说明。文章试图系统地阐述各种论据，以便得出崩得"应当成为党的联邦部分"这一结论。研究一下这些论据是很有意思的。

作者开头谈到，俄国社会民主党面临的最迫切的问题，是联合的问题。在什么样的基础上才能实现联合呢？1898年的宣言[2]认为自治原则是实现联合的基础。作者分析了这个原则，认为这个原则在逻辑上是荒谬的，存在着内在的矛盾。如果把涉及犹太无产阶级的特殊问题仅仅了解为鼓动方式问题（适应犹太人的特殊语言、特殊心理、特殊文化），那将是技术性的（？）自治。但这样的自治意味着取消任何独立性，因为党的任何一个委员会都享有这种自治权，而把崩得和委员会划等号就是否认自治。如果把自治了解为在某些纲领性问题上的自治，那么取消崩得在其他纲领性问题上的任何独立性也是荒谬的；在纲领性问题上的独立性一定要以崩得本身在党中央机关里的代表权为前提，即不是以自治而是以联邦为前提。崩得在党内地位的牢固的基础，应当到俄国犹太革命运动的历史中去寻找。这个历史向我们表明，在犹太工人中进行工作的所有组织融合成了一个联盟——崩得，它的活动范围从立陶宛扩大到波兰，然后又扩大到俄国南部。可见，历史破除了一切地域壁障，推出崩得作为犹太无产阶级的唯一代表。原则就是：崩得是犹太无产阶级利益的唯一代表。这不是什么凭空臆造（？）的东西，而是全部犹太工人运动历史的产物。而一个整个民族的无产阶级组织自然只能在党内实行联邦制的条件下才能加入党，因为犹太无产阶级不仅仅是全世界无产者大家庭中的一部分，而且是在各民族中占有一个特殊地位的犹太民族的一部分。最后，联邦最好地表现了党的各部分之间的紧密团结，因为联邦的主要标志就是党的每个组成部分直接参与党的事务；这样，党的各个部分都感到自己有平等的权利。自治则以党的各个部分没有权利、对共同事务漠不关心、以及相互间的不信任、摩擦和冲突为前提。

作者的论据就是这样，我们转述的几乎完全是他的原话。这种论据可以归纳成以下三点：一个是一般性的理由，就是说，自治存在着内在的矛盾，从党的各部分紧密团结的角度看来是不适宜的；一个是历史的教训，历史推出崩得作为犹太无产阶级的唯一代表；最后，认为犹太无产阶级是占有特殊地位的一个整个民族的无产阶级。可见，作者打算依据的既有一般的组织原则，也有历史的教训，也有民族的思想。作者努力（应当为他说句公道话）从各个方面来分析问题。正因为这样，他的阐述就把崩得在我们大家非常关心的这个问题上的立场完全明朗化了。

据说，在实行联邦的情况下，党的各个部分是平等的，是直接参与共同事务的；而在实行自治的情况下，它们是无权的，因而不参与整个党的生活。这种论调完全是睁着眼睛说瞎话，跟数学家所说的数学上的诡辩，比如证明（用乍一看来还是完全合乎逻辑的方法证明）二二得五，部分大于整体等等，没有什么两样。这种数学上的诡辩还编成了集子出版，这种集子对小学生会有些用处。但对企图成为犹太无产阶级唯一代表的人，我们真是有点不好意思向他们说明这样一个一眼就可以看出的诡辩：对"党的一部分"一词，在同一段论断中间，前半段和后半段理解就不相同。而在实行自治的情况下，它们是无权的，因而不参与整个党的生活。这种论调完全是睁着眼睛说瞎话，跟数学家所说的数学上的诡辩，比如证明（用乍一看来还是完全合乎逻辑的方法证明）二二得五，部分大于整体等等，没有什么两样。这种数学上的诡辩还编成了集子出版，这种集子对小学生会有些用处。但对企图成为犹太无产阶级唯一代表的人，我们真是有点不好意思向他们说明这样一个一眼就可以看出的诡辩：对"党的一部分"一词，在同一段论断中间，前半段和后半段理解就不相同。在谈联邦的时候，把党的一部分理解为不同地区的组织的总和；在谈到自治的时候，又把党的一部分理解为每个单个的地方组织。如果把这两个仿佛相同的概念放到一个三段论法里，那就必然得出这样的结论：二二得五。如果崩得分子还不清楚他们的诡辩的实质，那他们看一看自己的最高章程，就可以看到：正是在实行联邦的情况下，地方组织和党中央的联系是间接的，而在实行自治的情况下，才是直接的。不，我们的联邦主义者们最好不要再谈什么"紧密的团结"了！如果否认联邦意味着党的各个部分互相**隔绝**而自治意味着它们的**融合**这个原理，那只会惹人发笑。

把自治分成纲领性的自治和技术性的自治，从而证明自治的"逻辑上的混乱"，这种做法也并不高明。这种分法本身就十分荒唐。为什么在犹太工人中进行鼓动的特殊方式问题可以叫作技术性问题呢？语言、心理、生活条件的特点跟技术有什么相干呢？在比方涉及要求犹太人享有公民平等权利的一些纲领性问题上怎么能谈独立性呢？社会民主党的纲领只提出全体无产阶级的共同的基本要求，不管职业、地区、民族、种族的差别如何。而由于这些差别，同样是公民在法律面前完全平等这个要求，在某一地区进行鼓动时，要反对某一种不平等，在另一地区或对另一部分无产阶级进行鼓动时，就要反对另一种不平等，等等。同样一个纲领性条文，在国内不同的地区，由于生活条件、文化和各种社会力量相互关系的不同，运用起来也就不同，等等。就同样一个纲领性要求进行的鼓动，也要适应所有这些差别而采取不同的方式和语言。因此，在专门涉及某一种族、某一民族、某一地区的无产阶级的问题上，自治就意味着要由相应的组织自行确定：为实现共同纲领而提出什么特殊的要求，采取什么鼓动方式。整个党、党的中央机关制定的是纲领和策略的共同的基本原则；至于实际贯彻和宣传这些原则的各种不同方式，则由隶属于中央的各党组织根据地区、种族、民族、文化等差别而自行规定。

试问，这种自治的概念难道还不清楚吗？把自治分成纲领性的和技术性的两种岂不完全是故弄玄虚吗？

请看我们所探讨的这本小册子是怎样"从逻辑上分析"自治这个概念的。小册子在谈到作为1898年宣言的基础的自治原则时写道："从社会民主党所面临的大量问题中间分离出〈原文如此!!〉一些被认为是专门涉及犹太无产阶级的问题……一般问题一开始，崩得的自治也就宣告结束……所以，崩得在党内的地位是双重的：在特殊问题上，它作为崩得出现……在一般问题上，它就失去了本来面目，和一般的党委员会相同……"社会民主党的纲领要求所有公民在法律面前完全平等。**为了实现**这个纲领，维尔纳的犹太工人提出一个特殊要求，乌法的巴什基尔工人提出另一个完全不同的特殊要求。这是否就是"从大量问题中间"，"**分离出**一些问题"呢？提出一些消灭特殊形式的不平等的特殊要求，来贯彻关于权利平等的共同要求，这难道是什么从一般问题中**分离出**特殊问题吗？特殊要求不是从纲领的共同要求中分离出来，提出这些要求正是**为了实现**纲领的共同要求。专门涉及维尔纳的犹太人的问题同专门涉及乌法的巴什基尔人的问题二者倒是可以分离的。全党的任务，党中央的任务，就是综合他们的要求，体现他们的**共同的阶级利益**（而不是他们职业的、种族的、区域的、民族的以及其他等等特殊的利益）。这个问题看来是十分清楚的！崩得分子所以把这个问题弄得一团糟，是因为他们没有进行逻辑分析，反而一再表现出逻辑混乱。他们根本就不了解社会民主党的共同要求与特殊要求之间的关系。他们以为是"从社会民主党所面临的大量问题中间分离出一些问题"，实际上，我们党纲所涉及的**每个**问题都是一系列特殊问题和要求的综合；党纲的**每一**条对**全体**无产阶级都是共同的，同时又根据无产者的职业、生活条件、语言等等的不同而分成一些特殊问题。崩得分子对崩得地位的矛盾性和两重性感到困惑，这种矛盾性和两重性据说就表现在：在特殊问题上，它作为崩得出现，而在一般问题上，它就失去了本来面目。只要稍稍考虑一下，他们就会了解到，这种"两重性"在**任何一个**工人社会民主党员身上都是绝对存在的：他们在特殊问题上，作为某一职业的从业者、某个民族的一员、某一地区的居民出现，而在一般问题上，则"失去了本来面目"，和**其他任何一个**社会民主党员一样。根据1898年的章程，崩得的自治和图拉委员会的自治性质是完全相同的；只是自治的范围稍有不同，前者比后者略微广泛一些。崩得想用下面的论调来推翻上述结论，他们说："既然崩得在某些**纲领性**问题上有独立性，那为什么在其他纲领性问题上就没有**任何**独立性呢？"这种论调只能是惊人的逻辑混乱。这种把特殊问题与一般问题的对比搞成"某些问题"与"**其他问题**"的对比，是崩得式的"逻辑分析"的无与伦比的范例！这些人根本不理解，这就等于把某些苹果的不同的色香味与"其他"苹果的**数量**拿来对比。先生们，我们敢向你们担保，不仅某些苹果，而且每个苹果都有它自己特殊的色香味。先生们，不仅在"某些"而且**在毫无例外的一切**纲领性问题上，都给你们以独立性，但这只是指根据犹太无产阶级的特点运用这些问题而言。因此，我的亲爱的朋友，我劝您还是先学学逻辑学吧！[3]

崩得分子的第二个论据是援引历史，据说是历史推出崩得作为犹太无产阶级的唯一代表。

首先，这种说法是不符合事实的。小册子的作者自己也说："其他组织〈崩得除外〉在这方面的工作〈即在犹太无产阶级中间进行的工作〉不是没有成绩，就是成绩微不足道。"这就是说，他自己承认，其他组织还是做了工作，所以崩得**并不**是犹太无产阶级的**唯一**代表；至于对这个工作的成绩的评价，当然谁也不能相信崩得本身的见解；而且，谁都知道，崩得曾经**阻挠**其他组织在犹太无产阶级中进行工作（只要举出崩得反对叶卡捷琳诺斯拉夫党委会向犹太工人发传单这一人所共知的事件[4]就够了），——可见，即使成绩真是微不足道，崩得本身也应当担负一部分责任。

其次，崩得援引的历史材料所包含的一部分真实情况丝毫也不能证明他们的论据正确。实际上发生的事实即崩得所指的那些事实，恰恰不能证实崩得的说法，而是相反。这些事实就是：崩得在第一次代表大会以后的五年中间，是离开党的其他组织而完全独立自主存在和发展的。一般说来，在这期间，所有党组织之间的实际联系都是很少的，而崩得同党的其他部分的联系不仅比其他组织彼此之间的联系少得多,而且愈来愈少。是崩得自己**削弱了**这种联系,这是我们党的国外组织的历史直接证明了的。1898年,崩得的成员属于国外一个统一的党组织;到1903年时,他们已经分离出去,成为一个完全独立自主的国外组织。崩得的独立性以及这种独立性的逐步加强,都是无庸置疑的。

从这一无庸置疑的事实应当得出什么结论呢?在崩得分子看来,应当得出的结论是:必须拜倒在这个事实面前,无条件地服从这个事实,把它奉为原则,奉为使崩得的地位得到巩固基础的唯一原则,在党章中把这个原则固定下来,让党章承认崩得是犹太无产阶级在党内的唯一代表。在我们看来,这个结论是彻头彻尾的机会主义,是十足的"尾巴主义"。从这五年涣散的历史中,应当得出的结论不是把这种涣散状态固定下来,而是必须永远结束这种状态。难道还有谁能否认这是十足的涣散状态吗?在这期间,党的**所有各个**部分都是独立自主地发展的,由此是不是要得出在西伯利亚、高加索、乌拉尔、南方等等之间建立联邦的"原则"呢??崩得分子自己都讲,从各部分在组织上联合起来这个意义上来说,党实际上并不存在,那怎么能从不存在党的情况下形成的东西得出**恢复**组织统一问题的结论呢?不,先生们,你们援引这段造成隔绝状态的涣散的历史,只能证明这种隔绝状态的不正常。从党的组织**瓦解**的几年中得出**组织**"原则",这种做法正和当年那些历史学派的代表人物一样,大家都知道马克思曾经嘲笑他们,说他们乐意为鞭子进行辩护的根据就是因为它是历史性的鞭子[①]。

可见,无论是对自治进行"逻辑分析",还是援引历史,都根本不能为崩得的隔绝状态提供任何"原则"论据。但是,崩得的第三个论据,即举出关于犹太民族的思想,无疑是有原则性的。不过很遗憾,这种锡安主义思想实质上是完全错误的和反动的。最卓越的马克思主义理论家之一卡尔·考茨基说:"犹太人已经不再是一个民族了,因为一个民族没有一定的地域是不

[①] 参看《马克思恩格斯全集》中文第1版第1卷,第454页。——编者注

能想象的。"(见《火星报》第42号及其抽印本《基什尼奥夫惨案和犹太人问题》第3页)不久以前,这位作者在考察奥地利民族问题时,试图为民族这个概念下个科学定义,指出这个概念有两个基本特征:语言和地域(1903年《新时代》[5]第2期)。一位法籍犹太人,激进派分子阿尔弗勒德·纳凯在同反犹太主义者和锡安主义者论战时也说过同样的话,几乎一字不差。他在谈到一个出名的锡安主义者时说:"假如贝尔纳·拉扎尔愿意自称是一个特殊民族的公民,那是他的事;但我声明,虽然我生来是犹太人……我却不承认犹太民族……我只属于法兰西民族,而不属于其他任何民族……犹太人是不是一个特殊民族呢?虽然很久以前,他们无疑是个民族,然而我现在来回答这个问题,却要斩钉截铁地说**不是**。民族这个概念要以一定的条件为前提,而犹太人却不具备这些条件。民族应当有它发展的地域,其次,至少在目前世界联盟还没有扩大这个基地的时候,一个民族应当有它共同的语言。而犹太人已经既没有地域,又没有共同的语言……贝尔纳·拉扎尔大概和我一样,一句犹太人的话也不懂,要是锡安主义得以实现的话,他要和世界其他地方的同胞(congénères)做到相互理解也并不那么容易。"(1903年9月24日《小共和国报》[6])"德国和法国的犹太人根本不同于波兰和俄国的犹太人。犹太人的特征根本不包含作为一个民族所应具有的那种标志(empreinte)。即使可以象德吕蒙那样承认犹太人是民族,那也是人为的民族。现代犹太人是他们祖先将近18个世纪以来所经历的反自然选择的产物。"这样,崩得分子就只有去制定一种俄国犹太人是一个特殊民族的理论,这个民族的语言就是依地语,它的地域就是犹太区[7]。

科学上根本站不住脚的①特殊犹太民族的思想,从政治上来说是反动

---

① 把犹太人的**历史**特点提到了首位的现代科学研究不仅否定了犹太人的民族特点,而且否定了犹太人的种族特点。卡·考茨基问道:"是不是能从犹太人的种族特性中得出犹太人的特点呢?"他回答说,我们甚至都搞不清楚,种族究竟是个什么东西。"我们没有必要使用种族的概念,因为它不能给我们真正的答复,只会引起一些新的问题。只要考察一下犹太人的历史,就可以弄清造成他们的特性的原因。"就连勒南这样一位精通犹太人历史的专家也说:"犹太人的特点和他们的生活方式与其说是由于种族特点(phénomène de race)形成的,远不如说是若干世纪来对他们发生影响的社会条件(nécessités sociales)所造成的后果。"

的。不久前的历史中以及目前政治生活中的一些众所周知的事实，都无可辩驳地实际证明了这一点。在整个欧洲，中世纪制度的衰落和政治自由的发展是跟犹太人的政治解放相辅而行的，是跟他们从依地语转到使用他们生活于其中的民族的语言，以及受周围居民同化而得到的无可怀疑的进步相辅而行的。难道我们还要再回到特殊论，宣布只有俄国是个例外吗？——而实际上由于犹太无产阶级的英勇精神和高度觉醒，犹太人的解放运动在俄国要深刻和广泛得多。正是整个欧洲特别是俄国的反动势力起来**反对**犹太人的同化，竭力使他们永远处于隔绝状态，这样一个事实难道可以解释成偶然现象吗？

犹太人问题正是这样**摆着**的：是同化还是保持隔绝状态？——犹太"民族"思想有着明显的反动性质，不管提出这种思想的是一贯坚持这种思想的人（锡安主义者），还是企图把这种思想和社会民主党的思想结合起来的人（崩得分子）。犹太"民族"思想是和犹太无产阶级的利益对立的，因为这种思想在犹太无产阶级中间直接间接地造成一种敌视同化的情绪，一种建立"犹太人居住区"[8]的情绪。勒南写道："1791年的国民议会把犹太人的解放用法令规定了下来，但大会对种族问题研究得很少……19世纪的问题是要消灭一切'犹太人居住区'，我对竭力恢复'犹太人居住区'的人无法表示赞美。犹太种族对世界作出了巨大的贡献。它将来和其他各种不同的民族同化以后，和其他各种不同的民族单位和谐地融合在一起以后，还会作出过去曾经作出的贡献。"卡尔·考茨基在专门谈到俄国犹太人的问题时，说得更加肯定。要消除对异族居民的仇视，"只有使异族居民不再是异己的，而和全体居民融合在一起。**这是解决犹太人问题的唯一可行的办法，所以我们应当支持能够促使犹太人的隔绝状态消除的一切措施**。"而崩得却反对这种唯一可行的解决办法，它不是去消除犹太人的隔绝状态，而是通过散布犹太"民族"思想和犹太无产者与非犹太无产者建立联邦的方案去加剧犹太人的隔绝状态，把这种隔绝状态固定下来。这是"崩得主义"的根本错误，这个错误应当由犹太社会民主党的忠实代表来加以纠正，而且一定会得到纠正。这个错误使崩得做出了国际社会民主运动中前所未闻的事情，如煽动犹太无产者对非犹太无产者不信任，乱加猜疑，散布关于他们的谣言。下面就是从这本小册子引的一个例证："这种谬论〈剥夺整个民族的无产阶级组织在党中央机关的代表权〉，只〈请注意这个词！〉能对犹太无产阶级公开进行宣扬。由于犹太民族的特殊历史命运，犹太无产阶级还必须为争取在世界无产阶级大家庭中的平等地位〈！！〉而斗争。"不久以前，我们在一张锡安主义的传单上看到的也正是这种胡言乱语：传单的作者暴跳如雷地大肆反对《火星报》，认为《火星报》同崩得进行斗争说明它不愿承认犹太人和非犹太人的"平等"。而现在，崩得分子又来重复锡安主义的胡言乱语了！这完全是撒谎，因为我们不"只"对犹太人，而且也对亚美尼亚人、格鲁吉亚人等等"宣扬""剥夺代表权"，而且也号召波兰人同反对沙皇专制制度的全体无产阶级接近、团结和融合。正因为如此，波兰社会党也大肆攻击我们！把自己为锡安主义的犹太**民族**思想、为党组织的联邦制**原则**而进行的斗争，说成是"为争取犹**太人在世界无产阶级大家庭中**的平等地位而斗争"——这就是把思想、原则方面的斗争降低为猜忌、挑唆和煽动历史上形成的偏见。这显然说明崩得分子在斗争中没有真正的思想武器和原则武器。

*　　*　　*

因此，我们可以得出结论说，崩得的不论是逻辑上的、历史上的或是民族方面的论据，都是经不起任何批判的。涣散时期加剧了俄国社会民主党人中间的动摇性和某些组织的隔绝状态，这在崩得分子方面也有同样的表现，甚至表现得更为严重。他们不是把反对这种历史上形成的（由于涣散而加剧的）隔绝状态作为自己的口号，反而把它奉为原则，并用所谓自治有内在矛盾的诡辩以及锡安主义的犹太民族思想来进行论证。只有坚决地坦率地承认这个错误，宣布**转向融合**，才能使崩得离开它已经走上的这条错误道路。我们相信，犹太无产阶级中的社会民主主义思想的优秀代表，迟早会使崩得离开隔绝状态的道路而走上融合的道路。

载于《火星报》，1903年10月22日，
第51号

选自《列宁全集》第8卷，第61～71页

注释：

［1］《工人呼声报》（《Die Arbeiterstimme》）是崩得的中央机关报，1897～1905年用依地语在俄国出版（第14号在国外出版），总共出了40号。1917年以崩得合法机关报（周报）形式重新出版，1918年停刊。

［2］指1898年俄国社会民主工党第一次代表大会的决议。该决议说，崩得"作为自治组织加入党，它只在专门涉及犹太无产阶级的问题上是独立的"（《苏联共产党代表大会、代表会议和中央全会决议汇编》第1分册，人民出版社，1964，第7页）。

［3］这句话出自德国诗人约·沃·歌德的诗剧《浮士德》第一部《书斋》，是魔鬼梅非斯特给浮士德的学生瓦格纳的忠告。

［4］列宁在《犹太无产阶级是否需要"独立的政党"》一文中叙述了这一事件（见《列宁全集》第2版第7卷，第99～104页）。

［5］《新时代》杂志（《Die Neue Zeit》）是德国社会民主党的理论刊物，1883～1923年在斯图加特出版。1890年10月前为月刊，后改为周刊。1917年10月以前编辑为卡考茨基，以后为亨库诺。1885～1895年间，杂志发表过马克思和恩格斯的一些文章。恩格斯经常关心编辑部的工作，并不时帮助它纠正背离马克思主义的倾向。为杂志撰过稿的还有威·李卜克内西、保·拉法格、格·瓦·普列汉诺夫、罗·卢森堡、弗·梅林等国际工人运动活动家。《新时代》杂志在介绍马克思主义基本理论、宣传俄国1905～1907年革命等方面做了有益的工作。随着考茨基转到机会主义立场，1910年以后，《新时代》杂志成了中派分子的刊物。

［6］这里引的是阿尔弗勒德·纳凯的文章《德吕蒙和贝尔纳·拉扎尔》。该文载于《小共和国报》，1903年9月24日。

《小共和国报》（《La Petite République》）是法国报纸，1875年在巴黎创刊。该报方针多次改变，后来成为社会党人改良主义者的报纸。1914年停刊。

73

[7] 犹太区是沙皇俄国当局在18世纪末规定的可以允许犹太人定居的区域，包括俄罗斯帝国西部15个省，以及高加索和中亚细亚的一些地区，1917年二月革命后被废除。

[8] 犹太人居住区是指中世纪西欧和中欧的城市中划分给犹太人居住的地区。起初它是中世纪行会制度的一种典型表现，从14~15世纪起变成了强制性的居住区，到19世纪上半叶基本消失。

进一步，退两步（节选）

（我们党内的危机）[1]

（1904年2～5月）

（五）语言平等事件

这种意见分歧在"语言平等"问题上暴露得还要明显（记录第171页及以下各页）。关于这一项，表决情况比讨论更能说明问题，统计一下表决的次数，就可以看到一个不可思议的数目——**16次！**导火线是什么呢？导火线就是：在党纲中只要指明全体公民不分性别等等**以及舌头**一律平等就够了呢，还是必须指出"舌头自由"或"语言平等"？马尔托夫同志在同盟代表大会上相当正确地说明了这一事件的特点，他说："关于党纲一项条文措辞的小小的争论。竟有了原则的意义，因为在代表大会上半数代表都决心推翻纲领委员会。"正是如此。① 引起冲突的导火线确实很小，但

---

① 马尔托夫补充说："在这里，普列汉诺夫关于驴子的挖苦话给我们带来很大害处"（当谈到舌头自由时，仿佛有一个崩得分子列举各种机关而提到了种马场，当时普列汉诺夫就自言自语地说："马是不讲话的，而驴子有时倒讲话"）。我当然不认为这种挖苦话特别温和、特别谦让、特别慎重和特别灵活。但我终究觉得奇怪的是，马尔托夫虽然承认争论具有**原则的意义**，却完全不来分析这方面的原则性究竟表现在哪里以及暴露出怎样的色彩，而只限于指出挖苦话的"害处"。这才真是官僚主义的和形式主义的观点呢！尖刻的挖苦话确实"在代表大会上带来很大害处"，其中不仅对崩得分子说了挖苦话，还对那些有时受到崩得分子支持甚至被他们从失败危险中救出来的人说了挖苦话。但是，既然已经承认这一事件有原则的意义，那就不能用指出某些挖苦话"不能容许"（同盟记录第58页）的说法来回避问题。

是冲突具有真正**原则的**性质，因而也具有非常激烈的形式，直到有人企图"**推翻**"纲领委员会，直到猜疑有人存心"**把代表大会引向歧途**"（叶戈罗夫就是这样猜疑过马尔托夫的！），直到彼此……破口大骂，反唇相讥（第178页）。甚至波波夫同志也"表示了遗憾，说为了一点小事竟造成**这样的气氛**"（黑体是我用的，第182页），一连三次（第16、17、18次）会议都充满了这种气氛。

所有这些话都非常明确、肯定地指出一件极重要的事实：充满"猜疑"和最激烈的斗争形式（"推翻"）的那种气氛（后来在同盟代表大会上有人指责火星派多数派造成了这种气氛！），其实**远在我们分裂为多数派和少数派以前**就形成了。我再说一遍，这是一件有重大意义的事实，这是一件基本事实，许多人往往由于不了解这件事实而产生一种极轻率的看法，认为在代表大会快结束时形成的多数派是人为的。从现在硬说代表大会的参加者中十分之九都是火星派分子的马尔托夫同志的观点看来，由于一点"小事"，由于"小小的"导火线就爆发具有"原则的性质"并且几乎弄到推翻代表大会纲领委员会地步的冲突，是绝对解释不通和绝对荒诞的。对"带来害处"的挖苦话仅仅表示埋怨和遗憾，以此来回避这件**事实**，是令人可笑的。冲突是不会由于任何尖刻的挖苦话就产生**原则的**意义的，只有代表大会上政治派别划分的性质才会产生这样的意义。不是什么尖刻话或挖苦话引起了冲突，——这些话只是**表明**代表大会上政治派别的划分本身存在着"矛盾"，存在着引起冲突的一切前提，存在着一碰到**甚至小小的**导火线就会以其固有的力量爆发出来的内在分歧。

相反，从我用来观察代表大会的观点（我认为我应该坚持把这种观点作为观察事件的某种政治见解，尽管有人觉得这种见解令人难堪）看来，由于"小小的"导火线而爆发十分剧烈的**原则性的**冲突，是完全可以理解和不可避免的。既然在我们的代表大会上，**时刻都有火星派分子和反火星派分子的斗争**，既然在他们之间有一些不坚定的分子，既然这些不坚定的分子和反火星派分子共占三分之一的票数（8票+10票=51票中的18票，这当然是根据我的粗略计算），那么，**火星派分子方面有一些人，哪怕是**

很小一部分人分离出去，就有可能使反火星派的方针取得胜利，因而引起"疯狂的"斗争，这是完全可以理解而且十分自然的。这并不是由什么过分尖刻的话语或者攻击引起的，而是由政治的分化引起的。并不是什么尖刻话造成了政治冲突，而是代表大会上的派别划分本身存在的政治冲突造成了尖刻话和攻击，——这种截然相反的看法，也就是我们和马尔托夫在估计代表大会的政治意义及其结果方面的基本的原则性意见分歧。

在整个代表大会期间，使极少数火星派分子脱离大多数火星派分子的重大事件共有三次，即语言平等、党章第1条和选举问题，这三次事件都引起了激烈的斗争，这种斗争最终导致现在的党内严重的危机。为了从政治上了解这个危机和这次斗争，不应该只限于空谈什么有人讲过不能容许的挖苦话，而应该考察一下在代表大会上彼此发生冲突的各种色彩的政治派别划分。所以，"语言平等"事件对于说明分歧的原因是有双重作用的，因为马尔托夫当时还是（还是！）一个火星派分子，并且几乎比任何一个人都更起劲地攻击反火星派分子和"中派"。

战争是由马尔托夫同志和崩得首领李伯尔同志的争论开始的（第171～172页）。马尔托夫证明只要提出"公民平等"的要求就够了。"舌头自由"被否决了，但是接着提出了"语言平等"，而且有叶戈罗夫同志同李伯尔一起进行战斗。马尔托夫说这是**拜物教**，"因为发言人坚决主张民族平等，而把不平等现象转移到语言问题方面。其实，问题正应该从另一方面来考察：民族不平等现象是存在的，其表现之一就是属于某一民族的人失去了使用本族语言的权利"（第172页）。马尔托夫当时说得完全对。李伯尔和叶戈罗夫毫无理由地企图为他们自己的说法辩护，并且企图证明我们不愿意或者不善于实行民族平等原则，这的确是一种拜物教。确实，他们象"拜物教徒"一样只坚持词句而不坚持原则，他们做事不是怕犯什么原则错误，而是怕别人议论。正是这种动摇心理（如果"别人"因这一点而责备我们，那怎么办呢？）——在发生组织委员会事件时我们已经指出的心理，——我们的整个"中派"在这里表现得十分明显。正是这种动摇心理（如果"别人"因这一点而责备我们，那怎么办呢？）——在发生组织委员会事件时我们已经指出的心理,——我们的整个"中派"在这里表现得十分明显。另一个中派分子,即与"南方工人"社密切接近的矿区代表李沃夫"认为边疆地区提出的关于压制语言平等的问题是个很严重的问题。所以我们必须在党纲中规定关于语言的条文,消除别人可能猜疑社会民主党人搞俄罗斯化的任何推测"。这种对于问题的"严重性"的论证真是太妙了。问题所以很严重,是**因为**必须消除边疆地区的可能的猜疑! 这个发言人根本没有谈什么涉及到问题本质的话,根本没有回答关于拜物教的指责,反而完全证实了这个指责,因为他完全没有自己的论据,只是借口边疆地区会怎么说这一点来敷衍搪塞。当时有人对他说:他们**可能说的话都是不对**的。而他并不去分析究竟说得对不对,却回答说:"**别人可能猜疑**。"

这样一种自以为说明了问题的严重性和重要性的提法,倒确实具有了原则的性质,不过这完全不是李伯尔们、叶戈罗夫们、李沃夫们想在这里找到的那种原则的性质。成为原则性问题的是:我们应该让各级党组织和党员运用党纲上规定的一般的基本原理,把这些原理运用于具体条件并在具体运用上加以发挥呢,还是仅仅因为害怕别人猜疑就应该用枝节的条文、局部的指示、重复的语句和烦琐的解释来充斥党纲的篇幅。成为原则性问题的是:社会民主党人怎么能把反对烦琐的解释的斗争看成("猜疑为")想缩小起码的民主权利和自由。我们究竟要到什么时候才会丢掉这种崇拜烦琐解释的拜物教心理呢?——这就是我们看到由于"语言"问题引起斗争时产生的想法。

1904年在日内瓦印成单行本　　　　　　选自《列宁全集》第 8 卷,第 222～226 页

注释:

[1]《进一步,退两步(我们党内的危机)》一书于1904年5月在日内瓦出版。它在马克思主义历史上第一次详尽地批判了组织上的机会主义,制定了马克思

主义革命政党的组织原则。为了写这本书，列宁在几个月的时间内详细地研究了1904年1月发表的俄国社会民主工党第二次代表大会会议记录和决议、每个代表的发言、大会上所形成的各政治派别、党中央委员会和总委员会的各种文件。从《列宁全集》第2版第8卷《附录》中《〈进一步，退两步〉一书材料》可以看到，列宁写作此书的准备工作是做得非常细致、扎实的。这本书一出版，就受到孟什维克的恶毒攻击。格·瓦·普列汉诺夫要求中央委员会同列宁的书划清界限。中央委员会里的调和派也曾试图阻止它的印刷和发行。尽管如此，列宁的这部著作仍在俄国先进工人中得到广泛传播。

列宁把这本书编入1907年（在扉页上印的是1908年）出版的《十二年来》文集第1卷时，删去了其中关于组织问题斗争细节和中央机关人选问题斗争的部分（即第10~13、15、16节），对其他各节也作了某些压缩，同时增写了一些注释。在《列宁全集》俄文第5版中，这部著作是按1904年第1版原文刊印的，并按手稿作了校订，同时保留了作者在1907年版本中所加的补充。

《警察司司长洛普欣的报告书》
小册子序言(节选)

(1905年2~3月)

说实在的,警察制度彻底破产了!

除了最可敬的洛普欣先生这位具有如此高的权威的人物的说明外,沙皇政策的全部发展进程也证实了这一破产。在真正的人民革命运动还没有发生,政治斗争还没有同阶级斗争合为一体的时候,要对付个人和小组,单靠一些警察措施也还有些用处。要对付阶级,这些措施就完全无能为力了,这些措施过多,反倒成为警务工作的障碍。一度威严可怕的加强保安条例的条文,变成了毫无意义的无端吹毛求疵,这些做法在并非革命者的"庶民"中所引起的不满情绪,远远超过对革命者的真正伤害。要对付人民革命,对付阶级斗争,决不能依靠警察,必须也依靠人民,也依靠阶级。这就是从洛普欣先生的报告书中得出的教训。这也是专制政府从实践中得出的教训。警察机构这个弹簧已经松劲了,单靠军事力量已显得不够。必须煽起民族的、种族的仇视,必须把城市的(**然后当然是乡村的**)小资产阶级中最落后的阶层组成"黑帮",必须设法把居民中一切反动分子集结起来保卫王位,必须把警察同小组的斗争变成一部分人民反对另一部分人民的斗争。

政府现在就在这样做,它在巴库唆使鞑靼人反对亚美尼亚人,力图引起新的反犹大暴行,组织黑帮反对地方自治人士、大学生和造反的中学生，求助于忠心的贵族和农民中的保守分子。这没有什么了不起！我们社会民主党人对专制制度的这种策略并不感到奇怪，而且也不害怕。我们知道，现在，当工人已开始向大暴行制造者进行武装回击的时候，煽起种族仇视再不会使政府得到什么好处；政府如果依靠小资产阶级中的剥削阶层，那就会使更广泛的真正无产阶级群众起来反对自己。我们从来不曾指望而且现在也不指望靠"说服"当权者或者靠有教养的人转到"善人"方面来进行政治和社会变革。我们过去和现在一直告诫人们说，阶级斗争，人民中的被剥削部分反对剥削部分的斗争，是政治变革的基础，并且**最终**决定一切政治变革的命运。政府承认警察舍本逐末的活动已完全破产，因此转而直接组织内战，这就证明**最后清算**的时刻就要到来。这样更好。政府发动了内战。这样更好。我们也赞成进行内战。如果说在什么地方我们感到特别安全可靠，那就是在这个战场上，即在广大受压迫的和无权的、养活着整个社会的千百万劳动群众反对一小撮享有特权的寄生虫的战争中。当然，政府可以用煽起种族和民族仇视的手段暂时阻碍阶级斗争的发展，但这只能是短时期的事情，而且结果会更加扩大新的斗争场地，使人民更加痛恨专制制度。证据就是：巴库大暴行的后果使一切阶层反对沙皇制度的革命情绪增长十倍。政府原想用流血的场面和巷战的大批牺牲者来吓唬人民，实际上它反而**消除了人民**对流血的恐惧，对直接武装冲突的恐惧。实际上，它倒为我们进行了一种十分广泛而有力的宣传鼓动，这样的鼓动是我们做梦也想象不到的。让我们用法国革命歌曲中的话来说，Vive le son du canon！（"炮声万岁！"），革命万岁，反对沙皇政府及其追随者的公开的人民战争万岁！

载于1905年日内瓦前进报出版社出版的《警察司司长洛普欣的报告书》一书

选自《列宁全集》第9卷，第315～317页

俄国社会民主工党　　　　　　　　全世界无产者，联合起来！

五一节[1]

（1905年4月12日〔25〕以前）

工人同志们！全世界工人的伟大节日来到了。在五一这一天，全世界的工人要庆祝自己渴求光明和知识的觉醒，庆祝自己为反对一切压迫，一切专横，一切剥削，为建立社会主义的社会制度而结成一个兄弟联盟。凡是从事劳动的人，凡是用自己的劳动养活富翁和显贵的人，凡是为了得到微薄的工资而在过度繁重的劳动中过活的人，凡是从来没有享受到自己的劳动果实的人，凡是在我们的文明带来的奢侈和豪华中过着牛马生活的人，都在伸出手来为工人的解放和幸福而斗争。丢掉不同民族或不同宗教信仰的工人之间的相互仇视吧！这种仇视只会对那些靠无产阶级的无知和分散过活的掠夺者和暴君有利。犹太人和基督教徒，亚美尼亚人和鞑靼人，波兰人和俄国人，芬兰人和瑞典人，拉脱维亚人和德国人——都正在争取社会主义这面共同旗帜下并肩前进。全体工人是兄弟，他们的坚固联盟，是全体劳动人民和被压迫的人类争取幸福和美好生活的唯一保障。在五一这一天，国际社会民主党这个全世界工人的联盟，要检阅自己的力量，并且团结起来继续为自由、平等和博爱进行不倦的、不屈不挠的斗争。

同志们！我们现在正处在俄国伟大事件的前夕。我们已经开始同专制的沙皇政府进行最后的决死战斗，我们必须把这一战斗进行到底并取得胜利。大家看看，这个恶魔和暴君的政府，这个贪官污吏和资本的走狗的政府使全俄国人民遭到怎样的不幸啊！沙皇政府把俄国人民抛进疯狂的对日战争。人民中有几十万青年丧失生命，葬身远东。这场战争带来的种种灾难是无法用言语形容的。为什么要进行这场战争呢？为了我国掠夺成性的沙皇政府从中国夺来的满洲！为了争夺别国的土地而使俄国人流血，使我们的国家遭到破产。工人和农民的生活愈来愈苦，资本家和官吏套在他们身上的绳索愈拉愈紧，而沙皇政府却驱使人民去掠夺别国土地。昏庸的沙皇将军和贪官污吏葬送了俄国海军，糟蹋了几亿几十亿的人民财富，丧失了整批军队，而战争还在继续进行并带来更多的牺牲。人民破产，工商业停滞，饥荒蔓延，霍乱流行，而专制的沙皇政府却执迷不悟，一意孤行；只要能拯救一小撮恶魔和暴君，它打算葬送俄国；除了对日作战外，它还发动了另一场战争——对全俄国人民作战。

俄国现在已从沉睡、闭塞和奴隶状态苏醒过来，这是从来没有过的。社会各阶级，从工人和农民到地主和资本家，都动起来了，彼得堡和高加索、波兰和西伯利亚，到处都响起了一片愤怒声。人民到处要求停止战争，人民要求建立自由的人民管理机构，召开全体公民（无一例外）派代表参加的立宪会议来任命人民政府，把被沙皇专制制度推进深渊的人民拯救出来。为数多达20万人的彼得堡工人，1月9日星期日和格奥尔吉·加邦神父一起去见沙皇，陈述人民的这些要求。沙皇把工人当敌人，沙皇在彼得堡大街上枪杀了数以千计的手无寸铁的工人。斗争现在在全俄国沸腾，工人罢工，要求自由和改善生活，里加和波兰，伏尔加河流域和南方，在流血，农民到处揭竿而起。争取自由的斗争变成了全民斗争。

沙皇政府疯狂了。它想借债继续打仗，但是它已失去贷款信用。它答应召集人民代表会议，但实际上一切照旧。迫害仍在进行，官吏照样横行霸道。没有人民的自由集会，没有人民的自由报刊，更没有释放在监狱中受尽折磨的为工人事业而斗争的战士。沙皇政府百般唆使一个民族去反对另一个民族，它在鞑靼人中间诽谤亚美尼亚人，在巴库酿成一场流血事件[2]。它现在又在策划一场反对犹太人的流血事件，煽动无知的人仇恨犹太人。

工人同志们！我们再也不能容忍对俄国人民的这种侮辱了。我们要奋起保卫自由，我们要反击那些想转移人民对我们真正敌人的愤怒的人。我们要拿起武器发动起义，推翻沙皇政府，为全体人民争得自由。工人和农民们，拿起武器吧！举行秘密集会，组织义勇队，想方设法搞到武器，派信得过的人去同俄国社会民主工党商谈！让今年的5月1日成为我们的人民起义的节日，我们大家作好准备，等待向暴君进行坚决进攻的信号。打倒沙皇政府！我们要推翻它并成立临时革命政府，召开人民立宪会议。让人民用普遍、直接、平等和无记名投票的方式选举自己的代表。让所有争取自由的战士走出监狱，从流放地返回家园。让人民公开举行集会，让人民的报纸的出版不受万恶的官吏的监视。让全体人民武装起来，给每个工人发一枝枪，让人民自己、而不是让一小撮掠夺者决定人民的命运。各村都要召集自由的农民委员会，推翻农奴制的地主权力，使人民摆脱官吏的侮辱，把被夺走的农民土地归还给农民。

这就是社会民主党人要办的事情，这就是社会民主党人号召拿起武器进行斗争的目的：争取完全的自由，争取成立民主共和国，争取八小时工作制，争取成立农民委员会。准备投身到伟大的战斗中来吧，工人同志们，五一这一天你们要让工厂停工，或者根据社会民主工党委员会的意见拿起武器。起义的钟声还没有敲响，但是就要敲响了。现在，全世界的工人正聚精会神地注视着为自由事业作出无数牺牲的英雄的俄国无产阶级。彼得堡工人已经在著名的1月9日这一天宣布：不自由无宁死！全俄国的工人们，让我们再一次宣布这个伟大的战斗口号，我们不惜任何牺牲，我们要通过起义走向自由，通过自由走向社会主义！

五一节万岁！国际革命社会民主党万岁！

工人和农民的自由万岁！民主共和国万岁！打倒沙皇专制制度！

多数派委员会常务局
《前进报》编辑部
1905年

1905年印成传单　　　　　　　　选自《列宁全集》第 10 卷，第 63～66 页

注释：

[1]《五一节》这个传单是列宁在日内瓦写的，以俄国社会民主工党多数派委员会常务局和《前进报》编辑部的名义印发。俄国社会民主工党巴库、叶卡捷琳诺斯拉夫、莫斯科、下诺夫哥罗德、里加、捷列克—达吉斯坦等委员会和雷宾斯克小组翻印了这个传单。传单的提纲见《列宁全集》第 10 卷，第 353～354 页。

[2]指在沙皇政府当局挑拨下于 1905 年 2 月 6～9 日（19～22 日）发生的巴库鞑靼人与亚美尼亚人流血冲突的事件（参看《斯大林全集》第 1 卷，第 71～73 页）。

俄国社会民主工党
第三次代表大会文献[1]（节选）

（1905年4月）

44 在讨论关于对各民族的社会民主党组织的态度的决议案时的发言[2]

（1905年4月23日〔5月6日〕）

有人向我们提出一种不能接受的东西。米哈伊洛夫同志到底想干什么？规定各种协议只能由中央委员会和各地方委员会共同签订吗？但是要知道，中央委员会的各项总的决定对各地方委员会来说是必须执行的。抓住孟什维克中央委员会把事情弄糟的个别情况是不明智的。也应当给各地方委员会以主动权。我们还应当责成各地方委员会在当地活动中同各社会民主党组织协调起来。只要中央委员会不是处于无法找到的情况下，当然总是会有人来向它请示的。

载于1905年中央委员会出版社在日内瓦出版的《俄国社会民主工党第三次（例行）代表大会记录全文》一书

选自《列宁全集》第10卷，第173页

46 就同社会革命党达成实际协议问题所作的发言

（1905年4月23日〔5月6日〕）

我应当向代表大会报告同社会革命党的一次不成功的协商尝试。加邦同志来到国外。他先后会见了社会革命党人和《火星报》，接着又会见了我。他对我说，他赞成社会民主党的观点，但是出于某种考虑，他认为他不能公开声明这一点。我对他说，外交手腕是个很好的东西，但不能用在革命者之间。我不重复我们的谈话了，谈话内容已在《前进报》发表①。他这个人给我的印象是，对革命绝对忠诚，富于主动性，聪明，虽然很遗憾，还缺乏坚定的革命世界观。

不久，我接到加邦同志的信，邀请我参加社会主义组织代表会议，照加邦的想法，这次代表会议的目的是协调这些组织的活动。下面就是这封信上被邀请参加加邦同志的代表会议的18个组织的名单：

（1）社会革命党。（2）俄国社会民主工党。《前进报》。（3）俄国社会民主工党。《火星报》。（4）波兰社会党[3]。（5）波兰和立陶宛社会民主党[4]。（6）波兰社会党——"无产阶级派"[5]。（7）拉脱维亚社会民主工党[6]。（8）崩得。（9）亚美尼亚社会民主工人组织[7]。（10）亚美尼亚革命联盟（德罗沙克）[8]。（11）白俄罗斯社会主义格罗马达[9]。（12）拉脱维亚社会民主党人同盟[10]。（13）芬兰积极抵抗党[11]。（14）芬兰工人党[12]。（15）格鲁吉亚社会联邦革命党[13]。（16）乌克兰革命党[14]。（17）立陶宛社会民主党[15]。（18）乌克兰社会党[16]。

我曾向加邦同志和一位著名的社会革命党人指出，代表会议的构成有问题，这会造成困难。在代表会议上，社会革命党占压倒优势。召开代表

---

① 见《列宁全集》第9卷，第260～264页。——编者注

会议的工作拖了很久。从加邦同志交给我的文件中可以看出，《火星报》的回答是，它宁愿直接同已组成的政党协商。"明显地"暗示《前进报》是破坏者等等。最后，《火星报》没有出席代表会议。我们，《前进报》编辑部和多数派委员会常务局的代表出席了代表会议。我们在这里看到，代表会议是社会革命党手中的玩物。看来，工人党不是根本未被邀请，就是没有任何材料说明他们被邀请了。例如，芬兰积极抵抗党出席了代表会议，然而却不见芬兰工人党。

我们问，这是为什么？我们得到的回答是，他们给芬兰工人党的邀请书是由积极抵抗党转交的，据讲这番话的社会革命党人说，因为他们不知道怎样直接通知它。可是，凡是了解一点国外情况的人都知道，通过瑞典社会民主工党的领袖布兰亭就能同芬兰工人党取得联系。参加代表会议的有波兰社会党的代表，却没有波兰和立陶宛社会民主党的代表。并且也无法知道他们是否被邀请了。同一位社会革命党人告诉我们说，他们也没有得到立陶宛社会民主党和乌克兰革命党的答复。

一开始便提出了民族问题。波兰社会党提出了关于几个立宪会议的问题。这就使我有理由说，今后的做法必须是：要么根本拒绝参加这样的代表会议，要么举行由一个民族的各工人党的代表参加的代表会议，要么邀请非俄罗斯居民地区的地方党的委员会的代表参加代表会议。但是我决不会由此得出结论说，由于存在着原则性的意见分歧，就不可能召开代表会议了。不过必须做到，提出的问题是非常实际的问题。

我们不可能从国外监督代表会议的构成等等。必须让俄国国内的中央机关参加代表会议，而且也必须有地方委员会的代表参加。使我们退出会场的问题是关于拉脱维亚的问题。我们退出代表会议时提出了下面的声明：

俄国目前正处在重要的历史关头，这给在国内活动的社会民主党以及革命民主党派和组织提出了一项任务：达成实际协议，以便更有效地攻击专制制度。

因此，我们认为，为此目的而召开的代表会议具有特别重大的意义，自然我们应该严肃地对待代表会议的构成问题。

很遗憾，加邦同志召开的这个代表会议，对于保证代表会议开得卓有成效所必需的这个条件，注意不够，因此，我们不得不在这个代表会议刚刚开始筹划时便采取措施来保证这个联席会议真正获得成功。

例如，代表会议要解决非常实际的问题，首先就要求允许前来参加代表会议的只限于那些真正构成俄国的现实力量的组织。

可是代表会议的构成，就某些组织的实际情况而言，是非常不能令人满意的。甚至无疑是虚有其名的组织也参加了代表会议。我们指的是拉脱维亚社会民主党人同盟。

拉脱维亚社会民主工党的代表要求拒绝这个同盟参加，并且把这个要求当作最后通牒。

后来，在有"同盟"的代表参加的4个社会民主党组织的代表举行的特别会议上，完全弄清了'同盟'是虚有其名，自然，这也使我们这些参加代表会议的其余的社会民主党组织和派别赞同这个最后通牒式的要求。

但是一开始我们便遭到所有革命民主党派的激烈反击，他们拒绝满足我们的最后通牒式的要求，宁愿要一个虚有其名的团体，而不愿要许多尽人皆知的社会民主党组织。

最后，由于许多其他的社会民主党组织没有出席代表会议，代表会议就更加缺乏实际意义，就我们所知，当时并没有采取应有的措施保证这些组织能参加代表会议。

由于这一切，我们不得不退出代表会议，但是我们相信：一次尝试的失败，并不能阻止力争在最近的将来再作一次尝试；一切革命政党所面临的签订实际协议的任务，将由这个真正在俄国活动的组织构成而不是虚有其名的组织构成的即将召开的代表会议来完成。

拉脱维亚社会民主工党代表　弗·罗津

俄国社会民主工党《前进报》代表　尼·列宁

崩得中央委员会代表 И. 盖尔芬

弗·维尼茨基

亚美尼亚社会民主工人组织代表列尔

1905年4月3日

过了一个半到两个星期,加邦同志交给我下面这个声明:

亲爱的同志:附上两份你们所知道的代表会议发出的宣言,请将它们转告即将召开的俄国社会民主工党第三次代表大会。我认为我本人必须声明,我接受这两个宣言,但在社会主义纲领和联邦制原则问题上,我还有某些保留意见。

格奥尔吉·加邦

这个声明附有两个有趣的文件,其中引人注意的地方是:

在同一个国家范围内各民族间的关系中运用联邦制原则……

对一切靠剥削他人劳动来耕种的土地实行社会化,即交给农业劳动居民共同掌管和享用,而实行这一措施的具体形式、顺序和范围,各民族的党有权根据各自地区的地方条件的特点加以确定;发展社会经济、地方公有经济和村社经济……

……粮食给饥饿者!

土地及其财富归一切劳动者!

……由俄罗斯帝国各地的代表(波兰和芬兰除外)组成立宪会议!

……为高加索这个以联邦形式同俄罗斯联合的自治部分召开立宪

会议……

从上述引文可以看出，代表会议的结果充分证实了促使我们离开代表会议的种种担心。在这里，我们看到一个对非无产阶级民族主义政党百般迁就的社会革命党纲领的翻版。奇怪，居然没有各民族的无产阶级政党参加解决提交代表会议的问题。例如，代表会议曾提出要求，为波兰召开特别立宪会议。我们既不能赞成也不能反对。我们的纲领承认民族自决原则。但是决不允许撇开波兰和立陶宛社会民主党解决这个问题。代表会议决定召开立宪会议，而这是在工人党缺席的情况下作出的！我们不能允许撇开无产者的政党来具体解决这类问题。但同时我认为，原则性的意见分歧，也并不排斥召开实际性的代表会议的可能性，不过，第一，要在俄国召开，第二，要对实际存在的力量加以核实，第三，有关民族的问题，应分别进行讨论，或者至少要邀请那些民族的社会民主党和非社会民主党所在地区的地方委员会派代表参加代表会议。

现在谈一下所提出的关于同社会革命党签订实际协议的决议案（念沃伊诺夫同志拟定的草案）

鉴于：

（1）社会革命党是小资产阶级民主派的极端革命派，

（2）为了反对专制制度，社会民主党同社会革命党组织签订临时战斗协议是目前的共同愿望，

（3）这种协议无论如何不应当限制社会民主工党的完全独立性，不应当破坏它的无产阶级策略和原则的完整性和纯洁性，

俄国社会民主工党第三次代表大会责成中央委员会和各地方委员会在必要时可同社会革命党组织签订临时战斗协议，但是地方性协议只有在中央委员会的直接监督下才能缔结。

我同意这个草案。不过是否可以把结尾尽量说得缓和一些，例如，不

说"在中央委员会的直接监督下",只说"在中央委员会的监督下"。

载于1905年中央委员会出版社在日内瓦出版的《俄国社会民主工党第三次(例行)代表大会记录全文》一书

选自《列宁全集》第10卷,第175~180页

注释:

[1] 这是有关俄国社会民主工党第三次代表大会的一组文献。在《列宁全集》第10卷《附录》里还收有《俄国社会民主工党第三次代表大会材料》(见第355~374页)。

俄国社会民主工党第三次代表大会于1905年4月12~27日(4月25日~5月10日)在伦敦举行。这次代表大会是布尔什维克筹备的,是在列宁领导下进行的。孟什维克拒绝参加代表大会,而在日内瓦召开了他们的代表会议。

出席代表大会的有38名代表,其中有表决权的代表24名,有发言权的代表14名。出席大会的有表决权的代表分别代表21个俄国社会民主工党的地方委员会、中央委员会和党总委员会(参加党总委员会的中央委员会代表)。列宁作为敖德萨委员会的代表出席代表大会,并当选为代表大会主席。

代表大会审议了正在俄国展开的革命的根本问题,确定了无产阶级及其政党的任务。代表大会讨论了下列问题:组织委员会的报告;武装起义;在革命前夕对政府政策的态度;关于临时革命政府;对农民运动的态度;党章;对俄国社会民主工党分裂出去的部分的态度;对各民族社会民主党组织的态度;对自由派的态度;同社会革命党人的实际协议;宣传和鼓动;中央委员会的和各地方委员会代表的工作报告等。列宁就大会讨论的一切主要问题拟了决议草案,在大会上作了关于社会民主党参加临时革命政府的报告和关于支持农民运动的决议的报告,并就武装起义、在革命前夕对政府政策的态度、社会民主党组织内工人和知识分子的关系、党章、关于中央委员会活动的报告等问题作了发言。

代表大会制定了党在资产阶级民主革命中的战略计划,这就是:要孤立资产阶级,使无产阶级同农民结成联盟,成为革命的领袖和领导者,为争取

革命胜利——推翻专制制度、建立民主共和国、消灭农奴制的一切残余——而斗争。从这一战略计划出发，代表大会规定了党的策略路线。大会提出组织武装起义作为党的主要的和刻不容缓的任务。大会指出，在人民武装起义取得胜利后，必须建立临时革命政府来镇压反革命分子的反抗，实现俄国社会民主工党的最低纲领，为向社会主义革命过渡准备条件。

代表大会重新审查了党章，通过了列宁提出的关于党员资格的党章第1条条文，取消了党内两个中央机关（中央委员会和中央机关报）的制度，建立了党的统一的领导中心——中央委员会，明确规定了中央委员会的权力和它同地方委员会的关系。

代表大会谴责了孟什维克的行为和他们在组织问题和策略问题上的机会主义。鉴于《火星报》已落入孟什维克之手并执行了机会主义路线，俄国社会民主工党第三次代表大会委托中央委员会创办新的中央机关报——《无产者报》。代表大会选出了以列宁为首的中央委员会，参加中央委员会的还有亚·亚·波格丹诺夫、列·波·克拉辛、德·西·波斯托洛夫斯基和阿·伊·李可夫。

俄国社会民主工党第三次代表大会是第一次布尔什维克代表大会，它用争取民主革命胜利的战斗纲领武装了党和工人阶级。列宁在《第三次代表大会》一文（见《列宁全集》第10卷，第207～213页）中论述了这次代表大会的工作及其意义，并在《社会民主党在民主革命中的两种策略》一书（见《列宁全集》第2版第11卷）中论证了这次代表大会的决议。

[2] 4月23日（5月6日）代表大会第二十一次会议讨论了瓦·瓦·沃罗夫斯基（奥尔洛夫斯基）提出的关于对各民族的社会民主主义组织的态度的决议草案。草案中写道："……俄国社会民主工党第三次代表大会重申第二次代表大会对联邦制问题的态度，委托中央委员会和各地方委员会尽一切力量同各民族的社会民主主义组织达成协议，以便使地方工作协调起来，从而创造条件使所有的社会民主主义政党联合为统一的俄国社会民主工党。"（见《俄国社会民主工党第三次代表大会。记录》，1959年俄文版，第365页）

德·西·波斯托洛夫斯基（米哈伊洛夫）建议作这样的文字改动："委托中央委员会和各地方组织作出**共同的努力**"（同上）。他说明提出这一建议的理由是：只有"不仅由中央委员会而且也由各地方委员会来安排，协议才能达成"（同上，第371页）。列宁的发言，就是反对这个修正案的。波斯托洛夫斯基的修正案被否决。代表大会通过的决议是以沃罗夫斯基的草案为基础的。

列宁提到的"孟什维克中央委员会把事情弄糟的个别情况"看来是指波斯托洛夫斯基发言中说的以下事实："今年中央委员会同崩得举行代表会议，而地方委员会（西北和波列斯克）却没有参加。西北委员会没有同崩得达成协议。这就出现了混乱。中央达成协议了，而地方上还在争斗。"

[3] 波兰社会党是以波兰社会党人巴黎代表大会（1892年11月）确定的纲领方针为基础于1893年成立的。这次代表大会提出了建立独立民主共和国、为争取人民群众的民主权利而斗争的口号，但是没有把这一斗争同俄国、德国和奥匈帝国的革命力量的斗争结合起来。该党右翼领导人约·皮尔苏茨基等认为恢复波兰国家的唯一道路是民族起义而不是以无产阶级为领导的全俄反对沙皇的革命。从1905年2月起，以马·亨·瓦列茨基、费·雅·柯恩等为首的左派逐步在党内占了优势。1906年11月召开的波兰社会党第九次代表大会把皮尔苏茨基及其拥护者开除出党。该党遂分裂为两个党：波兰社会党—"左派"和所谓的波兰社会党—"革命派"。波兰社会党—"左派"逐步转到了革命的和国际主义的立场，于1918年12月同波兰王国和立陶宛社会民主党一起建立了波兰共产党。波兰社会党—"革命派"于1909年重新使用波兰社会党的名称，强调通过武装斗争争取波兰独立，但把这一斗争同无产阶级的阶级斗争割裂开来。从第一次世界大战开始起，该党的活跃分子参加了皮尔苏茨基站在奥德帝国主义一边搞的军事政治活动（成立波兰军团）。1918年波兰社会党参加创建独立的资产阶级波兰国家。该党不反对地主资产阶级波兰对苏维埃俄国的武装干涉，并于1920年7月参加了所谓国防联合政府。1926年该党支持皮尔苏茨基发动的政变，同年11月由于拒绝同推行"健全化"的当局合作而成为反对党。

[4] 波兰和立陶宛社会民主党成立于1893年7月，最初称波兰王国社会民主党，其宗旨是实现社会主义，建立无产阶级政权，最低纲领是推翻沙皇制度，争取政治和经济解放。1900年8月，该党同立陶宛工人运动中的国际主义派合并，改称波兰王国和立陶宛社会民主党。

在1905～1907年俄国第一次革命时期，波兰王国和立陶宛社会民主党的战斗口号同布尔什维克的口号相近,对自由派资产阶级持不调和的立场。但是该党也有一些错误,如没有领会列宁的社会主义革命理论,不理解党在民主革命中的领导作用,对农民作为工人阶级同盟者的作用和民族解放运动的意义估计不足。列宁批判了该党的错误观点,同时也指出它对波兰革命运动的功绩(见《论民族自决权》一文,《列宁全集》第2版第25卷)。1906年4月,在俄国社会民主工党第四次(统一)代表大会上,该党作为地区组织被接纳入俄国社会民主工党,但保持组织上的独立。

波兰王国和立陶宛社会民主党拥护俄国十月社会主义革命,1918年在波兰领导建立了一些工人代表苏维埃。1918年12月,在该党与波兰社会党—"左派"的统一代表大会上,成立了波兰共产党。

[5]波兰社会党—"无产阶级派"是由从波兰社会党分离出来的该党利沃夫支部于1900年夏成立的政党,中央委员会先后设于利沃夫和克拉科夫,在华沙、罗兹等地有其组织。该党最高纲领是社会主义革命,最低纲领是制定全俄宪法和波兰王国自治、教会同国家分离、实行八小时工作制。该党坚持采取个人恐怖的策略,同时主张波兰革命运动同俄国的革命运动接近。该党于1909年春停止活动。

[6]拉脱维亚社会民主工党于1904年6月在该党第一次代表大会上成立。在1905年6月党的第二次代表大会上通过了党的纲领并作出了必须同俄国社会民主工党统一的决议。1905年该党领导了工人的革命行动并组织群众准备武装起义。

1906年,在俄国社会民主工党第四次(统一)代表大会上,拉脱维亚社会民主工党作为一个地区组织参加了俄国社会民主工党。代表大会后改名为拉脱维亚边疆区社会民主党。

[7]亚美尼亚社会民主工人组织("特殊派")是亚美尼亚民族联邦主义分子在俄国社会民主工党第二次代表大会后不久建立的。它象崩得一样要求实行联邦制的建党原则,把无产阶级按民族分开,并宣布自己是亚美尼亚无产阶级的唯一代表。它借口"每个民族都有特殊的条件"来为自己的民族主义辩护。列宁在1905年9月7日写给俄国社会民主工党中央委员会的信中,坚决反对这个组织参加1905年9月召开的俄国各社会民主主义组织代表会议,指出这个组织的成员是一帮在国外的著作家,同高加索没有什么联系,是崩得的亲

信（参看《列宁全集》第 2 版第 45 卷）。

[8] 亚美尼亚革命联盟（德罗沙克）即亚美尼亚资产阶级民族主义政党达什纳克楚纯（意为联盟），《德罗沙克》（意为旗帜）是其中央机关报。这个党于 1890 年在梯弗利斯成立。党员中，除资产阶级外，民族知识分子和小资产阶级占重要地位，此外，还有受骗的农民和工人。在 1905～1907 年革命对期，该党同社会革命党接近。1907 年，该党正式通过了具有民粹主义性质的"社会主义"纲领，并加入了第二国际。1917 年二月资产阶级民主革命后，他们同孟什维克、社会革命党人和木沙瓦特党人结成了反对苏维埃政权的反革命联盟，组织了外高加索议会。1918～1920 年间，该党曾领导亚美尼亚的反革命资产阶级民族主义政府。1920 年 11 月，亚美尼亚劳动人民在布尔什维克党的领导和红军的支持下，推翻了达什纳克党人的政府，建立了苏维埃政权。1921 年 2 月，达什纳克楚纯发动叛乱，被粉碎。随着苏维埃政权的胜利，该党在外高加索的组织陆续被清除。

[9] 白俄罗斯社会主义格罗马达是小资产阶级民族主义政党，1902 年成立（当时称白俄罗斯革命格罗马达），1903 年 12 月在维尔诺举行第一次代表大会最终形成。该党借用波兰社会党的纲领作为自己的纲领，要求白俄罗斯边疆区实行自治并在维尔诺设立地方议会，把地主、皇族和寺院的土地转归地方公有，允许西北边疆地区各民族实行民族文化自治。白俄罗斯社会主义格罗马达的多数成员代表白俄罗斯农村资产阶级的利益，但也有一些成员代表劳动农民的利益。在 1905～1907 年俄国革命时期，白俄罗斯社会主义格罗马达采取资产阶级改良主义的策略。随着这次革命的失败，该党滑向资产阶级自由主义立场。1907 年初，该党正式宣布解散，它的成员们开始进行合法的资产阶级民族主义活动，出版了合法报纸《我们的田地报》（1906～1915 年）。在第一次世界大战期间，留在德军占领区的格罗马达分子鼓吹在德国的保护下"复兴"白俄罗斯。在 1917 年俄国二月革命后，白俄罗斯社会主义格罗马达恢复组织，支持资产阶级临时政府的政策。1917 年 7 月，该党右翼领袖参加了白俄罗斯拉达。十月社会主义革命后，白俄罗斯格罗马达分裂，它的一部分成员进行反革命活动，一部分成员转向苏维埃政权方面。

[10] 拉脱维亚社会民主党人同盟是 1900 年秋天在国外建立的。这个组织就其提出的要求来说接近于俄国社会革命党，并具有相当程度的民族主义倾向。

1905年在部分农民中暂时有些影响，但很快被拉脱维亚社会民主工党排挤，以后再未起什么明显的作用。

[11] 芬兰积极抵抗党是1903～1904年由一批资产阶级和小资产阶级的芬兰知识分子和大学生建立的，其宗旨是推翻芬兰的沙皇政权，代之以立宪制度。该党同俄国社会革命党有密切联系，接受了后者的冒险主义策略，曾组织一系列暗杀政府代表人物的活动，并从事炸弹制造。

[12] 芬兰工人党于1899年成立，1903年改名为芬兰社会民主党。在俄国1905～1907年革命中，该党领导人落后于局势的发展，执行了机会主义路线。该党只采取合法斗争形式，没有组织无产阶级对其压迫者进行武装斗争。该党的左翼虽然赞成无产阶级进行独立的斗争，但是未能采取坚决措施清除党内的机会主义分子。从1907年起，芬兰社会民主党参加了芬兰议会。1918年初，该党代表领导了芬兰工人革命，但党的右翼转向反革命方面。1918年春芬兰工人革命失败后，芬兰社会民主党实际上陷于瓦解。1918年8月，左派社会民主党人组成了芬兰共产党。同年，右派社会民主党人使用党原来的名称，在社会改良主义基础上恢复活动。

[13] 格鲁吉亚社会联邦革命党是资产阶级民族主义政党，于1904年4月建立。该党要求在俄国资产阶级地主国家范围内实行格鲁吉亚的民族自治。在第一次俄国革命失败后的反动年代里，该党成了革命的公开敌人。它同孟什维克和无政府主义者共同行动，企图破坏外高加索各族劳动人民反对沙皇制度和资本主义的统一战线。在十月社会主义革命后，社会联邦党人同格鲁吉亚孟什维克、达什纳克党人和木沙瓦特党人组成反革命联盟。这个反革命联盟先后得到德、土武装干涉者和英、法武装干涉者的支持。

[14] 乌克兰革命党是小资产阶级民族主义组织，于1900年初成立。该党支持乌克兰自治这一乌克兰资产阶级的基本口号。1905年12月，乌克兰革命党改名为乌克兰社会民主工党，通过了一个按联邦制原则和在承认乌克兰社会民主工党是乌克兰无产阶级在党内的唯一代表的条件下同俄国社会民主工党统一的决议。俄国社会民主工党第四次（统一）代表大会拒绝了乌克兰社会民主工党的代表提出的立即讨论统一的条件的建议，将这一问题转交俄国社会民主工党中央委员会去解决。由于乌克兰社会民主工党的性质是小资产阶级的、民族主义的，因此，在统一问题上未能达成协议。在崩得的影响下，乌

克兰社会民主工党的民族纲领提出了民族文化自治的要求。乌克兰社会民主工党后来站到了资产阶级民族主义反革命阵营一边。

[15] 立陶宛社会民主党于1896年建立。党的领导机构掌握在维护资产阶级利益的机会主义分子手中,他们力图把立陶宛的工人运动引上资产阶级民族主义的道路。当时是立陶宛社会民主党党员的费·埃·捷尔任斯基在揭露机会主义分子、团结各民族工人方面进行了大量工作。1900年8月,根据捷尔任斯基的倡议,立陶宛社会民主党中的国际主义派同波兰王国社会民主党合并组成统一的波兰王国和立陶宛社会民主党。

在1905～1907年的俄国革命影响下,立陶宛社会民主党内形成了反对民族主义领导的反对派,他们中的优秀无产阶级分子走上了革命的社会民主主义道路。1907年,该党第七次代表大会通过了关于同俄国社会民主工党统一的决议,但是统一未能实现。1918年,立陶宛社会民主党的革命派同社会沙文主义者决裂,建立了立陶宛共产党。

[16] 乌克兰社会党于1900年在第聂伯河右岸乌克兰地区建立,1903年与乌克兰革命党合并。

告犹太工人书[1]

（1905年5月底）

俄国社会民主工党第三次代表大会工作报告依地文本出版了，党中央机关报编辑部认为有必要谈一谈这个版本。

全世界觉悟的无产阶级的生活条件，导致各民族的工人在按计划进行的社会民主主义斗争中建立最密切的联系和保持高度的团结一致。半个多世纪以前第一次响起了"全世界无产者，联合起来！"的伟大口号，现在这个口号已经不仅仅是各国社会民主党的口号了。这个口号愈来愈体现为国际社会民主党策略上的一致，也愈来愈体现为各民族无产者在同一个专制国家的压迫下为争取自由和社会主义而斗争时建立组织上的统一。

在俄国，各民族的工人，尤其是非俄罗斯民族的工人，遭受到的经济压迫和政治压迫是任何一个国家没有的。犹太工人不仅遭受到一个无权的民族所遭受到的一般经济压迫和政治压迫，而且还遭受到剥夺他们起码的公民权的压迫。这种压迫愈厉害，各民族无产者最紧密的团结就愈有必要，因为没有这种团结，就不可能取得反对这种压迫的胜利。掠夺成性的沙皇专制制度在被它压迫的民族中间散播不和、不信任和仇恨的种子愈起劲，它挑动无知的群众大搞野蛮暴行的政策愈恶毒，我们社会民主党人肩负的责任就愈重大，我们必须努力使各民族所有分散的社会民主党联合成为统一的俄国社会民主工党。

1898年春举行的我们党的第一次代表大会，把建立这种统一作为自己的目标。党为了消除认为党具有民族性质的种种看法，而定名为俄国社会民主工党，而不是俄罗斯社会民主工党。犹太工人的组织崩得，是作为自治部分加入党的。遗憾的是，从此以后，一个党内的犹太和非犹太的社会民主党人的统一便被破坏了。在崩得的活动家中间，同社会民主党的整个世界观尖锐对立的民族主义思想开始流传。崩得不是设法使犹太工人接近非犹太工人，而是开始走上使前者脱离后者的道路，它在自己的代表大会上提出犹太人作为一个民族是单独存在的观点。崩得不是继续做俄国社会民主党第一次代表大会的工作，使崩得同党更加团结起来，而是迈出了使自己同党相分离的一步：先是崩得脱离俄国社会民主工党统一的国外组织，并建立了独立的国外组织，后来，当1903年我们党的第二次代表大会以绝对多数票拒绝承认崩得是犹太无产阶级的唯一代表时，崩得又脱离了俄国社会民主工党。崩得硬说，它不仅是犹太无产阶级的唯一代表，而且，除此之外，它的活动不受任何地区范围的限制。俄国社会民主工党第二次代表大会当然不能接受这样的条件，因为在许多地区，例如在俄国南部，有组织的犹太无产阶级是加入统一的党组织的。崩得对此置之不理，它不顾在第二次代表大会上共同做的工作，不顾党的纲领和组织章程脱离了党，从而破坏了社会民主主义的无产阶级的统一。

　　俄国社会民主工党在自己的第二次和第三次代表大会上表示坚决相信，崩得这种脱离党的做法是它犯下的一个可悲的大错误。崩得的错误是它的根本站不住脚的民族主义观点的产物：是妄图独霸犹太无产阶级唯一的代表权的产物，这就必然得出联邦主义的组织原则，这是长期与党疏远和向党闹独立的政策的产物。我们确信，这种错误必须改正，随着运动的进一步发展也必将得到改正。我们认为我们和犹太社会民主主义无产阶级在思想上是一致的。第二次代表大会以后，我们的中央委员会执行的不是民族主义政策，而是关心建立一些能够把各地工人，不管是犹太人还是非犹太人，统统团结为一个整体的委员会（如波列斯克委员会、西北委员会）。俄国社会民主工党第三次代表大会通过了一项关于用依地文出版书刊的决议，为了执行这项决议，我们现在正在用依地文出版已用俄文出版的俄国社会民主工党第三次代表大会工作报告的全译本。从这篇工作报告中犹太工人（不论是现在在我们党内的还是暂时在我们党外的）将会看到，我们党的发展是怎样进行的。从这篇工作报告中犹太工人将会看到，我们党现在已经摆脱了第二次代表大会以后折磨着党的内部危机。他们将会看到，我们党的真正意图是什么，我们党同其他民族的社会民主党和组织的关系如何，全党和党中央同党的各个组成部分的关系又怎样。最后，他们将会看到（这是最主要的），俄国社会民主工党第三次代表大会对全体觉悟的无产阶级在当前革命关头的政策作了哪些策略指示。

同志们！和沙皇专制制度进行政治斗争，即无产阶级为俄国各阶级和各民族的自由而斗争，为无产阶级追求社会主义的自由而斗争的时刻就要到来了。严峻的考验在等待着我们。俄国革命的成败取决于我们的觉悟程度和准备程度，取决于我们的统一和决心。让我们更大胆更协调地进行工作吧，为了使各民族的无产者能够在真正统一的俄国社会民主工党的领导下获得自由，我们将贡献出力所能及的一切！

俄国社会民主工党中央机关报编辑部

载于1905年《关于俄国社会民主工党第三次代表大会的通知》小册子（依地文）

选自《列宁全集》第10卷，第254～257页

注释：

[1]《告犹太工人书》是列宁以俄国社会民主工党中央机关报《无产者报》编辑部的名义给1905年出版的依地文小册子《关于俄国社会民主工党第三次代表大会的通知》写的序言。小册子收入了1905年5月14日（27日）《无产者报》第1号发表过的俄国社会民主工党第三次代表大会的最重要的决议。《告犹太工人书》的俄文手稿至今尚未找到，《列宁全集》俄文第4版和第5版都是根据小册子从依地文译成俄文刊印的。

莫斯科流血的日子[1]（节选）

（1905年9月27日〔10月10日〕）

日内瓦，1905年10月10日（9月27日）

工人起义又爆发了——在莫斯科发生了群众性的罢工和街头斗争。1月9日，首都响起了无产阶级革命发动的第一声霹雷。这隆隆的雷声响彻了俄国全境，以空前未有的速度唤起百万以上的无产者去进行巨大的斗争。继彼得堡而起的是各边疆地区，那里的民族压迫使本来就难以忍受的政治压迫更加严重。里加、波兰、敖德萨和高加索先后成了逐月、逐周都在向深广发展的起义的策源地。现在起义已经蔓延到俄国中部，蔓延到"真正的俄罗斯"地区的中心，本来这些地区的稳定一直是使反动派感到高兴的。俄国中部的这种比较稳定的状态，即这种落后的状态，是由下面一系列情况造成的，这就是：大工业形式比较落后，虽然它包括很多工人群众，但是它只在很小的程度上使工人和土地断绝联系，使无产者集中于文化中心；它距离外国很远；没有民族纠纷。还在1885～1886年就在这个区域出现的蓬蓬勃勃的工人运动[2]，好象是很久地沉寂了，社会民主党人几十次、几百次的努力，都因碰到当地特别困难的工作条件而遭到失败。

可是，中部地区也终于动起来了。伊万诺沃-沃兹涅先斯克的罢工[3]证明工人的政治成熟性已经达到出人意料的高度。在这次罢工以后，整个中部工业区的不满情绪已经不断地加强和扩大起来。现在这种不满情绪已经爆发出来，正在变成起义。毫无疑问，革命的莫斯科大学生进一步加强了这次爆发，他们刚刚通过了与彼得堡的决议完全相同的决议，痛斥国家杜马，号召为建立共和国，为成立临时革命政府而斗争。"自由派的"教授们刚刚选出鼎鼎大名的十足自由派的特鲁别茨科伊先生当校长，现在又在警察的威胁下将大学关闭了。据他们自己说，他们是怕在大学院内重演梯弗利斯的惨剧[4]。他们这样做，不过是加速了街头的、大学外面的流血惨剧的发生。

载于《列宁文集》第5卷，1926年俄文版

选自《列宁全集》第11卷，第314~315页

注释：

[1]《莫斯科流血的日子》一文是就1905年9月19日（10月2日）爆发的莫斯科政治罢工而写的，当时没有发表。文章写成后过了两天，即9月29日（10月12日），列宁又写了《莫斯科的政治罢工和街头斗争》一文（见《列宁全集》第11卷，第347~355页），发表于10月4日（17日）《无产者报》第21号。因此，《莫斯科流血的日子》实际上是《莫斯科的政治罢工和街头斗争》的初稿，《列宁全集》第11卷《附录》里还收有这两篇文章的提纲（见第423~427页）。

莫斯科政治罢工是俄国革命运动新高涨的开端，在准备全俄十月政治罢工中起了重大作用。列宁密切注视莫斯科政治罢工的发展，从报上摘抄了大量资料（见《列宁文稿》中文版第12卷，第274~287页）。除了上述两篇文章外，他还利用这些资料写了《莫斯科事变的教训》一文（见《列宁全集》第11卷，第380~388页）。9月底，列宁在日内瓦群众大会上发表了关于莫斯科事件的讲话。

[2] 指1885~1886年莫斯科省、弗拉基米尔省和雅罗斯拉夫尔省的工人运动。

在这个时期的罢工中，最著名的是1885年1月的莫罗佐夫工厂即尼科利斯科耶纺织厂的罢工。这次罢工是因厂主季·萨·莫罗佐夫对纺织工人残酷剥削以致工人经济状况恶化而引起的。罢工的领导者是先进工人彼·阿·莫

伊谢延科、卢·伊·伊万诺夫和瓦·谢·沃尔柯夫。这次罢工遭到沙皇政府的武力镇压。罢工领导者及600多名工人被捕,其中33人受到审判。这次罢工以及继相发生的多次罢工终于迫使沙皇政府于1886年6月3日颁布了罚款法。

[3] 伊万诺沃-沃兹涅先斯克的纺织工人在布尔什维克北方委员会伊万诺沃-沃兹涅先斯克小组的领导下,从1905年5月12日(25日)起举行总罢工,提出了实行八小时工作制,提高工资,取消罚款,撤销工厂警察,实现言论、出版、结社、罢工自由,召开立宪会议等要求。5月15日(28日),工人们选出151名代表,建立了全权代表会议。这个代表会议事实上是俄国最早的全市性工人代表苏维埃,起了革命政权的作用。沙皇政府为了镇压这次罢工,向伊万诺沃-沃兹涅先斯克及其附近地区调集了大批军警。6月2日(15日),副省长颁布了禁止集会的命令。6月3日(16日),哥萨克和军警对集会工人们发动攻击,残酷地屠杀工人。但是这场大屠杀并没有摧毁工人的斗志。伊万诺沃-沃兹涅先斯克的总罢工一直持续到7月22日(8月4日),而个别企业的局部罢工直到8月和9月仍在进行。

[4] 梯弗利斯的惨剧是指沙皇警察屠杀梯弗利斯工人的事件。1905年8月29日(9月11日),梯弗利斯2000多名工人为了参加讨论国家杜马的选举问题在市政管理委员会大厅举行集会。警察和哥萨克按照沙皇当局的命令,包围了建筑物,冲入正在开会的大厅,对工人进行野蛮的镇压,有60人被打死,近300人被打伤。

为了抗议沙皇政权的暴行,整个外高加索——梯弗利斯、库塔伊西、苏呼姆等城市举行了政治性的示威游行和罢工。俄国社会民主工党梯弗利斯委员会印发了传单,号召举行武装起义反对沙皇专制制度。关于梯弗利斯事件,1905年9月13日(26日)《无产者报》第18号刊印了高加索联合会委员会署名的特别公报。

全俄政治罢工[1]（节选）

（1905年10月13日〔26日〕）

10月26日（13日）于日内瓦

这只稍一挥动就使杜马问题发生转变的手，就是俄国无产阶级的手。有一首德国社会主义的歌中唱道："一切轮子都要停止转动，只要你那强壮的手要它停止。"[2]现在这只强壮的手举起来了。我们曾经指出和预言过，群众性的政治罢工在武装起义事业中有伟大的意义，这一点已经被光辉地证实了。**全俄政治罢工**这一次真是席卷全国，它在最受压迫的和最先进的阶级的英勇奋斗中，把万恶的俄罗斯"帝国"的**各族人民**联合起来了。在这个充满压迫和暴力的帝国中，各族无产者正组织成为一支争取自由、争取社会主义的大军。莫斯科和彼得堡分享了革命的无产阶级首先发难的荣誉。两个首都都罢工了。芬兰也在罢工。由里加带头，波罗的海沿岸边疆区也参加了这一运动。英勇的波兰重新参加了罢工者的行列，这好象是对敌人的无可奈何的愤怒的一种嘲笑，因为敌人幻想用自己的打击粉碎它，结果只是使它的革命力量锻炼得更加坚强了。克里木（辛菲罗波尔）和南方起来了。叶卡捷琳诺斯拉夫在构筑街垒，进行流血斗争。伏尔加河流域（萨拉托夫、辛比尔斯克、下诺夫哥罗德）在罢工，中部农业省份（沃罗涅日）和工业中心（雅罗斯拉夫尔）也爆发了罢工。

站在这一多民族的千百万工人大军前列的，是铁路员工工会[3]的小小的代表团。自由派先生们在舞台上演出政治闹剧，对沙皇低声下气，花言巧语，对维特扭扭捏捏，装模作样，工人冲上了这个舞台，向新的、"自由派的"沙皇政府的新首脑维特先生提出了**最后通牒**。铁路工人代表团不愿等待召集"市民参议会"，不愿等待召集国家杜马。工人代表团甚至不愿花费宝贵的时间来"批评"这出装模作样的闹剧。工人代表团准备首先**用行动——政治罢工——来批评**，然后向小丑大臣说：只能有一个解决办法，就是在实行普遍和直接选举的基础上召集立宪会议。

载于《无产者报》，1905年10月18日（31日），第23号

选自《列宁全集》第12卷，第2~3页

注释：

[1]《全俄政治罢工》是列宁就1905年十月罢工所写的评论，作为社论发表于1905年10月18日（31日）《无产者报》第23号。十月全俄政治罢工是俄国第一次资产阶级民主革命的最重要阶段之一，是十二月武装起义的序幕。

《列宁全集》第2版第12卷收有关于《全俄政治罢工》一文的札记（见第365~367页）。

[2] 出自德国诗人格·赫尔维格的诗歌《祈祷！工作！》。这首诗是诗人应全德工人联合会主席斐·拉萨尔之约而写的该会会歌歌词。

[3] 指全俄铁路工会。

全俄铁路工会是俄国第一个铁路员工的工会组织，在1905年4月20~21日（5月3~4日）于莫斯科召开的全俄铁路员工第一次代表大会上成立。在代表大会选出的中央常务局中，社会革命党人占主要地位。全俄铁路工会的纲领包括经济要求和一般民主要求（召开立宪会议等）。参加全俄铁路工会的主要是铁路职员和高收入工人。布尔什维克在批评社会革命党人的思想实质和斗争策略的同时，在革命发展的一定时期内也参加了全俄铁路工会的地方的和中央的领导机构，同时在某些城市建立了同全俄铁路工会平行的社会民主党的铁路工会组织。

全俄铁路工会在实行全俄铁路政治罢工中起了重要作用。1905年7月

22~24日（8月4~6日）在莫斯科召开的全俄铁路员工第二次代表大会，决定立即着手进行全俄铁路政治罢工的鼓动工作。1905年9~10月在彼得堡召开的全俄铁路员工代表大会，在革命群众压力下，制定并向政府提出了如下要求：实行八小时工作制，自上而下选举铁路各级行政机构，立即释放被捕的罢工参加者，撤销强化警卫和戒严，实行政治自由、大赦和民族自决，立即召开按照普遍、平等、直接和无记名投票原则选举产生的立宪会议。10月7日（20日），由莫斯科—喀山铁路开始的罢工迅速地发展成为全俄政治罢工，给了专制制度以有力的打击。1905年12月，有29条铁路代表参加的全俄代表会议支持莫斯科布尔什维克代表会议关于宣布举行政治总罢工的决定，并于12月6日（19日）作出关于参加罢工和立即宣布全俄铁路罢工的决定。全俄铁路工会的许多一般成员积极参加了十二月武装起义。起义失败以后，许多铁路员工遭枪杀，全俄铁路工会事实上转入地下。1906年8月曾召开一次铁路员工代表会议，讨论因第一届国家杜马被解散而举行总罢工的问题。这次会议通过的决议主张举行总罢工和武装起义，列宁在《政治危机和机会主义策略的破产》一文中曾提到这件事（见《列宁全集》第2版第13卷）。到1906年底，铁路工会受社会革命党人的影响，丧失了自己的革命作用。1907年2月俄国社会民主工党中央委员会召开的铁路系统社会民主党组织代表会议决定社会民主党人退出全俄铁路工会，这一决定为中央委员会所批准。全俄铁路工会于1907年瓦解。

提交俄国社会民主工党统一代表大会的策略纲领(节选)

提交俄国社会民主工党统一代表大会的决议草案[1]

(1906年3月20日〔4月2日〕)

对待各民族的社会民主党的态度

鉴于:

(1) 俄国各民族的无产阶级在革命进程中通过共同的斗争日益团结起来;

(2) 这一共同的斗争使俄国各民族的社会民主党更加接近了;

(3) 很多城市已经成立了当地各民族的社会民主党组织的混合委员会,来代替过去的联邦委员会;

(4) 各民族的社会民主党的大多数,现在已经不坚持被俄国社会民主工党第二次代表大会曾经公正地否决了的联邦制原则了。

我们承认并且建议代表大会承认:

(1) 必须采取最有力的措施尽早实现所有俄国各民族的社会民主党的合并,组成统一的俄国社会民主工党;

(2) 各地的社会民主党组织的完全合并应当是统一的基础;

(3) 党应该切实保证满足党的全部利益和各该民族的社会民主主义的

无产阶级的需要，同时要照顾到各该民族在文化上和生活上的特点；要保证做到这一点，应该召开各该民族的社会民主党人的专门代表会议，在党的地方的、省的和中央的机关中应该有少数民族代表，成立文艺、出版和鼓动等专门小组。

附注：党中央委员会中少数民族代表可以这样产生：全党代表大会从全国那些目前有独立的社会民主党组织存在的地区的省代表大会所指定的候选人中选出一定数量的人作为中央委员会的委员。

载于《党内消息报》，1906年3月20日，第2号

选自《列宁全集》第12卷，第210~211页

注释：

[1]《提交俄国社会民主工党统一代表大会的策略纲领》即布尔什维克的策略纲领是1906年2月下半月起草的。除了《无产阶级在民主革命目前时期的阶级任务》决议案是列·波·加米涅夫起草的以外，纲领中所有的决议案都是列宁起草的。纲领曾在芬兰库奥卡拉（列宁当时住在那里）召开的党的领导人会议上预先讨论过。

3月上半月，由列宁主持，在莫斯科开了几次布尔什维克的会议，讨论这个纲领。列宁在有莫斯科委员会委员、鼓动宣传员小组成员、中央委员会莫斯科局写作组成员、莫斯科郊区委员会委员和其他党的工作者参加的会议上论证了这个纲领。这次会议来不及讨论全部决议案，为此决定召开第二次会议。但第二次会议没有开成，因为会议被警察发觉，会议的参加者包括列宁在内几乎被捕。纲领的进一步讨论是1906年3月中旬在彼得堡进行的，仍由列宁主持。会议最后委托有列宁、阿·伊·李可夫、列·波·加米涅夫参加的专门委员会对纲领作最后审订。纲领于3月20日（4月2日）公布于《党内消息报》第2号，并由俄国社会民主工党统一的中央委员会和俄国社会民主工党统一的彼得堡委员会印成单页。

修改工人政党的土地纲领[1]（节选）

（1906年3月下半月）

二 社会民主党内部在土地纲领问题上的四种派别

马斯洛夫所建议的是什么呢？他建议的是一种混合体，即国有**加上**地方自治机关有，**再加上**土地私有，而**根本没有指明**在什么样的政治条件下这种或那种土地制度对无产阶级（比较）有利。的确，马斯洛夫在他的草案第3条中要求"没收"教会的土地和其他的土地，"把这些土地转交给民主国家掌握"。这是纯粹的国有形式。试问：为什么没有附带说明使国有在资本主义社会中不致贻害的政治条件呢？为什么**这里**提出的是国有而不是地方自治机关有？为什么选择了这种同拍卖被没收的土地**相排斥**的说法？[①] 马斯洛夫对所有这些问题都没有提供答案。

马斯洛夫建议把教会、寺院和皇族的土地收归国有，同时又反对普遍实行国有，这样就是自己打自己的嘴巴。他反对国有的论据有一部分是不充分和不正确的，有一部分是完全没有说服力的。第一个论据：国有会侵

---

① 见列宁《答伊克斯》一文第27页："如果说社会民主党无论在什么条件下，无论什么时候都会反对拍卖，那是不正确的。"（见《列宁全集》第2版第7卷，第204页。——编者注）预先声明土地私有制是不可废除的和土地是不许拍卖的，那就既不合逻辑，也不明智。

犯民族自决。彼得堡不应当支配外高加索的土地。——这不是论据，而完全是误会。第一，我们的纲领是承认民族自决权的，因此外高加索是"有权"脱离彼得堡而实行自治的。马斯洛夫是不是要根据"外高加索"可能不同意而反对四原则选举制[2]呢！第二，我们的纲领**一般**是承认地方和地区**广泛**自治的，因此，说"彼得堡的官僚会支配山民的土地"（马斯洛夫著作第22页），这简直是可笑！第三，对**外高加索的**土地实行"地方自治机关所有"的法令，反正须要**彼得堡**的立宪会议来颁布，因为马斯洛夫并不想使任何一个边区有权自由保存地主土地占有制！这就是说，马斯洛夫的这一论据整个倒了。

1906年4月初由"我们的思想"出版社在圣彼得堡印成单行本

选自《列宁全集》第12卷，第228～229页

注释：

[1]《修改工人政党的土地纲领》这本小册子是在1906年3月下半月写成的，1906年4月初在彼得堡出版。1906年9月，小册子遭到沙皇政府的查禁。

小册子包含的思想，列宁后来在俄国社会民主工党第四次（统一）代表大会上所作的土地问题报告中作了阐明。

[2]四原则选举制是包括有四项要求的民主选举制的简称，这四项要求是，普遍的、平等的、直接的和采取无记名投票方式的选举权。

谈谈崩得机关报上的一篇文章(节选)

(1906年12月20日〔1907年1月2日〕)

我们的报纸是在秘密活动条件下创办的,不可能很正常地掌握那些不用俄文而用其他文字在俄国出版的社会民主党机关报的情况。可是,没有俄国各民族社会民主党人密切的和经常的交往,我们党就不可能成为真正全俄国的党。

因此,我们恳切地请求所有懂得拉脱维亚文、芬兰文、波兰文、依地文、亚美尼亚文、格鲁吉亚文和其他文字的同志,能收到用这些文字出版的社会民主党的报纸的同志,帮助我们使俄罗斯读者了解社会民主主义运动的情况和非俄罗斯社会民主党人的策略观点。可以把社会民主党书刊上对某个问题的讨论情况的评述(如《无产者报》刊载的关于波兰社会民主党同波兰社会党的论战和关于拉脱维亚社会民主党人对游击斗争的看法等文章[1])送来,也可以把某些文章或某篇文章最突出的地方译出寄来。

载于《无产者报》,1906年12月20日,第10号

选自《列宁全集》第14卷,第186页

注释:

[1] 指发表在1906年9月8日(21日)《无产者报》第3号上的《波兰通讯》和发表在10月29日(11月11日)、11月10日(23日)《无产者报》第6号、第7号上的《拉脱维亚社会民主党论游击斗争》等文。

斯图加特国际社会党代表大会[1]（节选）

（1907年8月和10月之间）

在讨论殖民地问题的时候，委员会内形成了机会主义多数派，在决议草案中出现了这样的离奇古怪的句子："大会并不在原则上和在任何时候都谴责任何殖民政策，殖民政策在社会主义制度下可以起传播文明的作用。"这个论点实际上等于直接向资产阶级政策倒退，向替殖民战争及野蛮行为辩护的资产阶级世界观倒退。有一位美国代表说，这是倒退到罗斯福那里去了。用"社会主义殖民政策"和在殖民地进行切实的改良工作之类的任务来替这种倒退辩护的尝试是十分不妥当的。社会主义从来不反对在殖民地也要进行改良，但是这同削弱我们反对对其他民族征服、奴役、施加暴力和进行掠夺的"殖民政策"这一原则立场，没有也不应有丝毫共同之处。一切社会党的最低纲领既适用于宗主国，也适用于殖民地。"社会主义殖民政策"这个概念本身就是极其混乱的。大会从决议中删去了这句话，而且比过去的决议更尖锐地谴责了殖民政策，这是完全正确的。

载于1907年10月圣彼得堡种子出版社出版的《1908年大众历书》

选自《列宁全集》第16卷，第68~69页

注释：

[1] 本文是列宁应种子出版社之约，为《1908年大众历书》撰写的。

《1908年大众历书》的编印是种子出版社利用合法形式刊印不合法材料的一种尝试。《历书》阐述了俄国的经济状况和政治形势、第二届国家杜马的活动、对外政策问题、工会活动、罢工活动以及农民状况，介绍了俄国工人运动的历史，提供了19世纪和20世纪初俄国革命斗争的大事记。为《历书》撰稿的除列宁外，还有米·斯·奥里明斯基、尼·亚·罗日柯夫、尼·尼·巴图林等人。《历书》印了6万册，只有几十册被警察没收，因而在工厂和军队中流传很广。

斯图加特国际社会党代表大会(节选)

(1907年9月和10月之间)

今年8月在斯图加特召开的国际社会党代表大会,其特点是出席的人非常多,代表性很广泛。世界五大洲都派了代表,代表总数为886人。代表大会不但大规模展示了无产阶级斗争的国际团结,而且在确定各国社会党的策略方面起了突出的作用。大会就许多至今一直由各国社会党自行解决的问题作出了共同的决议。社会主义运动已经团结成一支国际力量,这一点特别明显地表现为需要各国在原则上一致解决的问题数量在增多。

现在把斯图加特各项决议的全文刊登于后。[1]我们先来简略地谈一谈每一项决议,以便指出代表大会上有争议的主要各点和辩论的性质。

殖民地问题在国际代表大会上讨论已经不是第一次了。在此之前,历次国际代表大会的决议一直是把资产阶级的殖民政策作为掠夺和暴力的政策而坚决加以谴责的。这一次,在代表大会的委员会中,以荷兰人万科尔为首的机会主义分子在人数上占了上风。决议草案中塞进了这样的话:大会并不在原则上都谴责任何殖民政策,殖民政策在社会主义制度下可以起传播文明的作用。委员会中的少数(德国的累德堡、波兰和俄国的社会民主党人以及其他许多人)坚决反对这种看法。问题提到了代表大会上,两派力量不相上下,于是展开了空前激烈的辩论。

机会主义者一致拥护万科尔。伯恩施坦和大卫代表德国代表团多数人发言,肯定"社会主义殖民政策",并且猛烈地攻击激进派,说他们否定也没有用，说他们不懂得改良的意义，说他们没有一个切实的殖民纲领，等等。不过他们受到考茨基的反对，考茨基不得不敦促代表大会表示**反对**德国代表团的多数人。他正确地指出：根本不存在否定争取改良的斗争的问题，因为在决议的其他没有引起任何争论的部分中对这一点说得非常明确。问题在于我们是否应当向资产阶级现行的掠夺和暴力的制度让步。目前的殖民政策，应当在代表大会上加以讨论，而这一政策是以直接奴役未开化的民族为基础的：资产阶级实际上是在殖民地实行奴隶制度，使当地人遭受闻所未闻的侮辱和压迫，用提倡酗酒、传播梅毒来向当地人"传播文明"。在这种情况下，社会党人居然会含糊其词地说什么可以在原则上肯定殖民政策！这就是公开转向资产阶级的观点。这就是在使无产阶级服从资产阶级思想、服从目前特别嚣张的资产阶级帝国主义方面跨出的坚决的一步。

载于《无产者报》，1907年10月20日，第17号

选自《列宁全集》第16卷，第79~80页

注释：

[1] 登载列宁这篇文章的《无产者报》第17号发表了斯图加特国际社会党代表大会的各项决议。

社会民主党在1905～1907年俄国第一次革命中的土地纲领[1]（节选）

（1907年11～12月）

第二章 俄国社会民主工党的土地纲领及其在第一次革命中所受到的检验

3. 实际生活对地方公有派的主要论据的检验

为什么马斯洛夫讲到劳动派对国有化的态度时，要向读者（可能也向他自己？）隐瞒第16条的内容呢？因为这一条**完全**粉碎了他那荒谬的"地方公有化"主张。

读者只要看看马斯洛夫向斯德哥尔摩代表大会提出的地方公有化主张的理由，只要读一读这次代表大会的记录，就可以看出，他口口声声强调不能镇压各民族，不能压迫各边疆地区，不能忽视不同的地方利益，等等，等等。早在斯德哥尔摩代表大会以前我就向马斯洛夫指出（见《修改工人政党的土地纲领》第18页①），**所有**这些论据"完全是误会"，我当时说，我们的党纲既承认了各民族的自决权，也承认了**广泛**的地方自治和

---
① 见《列宁全集》第2版第12卷，第228页。——编者注

区域自治。所以**在**这方面，不必要也不可能再想出任何防止过分集中、防止官僚化和防止规章过死的补充"保证"，因为这种"保证"要么毫无内容，要么会被人解释成反无产阶级的联邦制的办法。

劳动派向地方公有派证明了我的看法是正确的。

现在马斯洛夫也该承认，**所有代表农民的利益和观点的集团，都主张这样一种形式的**国有化，即它们所主张的地方自治机关的权利和权力并不比马斯洛夫所要求的少！规定地方自治机关权限的法律应当由中央议会颁布，这一点马斯洛夫闭口不谈，但是任何把脑袋藏在翅膀底下的做法都无济于事，因为现在根本不能设想会有什么别的办法。

第五章　各阶级、各政党在第二届杜马讨论土地问题时的表现

8．"民族代表"

非俄罗斯民族代表在杜马中就土地问题发表过意见的有波兰人、白俄罗斯人、拉脱维亚人、爱沙尼亚人、立陶宛人、鞑靼人、亚美尼亚人、巴什基尔人、吉尔吉斯人、乌克兰人。请看他们是怎样叙述自己的观点的。

民族民主党人[2]德莫夫斯基在第二届杜马中"代表波兰王国及与其毗邻的我国西部地区的波兰人"（第742页）说道："虽然我们那里土地关系已在向西欧式的土地关系转变，然而我们那里还是存在土地问题，并且缺地还是我们实际生活中的症结。我们纲领中关于社会问题的首要条文之一就是增加农民占有的土地面积。"（第743页）

"在我们波兰王国曾经有过夺取地主土地的大规模的农民骚动，这只是在东部地区，即弗沃达瓦县发生的，那里有人对农民们说，他们既然是正教徒，就应该分得地主的土地。这种骚动只是发生在正教徒居民中间。"（第745页）

"……这里〈在波兰王国〉的土地事宜，也同其他一切社会改革一样……只有通过边疆区代表会议，即只有通过自治议会，根据实际情况的要求来办理。"（第747页）

波兰民族民主党人的这篇发言，引起了白俄罗斯右派农民（来自明斯克省的加甫里尔契克，还有希曼斯基、格鲁金斯基）对波兰地主的猛烈抨击，叶夫洛吉主教自然抓住这个机会，并以1863年俄国政策的精神作了一次狡狯的警察式的发言，说波兰地主压迫俄罗斯农民（4月12日第二十六次会议）。

民族民主党人格拉布斯基回答说："你看他想得多么简单！"（5月3日第三十二次会议）"农民将得到土地；俄国地主将仍然保留自己的土地；农民将象从前那样拥护旧制度，而波兰人却因为提出波兰议会问题将要受到应有的惩罚。"（第62页）发言人激烈地揭穿了俄国政府的无耻的蛊惑人心的宣传，要求"把我们那里的土地改革问题交给波兰议会去解决"（第75页）。

这里要补充说一点，上述那些农民要求补分份地**作为私产**（例如第1811页）。在第一届杜马中，波兰和西部的农民要求土地时也曾表示拥护私有制。纳科涅奇内于1906年6月1日说过："我是卢布林省的一个少地农民。在波兰也必须实行强制转让的办法。与其不定期占有5俄亩土地，倒不如永久占有1俄亩土地。"（第881～882页）波尼亚托夫斯基（沃伦省代表）代表西部边疆区（5月19日，第501页）以及维切布斯克省代表特拉孙（1906年5月16日，第418页）也这样说过。吉尔纽斯（苏瓦乌基省代表）还表示反对只建立全俄的土地资产，主张也建立地方的土地资产（1906年6月1日，第879页）。梯什克维奇伯爵当时就指出，他认为建立全民的土地资产的主张是"不切实际和不无危险的"（第874页）。斯捷茨基也发表过同样的意见（他主张个人所有制而反对租佃制。1906年5月24日，第613～614页）。

波罗的海沿岸边疆区代表在第二届杜马中发言的有尤拉舍夫斯基（库

尔兰省代表），他要求取消大地主的封建特权（1907年5月16日，第670页），主张要地主转让超过一定标准的土地。他说："我们承认在波罗的海沿岸边疆区，现在的农业在该地区原来实行的私有制或世袭租佃制基础上有所发展，但是，我们却不能不作出结论，要进一步调节农业关系，就必须立即在波罗的海沿岸边疆区实行建立在广泛的民主原则基础上的自治制。只有自治制才能够正确地解决这个问题。"（第672页）

爱斯兰省代表进步人士尤里涅，为爱斯兰省提出一个单独的法案（1907年5月26日第四十七次会议，第1210页）。他主张"妥协"（第1213页），即主张"世袭的或永久的租佃制"（第1214页）。"谁使用土地，谁能更好地使用土地，谁就应该拥有土地。"（同上）尤里涅要求实行这个意义上的强制转让，反对没收土地（第1215页）。查克斯捷（库尔兰省代表）在第一届杜马中要求除地主的土地外还要把教会（教区）的土地转归农民（1906年5月4日第四次会议，第195页）。捷尼松（里夫兰省代表）同意投票赞成强制转让的办法，认为"一切主张土地私有的人"（同上，第209页）都会这么做。克雷茨贝格（库尔兰省代表）代表该省农民要求"剥夺大地产"，并且一定要把土地"作为私产"分给无地和少地农民（1906年5月19日第十二次会议，第500页）。留特利（里夫兰省代表）要求实行强制转让等等。他说道："至于把土地变为国家土地资产，我们农民很清楚，这是又一种奴役农民的办法。所以，我们应该保护小农经济和劳动生产率，并使之不受资本主义的侵犯。可见，我们把土地变成国家土地资产，就会造成最大的资本主义。"（同上，第497页）奥佐林（里夫兰省代表）代表拉脱维亚农民发言，主张强制转让并主张私有制；他坚决反对建立全国土地资产，只同意建立各区域的土地资产（1906年5月23日第十三次会议，第564页）。

列昂纳斯，"苏瓦乌基省代表，即立陶宛族代表"（1907年5月16日第三十九次会议，第654页），发言拥护他所在的立宪民主党的计划。该省的另一个代表、立陶宛的自治派分子布拉特对劳动派的意见表示赞成，但关于赎买等等问题，他主张留待各地方土地委员会讨论决定（同上，第

651页)。波维柳斯(科夫诺省代表)代表"杜马中的立陶宛社会民主党集团"(同上,第681页,附录)提出了该集团拟订的措辞确切的土地纲领,这个纲领同我们俄国社会民主工党的纲领大致一样,**不同的**是他们主张把"**立陶宛境内的**地方土地资产"交给"立陶宛独立的自治机关"支配(同上,第2条)。

可汗霍伊斯基(伊丽莎白波尔省代表)代表穆斯林集团在第二届杜马中说:"在俄国总人口中,我们穆斯林有2000万以上,我们都敏感地注意着土地问题上的一切变动,迫不及待地期望这个问题得到圆满解决。"(1907年4月2日第二十次会议,第1499页)他代表穆斯林集团表示赞成库特列尔的意见,赞成按照公道的价格强制转让(第1502页)。"但是这些已转让的土地应该归谁呢?穆斯林集团认为这些已转让的土地不应该作为全国土地资产,而应该作为各该区域的土地资产。"(第1503页)"克里木鞑靼人代表"梅季耶夫(塔夫利达省代表)作了热情洋溢、充满革命精神的发言,要求"土地和自由"。他说:"讨论愈深入,人民提出的耕者有其田的要求就愈突出。"(1907年4月9日第二十四次会议,第1789页)发言人指出了"在我们边疆区神圣的土地私有制形成的情形"(第1792页),指出了巴什基尔人的土地被侵占的情形,说大臣、四等文官、宪兵署长官每人得到了2000至6000俄亩的土地。他举出了"鞑靼兄弟们"的一份委托书,他们对侵占卧各夫[3]土地一事提出控诉。他摘引了土耳其斯坦总督于1906年12月15日给一个鞑靼人的复函,说只有基督教徒才有权移居到官地上去。"难道这些文件不是带有上个世纪阿拉克切耶夫政策的霉臭味么?"。(第1794页)

代表高加索农民发言的,除了下面就要说到的我们社会民主党人,还有上面已经提过的那位拥护社会革命党人立场的萨加捷良(埃里温省代表)。"达什纳克楚纯"的另一个代表捷尔-阿韦季克扬茨(伊丽莎白波尔省代表)也表示了同样的意思,他说:"土地应按村社所有制原则属于劳动者,即属于劳动人民,而不属于任何其他的人。"(1907年5月16日第三十九次会议,第644页)"我代表高加索全体农民声明……在紧急关头,全体高加索农民将和自己的兄长俄国农民并肩携手，为自己争得土地和自由。"（第 646 页）埃尔达尔哈诺夫"代表他那些选民——捷列克省土著居民——请求在土地问题没有解决前制止一切侵吞天然资源的行为"（1907年 5 月 3 日第三十二次会议，第 78 页），可是侵吞土地的就是政府，它夺取山区最肥沃的土地，掠夺库梅克人民的土地，宣布占有地下矿藏（这事大概发生在斯德哥尔摩代表大会以前吧，可是普列汉诺夫和约翰在代表大会上长篇大论地说非民主制国家政权无法侵犯地方公有土地）。

哈萨诺夫（乌法省代表）代表巴什基尔人发言，他指出政府掠夺了他们 200 万俄亩土地，要求把这些土地"收回"（1907 年 5 月 16 日第三十九次会议，第 641 页）。出席第一届杜马的乌法省代表瑟尔特拉诺夫也提出过这种要求（1906 年 6 月 2 日第二十次会议，第 923 页）。卡拉塔耶夫（乌拉尔州代表）代表吉尔吉斯—哈萨克人民在第二届杜马中说："我们吉尔吉斯—哈萨克人……深深懂得和感觉到我们农民兄弟缺少土地的痛苦，我们很愿意自己挤一挤"（第三十九次会议，第 673 页），但是"多余的土地很少"，而"现在移民，随之而来的就是要把吉尔吉斯—哈萨克人民迁走"……"不是把吉尔吉斯人从土地上迁走，而是把他们从他们的住房里迁走"（第 675 页）。"吉尔吉斯—哈萨克人对一切反对派党团始终表示同情。"（第 675 页）

1907 年 3 月 29 日在第二届杜马中代表乌克兰党团发言的有波尔塔瓦省哥萨克赛科。他举出了哥萨克所唱的一支歌："嗨，卡捷琳娜女皇！你干些什么呀？辽阔的草原、欢乐的地方，全都赏给了地主公王。嗨，卡捷琳娜女皇！怜恤怜恤我们吧，发还给我们土地、森林、欢乐的地方。"他赞同劳动派的意见，只是要求把 104 人法案第 2 条中的"全民土地资产"几个字改为"应成为社会主义制度的起点的边疆区民族的〈原文如此！〉土地资产"。"乌克兰党团认为土地私有制是世界上最不公平的事情。"（第 1318 页）

波尔塔瓦代表契热夫斯基在第一届杜马中说："我热烈拥护自治思想，尤其热烈拥护乌克兰自治，所以我很希望土地问题能由我们的人民来解决,很希望土地问题在我理想中的我国自治制度的基础上由各个自治单位来解决。"(1906年5月24日第十四次会议,第618页)同时,这个乌克兰自治派分子又承认国家土地资产是绝对必要的,并解释了被我国"地方公有派"搞得混乱不堪的问题。契热夫斯基说:"我们应当坚决地肯定地规定一个原则,就是国家土地资产的管理事宜应该完全由将来产生的地方自治机关或自治单位处理。诚然,如果'国家土地资产'在所有具体的场合都由地方自治机关来管理,那么'国家土地资产'这个名称又有什么意义呢?我以为意义是很大的。首先……国家土地资产中的一部分应该由中央政府来支配……即我们全国的待垦土地……其次,建立国家土地资产的意义以及这一名称的意义就是:地方机关虽然可以自由地支配本地的这种土地,却毕竟是在一定的范围内。"(第620页)在由于经济的发展而日益集中的社会中国家政权究竟有什么意义,对此,这位小资产阶级自治派分子比我们那些孟什维克社会民主党人要明白得多。

顺便说说。提到契热夫斯基的发言,不能不谈谈他对"土地份额"的批评。他直截了当地说,"劳动土地份额是一句空话"。他举出了农业条件千差万别这一理由,还据此反对"消费"土地份额。"我觉得分地给农民不应该按什么份额,而应该是有多少分多少……凡是当地可以交出的土地,都应该交给农民",例如,在波尔塔瓦省,"要所有地主都转让土地,他们每户平均最多留下50俄亩"(第621页)。立宪民主党人空谈土地份额问题,是为了掩饰自己究竟打算转让多少土地,这有什么奇怪呢?契热夫斯基在批评立宪民主党人时还没有意识到这一点[1]。

上面我们扼要地叙述了"民族代表"在杜马中就土地问题所作的发

---

[1] 契热夫斯基还非常明白地说出了不自觉的资产阶级劳动派提出的、我们已经很熟悉的论点:完成了彻底的农民革命,工业就会发展起来,流入土地方面的资本就会**减少**,"我们那里的农民,那些派我们到这里来的选民,曾经这样盘算过:'如果我们稍微富一点,如果我们每家每年能花五六个卢布买糖吃,那么在每个甜菜的县里,除了现有的糖厂外,就会再开办几个糖厂,'很自然的,要是开办了这些工厂,集约化的经营该需要多少劳动力啊!那时糖厂的产量就会增加"等等(622页)。这正是在俄国造成"美国式"农场并使资本主义"按美国方式"发展的纲领。

言，从中可以得出的结论是显而易见的。这些发言充分证明，我在小册子《修改工人政党的土地纲领》第18页（第1版）上谈到地方公有化同各民族的权利的相互关系时，对马斯洛夫的反驳意见是正确的，我当时说这个问题是个**政治**问题，我党纲领的政治部分已经**包括了**这个问题，只是由于庸俗的地方主义作祟才硬把它加到土地纲领中去的。①

在斯德哥尔摩代表大会上，孟什维克费尽心机想"清除地方公有化纲领中的国有化"（这是斯德哥尔摩代表大会《记录》中孟什维克诺沃谢茨基的话，第146页）。诺沃谢茨基说："某些历史上形成的区域，例如波兰、立陶宛，正好是一些民族聚居的地域，所以把土地交给这些区域，就可能促使民族主义联邦主义趋向大发展，这样实质上又会把地方公有化变成一部分一部分实行的国有化。"于是诺沃谢茨基同唐恩一起提出了一项修正案，并且使大会通过了这一修正案：即把马斯洛夫法案中的"**区域大自治组织**"改成了"包括若干城乡的**地方**大自治机关"。

"清除地方公有化纲领中的国有化"，说得真是太巧妙了！把一个字眼换成另一个字眼，结果自然就会把"历史上形成的区域"打乱再重新划分，这难道还不清楚吗？

不，先生们，无论你们怎样改换字句，都不能清除地方公有化纲领所固有的"民族主义联邦主义的"糊涂思想。第二届杜马表明，"地方公有派的"主张**事实上只是助长了**各种资产阶级集团的民族主义趋向。**只有这些集团**（如果不算右派哥萨克卡拉乌洛夫的话）才"出面"保护过各种"边疆区的"和"区域的"土地资产。同时，民族代表还把归省区所有的（因为马斯洛夫实际上是主张把土地"交给"省，而不是交给"地方自治机关"，所以省区所有一语要确切一些）**土地问题**内容都**一笔勾销了**：预先什么也不决定，**一切事情**，无论赎买问题、所有权问题或其他问题都交给自治议会或区域等自治机关去处理。结果完完全全证实了我所说的话：

---

① 见《列宁全集》第12卷，第228~229页。——编者注

"对外高加索的土地实行地方自治机关所有的法令,反正须要彼得堡的立宪会议来颁布,因为马斯洛夫并不想使任何一个边区有权自由保存地主土地所有制。"(《修改工人政党的土地纲领》第18页)①

总之,事态已经证明,以各民族是否同意为理由来维护地方公有化,是一种庸俗的论据。我党纲领中的地方公有化主张是同情况极不相同的各个民族明确表示的意见相抵触的。

事态已经证明,地方公有化事实上无助于对全国规模的广大的农民运动实行领导,而是使这个运动按省和民族化整为零。马斯洛夫的建立区域土地资产的**主张**在**实际生活中**体现出来的**只是**民族自治的"地方主义"。

"民族代表"对**我国的**土地问题有点持旁观态度。我们革命的中心是独立的农民运动,然而许多非俄罗斯民族的情况并不是这样。因此,"民族代表"在他们的纲领中对**俄国的**土地问题有点持旁观态度,就是很自然的了。他们认为这与他们不相干,他们应该自己搞自己的。民族主义的资产阶级和小资产阶级持这种观点是必然的。

无产阶级持这种观点是不能容许的,而我们的纲领**实际上**却正是陷入了这种不可容许的资产阶级的民族主义。"民族代表"至多不过是赞同全俄运动,而不是力求以运动的团结和集中来大大地加强这个运动的力量;同样,孟什维克制定的纲领也只是一种**赞同**农民革命的纲领,而不是领导革命、团结革命力量和推动革命前进的纲领。地方公有化并不是农民革命的口号,而是一种臆造出来的小市民的改良主义计划,是从革命的角落里给革命硬加上去的计划。

社会民主主义的无产阶级不能根据个别民族"同意"与否来改变自己的纲领。我们的任务是宣传最好的道路,宣传资产阶级社会中最好的土地制度,同一切传统、偏见、顽固的地方主义等势力作斗争,从而把运动的一切力量团结和集中起来。小农"不同意"土地社会化,这不会改变我党

---

① 见《列宁全集》第12卷,第228~229页。——编者注

主张社会主义革命的纲领。这只能迫使我们以**实例**来影响他们。资产阶级革命中的土地国有化问题也是如此。任何一个民族或几个民族表示"不同意"土地国有化,都不能迫使我们改变关于彻底摆脱中世纪土地占有制和废除土地私有制有利于全体人民这一学说。某个民族的相当一部分劳动群众"不同意"某种办法,这只能迫使我们通过实例而不是用其他的办法来影响他们。一方面是待垦土地国有化,森林国有化,俄国中部所有的土地国有化,另一方面又是国内某部分地区存在着土地私有制,这二者并存的局面是维持不了多久的(既然俄国的统一是由本国经济演进的基本趋势决定的)。这两种制度中总有一种要占上风。这点将由实际经验来决定。我们的任务就是要注意向人民阐明,哪些条件最有利于按资本主义道路发展的国家的无产阶级和劳动群众。

1908年由彼得堡种子出版社印成单行本
1917年由彼得堡生活和知识出版社第二次印成单行本

选自《列宁全集》第16卷,第230~231、370~380页

注释:

[1]《社会民主党在1905—1907年俄国第一次革命中的土地纲领》一书写于1907年11~12月间。列宁在1907年12月初给米·谢·克德罗夫的信、1908年1月7日和2月2日之间给格·阿·阿列克辛斯基的信以及1908年2月17日给玛·伊·乌里扬诺娃的信中,分别谈到了这部著作的写作计划、具体内容和撰写进度等情况(见《列宁全集》第45卷和第53卷)。这部著作在1908年被收入《十二年来》文集第2卷第2分册,但在印刷厂里就被警察没收和销毁了,只保存下来一本,而且缺了最后几页。1908年7月23日(8月5日)的《无产者报》第33号以《彼得·马斯洛夫是怎样修改卡尔·马克思的草稿的》为题发表了该书第3章的第2节和第3节。

1917年,彼得格勒生活与知识出版社用《社会民主党在1905—1907年俄国第一次革命中的土地纲领》这一书名再版此书时,列宁在《结束语》最后缺页处,即在"改良主义的道路就是建立容克-资产阶级俄国的道路,它必要

的前提是保存旧土地占有制的基础，"（见《列宁全集》第16卷，第391页）这段文字之后补写了如下几句："对农民群众缓慢地、有步骤地、极残酷地施行暴力。革命的道路就是建立农民资产阶级俄国的道路，它必要的前提是破坏一切旧土地占有制、废除土地私有制。"

后来在日内瓦的社会民主党档案库发现了列宁这部著作的手稿，标题是《第一次俄国革命中的土地问题（论修改俄国社会民主党的土地纲领）》。1924年，《无产阶级革命》杂志第5期首次按手稿发表了《结束语》全文。在《列宁全集》俄文第5版第16卷中，这部著作是按手稿刊印的，并根据此书1917年版作了核对，《跋》是按1917年版刊印的。

[2] 民族民主党人是波兰地主和资产阶级的民族主义政党民族民主党的成员。该党成立于1897年，首领是罗·德莫夫斯基、济·巴利茨基、弗·格拉布斯基等。该党提出"阶级和谐"、"民族利益"的口号，力图使人民群众屈服于它的影响，并把人民群众拖进其反动政策的轨道。在1905～1907年俄国第一次革命期间，该党争取波兰王国自治，支持沙皇政府，反对革命。该党在波兰不择手段地打击革命无产阶级，直到告密、实行同盟歇业和进行暗杀。俄国社会民主工党第五次代表大会曾通过一个专门决议，强调必须揭露民族民主党人的反革命黑帮面目。在第一次世界大战时期，该党无条件支持协约国，期望波兰王国同德、奥两国占领的波兰领土合并，在俄罗斯帝国的范围内实现自治。1919年该党参加了波兰联合政府，主张波兰同西方列强结盟，反对苏维埃俄国。

[3] 卧各夫是阿拉伯语的译音，意为"宗教基金"，指所有捐赠给伊斯兰教组织专供宗教事业使用的财产（包括土地）及其收益。

公社的教训[1]

（1908年3月10日〔23日〕）

在标志着1848年革命结束的政变[2]之后，法国沦于拿破仑帝制的桎梏之下达18年之久。拿破仑帝制不仅使法国经济陷于崩溃，而且使民族蒙受屈辱。举行起义反对旧制度的无产阶级肩负起两项任务：全民族的任务和阶级的任务，即一方面要驱逐德军，解放法国；另一方面要推翻资本主义，使工人获得社会主义的解放。两项任务的这种结合，是公社独具的特征。

当时资产阶级组成了"国防政府"[3]，而无产阶级争取全民族独立的斗争只得在它的领导下进行。事实上这是一个"背叛人民"的政府，它的使命是镇压巴黎无产阶级。但无产阶级为爱国主义的幻想所迷惑，竟然没有看出这一点。爱国主义思想早在18世纪的大革命时期就已经产生；这种思想完全支配了公社的社会主义者，例如布朗基这位公认的革命家和社会主义的热烈拥护者，竟找不出比资产阶级高喊的口号"**祖国在危急中！**"更合适的名称来为自己的报纸命名。

把爱国主义和社会主义这两个互相矛盾的任务结合在一起，是法国社会主义者的致命错误。早在1870年9月，马克思在国际的宣言中就告诫过法国无产阶级不要迷恋于虚伪的民族思想[4]，因为自大革命以来已经发生了深刻的变化，阶级矛盾已经变得尖锐了。如果说，从前同全欧洲反动势力的斗争团结了整个革命的民族，那么现在，无产阶级已经不能再把本阶级的利益同其他敌对阶级的利益结合在一起了。让资产阶级去对民族蒙受的屈辱承担责任吧,无产阶级的任务是争取社会主义的解放,使劳动挣脱资产阶级的桎梏。

果然,资产阶级"爱国主义"的本来面目很快就暴露出来了。凡尔赛政府同普鲁士人缔结了可耻的和约之后,就立即着手执行它的直接任务,去袭击使它胆战心惊的巴黎无产阶级的武装。工人们以宣布成立公社和进行国内战争作为回击。

虽然社会主义无产阶级分成许多派别,公社还是成了无产阶级能够齐心协力地去实现资产阶级只能空喊的各项民主任务的光辉典范。夺得了政权的无产阶级没有经过任何特别复杂的立法手续,就简单而切实地实行了社会制度的民主化,废除了官僚制度,实行了官吏由人民选举的制度。

但是两个错误葬送了这一辉煌胜利的成果。无产阶级在中途停了下来:没有去"剥夺剥夺者",而一味幻想在一个为完成全民族任务而联合起来的国家里树立一种至高无上的公理;没有接管象银行这样一些机构;蒲鲁东主义者[5]关于"公平交换"等等的理论还在社会主义者中占着统治地位。第二个错误是无产阶级过于宽大;它本来应当消灭自己的敌人,但却力图从精神上感化他们;它忽视纯军事行动在国内战争中的作用,没有向凡尔赛坚决进攻,使巴黎起义取得彻底胜利,而是迟迟不动,使凡尔赛政府有时间纠集黑暗势力,为五月流血周[6]作好准备。

虽然有这样一些错误,公社仍不失为19世纪最伟大的无产阶级运动的最伟大的典范。马克思高度评价公社的历史意义。他认为,如果在凡尔赛匪帮背信弃义地袭击巴黎无产阶级的武装的时候,工人不予抵抗,听任他们解除武装,那么,这种软弱行为给无产阶级运动造成的士气低落的致命后果,比起工人阶级为捍卫自己的武装而进行战斗所遭到的损失来,危害就会严重许多许多倍①。不管公社付出的牺牲多么巨大,它对无产阶级共

---

① 参看《马克思恩格斯全集》第33卷,第206~208页。——编者注

同斗争所起的作用使这些牺牲得到了补偿：它在欧洲各地掀起了社会主义运动，它显示了国内战争的力量，它驱散了爱国主义的幻想，并破除了人们认为资产阶级追求的是全民族的目标的天真信任。公社教会了欧洲无产阶级具体地提出社会主义革命的任务。

无产阶级取得的教训是不会被忘记的。工人阶级将记取这一教训，例如俄国在十二月起义中就已经这样做了。

俄国革命发生前的革命准备时期同法国拿破仑统治时期有某些相似之处。在俄国，专制统治集团也已使国家惨遭经济崩溃和民族屈辱。但是，革命很久都没有能够爆发，因为当时的社会发展还没有给群众运动创造出条件，革命前向政府发起的孤立分散的进攻虽然十分英勇，却都因人民群众的漠不关心而遭到失败。只有社会民主党才坚持不懈地、有计划地进行工作，教育群众，使他们接受斗争的最高形式——群众性的行动和武装的国内战争。

社会民主党打破了年轻的无产阶级所持的"全民族的"和"爱国主义的"糊涂观念。无产阶级在社会民主党直接参加下迫使沙皇颁发了10月17日的宣言[7]之后，就着手积极地准备革命的下一个不可避免的阶段——武装起义。无产阶级丢掉了"全民族的"幻想，把本阶级的力量集中在工兵代表苏维埃等自己的群众性组织手中。尽管俄国革命在目的和任务方面与1871年法国革命有许多不同之处，俄国无产阶级当时还是必须采取巴黎公社首创的斗争方式——国内战争。俄国无产阶级记取了巴黎公社的教训，他们懂得无产阶级固然不可轻视和平的斗争手段，因为这些手段是为无产阶级的日常利益服务的，在革命的准备时期也是必要的，但是无产阶级一刻也不应当忘记，阶级斗争在一定的条件下就要采取武装斗争和国内战争的形式；往往出现这样的情况：无产阶级的利益要求公开进行搏斗来无情地消灭敌人。这一点已经由法国无产阶级在公社起义中首先表明，并且为俄国无产阶级的十二月起义光辉地证实了。

虽然工人阶级这两次声势浩大的起义都被镇压下去了，但新的起义一定会到来。在新的起义面前，无产阶级敌人的力量将表明是弱小的，而社会主义无产阶级一定会在新的起义中获得完全的胜利。

载于《国外周报》，1908年3月23日，第2号

选自《列宁全集》第16卷，第435~438页

注释：

[1]《公社的教训》一文载于1908年3月23日日内瓦俄侨小组的报纸《国外周报》第2号，是列宁所作的一个报告的记录。该报编辑部在文前加了如下的按语："3月18在日内瓦举行了国际大会，纪念无产阶级的三个纪念日：马克思逝世25周年，1848年三月革命60周年和巴黎公社纪念日。列宁代表俄国社会民主工党出席大会，作了关于公社的意义的报告。"

[2] 指1848年革命后出任法兰西第二共和国总统的路易·波拿巴在1851年12月2日发动的政变。路易·波拿巴通过政变建立了军事独裁，1852年12月2日进一步废除共和，改行帝制，号称拿破仑第三。

[3] "国防政府"是普法战争中法军在色当惨败、法皇拿破仑第三被俘后于1870年9月4日宣告成立的法兰西第三共和国的临时政府。奥尔良派保皇党人路易·茹·特罗胥为政府首脑兼巴黎军事总督，共和派茹·法夫尔为外交部长，共和派莱·米·甘必大为内务部长。"国防政府"实际上是卖国政府和镇压人民的反动政府。

[4] 指马克思在《国际工人协会总委员会关于普法战争的第二篇宣言》中对法国工人阶级的告诫："法国工人应该执行自己的公民职责，但同时他们不应当为1792年的民族回忆所迷惑，就象法国农民曾经为第一帝国的民族回忆所欺骗那样。"（见《马克思恩格斯全集》第17卷，第292页）。

[5] 蒲鲁东主义者是以法国无政府主义者皮·约·蒲鲁东为代表的小资产阶级社会主义的拥护者。蒲鲁东主义从小资产阶级立场出发批判资本主义所有制，把商品交换理想化，幻想使小资产阶级私有制永世长存。它主张建立"人民银行"和"交换银行"，认为它们能帮助工人购置生产资料，使之成为手工业者，并能保证他们"公平地"销售自己的产品。蒲鲁东主义反对任何国家和政府，否定任何权威和法律，宣扬阶级调和，反对政治斗争和暴力革命。马克思在《哲学的贫困》这部著作中，对蒲鲁东主义作了彻底的批判。

[6] 五月流血周是指1871年5月21~28日凡尔赛军队对巴黎公社的血腥镇压。
[7] 10月17日的宣言是指1905年10月17日（30日）沙皇尼古拉二世迫于革命运动高涨的形势而颁布的《关于完善国家制度的宣言》。宣言是由被任命为大臣会议主席的谢·尤·维特起草的，其主要内容是许诺"赐予"居民以"公民自由的坚实基础"，即人身不可侵犯和信仰、言论、集会和结社等自由；"视可能"吸收被剥夺选举权的阶层的居民（主要是工人和城市知识分子）参加国家杜马选举；承认国家杜马是立法机关，任何法律不经它的同意不能生效。宣言颁布后，沙皇政府又相应采取以下措施：实行最高执行权力集中化；将德·费·特列波夫免职，由彼·尼·杜尔诺沃代替亚·格·布里根为内务大臣；宣布大赦政治犯；废除对报刊的预先检查；制定新的选举法。在把革命运动镇压下去以后，沙皇政府很快就背弃了自己在宣言中许下的诺言。

国际自由派对马克思的评价(节选)

(1908年3月12日〔25日〕)

我们接着往下谈。谈过了俄国的报刊,现在来谈德国的报刊。德国的报刊处在自由的气氛中,面对的是通过几十种每天出版的报纸表明自己观点的公开的社会主义政党。德国最富有、最有销路、最"民主的"资产阶级报纸之一《**法兰克福报**》,发表了长篇社论来纪念马克思逝世25周年(公历3月16日第76号晚上版)。德国"民主派"一下子就抓住了要害。他们对我们说:"社会民主党的报刊在这一天连篇累牍地纪念自己的导师,这是很自然的。可是,甚至一家有影响的民族主义自由派的报纸尽管有一些通常的保留,也承认马克思是一个伟大的人物。是啊,他当然伟大,不过他是一个伟大的诱惑者。"

这家报纸代表了所谓欧洲自由派这个思想黑帮的变种中的精华,它解释说,它丝毫也不怀疑马克思的人格。但是他的理论却带来了无穷的危害。马克思把必然性和规律性的概念用到了社会现象的领域,否定道德的作用,否定我们的知识的相对性、有条件性,创立了一种反科学的空想和一个拥有他自己教派信徒的真正的"教会"。他的最有害的思想,就是**阶级**斗争。这是万恶之源!马克思对**两个民族**(two nations)这个古老名言信以为真,认为每一个文明民族的内部都有"剥削者"和"被剥削者"(该报把这些不科学的说法放在引号里表示极端的讽刺)这两个民族。马克思忘记了一个不言而喻的、明显的、所有正常人都懂得的道理,就是在社会生活中"目的不是斗争,而是妥协"。马克思"使人民分裂成几部分,因为他硬向他自己的人灌输这样的思想,即他们同其余的人毫无共同之点,他们同其余的人是不共戴天的死敌"。

报纸问道:"社会民主党在许多实际要求上同资产阶级中的许多人是一致的,它竭力要同这些人接近,这岂不是最自然不过的事情吗?然而,正是由于马克思主义理论的关系,这种情况并未出现。社会民主党自己使自己陷于孤立。有一段时间,本来可以认为这方面快要发生根本的改变了。那是在修正主义者开始活动的时候。但结果表明这是错误的,修正主义者与我们不同的地方,其中之一就是我们明白了这个错误,而他们却不明白。修正主义者过去认为,而且直到现在还认为,可以用某种方式抓住马克思不放,还同时能成为另外一个党。这真是妄想。要么把马克思整个吞下去,要么把他完全扔掉,采取模棱两可的态度是不会有任何结果的……"

说得对,自由派先生们!你们有时候也在无意中说出了真话!

……只要社会民主党还尊重马克思,它就不会放弃阶级斗争的思想和其他一切使得我们和社会民主党很难相处的东西……学术界同意这样一种说法:马克思主义的政治经济学理论没有一条是正确的……

对,对!先生们!你们绝妙地表明了资产阶级学术界、资产阶级自由派和它的全部政策的实质。你们懂得马克思是不能一块一块地吞下去的。伊兹哥耶夫先生之流和俄国的自由派还不懂得这一点。他们很快也会懂得的。

最后,来看一下资产阶级共和国保守派的机关报《辩论日报》[1]。该报在3月15日就纪念马克思逝世一事写道,社会主义者这些"野蛮的平均主义者",鼓吹对自己的伟大人物的迷信,这个"仇视资产阶级"的马克思，他的学说中危害最大的就是**阶级**斗争的理论。"他向工人阶级鼓吹的不是伴有休战的暂时冲突，而是打一场圣战，一场残杀和剥夺的战争，一场为了争得集体主义乐土而战的战争……真是骇人听闻的空想……"

当资产阶级报纸真正被触到痛处的时候，它们是会写出好东西来的。当你看到全世界无产阶级的自由派敌人的思想一致在日渐形成和巩固的时候，生活就会变得更加愉快，因为这种一致是千百万国际无产阶级团结的一个保证，无产阶级将不惜任何代价去争得自己的乐土。

载于《无产者报》，1908 年 3 月 12 日（25 日），第 25 号

选自《列宁全集》第 16 卷，第 452～454 页

注释：

[1]《辩论日报》即《政治和文学辩论日报》（《Journal des Débats politiques et littéaires》）是法国一家最老的资产阶级报纸，1789～1944 年在巴黎出版。

社会民主党在俄国革命中的土地纲领[1]（节选）

（1908年7月5日〔18日〕）

自拟简介

其次，地方公有化会加强联邦制和各区域的分散状态。无怪乎**右派哥萨克**卡拉乌洛夫在第二届杜马中同普列汉诺夫一样卖力地申斥国有化（《记录》第1366页），**主张按区域实行地方公有化**。俄国哥萨克的土地已经**是**地方公有化的土地。国家分散为一个个的区域，这正是我国历时三年的第一次革命运动失败的原因之一！

另一个论据是：土地国有化会加强资产阶级国家的中央政权！第一，提出这个论据的目的是要煽起**各民族**的社会民主党之间的不信任。彼·马斯洛夫在《**教育**》杂志（1907年第3期第104页）上写道："某些地方的农民也许会同意交出自己的土地，但只要有某一个大地区（例如波兰）的农民拒绝交出自己的土地，全部土地国有化的方案就会成为无稽之谈了。"好一个论据！真是没什么可说的了！既然"只要有某一个大地区的农民拒绝"，就会如何如何，那我们不是也应当放弃建立共和国的主张吗？这不是论据，而是**蛊惑人心**。我们的政治纲领排斥任何暴力和非正义手段，要求各省有广泛的自治权（见党纲第3条）。这就是说，问题不在于重新想出一些在资产阶级社会中做不到的新"保障"，而在于无产阶级的党要通过自己的宣传鼓动**号召**大家联合起来，而不要四分五裂，要解决中央集权国家的崇高的任务,而不要去保持穷乡僻壤的粗野和民族狭隘性。俄国中部地区一定会解决土地问题,而在边疆地区,那**只能**用**示范**来影响。① 这一点,每个民主主义者都看得很清楚,更不用说社会民主党人了。问题只是在于,无产阶级是应当**提高**农民,使他们认识到更高的目标呢,还是让自己**降低**到农民的小市民的水平。

载于《社会民主党评论》杂志(克拉科夫)1908年8月第6期

选自《列宁全集》第17卷,第147~148页

注释:

[1]《社会民主党在俄国革命中的土地纲领》一文是列宁应罗·卢森堡和莱·约吉希斯的请求,为了向波兰社会民主党人介绍俄国社会民主工党内在土地问题上的意见分歧而写的,载于1908年8月《社会民主党评论》杂志第6期。这篇文章是列宁的《俄国社会民主党在1905—1907年俄国第一次革命中的土地纲领》(见《列宁全集》第16卷)一书的摘要。

---

① 在资本主义国家中,土地私有制和国有化是**不可能**同时并存的。其中有一个一定要占上风。工人政党的任务就是维护较高的制度。

好战的军国主义和社会民主党反军国主义的策略(节选)

(1908年7月23日〔8月5日〕)

一

外交家们心情激动。"照会"、"报告"、"声明"如雪片飞来;在举着香槟酒杯"巩固和平"的戴王冠的傀儡身后,大臣们正窃窃私语。可是"臣民们"十分清楚,乌鸦群集,必有腐尸。保守党的克罗美尔勋爵向英国议院声称:"我们正处在民族〈?〉利益受到威胁的紧急关头,不管执政者有怎样和平的〈!〉愿望,但是群情激昂,有发生冲突的危险和可能。"

近来易燃物已经积得相当多了,而且还在不断增加。波斯的革命使欧洲列强划分的一切界限——"势力范围"有打乱的危险。土耳其的立宪运动使得欧洲资本主义强盗手中的这块世袭领地眼看就要失去;其次,那些早已存在、而现在日趋尖锐化的"问题"——马其顿问题、中亚问题、远东问题等等又咄咄逼人地突出起来了。

而在目前公开的和秘密的条约、协议等等织成一张密网的时候,只要某个"强国"稍一动弹,"星星之火就会燃成熊熊之焰"。

各国政府愈是剑拔弩张,它们就愈加无情地镇压本国的反军国主义运动。对反军国主义者的迫害正在日益扩大和加剧。克列孟梭—白里安的"激进社会党"内阁的暴虐,并不亚于毕洛的容克保守党内阁。禁止20岁以下青年参加政治集会的新的结社集会法颁布以后，整个德国的"青年组织"都被解散了，这样一来，就给德国的反军国主义的鼓动工作造成了极大的困难。

于是，在斯图加特代表大会[1]以后趋于沉寂的关于社会党人反对军国主义的策略问题的争论，在党的刊物上又活跃起来了。

乍看起来，会觉得很奇怪，这个问题的重要性是这样明显，军国主义对无产阶级的害处是这样清楚，这样一目了然，然而关于反军国主义的策略的争论，在西欧社会党人中间引起的动摇和分歧，却比任何其他问题都更为严重。

正确解决这个问题的原则性的前提，早就十分牢固地确定下来，并没有引起意见分歧。现代军国主义是资本主义的结果。它的两种形式是资本主义的"活生生的表现"：一种是资本主义国家在发生外部冲突时所使用的军事力量（如德国人所说的"对外的军国主义"），一种是统治阶级用来镇压无产阶级各种运动（经济的和政治的）的武器（"对内的军国主义"）。许多次国际代表大会（1889年的巴黎代表大会、1891年的布鲁塞尔代表大会、1893年的苏黎世代表大会以及1907年的斯图加特代表大会）在决议中对这种观点都作了完整的阐述。[2]对军国主义同资本主义之间的这种联系说得最详细的是斯图加特代表大会的决议，虽然根据议程（"关于国际冲突问题"），斯图加特代表大会着重讨论的是德国人称为"对外的军国主义"那种军国主义形式。下面就是决议中谈到这个问题的地方："资本主义国家之间的战争通常都是由它们在世界市场上的竞争所引起的，因为每个国家都不仅力图保证自己有销售地区，而且力图夺取新的销售地区，在这方面起主要作用的就是对其他民族和国家的奴役。其次，这些战争是由军国主义不断加紧军备引起的，军国主义是资产阶级实行阶级统治和在政治上压制工人阶级的主要工具。

民族主义的偏见也助长了战争。在文明国家里，为了统治阶级的利益，经常在培养这种偏见，其目的是诱使无产阶级群众放弃他们本身的阶级任务，使他们忘记国际的阶级团结的责任。

由此可见，战争导源于资本主义的本质，只有在资本主义制度不再存在的时候，或者在军事技术的发展所造成的人力和财力的巨大损失以及军备所引起的民愤使这种制度趋于消灭的时候，战争才会停止。

士兵主要来自工人阶级，物质损失主要也落在工人阶级身上，工人阶级尤其是战争的天然的敌人，因为战争同他们所追求的目的——建立一个以社会主义原则为基础的、真正实现各民族团结的经济制度，是相矛盾的……"

二

可见，社会党人肯定地认为军国主义同资本主义根本上是联系在一起的，他们对这一点没有分歧。但是，承认这种联系并不等于具体规定了社会党人的反军国主义**策略**，并不等于解决了怎样反对军国主义的重负、怎样阻止战争这些实际问题。因此，在怎样回答这些问题上，社会党人的观点有很大的分歧。这些分歧在斯图加特代表大会上可以异常明显地看出来。

福尔马尔一类的德国社会民主党人是一个极端。他们说，既然军国主义是资本主义的产儿，既然战争是资本主义发展的必然的旅伴，那就用不着进行什么专门的反军国主义的活动。福尔马尔在埃森党代表大会上正是这样说的。关于一旦宣战社会民主党人应该如何行动的问题，以倍倍尔和福尔马尔为首的大多数德国社会民主党人，坚决主张社会民主党人应当保卫自己的祖国免遭侵犯，必须参加"防御"战。福尔马尔由于抱有这种见解，竟在斯图加特代表大会上声称："对人类的高度的爱并不妨碍我们做一个好的德国人"；而社会民主党议员诺斯克则在帝国国会扬言：一旦发生反对德国的战争，"社会民主党人决不会落在资产阶级政党的后面，他们也会扛起枪来的"。诺斯克只要再向前走一步，就可以声明："我们希望德国尽量加紧军备"。

人数不多的爱尔威派则是另一个极端。他们说，无产阶级没有祖国。

因此所有战争都是对资本家有利的，因此无产阶级应该反对每一次战争。无产阶级应该用罢战和起义来回答任何宣战。反军国主义的宣传主要应当集中在这个方面。因此，爱尔威在斯图加特代表大会上提出了以下的决议草案："……代表大会建议用罢战和起义来回答**任何宣战，不管它来自哪方面**。"

这就是西欧社会党人在这个问题上的两种"极端的"立场。"就象一滴水珠反映出整个太阳一样"，这两种立场反映出至今还危害西欧社会主义无产阶级活动的两种弊病，即机会主义的倾向和无政府主义的空谈。

现在先就爱国主义谈几点意见。"无产者没有祖国"，——《共产党宣言》中的确是这样说的。福尔马尔和诺斯克这伙人的主张"顶撞了"**国际社会主义的这个基本论点**，——这也是确实的。但是，这并不能证明爱尔威和爱尔威派的下述论断是正确的：无产阶级生活在什么样的祖国都无所谓，生活在君主制的德国、共和制的法国或专制的土耳其都一样。祖国这个政治的、文化的和社会的环境，是无产阶级阶级斗争中最强有力的因素；福尔马尔给无产阶级规定的什么"真正德国人"对"祖国"的态度固然不对，但是爱尔威对无产阶级解放斗争的这种重要的因素不可原谅地采取不加分析的态度，也是不对的。无产阶级不能对自己进行斗争的政治、社会和文化的环境采取无所谓的、漠不关心的态度，因而，对本国的命运也不能抱无所谓的态度。但是，无产阶级**之所以**关心国家的命运，仅仅是因为这关系到他们的阶级斗争，而并不是由于什么资产阶级的、社会民主党人不屑为之一谈的"爱国主义"。

载于《无产者报》，1908年7月23日（8月5日），第33号

选自《列宁全集》第17卷，第166～170页

注释：

[1] 指斯图加特国际社会党代表大会。

斯图加特国际社会党代表大会（第二国际第七次代表大会）于1907年8

月18~24日举行。出席代表大会的有来自25个国家的886名社会党和工会的代表,其中英国的123名,奥地利75名,匈牙利25名,波希米亚41名,意大利13名,波兰23名,法国78名,美国20名,德国289名,俄国65名。德国代表团中工会代表占多数。俄国代表团包括社会民主党人37名、社会革命党人21名和工会代表7名。参加这次代表大会的布尔什维克代表有列宁、亚·亚·波格丹诺夫、约·彼·戈尔登贝格(维什科夫斯基)、波·米·克努尼扬茨、马·马·李维诺夫、阿·瓦·卢那察尔斯基、尼·亚·谢马什柯、米·格·茨哈卡雅等人。列宁是第一次出席第二国际的代表大会。

代表大会审议了下列问题:军国主义和国际冲突,政党和工会的相互关系;殖民地问题;工人的侨居;妇女选举权。

在代表大会期间,列宁为团结国际社会民主党的左派力量做了大量工作,同机会主义者进行了坚决的斗争。代表大会的主要工作是在起草代表大会决议的各个委员会中进行的。列宁参加了军国主义和国际冲突问题委员会的工作。在这个委员会讨论奥·倍倍尔提出的决议草案时,列宁同罗·卢森堡和尔·马尔托夫一起对它提出了许多原则性的修改意见,其中最重要的是对决议草案的最后一段的修改意见:"只要存在战争的威胁,各有关国家的工人及其在议会中的代表就有责任各尽所能,以便利用相应的手段来阻止战争的爆发。这些手段自然是根据阶级斗争和一般政治形势的尖锐化程度的不同而改变和加强。如果战争仍然爆发了的话,他们的责任是迅速结束战争,并竭尽全力利用战争引起的经济危机和政治危机唤醒各阶层人民的政治觉悟,加速推翻资产阶级的统治。"在代表大会正式通过的决议中,这条修改意见除了个别文字改动外被完全采纳。这条修改意见末尾的著名论点还为1910年哥本哈根代表大会所重申并写进了1912年巴塞尔代表大会的决议。

代表大会在殖民地问题上也展开了尖锐的斗争。以荷兰社会民主党人亨利克·万科尔为首的殖民地问题委员会中的多数派,不顾少数派的抗议,提出了一份决议草案,认为代表大会不应在原则上谴责一切殖民政策,因为殖民政策在社会主义制度下可以起传播文明的作用。万科尔把荷兰的殖民政策说成典范,宣称即使在将来,社会党人也不但要带着机器和其他文化成就,而且要手持武器到"野蛮民族"那里去。这一机会主义决议草案得到德国代表团多数的支持。只是由于俄国、波兰的代表,德国、法国、英国的部分代表以及没有殖民地的各小国的代表的共同努力,才推翻了委员会的决议,通过了在实质上改变了决议内容的修正案。代表大会通过的关于殖民地问题的决议谴责了一切殖民政策。

在草拟工人侨居问题决议案的委员会中,一部分机会主义者反映了美国和澳大利亚工人贵族的狭隘行会利益,要求禁止中国和日本的无产者移居这些国家,说他们没有组织能力。持这种观点的人在全体会议上没有公开发言。因此,代表大会就这一问题通过的决议符合革命的社会民主党的要求,也符合对各国工人进行国际主义教育的要求。

在关于工会和工人阶级政党相互关系问题委员会中,卢那察尔斯基捍卫了关于工会应具有党性的列宁主义路线。代表大会就此问题通过了确认工会的党性原则的决议。

列宁在两篇题为《斯图加特国际社会党代表大会》的文章中对这次代表大会及其意义作了扼要的介绍和评述(见《列宁全集》第16卷,第64~75和79~85页)。

[2] 在列宁提到的这几次国际代表大会上都讨论了军国主义问题。

巴黎代表大会通过了以全民武装代替常备军的决议。决议要求加强各国人民之间的和平,并责成社会党人投票反对军事拨款。决议把争取和平的斗争同争取社会主义的斗争结合了起来。

在布鲁塞尔代表大会上,威·李卜克内西和爱·瓦扬作了关于工人阶级对军国主义的态度问题的报告。大会根据李卜克内西的报告通过了一个决议,号召抗议一切准备战争的企图,并强调,只有建立起消灭了人剥削人的制度的社会主义社会,才能给各国人民带来和平,最终消灭军国主义。但是无论李卜克内西的报告还是他提出的决议案都没有包括同军国主义和战争作斗争的具体措施。

苏黎世代表大会讨论了格·瓦·普列汉诺夫关于战争问题的报告,并通过了决议。这一决议实际上重复了布鲁塞尔代表大会决议的一般原则。在通过的决议中最重要的一点是责成各国社会党投票反对军事拨款。

斯图加特代表大会对军国主义和反对军国主义的策略问题进行了最详细的讨论。

对彼·马斯洛夫的《答复》的几点意见[1]（节选）

（1908年10～11月）

　　自治派反对国有化。请读者想一想，这个论据对谁有利呢？我只是想提醒一下，早在1903年，在我反驳马斯洛夫**当时的**纲领时，就把地方公有化叫作打了折扣的国有化。我想提醒一下，在1906年，在斯德哥尔摩代表大会召开前，我同马斯洛夫在辩论时就指出过，把民族自治问题同土地国有化问题混淆起来是不正确的①。我们纲领的基本原则保证了自治，因而也就保证了自治地区可以支配国有化的土地！这点起码的常识马斯洛夫却想不通！国有化就是消灭绝对地租，把土地所有权转交给国家，禁止土地的一切转让，就是说，取消土地经营者和土地所有者（国家）之间的一切中介人。在这个范围以内，各个地区和民族完全可以在支配土地、规定移民条件和分配条例等方面实行自治，这种自治同国有化丝毫不矛盾，而且是我们政治纲领所包括的要求。因此很明显，只有象整个"自治派"那样的小市民，才会拿担心丧失自治权作借口来掩盖自己的怯懦心理，掩盖自己不愿意为统一的、集中的土地革命而积极斗争到底的心理。在社会民主党看来，问题的提法正好相反：对无产阶级来说，这是一个既在政治方面

---

① 见《列宁全集》第12卷，第227～230页。——编者注

又在土地方面把革命进行到底的问题。**为了**把革命进行到底，就必须实行劳动派即政治上已经觉悟的俄国农民所要求的土地国有化。马克思主义者认为，这一步骤的经济标准应提到首要地位；这个经济标准就是：根据马克思的学说，实现资产阶级的土地国有化，可以保证最大限度地发展农业生产力。因此，土地领域中坚决的资产阶级革命的步骤，同政治领域中坚决的资产阶级民主变革，即建立唯一能够保证**真正自治**的共和国，是密切相关的。自治同土地变革之间的真正的关系就是这样，而马斯洛夫却对此一无所知！

马斯洛夫硬说，把土地交给地方自治机关，就使它们有更大的把握去对付复辟。而我则认为，只有加强共和制的中央政权，才可以真正阻碍反动势力的活动，而把人力和物力分散到各个区域，只会便于反动势力的活动。我们应当尽力把革命阶级，首先是国内各个地区的无产阶级，联合成为一支统一的大军，决不能作无希望的、在经济上做不到的和毫无意义的联邦制空想，想把从被没收的土地上所得的收入划归各个区域。马斯洛夫说："波兰同志们，请你们说一句，从被没收的土地上所得的收入应该归波兰议会呢，还是应当交给彼得堡的莫斯卡里[2]？"

多妙的论据啊！连一点煽动的意思也没有！根本没有把土地问题同波兰自治问题混为一谈！

但是我要说，俄国不自由，波兰就无法得到自由。而波兰和俄国的工人如果不支持俄国农民争取土地国有化的斗争，不帮助俄国农民把这一斗争进行到在政治领域和土地关系领域中取得完全胜利，俄国就不会自由。在估计地方公有化和国有化时，应当从俄国中部地区的经济发展和整个国家的政治命运着眼，而不应当从某一民族自治区域的个别特点着眼。没有俄国无产阶级和革命农民的胜利，谈论什么波兰的真正自治和地方自治机关的权利等等，那是可笑的。这是在讲空话。俄国农民正因为是革命的，正因为他们不允许同资产阶级和十月党人妥协，而是同工人和民主派一起进行斗争，所以他们已经无可辩驳地证明自己是同情土地国有化的。只有当农民不再革命，就是说，不再同情国有化而离开资产阶级民主革命的时候,马斯洛夫关于保存旧的土地所有制的主张才会受到农民的欢迎,不过,到了那个时候,马斯洛夫的地方公有化也就十分可笑了。只要农民的革命民主斗争还在继续,马克思主义者在资产阶级革命中的"土地纲领"还有意义,我们就有责任支持农民的革命要求,包括土地国有化的要求。马斯洛夫决不能从俄国革命史中把俄国农民的这项要求一笔勾销,可以有把握地说,当社会运动的高潮、农民争取土地的斗争的高潮重新到来的时候,"地方公有化"的全部反动性就会暴露无遗。

载于《社会民主党评论》杂志(克拉科夫)1908年10~11月第8~9期合刊

选自《列宁全集》第17卷,第239~246页

注释:

[1]《对彼·马斯洛夫的〈答复〉的几点意见》一文是为了答复彼·巴·马斯洛夫发表在1908年9月波兰社会民主党《社会民主党评论》杂志第7期上的《关于土地纲领问题(答列宁)》一文而写的。马斯洛夫反对列宁在《社会民主党在俄国革命中的土地纲领》一文(见《列宁全集》第17卷,第131~154页)中所阐述的布尔什维克的纲领,维护孟什维克的土地纲领。

[2] 莫斯卡里是革命前乌克兰人、白俄罗斯人和波兰人对俄罗斯人的蔑称。

致伊·伊·斯克沃尔佐夫-斯捷潘诺夫（节选）

（1909年12月16日）

所以**这个**土地问题**现在**在俄国就是以资产阶级发展道路为内容的**民族**问题。所以为了不致把相当正确的和在各方面都极有价值的德国范例错误地（机械地）搬到我们俄国来，就必须明了：在资产阶级发展道路已**完全**确定的德国的情况下，民族问题曾是统一等等问题，而不是土地问题；而在资产阶级发展道路还有待最后确定的俄国的情况下，民族问题**现在**正是土地问题（甚至更狭窄些，是农民问题）。

这就是把马克思主义**运用**到1848～1868年（大致时间）的德国与1905～19??年的俄国两者有所**区别**的纯理论的基础。

我用什么能够证明，在我们俄国对于资产阶级发展**有了**民族意义的是**土地**问题，而不是什么别的问题呢？我甚至不知道这是否需要证明。我认为这是无可争论的。但是，正是在这里**理论**基础，一切局部问题正应当**归结到这里来**。如果发生争论，我只简短地（暂且简短地）指出，事态的发展、事实、1905～1907年的**历史已经证明了**我所指出的土地问题（或农民问题，当然是小资产阶级农民的问题，而不是村社农民的问题）在俄国的意义。而**现在**，1907年6月3日法令、第三届杜马的成分及其活动（其中包括1909年11月20日事件[1]）和政府的土地政策（这一点特别重要）也都在证明这点。

如果我们能够一致认为，俄国的**现代**史，指1905～1909年的历史**已经**

证明了土地问题在确定俄国一定类型的资产阶级演进上具有根本的、头等重要的、民族的（这方面）意义，那么我们就能够继续讨论。否则就不能继续讨论了。

从巴黎发往彼得堡 选自《列宁全集》第45卷，第297~
载于《无产阶级革命》杂志1924年第 298页
5期

注释：

[1] 指1909年11月20日（12月3日）第三届国家杜马会议上讨论人身不可侵犯法案时发生的事件。这个法案用杜马左派代表的话来说是"把俄国过去和现在的各种专横行为都合法化了"。马尔柯夫第二为替这个法案辩护而在11月20日（12月3日）发表的黑帮演说，就连立宪民主党人也感到愤慨，他们退出了杜马会议厅以示抗议。11月20日（12月3日）会议对这个法案的讨论赤裸裸地暴露出第三届杜马的黑帮性质。

对芬兰的进攻

(1910年4月26日〔5月9日〕)

1910年3月17日,斯托雷平向国家杜马提出了"关于颁布有关芬兰的全国性法令和决定的程序"的草案。这个官腔十足的标题掩盖了专制制度对芬兰的自由和独立发动的最无耻的进攻。

斯托雷平的法令草案规定,芬兰的一切事务,凡是"非纯属这个边疆区的内部事务",一律交给国家杜马、国务会议和尼古拉二世处理。芬兰议会只能就这些事务发表"最后意见",而且这些最后意见对谁都没有约束力,因为芬兰议会对帝国而言已落到了布里根杜马的地位。

那么,所谓"非纯属"芬兰"内部事务的法令和决定"指什么呢?我们不全部列举斯托雷平草案中所提出的17条,我们仅指出,芬兰同帝国其他地区之间的关税关系、芬兰刑法例外条款、铁路事业、芬兰的货币制度、群众集会条例、芬兰的出版法,等等,均属此列。

这一类问题一律交给黑帮-十月党人杜马处理!**彻底摧毁芬兰的自由,**——这就是专制制度打算依靠根据六三宪制联合起来的地主代表和商界上层代表来实现的计划。

这个计划当然是无可指责的,因为这里指的都是被这一"宪制"认为合法的人:50名极右分子,100名民族主义分子和"右派十月党人",125名十月党人,——这就是已经在杜马中集合起来的、接受了政府报刊长期恶毒宣传而随时可以对芬兰采取任何暴力措施的一支反动队伍。

现在，压迫一切"少数民族"的专制制度的旧民族主义变本加厉，首先是由于一切反革命分子都仇恨人民，因为人民利用俄国无产阶级十月的短暂胜利在黑帮沙皇身边创造了一部世界上最民主的宪法，创造了把坚决站在社会民主党一边的芬兰工人群众组织起来的自由条件。芬兰曾利用俄国革命的机会赢得了几年的自由和和平发展。俄国的反革命势力现在正迫不及待地趁"家中"完全沉寂之机来拼命掠夺芬兰的成果。

历史似乎在用芬兰的例子表明，被一切庸人当作偶像膜拜的名震一时的"和平"进步，不过是一种短暂的、不稳定的、昙花一现的例外，这种例外完全证实了一条常规。而这条常规就是：只有群众和领导群众的无产阶级所进行的革命运动，只有胜利的革命，才能使各族人民的生活发生巩固持久的变化，才能根本摧毁中世纪制度的统治和半亚细亚式的资本主义。

芬兰过去松了一口气，完全是因为俄国工人阶级广泛地发动起来了，动摇了俄国的专制制度。现在，芬兰工人只有通过联合俄国群众进行革命斗争，求得出路，免遭黑帮强盗的进犯。

芬兰这个和平的国家是**靠**俄国的十月罢工而进行了革命、**靠**俄国的十二月斗争和两届反政府的杜马而捍卫了自由的，可是即使这样一个国家，它的资产阶级也暴露了自己的反革命特性。芬兰的资产阶级攻讦芬兰工人赤卫队，指责他们搞革命主义；它千方百计不让芬兰的社会主义组织获得充分的自由；它企图讨好沙皇政府（象1907年出卖政治活动家那样），以逃避沙皇政府对它施加的暴力行为；它指责本国的社会主义者，说他们被俄国社会主义者**带坏了**，感染上了他们的革命性。

现在，甚至芬兰的资产阶级也可以看出，执行让步、讨好、"献媚"的政策，执行直接或间接出卖社会主义的政策，会得到怎样的后果。离开接受过社会主义思想训练并由社会主义者组织起来的群众的斗争，芬兰人民就不能找到摆脱自己目前状况的出路；离开无产阶级革命，就无法反击尼古拉二世。

由于我们俄国资产阶级的阶级意识和自觉的反革命性的增强，我国专制制度的旧民族主义政策也加强了。由于资产阶级对无产阶级这支国际力量仇恨的加深，资产阶级沙文主义也随之而增长。资产阶级沙文主义的变本加厉，是同国际资本竞争的加剧和尖锐化相辅相成的。沙文主义的出现就是由于在日俄战争中遭到失败和无力制服特权地主而产生的报复行动。沙文主义从地道的俄国企业主和商人的贪欲中得到了支持，因为俄国企业主和商人没能在巴尔干捞一把，所以是很乐于"夺取"芬兰的。因此，地主和大资产阶级的代表机关的组成，使沙皇政府得到了**镇压**自由芬兰的忠实伙伴。

但是，侵犯自由的边疆地区的反革命"战役"的基地扩大了，**反击**这些反革命战役的基地也扩大了。如果说，芬兰的敌人不仅仅有官僚和一小撮权贵，而且还有第三届杜马代表机关中有组织的领地贵族和最富有的商人，那么芬兰的朋友，就是千百万的群众，他们开创了1905年的运动，推出了第一届和第二届杜马中的革命派。无论**目前**政治气氛多么沉寂，这些群众也仍然在照样生活和成长。要为俄国革命的新的失败报仇的新的**复仇者**也正在成长起来，因为芬兰的自由受到的挫折就是俄国革命受到的挫折。

我们俄国的自由派资产阶级的怯弱和没有气节现在也一而再，再而三地表现出来了。立宪民主党人当然**反对**进攻芬兰。他们当然不会同十月党人投一样的票。但是，**千方百计**进行破坏，使"公众"不再同情**唯一**给芬兰以自由、使芬兰的自由已经持续四年有余的直接革命斗争和10～12月的"策略"的，难道不正是他们吗？联合俄国的资产阶级知识分子一同背弃了这一斗争和这种策略的，难道不正是立宪民主党人吗？拼命在俄国的整个文明"社会"里激发民族主义感情和民族主义情绪的，难道不正是立宪民主党人吗？

社会民主党的决议（1908年12月）说，立宪民主党人鼓吹民族主义，**实际上**正是在为沙皇政府效劳！[①] 事实证明，这句话讲得多么正确！当俄

---

① 见俄国社会民主工党第五次全国代表大会的决议《关于目前形势和党的任务》（《苏联共产党代表大会、代表会议和中央全会决议汇编》第1分册，人民出版社，1964，第247页）。——编者注

国在巴尔干遭到外交上的失败时立宪民主党人要采取的"反对"专制制度的"立场",果然不出所料,是一种可怜的、无原则的、奴颜婢膝的反对派立场,是**讨好**黑帮分子、**刺激**黑帮分子的贪欲、因黑帮沙皇力量还不够强而对他**责怪**的立场。

"人道的"立宪民主党先生们,你们现在来自食其果吧。你们曾向沙皇政府指出,它坚持"民族"任务不力,现在沙皇政府向你们表明,它对少数民族实行**民族**迫害很得力。你们的民族主义、新斯拉夫主义等等,是自私的、有阶级局限性的资产阶级实质加上响亮的自由主义空话。空话始终是空话,实质却**在为**专制制度仇视人类的政策**效劳**。

自由主义空话过去一直是这样,将来也永远是这样。这些空话只能**装饰**资产阶级狭隘的自私和粗野的暴力;它们只是用虚幻的花朵来装饰人民的锁链;它们只是麻醉人民的意识,**使**他们**不能**认清自己的真正敌人。

但是,沙皇政策采取的每一个步骤,第三届杜马存在的每一个月,都会愈来愈无情地打破自由主义的幻想,愈来愈明显地暴露出自由主义的软弱和腐朽,愈来愈广泛和愈来愈多地播下无产阶级新的革命的种子。

总有一天,俄国无产阶级会奋起争取芬兰的自由,争取在俄国建立民主共和国。

载于《社会民主党人报》,1910年4月26日(5月9日),第13号

选自《列宁全集》第19卷,第216~220页

马克思主义和《我们的曙光》杂志[1]（节选）

（1911年1月22日〔2月4日〕以后）

问题恰恰不在于旧的**形式**，而在于旧的**实质**，这是非常明显的。"取消"的问题同"恢复"的问题不可分割地联系在一起，这也是非常明显的。《复兴》杂志比波特列索夫先生稍稍前进了一步，稍微明确、坦率、诚实地表达了**同一**思想。这里谈的不是个人，而是流派。个人的特点可以是不坦率，支吾搪塞，而流派却要通过各种场合、形式和方式把自己表现出来。

举个例子来说，巴扎罗夫先生有一个时期曾是布尔什维克，他现在也许还认为自己是布尔什维克——如今，什么样的怪事都有。可是，他在4月那期《我们的曙光》杂志上，却那样成功地、那样幸运地（对波特列索夫来说）反驳了波特列索夫先生，说"臭名远扬的领导权问题"完全是"最大的最微不足道的误会之一"（第87页）。请注意：巴扎罗夫先生说这个问题是"臭名远扬的"，就是说，早在1910年4月，这个问题就已经提出，已经是众所周知的了！我们指出这个事实，是因为这个事实非常重要。巴扎罗夫先生说，在城乡小资产阶级"满怀反对政治特权的激进情绪，"等等，"但又充满激烈的民族主义精神"的情况下，"是谈不上领导权问题的"（第88页）。我们要指出，巴扎罗夫先生的这种说法事实上是完全不懂领导权思想，是否认领导权思想。"领导者"的事情正是要反对"民族主义"，正是要从中清除巴扎罗夫所假设的那种"情绪"。这件事的成效不能用今天立即获得的直接成果来衡量。常有这样的情况：反击民族主义、反击泥潭精神、反击取消主义（顺便提一下，取消主义象有时吸引了一部分工人的民族主义一样，也是资产阶级对无产阶级的影响的一种表现）的成果，往往只有经过几年，有时要经过许多年，才能看出来。也常有这样的情况：一点火星阴燃了几年，而小资产阶级却认为、声称、宣布这点火星已不存在，已经熄灭，已经消失，等等，事实上这点火星还在燃烧，还在反击颓丧精神和脱离革命的思想，它经过很长时期以后还会显现出来。机会主义总是只会抓住瞬间，抓住当前，抓住今天，而不善于了解"昨天"和"明天"之间的联系。马克思主义则**要求**明确地认识到这种联系，不是口头上，而是实际上认识到这种联系。因此，马克思主义就同取消主义流派，尤其同否认领导权的思想有着不可调和的矛盾。

载于《现代生活》杂志（巴库）1911年4月22日第3期

选自《列宁全集》第20卷，第109~110页

注释：

[1]《马克思主义和〈我们的曙光〉杂志》一文是应斯·格·邵武勉的请求而写的，发表于俄国社会民主工党巴库联合组织的合法机关刊物《现代生活》杂志第3期。

俄国社会民主工党第六次(布拉格)全国代表会议文献[1](节选)

(1912年1月)

2 关于目前形势和党的任务的决议草案

(不晚于1912年1月12日〔25日〕)

代表会议首先确认1908年十二月党代表会议通过的《关于目前形势和党的任务》的决议。代表会议指出这个决议具有特别重要的意义,其中有关整个六三制度的历史意义和阶级实质、有关革命危机增长的论点,已为三年来的事件所完全证实。

代表会议从这些事件中特别指出下列几点:

(一)沙皇制度的土地政策(无论是地主和大资产阶级的政府党或是反革命的自由派,都把自己的反革命利益与这个政策联系起来),不但没有在农村建立稍许稳定的资产阶级关系,而且没有使农民摆脱严重的饥荒;这种饥荒表明了居民状况的极端恶化和生产力的巨大损失。

(二)在现代资本主义各国的世界竞争中仍旧软弱无力,而且在欧洲愈来愈被排挤到次要地位的专制政府,现在与黑帮贵族和日益强大的工业资产阶级结成联盟,企图对文化比较发达的地区(芬兰、波兰、西北边疆区)实行粗暴的"民族主义"政策,对为争取自由进行革命斗争的亚洲各国人民（波斯、蒙古）进行殖民占领，来满足自己的强盗利益。

载于《无产阶级革命》杂志1941年第1期

选自《列宁全集》第21卷，第128页

8 代表会议的决议

（1912年1月5日和17日〔18日和30日〕之间）

关于各民族中央机关没有代表出席全党代表会议的问题

代表会议认为，加强俄国各民族的社会民主党工人的统一，具有非常重要的意义，建立与各地"民族集团"的统一，加强各民族组织与全俄中心的联系，是绝对必要的，同时，也不能不指出以下几点：

（1）经验完全证明，党内不能容许出现以下状况：完全脱离俄国组织单独进行活动的"民族集团"实行最坏类型的联邦制，并且（往往不管他们的意愿如何）使最重要的俄国组织处境困难——各民族中央机关实际上根本不参加俄国的工作，但缺了这些民族中央机关，俄国社会民主工党又无法进行党最必需的最重要的工作。

（2）有一个民族中央机关（崩得）一年来公开帮助取消派，并试图在俄国社会民主工党内部制造分裂，而其他的民族中央机关（拉脱维亚人和波兰社会民主党的中央机关[2]）在紧要关头回避了对党内破坏分子取消派的斗争。

（3）民族组织中的护党分子，首先是所有的工人护党分子，得到**俄国**组织还存在的消息后，坚决**主张**同俄国秘密的社会民主党组织统一起来，**主张**支持俄国组织委员会，**主张**同取消派进行斗争。

（4）三个民族组织的中央委员会曾三次被邀请（国外组织委员会、俄国组织委员会和代表会议的代表的邀请）参加党的代表会议，并保证它们完全有可能派遣自己的代表。

鉴于上述一切，并考虑到不能因为各民族中央机关不愿派遣自己的代表参加全党代表会议而耽搁俄国社会民主工党的工作，代表会议认为，"民族代表"没有出席会议，应由他们的中央负完全责任，并责成俄国社会民主工党中央委员会极力同参加俄国社会民主工党的各民族组织实现统一和建立正常的关系。

代表会议相信，俄国各民族的社会民主党工人将会排除一切障碍，同心协力为无产阶级的事业、为反对工人阶级的一切敌人而并肩奋斗。

关于俄国政府对波斯的进攻

俄国社会民主工党对公然扼杀波斯人民自由，并且为此不惜采取最野蛮最无耻的行动的沙皇匪帮的强盗政策表示抗议。

代表会议确认，受到俄国自由派大肆吹嘘和支持的俄国政府同英国政府的联盟，其锋芒首先指向亚洲民主派的革命运动，这个联盟使英国自由派政府成了沙皇制度的血腥暴行的帮凶。

代表会议对波斯人民的斗争，特别是对在反对沙皇暴徒的斗争中作出重大牺牲的波斯社会民主党的斗争，表示深切的同情。

关于中国革命

鉴于政府的报纸和自由派的报纸（《言语报》）为了俄国资本家的利益，掀起一场宣传运动，叫嚣要乘中国发生革命运动之机占领与俄国接壤的中国的几个地区，代表会议指出中国人民的革命斗争具有世界意义，因为它将给亚洲带来解放并将破坏欧洲资产阶级的统治，代表会议祝贺中国的革命共和派，表明俄国无产阶级怀着极大的热忱和深切的同情注视着中国革命人民获得的成就，并斥责俄国自由派支持沙皇政府掠夺政策的行为。

关于沙皇政府对芬兰的政策

俄国社会民主工党在俄国沙皇政府和反革命杜马通过剥夺芬兰人民的权利和自由的法律之后第一次召开的代表会议,对兄弟的芬兰社会民主党表示深切的同情,并且强调指出,在反对践踏人民权利的俄国反革命政府和反革命资产阶级的斗争中,芬兰工人和俄国工人的任务是一致的,同时表示深信,只要俄国工人和芬兰工人共同努力,就能推翻沙皇政府,使俄国人民和芬兰人民获得自由。

载于1912年2月俄国社会民主工党中央委员会在巴黎出版的《俄国社会民主工党全国代表会议》小册子

选自《列宁全集》第21卷,第143~164页

注释:

[1] 这是关于俄国社会民主工党第六次全国代表会议的一组文献。有关这次代表会议的另外一些材料,收在《列宁全集》第21卷《附录》中(见第486~492页)。

俄国社会民主工党第六次全国代表会议于1912年1月5~17日(18~30日)在布拉格举行,会址在布拉格民众文化馆捷克社会民主党报纸编辑部内。这次代表会议共代表20多个党组织。出席会议的有来自彼得堡、莫斯科、中部工业地区、萨拉托夫、梯弗利斯、巴库、尼古拉耶夫、喀山、基辅、叶卡捷琳诺斯拉夫、德文斯克和维尔诺的代表。由于警察的迫害和其他方面的困难,叶卡捷琳堡、秋明、乌法、萨马拉、下诺夫哥罗德、索尔莫沃、卢甘斯克、顿河畔罗斯托夫、巴尔瑙尔等地党组织的代表未能到会,但这些组织都送来了关于参加代表会议的书面声明。出席会议的还有中央机关报《社会民主党人报》编辑部、《工人报》编辑部、国外组织委员会、俄国社会民主工党中央运输组等单位的代表。代表会议的代表中有两位是孟什维克护党派分子(Д. М. 施瓦尔茨曼和雅·达·捷文),其余都是布尔什维克。这次代表会议实际上起了代表大会的作用。

出席代表会议的一批代表和俄国组织委员会的全权代表曾经写信给拉脱维亚边疆区社会民主党中央委员会、崩得中央委员会、波兰和立陶宛社会民主党总执行委员会以及国外各集团，请它们派代表出席代表会议，但被它们所拒绝。马·高尔基因病没有到会，他曾写信给代表们表示祝贺。

列入代表会议议程的问题是：报告（俄国组织委员会的报告，各地方以及中央机关报和其他单位的报告）；确定会议性质；目前形势和党的任务；第四届国家杜马选举；杜马党团；工人国家保险；罢工运动和工会；"请愿运动"；关于取消主义；社会民主党人在同饥荒作斗争中的任务；党的出版物；组织问题；党在国外的工作；选举；其他。

列宁代表中央机关报编辑部出席代表会议，领导了会议的工作。列宁致了开幕词，就确定代表会议的性质讲了话，作了关于目前形势和党的任务的报告和关于社会党国际局的工作的报告，并在讨论中央机关报工作、关于社会民主党在同饥荒作斗争中的任务、关于组织问题、关于党在国外的工作等问题时作了报告或发了言。他起草了议程上所有重要问题的决议案，代表会议通过的决议也都经过他仔细审订。

代表会议共开了23次会议，对各项决议进行了详细的讨论（《关于党的工作的性质和组织形式》这一决议，是议程上的组织问题与罢工运动和工会这两个问题的共同决议）。会议的记录至今没有发现，只保存了某些次会议的片断的极不完善的记录。会议的决议由中央委员会于1912年以小册子的形式在巴黎出版。

布拉格代表会议恢复了党，选出了中央委员会，并由它重新建立了中央委员会俄国局。当选为中央委员的是：列宁、菲·伊·戈洛晓金、格·叶·季诺维也夫、格·康·奥尔忠尼启则、苏·斯·斯潘达良、Д. M. 施瓦尔茨曼、罗·瓦·马林诺夫斯基（后来发现是奸细）。在代表会议结束时召开的中央委员会全会决定增补伊·斯·别洛斯托茨基和斯大林为中央委员。过了一段时间又增补格·伊·彼得罗夫斯基和雅·米·斯维尔德洛夫为中央委员。代表会议还决定安·谢·布勃诺夫、米·伊·加里宁、亚·彼·斯米尔诺夫、叶·德·斯塔索娃和斯·格·邵武勉为中央候补委员。代表会议选出了以列宁为首的《社会民主党人报》编辑委员会，并选举列宁为俄国社会民主工党驻社会党国际局的代表。

这次代表会议规定了党在新的条件下的政治路线和策略，决定把取消派开除出党，对俄国社会民主工党这一新型政党的进一步发展和巩固党的统一具有决定性意义。

[2] 指波兰王国和立陶宛社会民主党。

波兰王国和立陶宛社会民主党成立于1893年7月，最初称波兰王国社会民主党，其宗旨是实现社会主义，建立无产阶级政权，最低纲领是推翻沙皇制度，争取政治和经济解放。1900年8月，该党和立陶宛工人运动中的国际主义派合并，改称波兰王国和立陶宛社会民主党。在1905～1907年俄国革命中，波兰王国和立陶宛社会民主党提出与布尔什维克相近的斗争口号，对自由派资产阶级持不调和的态度。但该党也犯了一些错误。列宁曾批评该党的一些错误观点，同时也指出它对波兰革命运动的功绩。1906年4月，在俄国社会民主工党第四次（统一）代表大会上，该党作为地区组织加入俄国社会民主工党，保持组织上的独立。在第一次世界大战期间，波兰王国和立陶宛社会民主党持国际主义立场，反对支持外国帝国主义者的皮尔苏茨基分子和民族民主党人。该党拥护俄国十月社会主义革命，1918年在波兰领导建立了一些工人代表苏维埃。1918年12月，在该党与波兰社会党——"左派"的统一代表大会上，成立了波兰共产党。

俄国社会民主工党的选举纲领[1]（节选）

（1912年3月初）

工人同志们和俄国全体公民们：

第四届国家杜马的选举最近就要举行了。各个政党和政府本身正在竭尽全力进行选举的准备工作。曾经以自己1905年的光荣斗争给予沙皇政府第一次重大打击并迫使它成立代表机构的觉悟的无产阶级的政党——俄国社会民主工党，号召一切有选举权的人和大多数"无权者"积极参加选举。一切期望使工人阶级摆脱雇佣奴隶制的人，一切珍惜俄国自由事业的人，都应该立即行动起来，利用第四届地主杜马选举的机会，团结并加强争取自由的战士的力量，提高俄国民主派的觉悟性和组织性。

1907年六三政变已经过去了5年。当时血腥的尼古拉，这个霍登卡沙皇[2]，这个第一届和第二届杜马的"胜利者和杀戮者"，把自己的誓言、诺言和宣言都抛在一边，同地主黑帮，同十月党商人勾结起来，向俄国工人阶级和一切革命分子，即向大多数人民进行报复，以雪1905年之恨。

向革命进行报复，是第三届杜马整个时期的特点。沙皇政府这样疯狂地进行迫害，在俄国还从来没有过。这5年来设立的绞架，打破了俄国300年来的历史纪录。流放地、苦役所和监狱里监禁的政治犯从来没有象现在这样多，从来也没有象在尼古拉二世统治下这样残酷地折磨和拷打失

161

败者。官吏们从来没有象现在这样肆无忌惮地侵吞公款、胡作非为和横行霸道（他们由于平定"叛乱"卖力，得以逍遥法外），任何的当权者也从来没有象现在这样嘲弄居民，特别是农民。从来没有象现在这样狂暴地、狠毒地、蛮横地迫害犹太人以及其他不属于统治民族的民族。

反犹太主义和最粗暴的民族主义成了各政府党的唯一的政治纲领，而普利什凯维奇则成了唯一全面地、完整地、正确地体现目前沙皇君主制的一切统治方法的人物。

反革命的这些疯狂行为的后果是什么呢？

就连社会的"上层"阶级剥削阶级也深深地意识到，不能这样生活下去。十月党人本身，第三届杜马中占统治地位的政党，这个对革命吓得要死而在当局面前摇尾乞怜的地主和商人的政党，在他们的报刊上日益明显地表示，他们深信十月党人忠心为之效劳的沙皇和贵族已经把俄国引上绝路。

过去有一个时期，沙皇君主制是欧洲的宪兵，它保护俄国的反动派并且帮助用暴力镇压欧洲一切争取自由的运动。尼古拉二世则更进了一步，沙皇现在不仅是欧洲的宪兵，而且是亚洲的宪兵，他力图用阴谋、金钱和最野蛮的暴力，把土耳其、波斯和中国的一切争取自由的运动镇压下去。

1912年3月在梯弗利斯印成单页　　　选自《列宁全集》第21卷，第184～185页

注释：

[1]《俄国社会民主工党选举纲领》是以俄国社会民主工党第六次（布拉格）全国代表会议的决议为基础于1912年3月初在巴黎写的，经中央委员会批准后，以中央委员会的名义在梯弗利斯印成单页，运到包括最大的无产阶级中心的18个地点。《社会民主党人报》根据在俄国出版的单页在第26号附刊予以转载。列宁于1912年3月13日（26日）把纲领的一份手抄件寄给《明星报》编辑部，

并写了附言,要求停止制定其他纲领(见《列宁全集》第46卷)。

[2] 1896年5月18日(30日),在莫斯科附近的霍登卡,官方为庆祝尼古拉二世加冕礼而举办一次民众游乐会。由于当局没有采取任何安全措施,结果当天挤死了1389人,挤伤致残1300人。这件事引起了社会上的普遍愤慨。尼古拉二世被称为"血腥的尼古拉"和"霍登卡的沙皇",就是由此而来的。

劳动派和工人民主派（节选）

（1912年5月8日和9日〔21日和22日〕）

沃多沃佐夫先生试图用有时几个政党代表一个阶级或一个政党代表几个阶级的说法来反驳我所引证的世界各国的经验和俄国的经验（关于小业主和雇佣工人之间存在着深刻的阶级差别），他在这方面也表现了同样的迷误。在欧洲，工人有时跟着自由派和无政府主义者走，跟着教权派走，等等。地主有时也分布在各个不同的政党里。

但是，这说明了什么呢？这说明，除了**阶级的**差别以外，还有宗教的、民族的以及其他的差别影响着各个政党的组成。

这个事实不错。但是，它同**我们的**争论有什么关系呢？沃多沃佐夫先生是否能指出俄国**在这方面**除了阶级差别**还有**哪些宗教的、民族的以及其他的特殊历史条件呢？

沃多沃佐夫先生根本没有指出而且也指不出这样的条件。争论仅仅在于，我们能不能建立一个"为三个阶级的利益服务的""超阶级的"政党（而且把"劳动知识分子"看作一个阶级也是可笑的）。

理论对这个问题作了明确的回答：不可能！1905年的经验也作了同样明确的回答。1905年是俄国历史上一个极重要的转折时期，当时**一切**阶级的、集团的、民族的以及其他的差别，都通过极公开极广泛的行动特别突出地暴露了出来。1905年的经验**证实了**马克思主义的理论，证明了在俄国建立农民和工人的统一政党**是不可能的**。

载于 1912 年 5 月 8 日和 9 日《真理报》第 13 号和第 14 号

选自《列宁全集》第 21 卷，第 276~277 页

论俄国各政党(节选)

(1912年5月10日〔23日〕)

在这篇简述俄国各政党的文章中,我们先从极右的政党说起。

在极右翼方面我们看到的是"俄罗斯人民同盟"[1]。

这个党的纲领在亚·伊·杜勃洛文所出版的"俄罗斯人民同盟"通报《俄国旗帜报》[2]上是这样说明的:

> 俄罗斯人民同盟遵奉沙皇1907年6月3日圣谕,应成为皇朝忠实的支柱,在遵守法制和秩序方面应处处成为人人效法的榜样,兹特宣布,为了实现沙皇的意旨,必须:(1)充分发挥与按教规建立的俄国正教会血肉相连的沙皇专制制度的权力;(2)保证俄罗斯民族不仅在内地省份而且在边疆地区占统治地位;(3)保证纯粹由俄罗斯人组成的国家杜马的存在并使之成为专制君主在从事国家建设方面的主要助手;(4)完全遵循俄罗斯人民同盟对待犹太人的基本原则;(5)革除一切反对沙皇专制政权的官吏的公职。

我们把**右派**这篇庄严的宣言原封不动地照抄下来,一方面是为了使读者能直接看到原文,另一方面是因为这里所阐述的基本主张,对于在第三届杜马中占多数的各个政党即"民族党人"和十月党人也是适用的。这从以下的说明中可以看出来。

俄罗斯人民同盟的纲领，实际上是在重提农奴制时代的老口号——正教、专制和民族性。在谈到通常用来区别俄罗斯人民同盟与跟着它走的各个政党的那个问题，即承认还是否认俄国国家制度的"立宪"原则时，必须特别指出，俄罗斯人民同盟**丝毫**不笼统反对代表机构。从上面所引的纲领中可以看出，俄罗斯人民同盟是主张国家杜马作为"助手"而存在的。

杜勃洛文分子说明了俄国立宪（如果可以这样说的话）的特点，而且说得很正确，即说得符合实际情况。无论民族党人或十月党人，在实际政策方面都是站在这个立场上的。这些政党在"立宪"问题上的争论，在很大程度上是字面上的争论："右派"并不反对杜马，只是特别强调它应当成为没有丝毫确定权利的"助手"；民族党人和十月党人则并不坚持任何严格确定的权利，更不想有实现权利的实际保障。所以十月党内的"立宪派"也就在六三宪制的基础上同"反立宪派"和睦相处。

在黑帮的纲领中，赤裸裸地、明确地规定了摧残异族人特别是犹太人的政策。他们在这里也象平常一样，把其他政府党多少"羞羞答答地"掩饰起来或是用外交手腕隐藏起来的事情更粗暴地、更无顾忌地、更横蛮地直说了出来。

其实，凡是多少了解一点第三届杜马的活动，多少了解一点《新时报》、《光明报》[3]和《莫斯科呼声报》一类报刊的人，都知道民族党人和十月党人也参与了对异族人的摧残。

载于《涅瓦明星报》，1912年5月10日，第5号

选自《列宁全集》第21卷，第283~285页

注释：

[1] 俄罗斯人民同盟是俄国群众性的黑帮组织，于1905年10月在彼得堡成立。该组织联合城市小资产阶级的反动代表、地主、部分知识界和宗教界人士、城市无业游民、一部分富农以及某些不觉悟的工人和农民，创始人为亚·伊·杜勃洛文、弗·安·格林格穆特、弗·米·普利什凯维奇等。1905年12

月23日（1906年1月5日），沙皇尼古拉二世接见了同盟的代表团，接受了同盟成员的称号和徽章。同盟纲领以维护俄国的统一和不可分、保持专制制度、沙皇和人民通过咨议性的国民代表会议取得一致、大国沙文主义、反犹太主义等为基本内容，同时也包含一些蛊惑性的条文，如批评官僚制、保持村社土地所有制、各等级权利平等、国家对工人实行保险等。同盟的中央机构是由12人组成的总委员会，设在彼得堡。全国各城市、村镇所设的同盟分部在1905～1907年间达900个。同盟通过宣传鼓动几次掀起俄国反犹太人大暴行的浪潮，同时也进行个人恐怖活动。它刺杀了第一届国家杜马代表米·雅·赫尔岑施坦、格·波·约洛斯，并两次对谢·尤·维特行刺。第二届国家杜马解散后，同盟于1908～1910年分裂为米迦勒天使长同盟、俄罗斯人民同盟、彼得堡全俄杜勃洛文俄罗斯人民同盟等几个互相敌对的组织。1917年二月革命后同其他黑帮组织一起被取缔。

[2]《俄国旗帜报》（《Русское Знамя》）是黑帮组织俄罗斯人民同盟的机关报，1905～1917年在彼得堡出版。

[3]《光明报》（《Свет》）是俄国的资产阶级民族主义报纸（日报），1882～1917年在彼得堡出版。

移民问题(节选)

(1912年6月3日〔16日〕)

既然在缺少土地方面高加索农民的状况与俄罗斯农民的状况没有多大区别,那么试问,高加索还能有什么待垦土地呢,为什么不是适当分散当地的农民反而还要向那里迁入移民呢?

移民用的土地是靠疯狂地侵犯土著居民的土地权而得来的,从俄罗斯向外移民则完全为了贯彻"边疆地区俄罗斯化"这一民族主义原则。

齐赫泽代表引用了许多仍然是来自官方的材料,说明为了准备待垦土地,怎样把整村整村的土著居民从他们的故土上赶走,为了证明剥夺山民土地是正确的,怎样策划了一系列的诉讼(见贵族代表策列铁里公爵向内务大臣作的关于库塔伊西县基克纳韦列季山村情况的报告),等等。所有这一切并不是个别的、例外的事实,而是正如参议员库兹明斯基所确认的那样,是"典型的事件"。

结果在移民和土著居民之间简直形成了敌对的关系。例如,当阿拉尔人从他们的土地上被赶走,象参议员库兹明斯基所说的那样,"被迁出去而得不到土地保证,只好听天由命"的时候,掠夺他们土地的移民却靠国库的开支武装起来:这些县的地方官奉命"要设法给在穆甘新建村庄的农民(其中包括波克罗夫人)以武器——每100户10支别旦式步枪"。这是说明现行政策的"民族主义方针"的很有意思的例证。

虽然如此,国家杜马中的右派代表们还是洋洋得意地指出,据高加索总督的报告，可以移民的土地有170万俄亩。但是，也正如这个总督所证明的那样，几乎有一半这样的土地已经被移民占去，而相当大的一部分土地，仍如这个总督所确证的那样，是那些人生地疏的农村业主在体力上无法经营的地带。

齐赫泽代表还讲了政府如何安置各地新移民的情况。"根据总督的报告，主要在外高加索东部地区，移民土地上水源不足和难以灌溉，这是使已定居在那里的移民重又迁走的主要原因之一。新移民从黑海沿岸地区纷纷逃走，因为不但在各个居民点之间，而且在每一块移民土地上，都没有适于车辆通行的道路。关于这点，应该再补充一下：移民所不习惯的恶劣的气候条件，加上高加索许多地区发生危害人畜的疟疾，至少也象没有道路一样，迫使立脚未稳的新移民纷纷逃出边疆地区。在上述原因的影响下，不断发生移民从伊丽莎白波尔省、巴库省和达吉斯坦州以及从梯弗利斯省和黑海省迁出的现象。

因此，总督本人是这样评价向高加索移民的结果的。总督说："至今对高加索居民的土地问题所采取的态度已经不能再容忍下去了，因为这种态度对于农村居民中出现革命情绪无疑起了相当重要的作用。"

载于《涅瓦明星报》，1912年6月3日，第11号

选自《列宁全集》第21卷，第335～337页

"联合者"（节选）

（1912年6月4日〔17日〕）

取消派正在竭力"联合起来"。几天前他们险些同所谓的"左派"波兰社会党人[1]"联合起来"，后者是波兰社会民族主义派别之一。

波兰社会民主党同波兰社会党的社会民族主义进行了10多年的斗争。结果，一部分波兰社会党人（"左派"）的许多民族主义偏见被清除了。但是斗争还在继续。波兰工人社会民主党人**反对**把波兰社会党的这个派别看作一个组织并同它联合起来，认为这样做对事业有害。"左派"中的某些个别的工人和个别的集团，由于不愿意仅仅限于对波兰社会党的民族主义原则作不彻底的修正，现在正脱离"左派"而加入了社会民主党的队伍。我们的取消派正是在这个时候竭力要同波兰社会党"左派""联合"！

这就好比说，俄国社会民主党人避开崩得而同所谓"锡安社会党人"[2]"联合"，或者避开拉脱维亚社会民主党而同所谓"拉脱维亚社会民主党人同盟"[3]（实际上是社会革命党人同盟）"联合"……

我们且不谈那些形式上的问题。在斯德哥尔摩代表大会上，波兰社会民主党与俄国社会民主工党签订了一项协定，根据这项协定，波兰的任何团体只要加入了波兰社会民主党组织，就可以加入俄国社会民主工党。[4]而1908年12月的俄国社会民主工党全国代表会议，甚至以压倒多数否决了就同"左派"联合的问题进行讨论。

非常明显，托洛茨基和他的伙伴取消派虽然经常叫喊"联合"，实际上却在**加深**波兰的**分裂**。俄国社会民主工党幸运的是，这伙取消派分子和跟着他们走的"调和派"，**实际上**根本干不了什么，这在波兰也是如此。不然，取消派同波兰社会党联合，自然就会造成波兰的严重分裂。

取消派为什么要公然冒险呢？这显然不是"由于日子好过"，而是由于他们需要同某些人联合，需要建立某种"政党"。社会民主党人，波兰社会民主党人，不跟着他们走，所以他们不得不放弃社会民主党人而抓住与我党毫无共同之点的波兰社会党人。在俄国的城市中，我们的那些老的党组织不跟着他们走，所以他们不得不放弃社会民主党的支部而抓住与俄国社会民主工党毫无共同之点的、取消派的那些所谓"发起小组"。

"日子好过，就不会去飞"……取消派先生们，现在是否到了你们也同社会革命党（社会革命党**取消派**？）"联合"的时候了？要知道，这些先生也拼命想"联合"。那时你们就能建立一个"大"党。拉林本人就会感到满意了……

载于《社会民主党人报》，1912年6月4日（17日），第27号

选自《列宁全集》第21卷，第358～359页

注释：

[1] 指波兰社会党—"左派"。

波兰社会党是以波兰社会党人巴黎代表大会（1892年11月）确定的纲领方针为基础于1893年成立的。这次代表大会提出了建立独立民主共和国、为争取人民群众的民主权利而斗争的口号，但是没有把这一斗争同俄国、德国和奥匈帝国的革命力量的斗争结合起来。该党右翼领导人约·皮尔苏茨基等认为恢复波兰国家的唯一道路是民族起义而不是以无产阶级为领导的全俄反对沙皇的革命。从1905年2月起，以马·亨·瓦列茨基、费·雅·柯恩等为首的左派逐步在该党内占了优势。他们反对皮尔苏茨基分子的民族主义及其恐怖主义和密谋策略，认为只有在全俄革命运动胜利基础上才能解决波兰劳动人民的民族解放和社会解放问题。1906年11月在维也纳召开的波兰社会党第九次代表大会把皮尔苏茨基及其拥护者开除出党，该党遂分裂为两个党：

波兰社会党—"左派"和所谓的波兰社会党—"革命派"（弗腊克派）。

波兰社会党—"左派"主张同全俄工人运动密切合作，可是它力图把波兰和俄国工人运动中除民族主义派别外的所有派别机械地联合起来。在1908～1910年期间，它主要通过工会、文教团体等合法组织进行活动。它不接受孟什维克的在反对专制制度斗争中领导权属于资产阶级的论点，可是与孟什维克合作，支持他们反对第四届国家杜马中的布尔什维克代表。第一次世界大战爆发后，该党持国际主义立场，参加了1915年的齐美尔瓦尔德代表会议和1916年的昆塔尔代表会议。该党欢迎俄国十月革命。1916年12月，该党同波兰王国和立陶宛社会民主党一起建立了波兰共产党。

波兰社会党—"革命派"于1909年重新使用波兰社会党的名称，强调通过武装斗争争取波兰独立，但把这一斗争同无产阶级的阶级斗争割裂开来。从第一次世界大战开始起，该党的骨干分子参加了皮尔苏茨基站在奥德帝国主义一边搞的军事政治活动（成立波兰军团）。在战争期间，以皮尔苏茨基为首一批领导骨干脱离该党。1917年俄国二月革命后，该党转而对德奥占领者采取反对立场，开展争取建立独立的民主共和国和进行社会改革的斗争。1918年波兰社会党参加创建独立的资产阶级波兰国家，1919年同原普鲁士占领区波兰社会党以及原奥地利占领区的加里西亚和西里西亚波兰社会民主党合并。该党不反对地主资产阶级波兰对苏维埃俄国的武装干涉，并于1920年7月参加了所谓国防联合政府。1926年该党支持皮尔苏茨基发动的政变，同年11月由于拒绝同推行"健全化"的当局合作而成为反对党。

[2] 锡安社会党人是1904年成立的俄国小资产阶级的犹太民族主义组织锡安社会党的成员。在一般政治问题上，锡安社会党人要求在普遍、平等、直接和无记名投票的选举基础上召开立宪会议，在第一届国家杜马选举时坚持抵制策略。但锡安社会党人认为，犹太无产阶级的主要任务是为取得自己的领土并建立自己的民族国家而斗争。锡安社会党人的民族主义活动模糊了犹太工人的阶级意识，给工人运动带来很大危害。1908年10月，社会党国际局决定不再同锡安社会党往来。1917年二月资产阶级民主革命后，锡安社会党同犹太社会主义工人党合并为犹太社会主义统一工人党。

[3] "拉脱维亚社会民主党人同盟"是1900年秋天在国外建立的。这个组织就其提出的要求来说接近于俄国社会革命党人，并具有相当程度的民族主义倾向。

1905年在部分农民中暂时有些影响,但很快被拉脱维亚社会民主工党排挤,以后再未起过什么明显的作用。

[4] 指俄国社会民主党第四次(统一)代表大会通过的《波兰王国和立陶宛社会民主党同俄国社会民主工党合并的条件》。这个文件的第1条注1规定:"波兰的社会主义组织只有加入了波兰和立陶宛社会民主党后才能参加俄国社会民主工党。"(见《苏联共产党代表大会、代表会议和中央全会决议汇编》第1分册,人民出版社,1964,第159页)。

孤注一掷

（1912年10月4日〔17日〕）

《新时报》完全暴露了俄国民族党人[1]的计划。只要读一读这份在民族党人以及十月党人中间"很有影响的"报纸，就能清楚地看到他们执意推行的掠夺土耳其的计划。

为了推行这种沙文主义和侵占别国领土的政策，照例首先要唆使公众攻击奥地利。《新时报》写道："巴尔干各国人民已经武装起来进行神圣的争取独立的斗争。奥地利外交官正在窥伺时机，以求对巴尔干各国人民进行掠夺。"

奥地利割走了一块（波斯尼亚-黑塞哥维那），意大利也割走了一块（的黎波里），现在该轮到我们捞一把了，——这就是《新时报》的政策。"神圣的争取独立的斗争"，不过是为了欺骗头脑简单的人的空话，因为在我们俄国，谁都没有象民族党人和十月党人那样践踏**一切**民族的真正独立的真正民主原则。

为什么民族党人认为现在是推行掠夺政策的良机呢？这一点从《新时报》上能看得很清楚。它说：意大利不会打；奥地利有千百万和巴尔干斯拉夫人同一血统的居民，对巴尔干斯拉夫人开战有些冒险；德国也不会为了土耳其的溃败而去打一场欧洲战争。

民族党人的打算真是露骨和无耻透顶。他们冠冕堂皇地谈论各国人民的"神圣的争取独立的斗争"，自己却冷酷无比地拿千百万人的生命当儿戏，唆使各国人民去为一小撮商人和工业家的利润进行一场大厮杀。

三国同盟（德国、奥地利、意大利）[2]目前削弱了，因为意大利在同土耳其人的战争中花掉了8亿法郎，而意大利和奥地利在巴尔干的"利益"又不一致。意大利还想再捞一把——侵占阿尔巴尼亚，这是奥地利所不能容许的。我国的民族党人估计到这种情况，又满以为有三国协约[3]的两大国（英国和法国）的实力和财富作后盾，以为"欧洲"不会由于海峡问题或者由于我们用土耳其亚洲部分来"补足""我国的"领土而愿意发动全面战争，于是，他们就不惜孤注一掷了。

在雇佣奴隶制的社会中，每个商人，每个老板都在下赌注——"不是我破产，就是我发财，叫别人破产"。每年都有几百个资本家破产，有几百万农民、手工业者破产。各个资本主义国家也在下同样的赌注，以千百万人的鲜血下赌注，把他们今天派到这里明天派到那里，去为侵占别国领土和掠夺弱小邻国而大厮杀。

载于《真理报》，1912年10月4日，第134号

选自《列宁全集》第22卷，第127～128页

注释：

[1] 民族党人是指全俄民族联盟的成员。全俄民族联盟是俄国地主、官僚的反革命君主主义政党。该党前身是1908年初从第三届国家杜马右派总联盟中分离出来的一个独立派别，共20人，主要由西南各省的杜马代表组成。1909年10月25日，该派同当年4月19日组成的温和右派党的党团合并成为"俄国民族党人"共同党团（100人左右）。1910年1月31日组成为统一的党——全俄民族联盟，党和党团主席是彼·尼·巴拉绍夫，领导人有П.Н.克鲁平斯基、弗·阿·鲍勃凌斯基、米·奥·缅施科夫和瓦·维·舒利金。该党以维护贵族特权和地主所有制、向群众灌输好战的民族主义思想为自己的主要任务。该党的纲领可以归结为极端沙文主义、反犹太主义和要求各民族边疆区俄罗斯化。1917年二月资产阶级民主革命后，该党即不复存在。

[2] 三国同盟是指德国、奥匈帝国和意大利三国的帝国主义联盟。德国是三国同

盟的发起者,它在1879年首先同奥匈帝国缔结了军事同盟条约,此后又乘法意两国因突尼斯问题发生冲突之机把意大利拉入该同盟。1882年5月20日,德国、奥匈帝国和意大利在维也纳缔结了矛头主要指向法国和俄国的秘密同盟条约,三国同盟至此最终形成。意大利由于在财政上依赖英国,所以它参加三国同盟时提出如下附带条件:只有同盟的敌人不包括英国时,意大利才能履行自己的义务。意大利在第一次世界大战初期宣布中立,1915年退出了三国同盟而转到了协约国一边。三国同盟从此不复存在。

[3] 三国协约是指与德、奥、意三国同盟相对立的英、法、俄三国的帝国主义联盟。这个联盟的建立,始于1891~1893年缔结法俄同盟,中经1904年签订英法协定,而由1907年签订英俄协定最终完成。在第一次大战期间先后有美、日、意等20多个国家加入协约国。

俄国社会民主工党　　　　　　　　全世界无产者，联合起来！

告俄国全体公民书[1]

(1912年10月10日〔23日〕以前)

俄国工人同志们和全体公民们！

巴尔干爆发了四国反对土耳其的战争[2]。全欧战争迫在眉睫。同政府的一切骗人的辟谣相反，俄国和奥地利正在准备战争。意大利在推行掠夺土耳其领土的政策时愈来愈厚颜无耻。在维也纳和柏林，在巴黎和伦敦，交易所里的惊慌混乱表明，整个欧洲的资本家都不认为欧洲能保持和平。

整个欧洲都想插手巴尔干事件！大家都主张"改革"，甚至主张"斯拉夫人的自由"。而实际上俄国想从土耳其亚洲部分捞一把，占领博斯普鲁斯，奥地利对萨洛尼卡，意大利对阿尔巴尼亚，英国对阿拉伯，德国对安纳托利亚都虎视眈眈。

危机在激化。为几个头顶王冠的强盗的王朝的利益，为处心积虑想掠夺别国领土的资产阶级的利润，数十万以至数百万受资本雇佣的奴隶和受农奴主压榨的农民正在去大厮杀。

20世纪开始以来世界各地发生的事件，加剧了阶级矛盾和国际矛盾，引起了战争和革命，巴尔干危机就是这一连串事件的总链条中的一环。日俄战争、俄国革命、亚洲一系列革命、欧洲各国互相竞争和敌对的加剧、摩洛哥事态对和平的威胁[3]、意大利出兵掠夺的黎波里——这些事件酝酿了当前的危机。

战争及其带来的全部灾难都是资本主义的产物。资本主义奴役千百万劳动者，加剧各国间的争斗，把资本的奴隶变为炮灰。唯有全世界革命无产阶级的社会主义大军才能终止这种压迫群众和奴役群众的现象，才能终止奴隶为奴隶主利益进行的大厮杀。

在西欧和美国，社会主义的无产阶级反对帝国主义的资产阶级政府的斗争日趋激烈。面对数以千百万计的工人阶级不可阻挡地向胜利前进，这些政府愈来愈想孤注一掷，铤而走险。他们在准备战争，而同时又害怕战争，他们懂得，世界大战就是世界革命。

在东欧——在巴尔干、奥地利和俄国，除资本主义高度发展的地区外，我们看到的仍然是封建制度、专制制度以及形形色色的中世纪残余势力对群众的压迫。在亚得里亚海沿岸的波斯尼亚-黑塞哥维那，那里的农民同俄国中部数千万农民一样，直到现在还被农奴主-地主踩在脚下。为了巩固君主制政权，为了永远奴役各民族，哈布斯堡强盗王朝和罗曼诺夫强盗王朝支持这一农奴制压迫，竭力煽起民族间的仇恨。在东欧，直到现在君主之间还在分割各民族，讨价还价，进行交换，为各自王朝的利益把一个个分割得七零八落的不同民族拼凑成一个个国家，完全象在农奴制下地主分割他们所管辖的农户，把它们拼凑成一个个家庭一样！

建立巴尔干联邦共和国——这是我们的兄弟，巴尔干各国的社会党人为了捍卫民族自决和民族充分自由，以便给广泛开展争取社会主义的阶级斗争扫清道路，向群众发出的号召。

面对全世界最凶恶的反动堡垒之一的俄国沙皇君主制，我们应该特别支持真正的民主主义者——工人阶级的真正朋友的这个号召。

俄国沙皇政府的对外政策就是一连串反对民族自由、反对民主、反对工人阶级的最骇人听闻的罪行和暴力，最卑鄙无耻的阴谋诡计。沙皇政府在英国"自由派"执政者的支持下压迫和扼杀波斯，沙皇政府暗中破坏中国建立的共和国，沙皇政府阴谋夺占博斯普鲁斯海峡，侵吞土耳其亚洲部分以扩张"自己的"领土。沙皇君主制曾经是19世纪的欧洲宪兵，那时由农奴制俄国的农民组成的军队镇压了匈牙利起义[4]。现在，在20世纪，沙皇君主制既是欧洲宪兵，又是亚洲宪兵。

血腥的尼古拉沙皇，他解散了第一届和第二届杜马，血洗俄国，奴役波兰和芬兰，勾结坏事做尽的黑帮推行压迫犹太人和一切"异族人"的政策；这个沙皇，他的忠实伙伴在勒拿河地区枪杀工人[5]，迫使农民破产以致俄国到处有人挨饿。就是这个沙皇，现在竟以斯拉夫人自由和独立的保卫者自居！

俄国人民从1877年起就学到了某些东西，现在他们知道，我国"**国内土耳其人**"[6]——沙皇及其走狗，比任何土耳其人都坏。

然而地主和资产阶级，民族党人和十月党人，却竭力支持所谓沙皇政府爱好自由这种卑鄙的挑拨者的谎言。《莫斯科呼声报》、《新时报》这样一些站在整个官方报纸大军前列的报纸对奥地利进行无耻诽谤，煽动对它的攻击，似乎俄国的沙皇政府不比哈布斯堡王朝血腥百倍，肮脏百倍！

不仅是右派政党，甚至反对派的自由派资产阶级也竭力在勉强用外交辞令和转弯抹角的伪善语句遮遮掩掩地进行沙文主义、帝国主义的宣传。不仅无党派的自由派《俄罗斯言论报》[7]，甚至"立宪民主"党（实际上是自由派反革命党）的正式机关报《言语报》也在起劲地攻击沙皇大臣萨宗诺夫的所谓"妥协"，攻击他对奥地利的"让步"，攻击他"维护"俄国"大国"利益不力。立宪民主党人不是指责极端反动的民族党人的帝国主义，而是恰恰相反，指责他们削弱了由沙皇政府侵占君士坦丁堡的"伟大"主张的分量和意义！！

俄国社会民主工党为了全体劳动群众的切身利益，坚决抗议这种卑鄙的沙文主义行为，并痛斥这种行为是对自由事业的背叛。一个有3000万农民挨饿的国家，一个当局专横暴虐到成百成百地枪杀工人的国家，一个数以万计的自由战士横遭严刑拷打和苦役折磨的国家，这个国家最迫切需要的是摆脱沙皇制度的压迫。俄国农民应当考虑从农奴主-地主和沙皇君主制的压迫下解放自己的问题，切不要为地主和商人的什么俄国的"斯拉夫人的使命"那种花言巧语所动而置这一迫切问题于不顾。

既然帝国主义自由派企图同沙皇制度妥协而坚持"和平立宪"工作，

向人民许诺说，这样既可以取得对外的胜利又能在保存沙皇君主制的条件下进行立宪改革，那么社会民主主义的无产阶级就要愤怒地揭穿这一骗局。只有用革命的方法推翻沙皇制度才能保证俄国和整个东欧自由发展。只有在俄国建立共和国的同时在巴尔干建立联邦共和国，才能使亿万人民免遭战祸，并在所谓"和平"时期免受压迫和剥削的苦难。

1912年前5个月里有50多万俄国工人举行政治罢工，——他们经历了最困难的反革命年代之后正在恢复自己的力量。在许多地方，陆海军士兵举行起义，反对沙皇制度。我们号召进行革命的群众斗争，为工人、农民和部队中的优秀分子的决定性的共同行动作更顽强、更扎实、更广泛的准备！这是拯救被沙皇制度破坏和蹂躏的俄国的唯一办法。

巴尔干各国社会党人强烈谴责战争。意大利、奥地利以及整个西欧的社会党人齐心协力地支持他们。我们也要和他们同声谴责战争，更广泛地开展反对沙皇君主制的宣传。

打倒沙皇君主制！俄罗斯民主共和国万岁！

巴尔干联邦共和国万岁！

打倒战争，打倒资本主义！

社会主义万岁，国际的革命的社会民主党万岁！

俄国社会民主工党中央委员会

1912年10月印成单页　　　　　　　选自《列宁全集》第22卷，第148~152页

注释：

[1]《告俄国全体公民书》写于1912年10月初，由俄国社会民主工党中央委员会以传单形式印发。10月10日（23日），列宁把它寄给社会党国际局书记卡·胡斯曼，请他通知各国社会民主党书记并刊登这一文件。不久，《告俄国全体公民书》被《莱比锡人民报》和《前进报》用德文，比利时《人民报》用法文，社会党国际局定期公报用法文、德文和英文刊登了出来。俄国社会民主

工党国外组织委员会也印发了这份号召书。号召书还作为1912年11月5日（18日）《社会民主党人报》第28～29号合刊的特别附刊刊出。

[2] 指1912年10月～1913年5月的第一次巴尔干战争。战争在土耳其和巴尔干同盟各国——保加利亚、塞尔维亚、门的内哥罗和希腊——之间进行，以土耳其战败告终。双方于1913年5月签订了伦敦和约，根据条约，土耳其几乎全部丧失了它在巴尔干的属地。阿尔巴尼亚人民获得独立。

[3] 指1905年和1911年由于德法两国争夺摩洛哥而引起的战争危机。

[4] 指沙皇尼古拉一世派军队镇压1848～1849年匈牙利资产阶级革命一事。匈牙利当时处在奥地利帝国（哈布斯堡王朝）统治之下，奥地利皇帝就身兼匈牙利国王。匈牙利争取民族独立和反对封建制度的革命以1848年3月15日佩斯起义为开端，得到全国广泛响应。1849年4月14日，在匈牙利革命军队战胜奥地利帝国的入侵军队之后，匈牙利议会通过了《独立宣言》，正式宣布成立匈牙利共和国。奥地利皇帝弗兰茨-约瑟夫一世于4月21日向俄国求援。5月，俄国干涉军14万人侵入了匈牙利。匈牙利革命受到两面夹击而遭到失败。8月13日，匈牙利军队向俄国干涉军司令伊·费·帕斯凯维奇投降。

[5] 指1912年4月4日（17日）沙皇军队枪杀西伯利亚勒拿金矿工人的事件。勒拿金矿工人因不堪资本家的残酷剥削和压迫，于1912年2月底开始举行罢工。3月中旬，罢工席卷了各矿，参加者达6000余人。罢工者提出实行八小时工作制、增加工资、取消罚款、提供医疗救护、改善供应和居住条件等要求。布尔什维克帕·尼·巴塔绍夫是领导罢工的总委员会主席。沙皇当局调动军队镇压罢工，于4月3日（16日）夜逮捕了几乎全部罢工委员会成员。4月4日（17日），2500名工人前往纳杰日金斯基矿向检察机关的官员递交申诉书。士兵们奉命向工人开枪，当场死270人，伤250人。勒拿惨案激起了全俄工人的愤怒，俄国革命运动从此迅速向前发展。

[6] "国内土耳其人"系暗指沙皇政府、农奴主以及他们的精神奴仆，出典于俄国文艺批评家尼·亚·杜勃罗留波夫为伊·谢·屠格涅夫的长篇小说《前夜》写的评论文章《真正的白天什么时候到来？》。《前夜》的主人公保加利亚人英沙罗夫决心把自己的祖国从土耳其占领者的压迫下解放出来。杜勃罗留波夫的文章指出：俄国正处于革命的"前夜"，需要象英沙罗夫那样的革命家，但他们应是俄国式的英沙罗夫，因为俄国现在有许多国内的"土耳其人"；俄

国需要有同大量的"国内土耳其人"作斗争的英雄。

[7]《俄罗斯言论报》(《Русское Слово》)是俄国报纸(日报),1895年起在莫斯科出版(第1号为试刊号,于1894年出版)。出版人是伊·德·瑟京,撰稿人有弗·米·多罗舍维奇(1902年起实际上为该报编辑)、亚·瓦·阿姆菲捷阿特罗夫、彼·德·博博雷金、弗·阿·吉利亚罗夫斯基、瓦·伊·涅米罗维奇-丹琴科等。该报表面上是无党派报纸,实际上持资产阶级自由派立场。二月革命后完全支持资产阶级临时政府,并曾拥护科尔尼洛夫叛乱,是一家公开的反革命报纸。1917年十月革命后不久被查封,其印刷厂被没收。1918年1月起,该报曾一度以《新言论报》和《我们的言论报》的名称出版。1918年7月最终被查封。

论狐狸和鸡窝

(1912年10月18日〔31日〕)

关于巴尔干战争和"欧洲"对待这场战争的态度的问题,是当前政治中最令人关切的问题。对整个民主派,特别是对工人阶级来说,**弄清楚各个政党在这个问题上代表什么阶级利益**,是很重要的。

十月党人、民族党人、无党派"爱国人士",——从《新时报》到《俄罗斯言论报》,他们的政策都是简单明了的。攻击奥地利,挑起人们同它开战,叫喊俄国负有"斯拉夫人的使命"——所有这一切都是一种想转移人们对俄国内政问题的注意、想从土耳其"捞一把"的欲盖弥彰的图谋。对内支持反动派,对外支持殖民主义的、帝国主义的掠夺——这就是这个粗暴的"爱国主义的""斯拉夫的"政策的实质。

立宪民主党人的政策伪装得比较圆滑巧妙,但是他们的政策实际上**也是帝国主义的反动的大国政策**。了解这一点是特别重要的,因为自由派狡猾地用民主词句来掩盖自己的观点。

请看一下《言语报》吧。起初(在米留可夫同萨宗诺夫"亲切的会晤"[1]之前)有人责备萨宗诺夫"妥协",责备民族党人削弱了占领君士坦丁堡的"伟大主张"。现在,在会晤以后,《言语报》同意《俄国报》的意见,痛骂《新时报》"糊涂好斗"。

那么,《言语报》现在的政策是怎样的呢?

开始时不应当提出傲慢的要求,因为这样一来我们就会失去支持(法国和英国的支持),"最后**甚至**会被迫**得不到应得之数**"(第278号)!!

因而,《言语报》反对沙文主义者,**是因为**嫌他们"最后会得不到应得之数"。就是说,你们沙文主义者大吹大擂却一无所得,我们则主张心平气和,不声不响,在法国和英国的资产阶级的支持下大捞一把!

《言语报》写道:"为了我们巴尔干的被庇护者的利益,我们需要得到"支持(三国协约的支持),请注意这一点:《言语报》**也主张**由俄国来"**庇护**"(保护)斯拉夫人,主张由狐狸来保护鸡窝,不过主张要更狡猾地保护!

《言语报》说:"凡是可以争得的一切都靠这个唯一的方法——欧洲外交的协作。"

问题很清楚:立宪民主党的政策的实质也就是《新时报》所鼓吹的那种沙文主义和帝国主义,只不过更狡猾更巧妙罢了。《新时报》粗暴地愚蠢地发出战争威胁,用的是俄国一国的名义。《言语报》"圆滑巧妙地"发出的**也是战争**威胁,不过用的是三国协约的名义,因为说"不应该得不到应得之数",也就是发出战争威胁。《新时报》主张由**俄国**来庇护斯拉夫人,《言语报》主张由三国协约来庇护斯拉夫人,就是说《新时报》主张只要我们一只狐狸进鸡窝,而《言语报》则主张三只狐狸协同行动。

整个民主派,特别是工人,反对由狐狸或狼来对斯拉夫人进行任何"庇护",主张各国人民完全自决,主张完全的民主,主张斯拉夫人摆脱"大国"的**任何**庇护。

自由派和民族党人的争论是关于欧洲资产阶级对巴尔干各国人民进行掠夺和奴役的**不同方法**的争论。只有工人是在实行真正民主派的政策——争取在一切地方实行自由和民主,彻底反对各种"庇护"、掠夺和干涉!

载于《真理报》,1912年10月18日,第146号

选自《列宁全集》第22卷,第159~163页

注释：

[1] 帕·尼·米留可夫同外交大臣谢·德·萨宗诺夫的会晤是1912年9月底或10月初举行的。会晤时讨论了沙皇政府的巴尔干政策。据当时报纸报道，"外交大臣对交谈者发表的一切观点都非常满意。"

可耻的决议

(1912年10月18日〔31日〕)

彼得堡市杜马10月10日的决议引起了社会的注意。

决议谈的是巴尔干战争这一世界政治中最重要的事件。它是由权威的(资产阶级中的权威)公共机关作出的。决议由臭名昭彰的反动派和自由派**一致**通过。

法尔博尔克,一个准"民主派"(!?)兼立宪民主党人的自由派,在他"热情的发言"中论证了作出这种决议的必要性;他参加了起草委员会的工作,并对这个决议投了赞成票。

这个决议是资产阶级沙文主义的典型,是资产阶级向"当权派"卑躬屈膝的典型,是资产阶级支持把各国人民变成炮灰的政策的典型。

> 在这个致巴尔干各参战国首都的决议中这样说道:"彼得堡同你们在一起,对你们为之流血战斗的、各国被压迫的人民的独立自由的光明未来充满希望。"

请看,用来掩饰沙文主义的是些什么词句!任何时候,任何地方,各国被压迫的人民都不是靠一国人民对另一国人民进行**战争**来获得"自由"的。各国人民间的战争,只会加重各国人民所受的奴役。巴尔干的斯拉夫农民,土耳其农民也一样,他们的真正的**自由**,只有在那里有了**每个国家**

内部的充分自由，并且有了一个由各个完全彻底民主的国家组成的联邦，才能得到保证。

巴尔干的斯拉夫农民和土耳其农民是兄弟，他们同样都受着本国地主和本国政府的"压迫"。

这才是真正的压迫，这才是"独立"和"自由"的真正障碍。

反动派的和自由派的沙文主义者在彼得堡市杜马中公开联合起来了（正如他们已经在报纸上遮遮掩掩地联合起来一样，因为《言语报》和《新时报》在这个问题上的见解**实质上**相同，不同的只是口气和细节）——这些沙文主义者在鼓吹把各国人民变成炮灰！

载于《真理报》，1912年10月18日，第146号

选自《列宁全集》第22卷，第164~165页

世界历史的新的一章

(1912年10月21日〔11月3日〕)

全欧洲的资产阶级报刊，从反动的私利出发，主张在巴尔干维持臭名远扬的 status quo（现状），可是现在就连这类报刊也一致承认，世界历史已经揭开了新的一章。

土耳其的溃败是毫无疑问的。结成四国联盟的巴尔干国家（塞尔维亚、保加利亚、门的内哥罗、希腊）的胜利是巨大的。这四个国家结成联盟已成事实。"巴尔干属于巴尔干人民"——这一口号**已经**实现。

世界历史的这新的一章究竟有什么意义呢？

在东欧（奥地利、巴尔干、俄国），严重阻碍社会发展和无产阶级成长的顽固的中世纪制度的残余至今还未消灭。这些残余就是专制制度（不受限制的专制政权）、封建制度（农奴主-地主的土地占有制和特权）和民族压迫。

巴尔干各国觉悟的工人首先提出了用彻底民主的办法解决巴尔干民族问题的口号。这个口号就是：建立巴尔干联邦共和国。由于目前巴尔干各国的民主阶级力量薄弱（无产阶级的人数少，农民闭塞、分散、没有文化），巴尔干君主国的联盟就成了经济上和政治上必不可少的联盟。

巴尔干民族问题的解决有了重大的进展。在整个东欧，现在**只有一个俄国**是最落后的国家了。

尽管在巴尔干建立的是君主国的联盟，而不是共和国的联盟，尽管这个联盟的形成是由于战争，而不是由于革命，——尽管如此，整个东欧在摧毁中世纪制度的残余方面，还是向前迈进了一大步。民族党人先生们，你们高兴得太早了！这一步是**冲着**你们来的，因为俄国的中世纪制度的残余保留得**最多**！

至于西欧，无产阶级正在更加有力地喊出这样的口号：反对任何干涉！巴尔干属于巴尔干人民！

载于《真理报》，1912年10月21日，第149号

选自《列宁全集》第22卷，第168～169页

立宪民主党人和民族党人

(1912年10月24日〔11月6日〕)

每当我们指出,立宪民主党人就其基本观点来看是民族主义自由派,他们根本**不是从民主主义的立场**提出民族问题的时候,《言语报》总是怒气冲冲地、十分傲慢地回驳我们,指责我们无知和歪曲事实。

下面是许多文件中的一个。请读者和选民去判断吧。

10月18日,在马·马·柯瓦列夫斯基先生处举行了"斯拉夫问题关心者小组"的第二次会议。会上宣读了由叶·阿尼奇科夫、卡列耶夫、隆·潘捷列耶夫(曾经是立宪民主党的候选人)、亨·法尔博尔克,当然还有马·马·柯瓦列夫斯基等人签署的告社会书。

《言语报》还想逃避自己对卡列耶夫、潘捷列耶夫之流应负的责任吗?自由派告社会书的内容归结起来就是:

俄国人的心普遍振奋……充满对斯拉夫人的同情,**希望俄国的民族自觉意识有助于**保障斯拉夫人的胜利果实。

这同《新时报》那帮人的民族主义和沙文主义有什么不同呢?不同的只是戴上了白手套,讲得更加委婉。但是,戴上白手套也好,讲得非常文雅也好,沙文主义毕竟是丑恶的。

当身旁(和上面!)站着千方百计压迫许多民族的俄国民族党人的时

候，民主派决不会说什么"普遍振奋"。

当斯拉夫和土耳其的农民应该一起对抗斯拉夫和土耳其的地主和杀人强盗的时候，民主派决不容许斯拉夫人随便同土耳其人对立起来。

当波兰人、犹太人、一切"异族人"受到压迫和蹂躏的时候，民主派决不容许用"俄国的民族自觉意识"来偷换**一切**民族中拥护自由和反对压迫的人们的**自觉意识**。

任何正直的民主主义者，任何真心诚意地站在被压迫民族一边的人都不应当投立宪民主党人的票！

载于《真理报》，1912年10月24日，第151号

选自《列宁全集》第22卷，第170~171页

塞尔维亚和保加利亚的胜利的社会意义

(1912年11月7日〔20日〕)

"对马其顿来说，保加利亚和塞尔维亚对它的征服，意味着一场资产阶级革命，意味着一个1789年或1848年"，——奥地利的马克思主义者奥托·鲍威尔的这句话一针见血地揭示了巴尔干目前事态的主要实质。

1789年法国的革命，1848年德国和其他国家的革命，是资产阶级革命，因为使一个国家摆脱专制制度和地主、农奴主的特权，实际上是为资本的发展提供了自由。但是，不言而喻，这种革命也是工人阶级的利益所迫切要求的，因此就连那些"无党派的"、还没有组成阶级的1789年和1848年的工人，也成了法国革命和德国革命的先进战士。

马其顿同所有的巴尔干国家一样，经济上非常落后，在那里，还保留着大量农奴制、中世纪那种农民对地主封建主的依附关系的残余。这些残余包括：农民向地主交纳代役租（货币或实物），以及对分制（按对分制，马其顿的农民通常把收成的三分之一交给地主，比俄国少些）等等。

马其顿的地主（所谓**斯帕吉**）是土耳其人，伊斯兰教徒；农民则是斯拉夫人，基督教徒。因此，阶级矛盾由于宗教矛盾和民族矛盾而更加尖锐。

所以说，塞尔维亚人和保加利亚人的胜利，就意味着马其顿封建统治的垮台，意味着农民土地占有者这一比较自由的阶级的形成，意味着巴尔干各国曾经受到专制制度和农奴制关系阻碍的整个社会的发展有了保证。

各种资产阶级报纸，从《新时报》到《言语报》，都在谈论巴尔干的**民族**解放，却避而不谈**经济**解放。而实际上，后者恰恰是主要的。

只有彻底摆脱地主和专制制度的压迫，民族解放和民族自决的充分自由才会必然到来。相反，如果地主和巴尔干各君主国对人民的压迫仍然存在，民族压迫也就必然会在某种程度上继续存在。

如果马其顿的解放是通过革命，即通过塞尔维亚、保加利亚和**土耳其**的农民共同反对**所有**这些民族的地主（以及反对巴尔干各国的地主政府）的斗争而实现的，那么巴尔干人民为争取解放献出的生命，也许不到现在这场战争所造成的死亡人数的百分之一。这样，为争取解放而付出的代价会轻得多，解放也会彻底得多。

试问，究竟是哪些历史原因使得这个问题是通过战争而不是通过革命解决的呢？主要的历史原因就是：巴尔干各国的农民群众软弱、分散、落后和愚昧，还有工人数量太少，——虽然工人对形势了解得很清楚，并且提出了建立巴尔干联邦（联盟）共和国的要求。

因此，很明显，欧洲的资产阶级和欧洲的工人对待巴尔干问题的态度根本不同。资产阶级，甚至象我国的立宪民主党人这样的自由派资产阶级都在大喊"斯拉夫人"的"民族"解放。这就是直接歪曲巴尔干目前事态的真相和历史意义，给巴尔干各国人民的真正解放事业**增添困难**。这就是**赞成**在某种程度上保存地主特权、政治压迫和民族压迫。

工人民主派则相反，只有它才坚决主张巴尔干各国人民的真正的、彻底的解放。只有彻底实现巴尔干各民族的**农民**在经济上和政治上的解放，才能根本消除一切民族压迫。

载于《真理报》，1912年11月7日，第162号

选自《列宁全集》第22卷，第205～207页

关于工人代表的某些发言问题[1]（节选）

（1912年11月11日〔24日〕以后）

（3）第三点是关于巴尔干战争、国际形势和俄国的对外政策。

这个最具有现实意义的题目决不能避而不谈。这个题目包括下列几个问题：

（一）巴尔干战争。俄国工人代表也应该宣布建立巴尔干联邦共和国的口号。反对斯拉夫人同土耳其人互相敌视。**争取**巴尔干**一切**民族的自由和平等。

（二）反对其他强国干涉巴尔干战争。必须响应国际社会党代表大会[2]召开时在巴塞尔举行的那种维护和平的游行示威。以战争对付战争！反对一切干涉！保卫和平！这就是工人的口号。

（三）反对俄国政府的整个对外政策，要特别提到它侵占（并且已经开始侵占）博斯普鲁斯海峡、土耳其属亚美尼亚、波斯、蒙古的"野心"。

（四）反对政府的民族主义，指出芬兰、波兰、乌克兰、犹太等是被压迫民族。为了抵制一切不彻底的提法（例如**单单**提出"平等"），极端重要的是要确切地提出一切民族**政治自决**的口号。

（五）反对自由派民族主义，这种民族主义虽不那么粗暴，但是由于它的虚伪、由于它对人民进行"巧妙的"欺骗而特别有害。从什么地方可以看到这种自由派（进步党-**立宪民主党的**）民族主义的表现呢？从关于"斯拉夫人"的使命的沙文主义言论，从关于俄国的"大国使命"

195

的言论,从主张俄国为了**掠夺**其他国家而同英国和法国达成协议的言论可以看出来。

载于《列宁全集》第 16 卷,1930 年俄文第 2、3 版

选自《列宁全集》第 22 卷,第 214～217 页

注释:

[1] 列宁起草的这份《关于工人代表的某些发言问题》提纲,成了社会民主党第四届国家杜马党团宣言的基础。

在党团通过这篇宣言之前,布尔什维克代表同孟什维克七人团进行了激烈的斗争。布尔什维克终于争取到把布尔什维克的基本要求列入宣言,使宣言几乎包括了最低纲领的一切重要内容。同时,孟什维克也争取到把他们的一项关于民族文化自治的要求写进宣言。该宣言曾在 1912 年 12 月 7 日(20 日)的杜马会议上宣读。1912 年 12 月 8 日(21 日)《真理报》公布了包括宣言全文的杜马会议速记记录,报纸因此被没收,编辑也受到法庭审讯。

[2] 国际社会党代表大会(即巴塞尔代表大会)于 1912 年 11 月 24～25 日举行。这是第二国际在巴尔干战争爆发、世界大战危险日益迫近的形势下召开的非常代表大会。出席代表大会的有来自 25 个国家的 555 名代表,俄国社会民主工党的代表有 6 名。

代表大会只讨论了一个问题,即反对军国主义与战争威胁问题。在代表大会召开的当天,来自巴登、阿尔萨斯和瑞士各地的工人及与会代表在巴塞尔明斯特教堂举行了声势浩大的反战集会。11 月 25 日,代表大会一致通过了《国际局势和反对战争的统一行动》决议,即著名的巴塞尔宣言。宣言揭露了正在酝酿的帝国主义战争的侵略目的,谴责了各国资产阶级政府的备战活动,号召全世界工人积极开展反对帝国主义战争的斗争,并建议社会党人在帝国主义战争爆发时,利用战争造成的经济和政治危机,来进行社会主义革命。

关于杜马中的工人代表和他们的宣言问题[1]（节选）

（不晚于1912年11月13日〔26日〕）

社会民主党党团在第四届国家杜马的讲坛上发言时，要声明自己的活动同历届国家杜马中的社会民主党党团的活动，特别是同受到反革命闻所未闻的政治报复的社会民主党第二届国家杜马党团的活动，有着不可割裂的继承关系。俄国社会民主党是伟大的国际社会主义无产阶级解放大军中的一支队伍。现在，这支解放大军在全世界发展特别迅速；生活费用普遍飞涨，已经结成联合组织即卡特尔、托拉斯、辛迪加的资本的压迫和列强的帝国主义政策使工人群众的处境愈来愈难以忍受，使资本同劳动的斗争愈来愈尖锐；资本主义的末日快要来到了，千百万团结一致的无产者不久就会建立一种不再有群众的贫困、不再有人剥削人的现象的社会制度。

社会民主党党团要响应在巴塞尔国际代表大会上坚决反对战争的全世界工人的呼声。工人要求和平。工人反对对巴尔干事务的任何干涉。只有巴尔干各国人民得到充分的自由和完全的独立，只有建立巴尔干联邦共和国，才能够保证找到摆脱目前危机的最好办法并通过承认一切民族完全平等和有政治自决的绝对权利的途径使民族问题得到真正解决。

社会民主党第四届国家杜马党团尤其要反对俄国政府的对外政策。要痛斥它在博斯普鲁斯海峡、土耳其属亚美尼亚、波斯、中国强占别国的土地来扩张领土的企图，痛斥它强占蒙古这种破坏我国同伟大的兄弟之邦中华民国的友好关系的行为。

一切沙文主义和民族主义，不论是政府对芬兰、波兰、乌克兰、犹太和一切非大俄罗斯民族进行镇压和摧残的粗暴野蛮的民族主义，还是自由派和立宪民主党人用来替俄国的大国使命和俄国同其他大国达成的掠夺他国土地的协议辩解的精心伪装的民族主义，都要受到社会民主党党团无情的反对。

统治阶级枉费心机地竭力用民族主义的叫嚣转移人民对不堪忍受的俄国内部状况的注意力。第四届杜马选举的空前舞弊，很象冒险家拿破仑第三的波拿巴主义手法，它千百次表明了政府在居民中没有任何一个阶级可以依靠。这个政府就连1907年六三政变所谋求的同地主和大资产阶级的联盟也不能保持了。杜马在全国向左转的时候向右转了。

载于《列宁全集》第18卷，1948年俄文第4版

选自《列宁全集》第22卷，第220～221页

注释：

[1] 这是列宁写的社会民主党党团宣言草稿，经娜·康·克鲁普斯卡娅转抄后，于1912年11月13日（26日）从克拉科夫寄给布尔什维克杜马代表。宣言草稿因被沙皇警察截获而未能寄到。

我们党的"迫切的难题"[1]（节选）

"取消派"问题和"民族"问题

（1912年11月）

四

1912年俄国社会民主工党一月代表会议还提出了一个重大的原则问题，即关于我们党在民族方面的**结构**问题。限于篇幅，我只简略地谈谈这个问题。

是完全的联邦制还是不完全的联邦制，是"最坏类型的联邦制"还是完全的统一？这个问题就是这样摆着。

梯什卡的代表会议对这个问题也只是用谩骂和叫喊什么"捏造"、"歪曲事实"等等来回答。他们——这位梯什卡及其随从，是多么无聊的空喊家啊！

拉脱维亚、波兰、犹太（崩得）社会民主党人彼此完全隔绝，这是事实。每个波兰社会民主党人都知道，在波兰，过去和现在同崩得都谈不上有**任何**统一。俄国人同崩得的情况也是如此。"民族集团"有自己单独的组织、自己的中央机关、代表大会，等等。俄国人却没有**这些**，而且没有互相斗争和不熟悉俄国情况的崩得分子、波兰人、拉脱维亚人参加，**俄国人的**中央委员会就不能解决俄国人的问题。

这是事实。无论怎样谩骂也推翻不了这个事实。自1907年以来，我们党内的**全体同志**都看到了这一点。大家都感到这种情况不正常。我们的代表会议甚至把这称为"**最坏类型的联邦制**"①。

对于问题的这种提法，忠诚老实的社会民主党人都应该就问题的实质作出回答。

八月代表会议最确凿地**证实了**这种提法是正确的，**就连**普列汉诺夫也承认这个代表会议是用它的臭名远扬的"民族文化"自治的决议来"使社会主义迁就民族主义"。

崩得和梯什卡的总执行委员会都同样用尽神圣的字眼发誓，说他们赞成统一，但是在华沙、罗兹等地，**他们之间搞的却是最彻底的分裂**！！

"取消派问题"同"民族问题"的联系不是我们杜撰出来的，而是生活本身暴露出来的。

让一切认真思考的社会民主党人把"民族问题"也摆出来讨论讨论吧。是联邦制还是统一？是"各民族"有单独的中央而俄国人**没有**单独中央的联邦制，还是完全的统一？是各地崩得的名义上的统一和实际上的分裂（或破裂），还是从下到上的实际上的统一？

谁认为可以回避这些问题，谁就是犯了严重的错误。谁指望简单地恢复1907～1911年的"最坏类型的联邦制"，谁就是**自欺欺人**。这种联邦制已经**不可能恢复**了。这个非驴非马的东西已经不能复活了。党已经永远离开它了。

党往何处去？是实行"奥地利"式的联邦制[2]，还是**完全**拒绝这种联邦制而实行实际上的统一？我们赞成后者。我们反对"使社会主义迁就民族主义"。

请大家都来全面考虑，并彻底解决这个问题吧。

载于《争论专页》杂志1913年8月第1期

选自《列宁全集》第22卷，第247～249页

---

① 见《列宁全集》第21卷，第143～145页。——编者注

注释：

[1]《我们党的"迫切的难题"》一文最初刊载于1913年8月《争论专页》第1期。《争论专页》是波兰王国和立陶宛社会民主党反对派（分裂派）的机关刊物，由该党华沙委员会和罗兹委员会在克拉科夫出版，只出了这一期。在《列宁全集》俄文版中，这篇文章是根据该刊从波兰文译成俄文刊印的。

[2]"奥地利"式的联邦制是指奥地利社会民主党按民族划分的组织结构。该党在1897年维姆堡（维也纳）代表大会上，把一个统一的党划分成德意志、捷克、波兰、卢西人、意大利、南方斯拉夫6个民族的社会民主主义团体。这些团体仅通过共同的代表大会和共同的中央执行委员会彼此联结起来，而形成联邦式的联盟。在1899年的布隆代表大会上，中央执行委员会被改组成一个由各民族社会民主党的执行委员会组成的联邦机关。统一的奥地利社会民主党遂因实行组织上的联邦制而瓦解。

民族主义自由派

(1912年12月22日〔1913年1月4日〕)

近几年来，可以明显地看到俄国自由派内部的某种分化。"真正的"资产阶级开始脱离整个自由派的阵营。自由派资产阶级在建立**自己**单独的政党，许多过去与十月党人为伍的资产阶级分子一定会加入（而且正在加入）这个党，另一方面，最温和的大资产阶级分子，即立宪民主党的"头面人物"，也在加入这个党。

第三届杜马和第四届杜马中的"进步派"集团以及国务会议中的"进步"集团，很快就会成为这个民族主义自由派资产阶级在议会舞台上的正式的政党代表。不久前召开的"进步党"代表大会[1]，实质上已经制定了《俄国评论报》[2]现在所奉行的那个民族主义自由派纲领。

所谓的"进步党人"想要的是什么呢？为什么我们把他们叫作民族主义自由派呢？

他们**不**希望地主和官僚完全独占统治权。他们追求（并且直言不讳）的是温和的、以两院制和反民主的选举法为基础的、严格限制选举资格的立宪制度。他们想要的是一个执行以火与剑替"祖国工业"夺取新市场的"爱国"政策的"强有力的政权"。他们希望官僚象器重普利什凯维奇之流那样地器重他们。如果能那样，他们愿意不同反动派算"旧帐"，而同他们携起手来建设"伟大的"资本主义俄国。

这些人离开十月党，是因为地主分子在这个党内的势力太大，是因为这个党太温顺软弱。他们离开立宪民主党，是因为他们看不惯立宪民主党人蛊惑人心地同民主派调情。在这些"真正的"立宪主义者看来，立宪民主党人关于普选权，关于强制转让土地（虽然要付赎金）的种种谬论，是完全多余的和不能容忍的。

民族主义自由派直截了当地说：不必害怕人们责备我们"纵容反动势力"，必须公开地反对"号召侵占地主的土地"，反对"挑起对有产阶级的仇恨"；在"军事实力"的问题上既不应当有右派，也不应当有左派：

> 我们回到了祖国……俄国军队是……**我们的**军队……俄国的法庭不是舍米亚卡[3]的法庭，而是**我们的**……俄国对外的威力，这不是官僚好大喜功的怪癖，这是**我们的**力量和欢乐。（见《俄国评论报》纲领性的声明）

民族主义自由派在俄国无疑是有一定的"前途"的。它将成为德国也有的那种"真正的"资本主义资产阶级政党。纯粹的知识分子，即"根基"薄弱的自由派分子，仍然和立宪民主党人一道。民族主义自由派自会得到象司徒卢威、马克拉柯夫、普罗托波波夫、柯瓦列夫斯基等这样一些早就一只脚站在反动阵营里的思想家。最温和的"希波夫"分子即地方自治派地主分子也无疑会和民族主义自由派同流合污，因为他们也赞成实行严格限制选举资格的立宪制度，即富人的"立宪制度"。（难怪不久以前，司徒卢威先生那么一往情深地怀念希波夫先生……）

"进步党人"想望有一个执行自由主义政策的"强有力的政权"，当然，这在近期是不会实现的。赫沃斯托夫和普利什凯维奇之流仍然是风云人物。很可能，民族主义自由派的党目前还不会完全形成，而且他们的报纸将会破产，正象曾经提出基本上相同目标的《言论报》[4]在三年前遭到破产一样（不过，在杜马中，"进步党人"的力量和立宪民主党人比起来是相对地增强了）。但是，民族主义自由派资产阶级的公开出场至少说明俄国的阶级矛盾已经相当成熟。

工人们应当在**自己的**组织和**自己的**阶级自决方面百倍努力，去同资本主义资产阶级的自决抗衡。

载于《真理报》，1912 年 12 月 22 日，第 200 号

选自《列宁全集》第 22 卷，第 264～266 页

注释：

[1] "进步党"的这次代表大会于 1912 年 11 月 11～13 日（24～26 日）在彼得堡召开。大会的中心议题是进步派改组问题。大会通过的政治纲领决议提出了根除行政专横、建立法制、制定新选举法、扩大人民代表机关权利、改革国务会议、实行政治自由、废除等级限制和特权、扩大城乡自治机关权利、普及初等义务教育等要求，并认为建立立宪君主制和各部大臣对人民代表机关在政治上负责是实现所有这些要求的先决条件。会议通过了把"进步派"改组为进步党的决议，并决定以上述政治纲领中的要求为基础制定新的纲领（参看《列宁全集》第 22 卷注 54）。

[2] 《俄国评论报》（《Русская Молва》）是进步党的机关报（日报），1912 年 12 月 9 日（22 日）～1913 年 8 月 20 日（9 月 2 日）在彼得堡出版。

[3] 舍米亚卡是 17 世纪俄国讽刺作品《舍米亚卡判案的故事》中的人物，一个糊涂和贪婪的法官。

[4] 《言论报》（《Слово》）是俄国资产阶级的报纸（日报），1903～1909 年在彼得堡出版。起初是右翼地方自治人士的报纸，1905 年 11 月起是十月党的机关报。1906 年 7 月起停刊。1906 年 11 月 19 日（12 月 2 日）复刊后，是同十月党无实质区别的和平革新党的机关报。

有党的工作者参加的俄国社会民主工党中央委员会克拉科夫会议的通报和决议[1]（节选）

（1912年底～1913年初）

决 议

（1912年12月26日～1913年1月1日
〔1913年1月8～14日〕）

关于"民族的"社会民主党组织

1. 1912年的经验完全肯定了俄国社会民主工党一月代表会议（1912年）关于这个问题的决议①是正确的。崩得违反波兰社会民主党人的意志支持非社会民主党人候选人亚格洛，取消派、崩得和拉脱维亚社会民主党人的八月代表会议（1912年）违背党纲、助长民族主义的行为，都十分明显地表明社会民主党建党中的联邦制原则彻底破产了，表明"民族的"社会民主党组织处于互相隔绝的境地对于无产阶级事业是十分有害的。

---

① 见《列宁全集》第21卷，第143～145页。——编者注

2. 因此，会议坚决号召俄国各民族工人坚决反击反动派的黩武的民族主义，反对劳动群众中民族主义情绪的任何表现，号召社会民主主义工人紧密地团结起来，组成当地的俄国社会民主工党的统一组织；这些组织要象高加索早就实行的那样，用当地无产阶级的每一种语言进行工作，并且真正实现自下而上的统一。

3. 会议对于波兰社会民主党的队伍发生分裂一事表示十分遗憾，因为这种分裂严重地削弱了波兰社会民主主义工人的斗争。会议不得不指出，波兰社会民主党总执行委员会现在并不代表波兰无产阶级的波兰社会民主党组织中的多数人，它采取了令人不能容忍的手段反对这些多数人（例如毫无根据地猜疑华沙整个组织在搞奸细活动）。会议号召一切同波兰社会民主主义工人有接触的党组织协助波兰社会民主党建立真正的统一。

4. 会议特别指出崩得最近一次（第九次）代表会议决议中的极端机会主义和取消主义，这次代表会议取消了建立共和国的口号，把秘密工作挪到次要地位，并且把无产阶级的革命任务置于脑后。崩得阻挠各地（在华沙、罗兹和维尔纳等地）全体社会民主主义工人的联合，即1906年以来俄国社会民主工党的历次代表大会和代表会议一再坚持的联合，这种行为也应当受到同样的谴责。

5. 会议欢迎拉脱维亚组织中革命的社会民主主义工人不懈地进行的反取消主义的宣传，并对拉脱维亚社会民主党中央委员会支持取消派的反党行动的倾向表示遗憾。

6. 会议坚信，已经开始的革命高潮、群众性的经济罢工和政治罢工、街头示威游行以及其他形式的群众的公开革命斗争，都将有助于各地社会民主主义工人不分民族的、亲密无间的团结和打成一片，从而加强对压迫俄国各民族的沙皇制度的冲击，加强对联合起来的俄国各族资产阶级的冲击。

1913年2月上半月由俄国社会民主工党中央委员会在巴黎印成小册子

选自《列宁全集》第22卷，第285～286页

《关于〈真理报〉编辑部的改组和工作》首次发表于《历史问题》杂志1956年第11期

注释：

[1] 这是列宁起草和审订的俄国社会民主工党中央委员会克拉科夫会议的文件。《列宁全集》第22卷《附录》还收有关于这次会议的其他一些材料（见第425～428页）。

有党的工作者参加的俄国社会民主工党中央委员会克拉科夫会议于1912年12月26日～1913年1月1日（1913年1月8～14日）在波兰的克拉科夫举行，出于保密考虑定名为二月会议。出席会议的有中央委员列宁、斯大林、格·叶·季诺维也夫、罗·瓦·马林诺夫斯基（后来发现是奸细）、第四届杜马中的布尔什维克代表阿·叶·巴达耶夫、格·伊·彼得罗夫斯基、尼·罗·沙果夫，党的工作人员娜·康·克鲁普斯卡娅、列·波·加米涅夫、B. H. 洛博娃以及由彼得堡、莫斯科地区、南方、乌拉尔和高加索的秘密的党组织选派的代表。

会议的筹备工作是由列宁直接主持的。他就组织会议的问题同俄国各地党的工作者进行了大量的通信联系，并向俄国社会民主工党中央委员会俄国局发出了指示。会议也是在列宁主持下进行的。他作了《革命高潮、罢工和党的任务》和《关于对取消主义的态度和关于统一》这两个报告（报告稿没有保存下来），起草和审订了会议的全部决议，并草拟了俄国社会民主工党中央委员会关于这次会议的《通报》。

会议就工人运动中的一些最重要的问题通过了决议。这些决议对党的巩固和统一，对扩大和加强党同广大劳动群众的联系，对创造党在工人运动不断高涨条件下新的工作方式都起了巨大的作用。

克拉科夫会议的决议获得俄国社会民主工党中央委员会的批准，并在会议之后不久胶印出版。1913年2月（公历）上半月，在巴黎出版了会议决议和中央委员会关于会议的《通报》的单行本。《关于〈真理报〉编辑部的改组和工作》这一决议可能也在会议结束后在中央委员会秘密会议上讨论过，当时为保密起见没有发表。这个决议只有娜·康·克鲁普斯卡娅的手抄件保存了下来，1956年在首次在苏联的《历史问题》杂志第11期上发表，1961年收入《列宁全集》俄文第五版第22卷（见《列宁全集》第22卷，第286~288页）。

　　克拉科夫会议的记录没有保存下来。留存的只有列宁在会议讨论某些问题的过程中随手作的一些简要笔记和他关于革命高潮、罢工和党的任务的报告的简单提纲。

致约·阿·皮亚特尼茨基

（1913年1月14日以后）

亲爱的阿尔伯特同志：

我想就会议关于民族组织的决议①同您谈谈。您认为决议中耍了"外交手腕"，这是很大的误解。

您是从哪里看出耍了外交手腕的呢？

第一，您认为我们对波兰社会民主党总执行委员会大发雷霆，"而全部材料来自反对派成员"。

这完全不对！

梯什卡在总执行委员会引起波兰社会民主党党员的反对与不满，此事我们知道已有**多年**。所有与总执行委员会共过事的人都知道。

1910年以来，这种对立情绪的发展是有目共睹的。

1912年春，梯什卡及其一伙宣称华沙委员会受保安处左右而将其解散，并成立了"自己的"委员会。

秋天进行了选举。结果又如何呢？社会民主党华沙工人复选人**全**都站到了**反对派**一边！

此事我已核实。

---

① 见《列宁全集》第22卷，第285~286页。——编者注

复选代表是扎列夫斯基和布罗诺夫斯基。马林诺夫斯基见过他们,亲自核实了这件事。

难道这不是证明吗??

后来,**国外**和**罗兹**也站到了反对派一边。

梯什卡外交手腕的失败,早已成为定局。这是不可避免的。1912年的**一月代表会议**(当时根本没有触及梯什卡(=总执行委员会)和反对派的分裂问题)早就对这一事态的发展作了**原则性**的估计。

最坏类型的联邦制[1]正在垮台。

复旧(回到1907~1911年)是**不可能的**。

这点必须理解。

奥地利也有过类似的时期:许多民族都有各自的中央,日耳曼族却没有。

这种局面在奥地利没有能维持住,可见出路只能是:**或者**完全的联邦制,**或者**完全的统一。

我们的半联邦制(1907~1911年)**也维持不住**。要尽力使党的工作人员充分理解这一点。

我们要达到**完全的统一**,在民族问题上也要达到**自下而上的**、完全的统一。

完全的统一是可能的。在高加索(4个民族)有过完全的统一,而且现在还存在。1907年,在里加(拉脱维亚人、立陶宛人、俄罗斯人),在维尔纳(立陶宛人、拉脱维亚人、波兰人、[俄罗斯人]①、犹太人)也曾有过完全的统一。**这两个城市都反对**崩得分离主义。

奥地利的联邦制以统一的党的分离和垮台而告终。[2]如果我们有人纵容、庇护崩得的**分离主义**,那就是**犯罪**。

您认为要了"外交手腕"的第二条理由是:我们谴责崩得,同时又

---

① 信的手稿已部分损坏,方括号内的文字是根据意思复原的。——俄文版编者注

"对追随崩得的拉脱维亚中央委员会几乎给予大赦"。

不,您错了。这不是耍外交手腕。拉脱维亚社会民主党工人党员**始终赞成自下而上的统一**,**始终赞成区域**自治,也就是坚持反分离主义、反民族主义的观点。

这是事实。

您无法驳倒这一点。

由此得出的结论必然是:拉脱维亚中央,作为拉脱维亚社会民主党革命无产阶级中的一级组织,**偏离了正确的**道路。

但崩得并没有这样一条正确的道路,没有无产阶级,没有群众性组织,除了一个知识分子小组(李伯尔+莫维奇+维尼茨基——这些彻头彻尾的机会主义分子和崩得的**老**"**主子**")和几个手工业者小组外,它什么也没有。

把崩得和拉脱维亚人混为一谈,那就大错特错了。

"民族"问题在俄国社会民主工党内**已提上了议事日程**。[这是无法回避的。]"民族组织"的瓦解**并非偶然**。因此,我们应当**全力**去阐明事情的真相,恢复旧《火星报》[3]曾经进行的斗争。

我们原则上反对联邦制。我们主张吸取半联邦制(1907～1911年)的沉痛教训。我们赞成争取**自下而上统一**的运动。

曾在俄国社会民主党犹太工人党员中间工作过的同志,或者在一般了解有关情况的人中间工作过的同志,应该收集[说明]崩得分离主义的危害性的[材料]。崩得**撕毁了**斯德哥尔摩[决定](1906年)[4]。它本身在**任何地方**也未能就地实现统一(拉脱维亚人没有做过任何这类的事)。

难道竟有人认为,我们会忘掉这一点,听任别人再用空洞的诺言欺骗我们吗??

休想!崩得的"统一派"先生们,请你们在华沙、罗兹、维尔纳等地统一统一吧!

如果您能把这封信拿给关心[民族问题]的布尔什维克们看看,[如果]您能在各地普遍开展一项**工作**,即认真研究这个问题和收集反崩得

马克思主义经典作家民族问题文选

"分离主义者"的材料（**俄国的经验**），[我将感到高兴]。
　　致衷心的敬意！

您的　列宁

从克拉科夫发往巴黎　　　　　　　选自《列宁全集》第46卷，第222～225页

注释：

［1］最坏类型的联邦制一语见于1912年布拉格代表会议的决议，是该决议对俄国社会民主工党第四次（统一）代表大会以来同各民族社会民主党组织的相互关系的评定。关于这个问题可参看《列宁全集》第21卷第143～144页和第22卷第247～249页。

［2］奥地利社会民主党在1897年维姆堡（维也纳）代表大会上把一个统一的党划分成德意志、捷克、波兰、卢西人、意大利和南方斯拉夫六个民族的社会民主主义团体。这些团体仅通过共同的代表大会和共同的中央执行委员会彼此联结起来，而形成联邦式的联盟。在1899年的布隆代表大会上，中央执行委员会被改组成一个由各民族的社会民主党执行委员会组成的联邦机关。因实行组织上的联邦制，统一的奥地利社会民主党瓦解了。

［3］旧《火星报》是指第52号以前的《火星报》。它是列宁创办的第一个全俄马克思主义的秘密报纸，1900～1903年先后在莱比锡、慕尼黑、伦敦和日内瓦出版。旧《火星报》在建立革命的马克思主义的政党方面起了决定性的作用，它成了团结党的力量、集聚和培养党的干部的中心。在列宁的倡议和直接参与下，《火星报》编辑部制定了党纲草案，准备了俄国社会民主工党第二次代表大会。

［4］指1906年4月10～25日（4月23日～5月8日）在斯德哥尔摩举行的俄国社会民主工党第四次（统一）代表大会所通过的《崩得和俄国社会民主工党实行统一的条件草案》（见《苏联共产党代表大会、代表会议和中央全会决议汇编》第1分册，人民出版社，1964，第162～164页）。

俄罗斯人和黑人

（1913年1月底～2月初）

读者会这样想：这是多么奇怪的比较？怎么可以把一个种族和一个民族相提并论呢？

是可以比较的。黑人摆脱奴隶制度最晚，他们身上至今还带有奴隶制度留下的极深的痕迹，即使在先进国家也是如此，因为资本主义除了法律上的解放以外，不可能"容纳"其他方面的解放，就是法律上的解放也打了种种折扣。

至于俄罗斯人，历史告诉我们：他们在1861年"差不多"算是摆脱了**农奴**制度。北美的黑人大致也是在这个时候，在经历了反对美国奴隶主的内战以后，摆脱了奴隶制度。

比起俄国奴隶的解放来．美国奴隶所走的解放道路是一条"改良"比较少的道路。

因此，在过了半个世纪以后的现在，俄罗斯人身上留下的奴隶制度的痕迹比黑人**多得多**。如果我们不单是谈痕迹，而且也谈制度的话，那甚至会更确切些……但是我们在这篇短短的文章里，只能举出一个说明上述情况的小小的例证——文化程度问题。大家知道，文盲是奴隶制度的痕迹之一。在一个受帕沙、普利什凯维奇之流压迫的国家里，多数居民是不可能有文化的。

——在俄国，不算9岁以下的儿童，**文盲占73%**。

在北美合众国的黑人当中，文盲占 44.5%（1900 年）。

对文明先进的北美共和国来说，文盲的百分比这样高，是一种耻辱。并且谁都知道，美国黑人的总的状况是同文明国家不相称的——资本主义**不可能使人们彻底**解放，甚至也不可能使人们完全平等。

值得注意的是，在美国的白人当中，文盲只占 6%。但如果我们把美国划分为原奴隶制地区（美国的"俄罗斯"）和非奴隶制地区（美国的非俄罗斯），那么**白人当中**的文盲在前一地区占 11～12%，在后一地区占 4～6%！

在原奴隶制地区，**白人当中**的文盲百分比要**高一倍**。奴隶制不仅在黑人身上留有痕迹！

黑人的状况是美国的耻辱！……

载于《红色田地》杂志 1925 年第 3 期　　选自《列宁全集》第 22 卷，第 372～373 页

致阿·马·高尔基（节选）

（1913年2月14日至25日之间）

关于民族主义，我完全同意您的意见，应当非常认真地研究这个问题。我们这里有一位非常好的格鲁吉亚人正在埋头给《启蒙》杂志写一篇大文章[1]，他搜集了**一切**奥国的和其他的材料。我们要在这方面加把劲。但是您居然把我们的决议（我就要将这些决议送去付印）骂成是"官样文章、文牍主义"，这是没有根据的。不，这不是官样文章。在我们这里和在高加索，参加社会民主党的格鲁吉亚人+亚美尼亚人+鞑靼人+俄罗斯人，在**统一**的社会民主党组织中**共同工作已经10多年**了。这不是一句空话，这是无产阶级解决民族问题的办法。唯一的解决办法。在里加也是如此：俄罗斯人+拉脱维亚人+立陶宛人；分离出去的**只有分离主义者**——崩得。在维尔诺也是如此。

关于民族问题，现在有两本写得很好的社会民主主义的小册子：一本是施特拉塞尔写的，一本是潘涅库克写的。想看吗，要不要我给您寄去？即便您那里能找到，谁替您从德文翻译过来呢？

不，奥地利发生的那种丑事，我们这里**不会发生**。我们不准许！何况在这里我们大俄罗斯人的人数还更多一些呢。我们同工人们都不会准许有"奥地利精神"的。

从克拉科夫发往卡普里岛（意大利） 选自《列宁全集》第46卷，第243页
载于《列宁文集》第1卷，1924年俄文版

注释：

[1] 指斯大林的文章《马克思主义和民族问题》（最初发表时题为《民族问题和社会民主党》，见《斯大林全集》第2卷，第289～358页）。

致列·波·加米涅夫(节选)

(1913年2月25日)

附言：彼得堡、莫斯科地区和南方有好消息。工人的秘密组织正在发展、建立。《真理报》已开始改革。

由于柯巴为《启蒙》杂志写的《民族问题和社会民主党》一文，特罗雅诺夫斯基正在闹无谓的纠纷。他说，请讲明这是一篇供讨论的文章，因为加琳娜赞成民族文化自治！！

我们当然是绝对反对。那篇文章写得很好。这是个十分重要的问题，我们丝毫也不会放弃反对崩得败类的原则立场。

从克拉科夫发往巴黎

选自《列宁全集》第46卷，第252～253页

巴尔干战争和资产阶级沙文主义

（1913年3月29日〔4月11日〕）

巴尔干战争[1]快要结束了。阿德里安堡的攻克，是保加利亚人具有决定意义的胜利。问题的重心已经完全从战场转移到所谓强国勾心斗角的舞台上去了。

巴尔干战争是亚洲和东欧中世纪制度崩溃的一系列世界性事件中的一个环节。建立巴尔干各个统一的民族国家，推翻地方封建主的压迫，使巴尔干各族农民从地主的桎梏下彻底解放出来，——这就是当时摆在巴尔干各族人民面前的历史任务。

这项任务，巴尔干各族人民本来可以通过建立一个巴尔干联邦共和国来完成，这样做比现在要容易十倍，而付出的牺牲也可以比现在少百分之九十九。如果是在完全、彻底的民主的条件下，就既不可能产生民族压迫和民族纷争，也不可能因宗教信仰不同而引起争端。巴尔干各族人民也可以保证得到真正迅速的、广泛的和自由的发展。

是什么历史原因使巴尔干的这些迫切问题要通过由资产阶级和王朝的利益左右的战争来解决呢？主要原因是巴尔干的无产阶级力量薄弱，其次是强大的欧洲资产阶级的反动影响和压力。欧洲资产阶级既害怕本国也害怕巴尔干获得真正自由，它所追求的只是靠牺牲别人来使自己发财致富，它煽起沙文主义情绪和民族仇恨，以便推行掠夺政策，阻挠巴尔干各被压迫阶级的自由发展。

巴尔干事件反映出的俄国沙文主义的丑恶程度并不亚于欧洲的沙文主义。而用自由主义词句掩盖、粉饰和装潢起来的立宪民主党人的沙文主义，则比黑帮报纸上粗野的沙文主义更为丑恶、更为有害。这些报纸明目张胆地嗾使人们攻击奥地利，——顺便提一句，在这个最落后的欧洲国家里，人民享有比俄国多得多的自由。立宪民主党的《言语报》在谈到攻克阿德里安堡时写道："新的形势使俄国的外交完全有可能具有更大的坚定性……"

好一个"民主派"！他们假装不懂他们所说的只能是追求沙文主义目的的坚定性。无怪乎在罗将柯3月14日举行的宴会上，米留可夫和叶弗列莫夫、古契柯夫、本尼格森、克鲁平斯基和巴拉绍夫亲密地聚集在一起了。民族党人[2]、十月党人、立宪民主党人，只不过是丑恶的、对自由深恶痛绝的资产阶级民族主义和沙文主义的各种不同的流派罢了！

载于《真理报》，1913年3月29日，第74号

选自《列宁全集》第23卷，第39~40页

注释：

[1] 指1912年10月～1913年5月的第一次巴尔干战争。战争在土耳其和巴尔干同盟各国——保加利亚、塞尔维亚、门的内哥罗和希腊——之间进行，以土耳其战败告终。双方于1913年5月签订了伦敦和约，根据条约，土耳其几乎全部丧失了它在巴尔干的属地。阿尔巴尼亚人民获得独立。

[2] 民族党人是指全俄民族联盟的成员。全俄民族联盟是俄国地主、官僚的反革命君主主义政党。该党前身是1908年初从第三届国家杜马右派总联盟中分离出来的一个独立派别，共20人，主要由西南各省的杜马代表组成。1909年10月25日，该派同当年4月19日组成的温和右派党的党团合并成为"俄国民族党人"共同党团（100人左右）。1910年1月31日组成为统一的党——全俄民族联盟，党和党团主席是彼·尼·巴拉绍夫，领导人有П.Н.克鲁平斯基、弗·阿·鲍勃凌斯基、米·奥·缅施科夫和瓦·

维·舒利金。该党以维护贵族特权和地主所有制、向群众灌输好战的民族主义思想为自己的主要任务。该党的纲领可以归结为极端沙文主义、反犹太主义和要求各民族边疆区俄罗斯化。1917年二月资产阶级民主革命后，该党即不复存在。

今天的俄国和工人运动[1]（节选）

（1913年4月9日〔22日〕）

报 道

这就是列宁同志报告的内容。会上有人问列宁对民族问题的看法，报告人回答说，俄国社会民主党完全承认每个民族都有"自决"权，都有决定自己的命运，甚至可以同俄国分离的权利。这是因为俄国的革命、民主事业，决不象德国过去那样是同联合和集中的事业联在一起的。决定俄国民主化的，不是民族问题，而是土地问题。

同时，列宁同志强调指出，在争取国家彻底民主化的斗争中，各个不同民族的无产阶级革命大军必须完全统一。只有在这个基础上，民族问题才能象在美国、比利时和瑞士那样得到解决。报告人批驳了伦纳关于民族问题的提法，坚决反对民族文化自治的口号。俄国有些人断言，俄国今后的发展会走奥地利的道路，即走腐朽缓慢的道路。然而我们必须预防社会民主党内部的任何民族斗争，因为它会使革命斗争的伟大任务化为乌有；在这方面，奥地利的民族斗争[2]应该对我们是一种警告。高加索社会民主党同时用格鲁吉亚文、亚美尼亚文、鞑靼文和俄文进行宣传，它应该是我们的榜样。

载于《前进报》，1913年4月22日，第92号

选自《列宁全集》第23卷，第58～59页

注释：

[1] 1913年4月5日（18日），列宁在克拉科夫国民大学作了题为《今天的俄国和工人运动》的报告。这里收载的是加里西亚和西里西亚社会民主党中央机关报《前进报》对报告所作的报道，载于1913年4月9日（22日）该报第92号。《前进报》于1892~1943年在克拉科夫出版。

[2] 指奥地利社会民主党内的民族斗争，其结果是统一的党归于瓦解。该党在1897年维姆堡（维也纳）代表大会上，把一个统一的党划分成德意志、捷克、波兰、卢西人、意大利、南方斯拉夫6个民族的社会民主主义团体，这些团体仅通过共同的代表大会和共同的中央执行委员会彼此联结起来，而形成联邦式的联盟。在1899年的布隆代表大会上，中央执行委员会又被改组成一个由各民族社会民主党的执行委员会共同组成的联邦机关。

俄国的分离主义者和奥地利的分离主义者

（1913年4月26日〔5月9日〕）

在俄国各式各样的马克思主义代表者中间，犹太人，更确切些说，他们当中的一部分人即所谓崩得分子，执行**分离主义**的政策，即同整体分离或隔绝的政策。大家从工人运动史中知道，1903年当工人阶级政党的多数人拒绝了崩得分子提出的承认他们是犹太无产阶级的"唯一"代表的要求时，崩得分子就**退出了党**。

这种退出党的行为是对工人运动危害极深的分离主义表现。实际上，犹太工人到处都撇开崩得而加入了并正在加入党。与崩得分子的**单独的**（隔绝的、分离的）组织并存的，**一直**有工人的共同组织——犹太工人、俄罗斯工人、波兰工人、立陶宛工人、拉脱维亚工人等等的共同组织。

从俄国马克思主义的历史中还可以知道，1906年崩得重新回到党内来的时候，党曾向它提出了一个条件：停止分离主义，即把**所有一切**民族的工人马克思主义者在当地联合起来[1]。尽管党在1908年12月通过专门的决定对此**特别**加以确认[2]，但崩得分子还是**没有**履行这个条件。

这就是俄国崩得分离主义的简史。遗憾的是，工人很少知道这段历史，也很少考虑它。波兰的马克思主义者以及立陶宛（特别是1907年在维尔纳）、拉脱维亚（同年在里加）、俄国南部和俄国西部的马克思主义者，实际上是非常熟悉这段历史的。另外，大家知道，高加索的马克思主义者，其中包括高加索的**所有**孟什维克在内，直到最近还致力于当地各族工人的**统一**以至使他们打成一片，对崩得分子的分离主义加以谴责。

我们还要指出，著名的崩得分子麦迭姆在他的名著《民族运动的形式》（1910年圣彼得堡版）中，承认崩得分子在各地从来没有实行过统一，这就是说，他们一直是分离主义者。

在国际工人运动中，分离主义问题在1910年哥本哈根代表大会[3]上提得特别尖锐。奥地利的**捷克**人以分离主义者的姿态出现，破坏了捷克工人和德意志工人的原先的统一。哥本哈根国际代表大会**一致**谴责了分离主义，但遗憾的是，捷克人直到现在还是分离主义者。

捷克分离主义者感到在无产阶级国际中处境孤立，长期以来在徒劳无益地寻求同道者。现在他们总算找到了，这就是**崩得分子和取消派**。分离主义者出版的德文小杂志《捷克斯拉夫社会民主党人》在第3期（1913年4月15日在布拉格出版）上刊登了一篇题为《向好的方面转变》的文章。这种似乎是向"好的方面"的"转变"（实际上是向分离主义转变），捷克分离主义者是从……读者，您以为是从什么地方？……是从取消派的**《我们的曙光》杂志**中，是从**崩得分子**弗·科索夫斯基的文章中看出来的！

捷克分离主义者在无产阶级国际中终于不孤立了！他们甚至乐于抓住取消派，乐于抓住崩得分子，这是不难理解的。但是俄国所有的觉悟工人都应该好好想一想这一事实：受到国际一致谴责的捷克分离主义者正在抓住取消派和崩得分子的衣襟不放。

只有象高加索那样长久而成功地把各族工人完全统一起来（在各地，自下而上），才符合工人运动的利益和任务。

载于《真理报》，1913年5月8日，第104号

选自《列宁全集》第23卷，第105～107页

注释：

[1] 指1906年俄国社会民主工党第四次（统一）代表大会通过的《崩得和俄国社会民主工党统一的条件草案》（见《苏联共产党代表大会、代表会议和中央

全会决议汇编》第1分册，人民出版社，1964，第162~164页）。

[2] 指1908年俄国社会民主工党第五次全国代表会议通过的《关于地方上各民族组织的统一》决议（见《苏联共产党代表大会、代表会议和中央全会决议汇编》第1分册，人民出版社，1964，第256~257页）。

[3] 哥本哈根国际社会党代表大会（第二国际第八次代表大会）于1910年8月28日~9月3日举行。

1905年12月，在奥地利工会非常代表大会上，捷克社会民主党人提出成立权限可及奥地利全境的民族工会的问题。捷克人的建议被绝大多数票否决，但是捷克社会民主党代表拒绝服从代表大会的决议。1910年，奥地利社会民主党人把这个问题提交哥本哈根国际社会党代表大会解决。代表大会以222票赞成、5票反对、7票弃权的多数通过一项决议，重申了1907年斯图加特代表大会关于每个国家内工人运动必须统一的决定，并谴责了分离主义的企图。

路标派和民族主义

（书刊评述）

（1913年4月）

《俄国思想》杂志[1]是一种乏味的杂志。这个杂志只有一点使人感兴趣。那就是为它写文章的是"**路标派**"自由主义者，即有名的叛徒文集《路标》的撰稿人和支持者；在这本文集中，昨天拥护自由的人竟诋毁和**诬蔑群众争取自由的斗争**，并且把民主派工农群众描绘成一群受"知识分子"支配的乌合之众，——这是一切黑帮分子玩弄过的老一套手法。

俄国自由主义的"有教养的社会"转向反对革命、反对民主。这不是偶然的现象，而是1905年以后必然的趋势。工人的独立精神和农民的觉醒使得资产阶级大吃一惊。资产阶级，特别是最富有的资产阶级，为了维护自己剥削者的地位，拿定主意：宁要反动，也不要革命。

正是财主们的这种自私的阶级利益在自由派中间激起了一股来势汹汹的巨大的**反革命潮流**，一股反对民主而维护一切帝国主义、民族主义、沙文主义以及一切黑暗势力的潮流。

自由派的这种背叛变节行为并没有使觉悟的工人感到惊奇，因为工人从来就没有对自由派有过特别好的看法。但是留心自由派叛徒在鼓吹些什么，留心他们想**用什么样的思想**去同民主派特别是同社会民主党进行斗争，那是有好处的。

伊兹哥耶夫先生在《俄国思想》杂志上写道："俄国知识界过去确信，而且现在大部分人也还确信，欧洲生活中的基本问题是无产阶级为争取社会主义而同资产阶级进行斗争……"

伊兹哥耶夫先生把这种思想叫作"不正确的偏见"，同时指出，德国的波兰人在为维护自己的民族而同德国人进行斗争时，形成和发展了一个新的中间阶层，即"民主主义的中产阶级"。

伊兹哥耶夫先生所说的"知识分子"实际上是指社会党人和民主派。自由派**不喜欢**把无产阶级同资产阶级的斗争看作基本问题。自由派竭力煽动和挑起民族斗争，以便**转移**人们对民主和社会主义**这些重大**问题的**注意力**。

其实在"欧洲生活中的各种问题"中，社会主义居于首位，民族斗争不过居于非常次要的地位，而且民主发展得愈彻底，民族斗争就变得愈弱、愈无害。把无产阶级争取社会主义的斗争这一世界现象同东欧一个被压迫民族反对压迫它的反动资产阶级的斗争相提并论，那简直是可笑的（何况波兰资产阶级很想利用一切合适的机会同**德国**资产阶级联合起来反对无产阶级）。

载于《启蒙》杂志1913年4月第4期　　　选自《列宁全集》第23卷，第133~134页

注释：

[1]《俄国思想》杂志（《Русская Мысль》）是俄国科学、文学和政治刊物（月刊），1880~1918年在莫斯科出版。它起初是同情民粹主义的温和自由派的刊物。1905年革命后成为立宪民主党的刊物，由彼·伯·司徒卢威和亚·亚·基泽韦捷尔编辑。

工人阶级和民族问题

（1913年5月3日〔16日〕）

俄国是一个民族众多的国家。政府的政策，即得到资产阶级支持的地主的政策中，充斥着黑帮民族主义。

这种政策的矛头是指向俄国**多数**民族的，这些民族在俄国人口中**占多数**。同时，其他民族（波兰族、犹太族、乌克兰族、格鲁吉亚族等等）的资产阶级民族主义也在抬头，竭力用民族斗争或争取民族文化的斗争使工人阶级**脱离**他们伟大的世界性任务。

对于民族问题，一切觉悟的工人必须有明确的提法和解决办法。

资产阶级过去曾同人民一起，同劳动者一起为争取自由而斗争，那时它是维护民族的完全自由和完全平等的。先进的国家如瑞士、比利时、挪威等，给我们树立了一个在真正的民主制度下几个自由民族怎样和睦相处或者和平分离的榜样。

现在资产阶级却害怕工人，想同普利什凯维奇之流，同反动派勾结，出卖民主，维护民族压迫或民族不平等，用**民族主义**的口号腐蚀工人。

在今天，只有无产阶级才坚持真正的民族自由和各民族工人的统一。

为了使各民族自由地和睦相处，或者自由地和平地分离（如果这样做对他们更合适的话）而组成不同的国家，那就必须有工人阶级所坚持的完全的民主。任何一个民族、任何一种语言都不得享有任何特权！对少数民族不能有丝毫的压制，不能有丝毫的不公平！——这就是工人民主的原则。

资本家和地主总是千方百计地想分化各民族的工人，而这个世界上的强者自己，却相处得很好，这些"收益丰厚"、拥有百万巨资的"企业"（象勒拿金矿之类）的股东——无论是正教徒还是犹太人，无论是俄国人还是德国人，无论是波兰人还是乌克兰人，只要是拥有**资本**的，都在同心协力地剥削各民族的工人。

觉悟的工人主张在所有一切教育组织、工会组织、政治组织或其他工人组织内，各民族的工人都应当**完全统一**。让立宪民主党的先生们去否认或者贬低乌克兰人的平等权利而自取其辱吧。让各民族的资产阶级拿民族文化、民族任务等等的骗人的空话去自我安慰吧。

工人决不允许用民族文化或"民族文化自治"这样的甜言蜜语来分化工人队伍。各民族的工人必须在共同的组织内，同心协力地去维护完全的自由和完全的平等，——这才是真正的文化的保证。

工人正在全世界范围内创造自己的国际主义文化，这种文化早已由宣传自由的人们和对压迫进行反抗的人们作了准备。工人正在建设一个各民族劳动者团结一致的新世界，一个不容许有任何特权，不容许有任何人压迫人的现象的世界，来代替充满民族压迫、民族纷争或民族隔绝的旧世界。

载于《真理报》，1913年5月10日，第106号

选自《列宁全集》第23卷，第139~140页

亚洲的觉醒

（1913年5月7日〔20日〕）

中国不是早就被公认为是长期完全停滞的国家的典型吗？但是现在中国的政治生活沸腾起来了，社会运动和民主主义高潮正在汹涌澎湃地发展。继俄国1905年的运动之后，民主革命席卷了整个亚洲——席卷了土耳其、波斯、中国。在英属印度，动乱也在加剧。

值得注意的是：革命民主运动现在又遍及荷属印度①，即爪哇岛及其他荷属殖民地，人口共达4000万。

这个民主运动的代表者：第一是爪哇的人民群众，他们在伊斯兰教旗帜下掀起了民族主义运动；第二是资本主义在已经习惯了当地风土人情的欧洲人中间培养的当地知识分子，这些欧洲人主张荷属印度独立；第三是爪哇和其他岛上的数量很多的华侨，他们从本国带来了革命运动。

荷兰马克思主义者万拉维斯泰因在描述荷属印度的这种觉醒时指出，荷兰政府历来的暴政与专横现在正遭到土著居民群众的坚决反击和抗议。

革命前夕常见的现象出现了：各种社团和政党以惊人的速度在产生。政府加以禁止，但却激起更大的怒火，激起运动更加蓬勃的发展。例如，不久前荷兰政府解散了"印度党"[1]，因为该党的章程和纲领提出了争取

---

① 即印度尼西亚。——原编者注

独立的要求。荷兰的"杰尔席莫尔达"[2]（顺便说说，教权派和自由派都是赞成他们的，因为欧洲自由主义已经腐朽了！）认为这是想脱离荷兰的罪恶要求！当然，被解散了的政党在改换了名称之后又恢复了活动。

在爪哇，产生了土著人的民族协会[3]，这个协会已有8万名会员，并组织了群众大会。民主运动的发展是不可遏止的。

世界资本主义和俄国1905年的运动终于唤醒了亚洲。几万万受压制的、由于处于中世纪的停滞状态而变得粗野的人民觉醒过来了，他们走向新生活，为争取人的起码权利、为争取民主而斗争。

世界各先进国家的工人以关切、兴奋的心情注视着全球各地各种形式的世界解放运动的这种气势磅礴的发展。被工人运动的力量吓坏了的欧洲资产阶级，投到反动势力、军阀、僧侣主义和蒙昧主义的怀抱里去了。但是，欧洲各国的无产阶级以及亚洲各国年轻的、对自己力量充满信心、对群众充满信任的民主派，正在起来代替这些气息尚存但已日趋腐朽的资产阶级。

亚洲的觉醒和欧洲先进无产阶级夺取政权斗争的开始，标志着20世纪初所开创的全世界历史的一个新阶段。

载于《真理报》，1913年5月7日，第103号

选自《列宁全集》第23卷，第160~161页

注释：

[1] "印度党"即"东印度党"，是印度尼西亚的印尼-欧洲人（印度尼西亚人和欧洲人混血种）的政党，于1912年组成。因其纲领中反映了要求独立的愿望，成立后立即被荷兰殖民者所取缔。

[2] 杰尔席莫尔达是俄国作家尼·瓦·果戈理的喜剧《钦差大臣》中的一个愚蠢粗野、动辄用拳头打人的警察，这里用作警察专制制度的代名词。

[3] 指印度尼西亚的伊斯兰教联盟。该联盟于1912年成立，前身为"伊斯兰商业联合会"。第一次世界大战前夕，联盟发展成为反对殖民统治的群众性组织。

向拉脱维亚边疆区社会民主党第四次代表大会提出的纲领草案[1]（节选）

（1913年5月25日〔6月7日〕以前）

民族问题

无论是根据社会主义观点从一般原则来看，还是从实际组织方面（我们党自身的建设）来看，这个问题都迫切需要所有社会民主党的组织加以讨论和解决。

1912年取消派的八月代表会议（其至中立的孟什维克普列汉诺夫也承认）是要使"**社会主义迁就民族主义**"，**违背了**俄国社会民主工党的纲领。

事实上，这次代表会议根据崩得分子的提议，竟不顾党的第二次代表大会的决定，承认"民族文化自治"这个口号是可以接受的。

这个口号（俄国犹太民族主义的**一切资产阶级**政党都捍卫这个口号）是同社会民主党的**国际主义**相抵触的。我们作为民主主义者，决不容许对任何民族实行任何哪怕是极轻微的压迫，决不容许任何一个民族享有任何特权。我们作为民主主义者，要求**政治意义上的**民族自决的自由（见俄国社会民主工党的纲领），即分离的自由。我们要求国内各民族绝对**平等**，并且要求无条件地保护一切少数民族的权利。我们要求广泛的自治并实行区域自治，自治区域也应当根据民族特征来划分。

所有这些要求是一切彻底的民主主义者特别是社会主义者所必须坚持的。

但是社会主义者不能局限于一般民主主义的要求。社会主义者要同**资产阶级民族主义**的各种各样的表现**作斗争**，不管它是赤裸裸的还是精心打扮过的。要**把同一**民族的无产阶级和资产阶级**联合起来**而**把不同**民族的无产阶级**分裂开来**的"民族文化自治"口号，正是这种资产阶级民族主义的表现。

社会民主党人过去和现在都坚持**国际主义**的立场。我们不许农奴主和警察国家侵犯各民族的平等，但是我们所拥护的并不是**"民族文化"**，而是**国际**文化，国际文化只包含每个民族文化中的一部分，即每个民族文化中具有彻底民主主义和社会主义内容的那一部分。

"民族文化自治"这个口号以各个民族在文化上统一的幻觉来欺骗工人，而实际上在每个民族中现在占主要地位的是地主、资产阶级的或小资产阶级的"文化"。

我们反对民族文化，因为它是资产阶级民族主义的口号之一。**我们拥护彻底民主主义的和社会主义的无产阶级的国际文化。**

在各民族享有最完全的平等和国家实行最彻底的民主制的条件下使所有民族的工人统一起来——这就是我们的口号，也是各国革命的社会民主党的口号。这个真正的无产阶级口号决不会造成无产阶级和资产阶级实行"民族"统一的虚假幻觉和幻想，而"民族文化自治"这个口号就必定会造成这种幻觉，并且在劳动群众中间散布这种幻想。

我们这些生活在民族成分非常复杂的边疆地区的拉脱维亚社会民主党人，我们这些处在拉脱维亚、俄罗斯、爱沙尼亚、德意志等的资产阶级民族主义的代表包围之中的人，特别清楚"民族文化自治"这个口号的资产阶级虚伪性。因此，已经在我们社会民主党组织内受过实际检验的一个口号，即**所有**民族的所有一切工人组织**统一起来**的口号，对于我们来说就特别宝贵。

有些人往往引证奥地利的例子来为"民族文化自治"这个口号辩护。

关于这一引证，我们必须注意到：第一，甚至象卡·考茨基这样谨慎的著作家也承认奥地利主要的民族问题理论家奥托·鲍威尔的观点（他的《民族问题和社会民主党》一书）**夸大**了民族因素而**极端低估**了国际主义因素（见卡·考茨基《民族性和国际性》。有俄译本）；第二，我国现在**只有**崩得分子以及一切犹太资产阶级政党还坚持"民族文化自治"，其实**无论**鲍威尔**还是**考茨基都**没有承认**犹太人可以实行民族自治，而考茨基（同上）更直截了当地宣称，东欧（加里西亚和俄国）的犹太人是**帮会**，而不是民族；第三，甚至奥地利社会民主党的布隆（1899 年）民族纲领[2]也**没有**完全承认超地域的（按人的民族属性的）民族自治，而只要求在整个国家范围内同一民族的各个民族地区组成联盟（布隆纲领第 3 条）；第四，就是这个显然带有妥协性的（从国际主义的观点看来是不能令人满意的）纲领，在奥地利国内也**完全失败了**，因为妥协没有带来和平，反而导致了捷克分离主义者的分离；第五，这些在哥本哈根代表大会上受到整个国际一致谴责的捷克分离主义者宣称，崩得的分离主义是同他们接近的（见分离主义者的机关刊物《捷克斯拉夫社会民主党人》杂志**第 3 期**，该刊物可以从**布拉格**免费得到。**布拉格**希贝恩斯卡街 7 号）；第六，鲍威尔本人要求**各地**不同民族的社会民主主义政治组织统一起来。鲍威尔本人认为奥地利党的那个"民族制度"是矛盾的和不稳定的，这种"民族制度"现在使奥地利党**完全**分裂了。

总之，引证奥地利的例子对崩得分子**不利**而不是**有利**的。

自下而上地统一起来，所有的工人组织中的所有民族的社会民主主义工人在各地完全统一和打成一片，——这就是我们的口号。打倒资产阶级骗人的和妥协性的"民族文化自治"口号！

同时在我们党的体制中，我们**反对**联邦制，我们主张所有民族的社会民主党地方组织（而不仅是中央组织）**统一起来**。

代表大会应当既拒绝民族文化自治的口号，也拒绝建党的联邦制原则。拉脱维亚社会民主党人应当象波兰社会民主党人和高加索社会民主党人在 1898～1912 年时期（在党的整整 14 年的历史中）那样，始终忠于社会民主主义的国际主义。

载于《战友报》（拉脱维亚文），1913年8月，第4号

选自《列宁全集》第23卷，第214～217页

注释：

[1]《向拉脱维亚边疆区社会民主党第四次代表大会提出的纲领草案》是列宁在拉脱维亚边疆区社会民主党第四次代表大会筹备期间于1913年5月为拉脱维亚布尔什维克写的。

在1905～1907年革命失败后的反动时期，拉脱维亚边疆区社会民主党内的布尔什维克几乎全部被沙皇政府监禁、流放，或者被迫流亡国外，该党的一切中央机关（中央委员会、中央机关报、国外委员会）都被孟什维克取消派和调和派所夺取。革命高涨年代到来后，拉脱维亚的布尔什维克在许多地方组织中站住了脚，成为拉脱维亚工人运动的领导力量，并在拉脱维亚边疆区社会民主党内形成了自己的有组织的派别。流亡国外的拉脱维亚布尔什维克成立了国外小组联合会。1912年秋天起，联合会出版了自己的机关报《公报，国外小组联合会出版物》。列宁悉心注意拉脱维亚边疆区社会民主党党内斗争的发展情况，帮助拉脱维亚布尔什维克进行反对取消派领导的斗争。

列宁写的《向拉脱维亚边疆区社会民主党第四次代表大会提出的纲领草案》于1913年8月发表于《同志斗争报》第4号，并于1913年11月作为《公报》第8号抽印本以《我们向拉脱维亚边疆区社会民主党第四次代表大会提出的纲领》为题出版，随后，又作为1913年11月20日出版的《公报》第9～10号合刊的社论发表。《公报》编辑部受其内部的调和派分子的影响，在发表纲领草案时略去了专门论述民族问题的一节，并对其他几节作了部分删改。在《列宁全集》俄文版中，《纲领草案》是按照保存下来的俄文手稿全文刊印的。

[2]指1899年9月24～29日在布隆（布尔诺）召开的奥地利社会民主党代表大会所通过的民族问题纲领。布隆代表大会的中心议题是民族问题。会上提出了代表不同观点的两个决议案，一个是总的说坚持民族区域自治的党中央委

员会决议案，另一个是坚持超区域的民族文化自治的南方斯拉夫社会民主党委员会决议案。代表大会通过的决议即所谓"布隆民族纲领"，是妥协性的。列宁对这一纲领的分析，还见《关于民族问题的批评意见》一文（《列宁全集》第24卷）。斯大林《马克思主义和民族问题》一文摘引了这个纲领（见《斯大林全集》第2卷，第316~317页）。

论自由主义的和马克思主义的阶级斗争概念(节选)

短　评

(1913年5月)

取消派分子阿·叶尔曼斯基在《我们的曙光》杂志上用大量恶狠狠的话猛烈攻击我对他（和古什卡）在大工商业资产阶级的政治作用问题上的观点的批评（《启蒙》杂志第5~7期合刊）[①]。

叶尔曼斯基先生破口大骂，并且一再回顾以前对他的"侮辱"（包括对1907年在圣彼得堡分裂社会民主党组织遭到失败的唐恩先生及其同伙的"侮辱"在内），力图以此来**掩盖**问题的真正实质。

但是我们仍然不允许叶尔曼斯基先生以回顾取消派不该受到的侮辱和失败来掩盖目前争论的实质，因为目前的争论涉及一个很重要的原则问题。这个问题经常被人们用各种不同的理由一再提出来。

这就是用自由主义伪造马克思主义，以自由派的观点偷换马克思主义的、革命的阶级斗争观点的问题。这是马克思主义者与取消派分子进行的全部争论的思想基础，我们将不厌其烦地把它阐述清楚。

---

① 见《列宁全集》第21卷，第294~311页。——编者注

阿·叶尔曼斯基先生写道：

"马克思主义者"伊林无论如何也不同意我〈叶尔曼斯基〉在自己的文章中把工业组织的活动看成是"在全国范围内（甚至部分地是在国际范围内）"进行的阶级斗争。为什么呢？因为这里"缺少**全民**性的和**全国**性的东西的基本特征：国家政权的机构"……（《我们的曙光》杂志，第55页）

这就是那个阿·叶尔曼斯基对问题**实质**的论述。他用尽一切可能做到的和不可能做到的办法来回避这个实质！不管他怎样责备我歪曲他的观点，骂我罪该万死，不管他怎样兜圈子，甚至以回顾1907年的分裂来"掩盖"自己，但是真理毕竟要占上风。

总之，我的论点是清楚的：全民性的东西的基本特征是国家政权的机构。

我的愤怒的论敌，您不赞同这一观点吗？您不认为这是唯一的马克思主义观点吗？

那么您为什么不直截了当地说出这一点呢？您为什么不提出正确的观点来反对错误的观点呢？按照您的意见，断定全民性的东西的基本特征是国家政权的机构，这只不过是引号里的马克思主义，那么，您为什么不反驳我的错误，不一清二楚地、毫不含糊地说出**您**对马克思主义的理解呢？

我们引用阿·叶尔曼斯基先生的**紧接着**上述引文的一段议论，读者就会得到对这些问题的清楚的答案。

伊林希望俄国的大资产阶级以另外的方式进行阶级斗争，希望它一定要改变整个国家制度。伊林希望这样，但是资产阶级不希望这样——而这一点当然也就是"取消派分子"叶尔曼斯基的过错，因为他以"**自由主义的**阶级斗争概念偷换马克思的阶级斗争概念"。

这就是叶尔曼斯基先生这段议论的全文，这段议论能让人**当场**看到这个回避问题的取消派分子的真面目。

这明摆着是回避问题。

我指出的全民性的东西的"基本特征"对不对呢？

阿·叶尔曼斯基先生本人不得不承认，我指出的正是问题的实质。

而阿·叶尔曼斯基先生意识到自己已经被捉住，于是对这个问题避不作答！

"被捉住的"叶尔曼斯基先生为了避开我所指的基本特征是否正确的问题，就从这个问题跳到伊林"希望"什么和资产阶级"希望"什么的问题上去。但是，不管叶尔曼斯基先生跳得多么勇敢，跳得多么不顾死活，还是掩盖不住他已被捉住这一事实。

我的可爱的论敌，既然我们是在争论阶级斗争**概念**，这同"希望"又有什么关系呢？！您自己本来应当承认：我是在斥责您以自由主义的概念偷换马克思主义的**概念**，我是在指出一个**马克思主义**概念的"基本特征"，按照这个概念，全民的阶级斗争包括国家政权的机构这个内容。

阿·叶尔曼斯基先生虽然气势汹汹，也不过是一个笨拙的论战家，因为**他用自己本身的例子**清楚地说明了取消主义特别是他叶尔曼斯基的错误同自由主义的阶级斗争概念的联系！

阶级斗争问题是马克思主义最根本的问题之一。因此，正是应该详细地谈谈阶级斗争**概念**。

一切阶级斗争都是政治斗争。① 大家知道，对马克思的这句深刻的话，那些受自由主义思想奴役的机会主义者作了错误的理解，并且竭力作出歪曲的解释。例如，取消派的老大哥们"经济派"就属于机会主义者之列。"经济派"认为，阶级之间的任何冲突都是政治斗争。因此，"经济派"承认为争取每个卢布增加 5 戈比的斗争是"阶级斗争"，却不愿看到更高级

---

① 参看《马克思恩格斯全集》中文第 1 版第 4 卷，第 475 页。——编者注

的、更发达的、全民族的为**政治**而进行的**阶级**斗争。因此,"经济派"只承认萌芽状态的阶级斗争,而不承认更发达的阶级斗争。换句话说,"经济派"只承认阶级斗争中那些从自由派资产阶级的观点看来最能容忍的东西,而拒绝比自由派更进一步,拒绝承认更高级的、自由派所不能接受的阶级斗争。"经济派"就这样逐渐变成了自由主义的工人政治家。"经济派"就这样背弃了马克思主义的、革命的阶级斗争概念。

其次,仅仅认为,只有阶级斗争发展到政治领域,它才是真正的、彻底的、发达的阶级斗争,那还是不够的。这是因为,在政治中既可能只涉及细小的枝节问题,也可能深入一些,直到涉及基本的东西。马克思主义认为,**只有**当阶级斗争不仅发展到政治领域,而且还涉及政治中最本质的东西即国家政权的机构时,那才是充分发达的、"全民族的"阶级斗争。

载于《启蒙》杂志1913年5月第5期　　选自《列宁全集》第23卷,第246~249页

民族问题提纲[1]

（1913年6月26日〔7月9日〕以前）

1. 对我们纲领中关于民族自决的那一条，除了从**政治**自决，即从分离和成立独立国家的权利这个意义上来解释以外，我们决不能作别的解释。

2. 社会民主党纲领中的这一条，对俄国社会民主党是**绝对**必要的：

（1）是为了执行一般民主的基本原则；

（2）是由于在俄国境内，**尤其是在它的边疆地区**有许多民族，这些民族在经济、生活习惯等方面的条件差别很大，而且这些民族（也同大俄罗斯人以外的俄国所有民族一样）都受着沙皇君主制的难以置信的压迫；

（3）最后，是由于在整个东欧（奥地利和巴尔干国家）和亚洲，也就是说在与俄国接壤的国家中，对国家进行的资产阶级民主改造不是还没有完成就是刚刚开始，而这一改造在世界各地或多或少地都导致建立独立的民族国家或有着血缘极其相近的和同源的民族成分的国家；

（4）俄国在目前同它周围的**所有**国家——从西方的奥地利（该国从1867年起就已巩固地建立起政治自由和立宪制度的基础，而现在又在实行普选权），到东方的中华民国——比较起来，是一个在国家制度方面最落后最反动的国家。所以，俄国社会民主党人应当在自己的整个宣传工作中，坚持一切民族都有成立单独国家或自由选择他们愿意参加的国家的权利。

3. 社会民主党承认一切民族都有自决权，这就要求社会民主党人做到：

（1）无条件地反对统治民族（或占人口多数的民族）对于在国家问题上愿意分离出去的民族使用任何形式的任何暴力；

（2）要求只能根据当地居民的普遍、直接、平等、无记名投票来解决这种分离问题；

（3）既同黑帮-十月党人也同自由派资产阶级的各个政党（"进步党人"、立宪民主党人等）进行不懈的斗争，反对他们袒护和纵容民族压迫，尤其是否认民族自决权的任何行径。

4. 社会民主党承认一切民族都有自决权，决不是说社会民主党人在每一个具体情况下对某一民族的国家分离是否适宜的问题不作出独立的估计。相反，社会民主党人正应该作出这种独立的估计，既要考虑到资本主义发展的情况和联合起来的各民族的资产阶级对各民族的无产者压迫的情况，又要考虑到总的民主任务，首先是而且主要是无产阶级争取社会主义的阶级斗争的利益。

从这个角度来看，应当特别注意如下的情况：在俄国有两个民族，由于许多历史条件和生活条件，它们最有文化，最与其他民族隔绝，能够最容易最"自然地"实现自己的分离权。这两个民族就是芬兰和波兰。1905年革命的经验表明，甚至这两个民族中的统治阶级即地主和资产阶级也**因为害怕**芬兰和波兰的革命无产阶级而放弃了争取自由的革命斗争，谋求同俄国统治阶级及沙皇君主政府接近。

所以，社会民主党应当竭力提醒各民族的无产阶级和劳动阶级，使他们不要被"自己的"资产阶级的民族主义口号直接蒙蔽，因为资产阶级正在想方设法用关于"祖国"的花言巧语来**分裂**无产阶级，**使他们不去注意**资产阶级在经济上和政治上同别的民族的资产阶级以及同沙皇君主政府结成联盟的把戏。

所有民族的工人要是不在一切工人组织中实行最紧密最彻底的联合，无产阶级就无法进行争取社会主义的斗争和捍卫自己日常的经济利益。

除了用革命斗争的方法来推翻沙皇君主制而代之以民主共和国，无产阶级就不能争得自由。沙皇君主制**排斥**各民族的自由和平等，而且它还是欧洲和亚洲的野蛮、残暴、反动的主要堡垒。而要推翻这个君主制，只有俄国各民族的无产阶级联合起来才能做到，因为只有联合起来的无产阶级才能领导各民族劳动群众中一切彻底民主主义的、能够进行革命斗争的人前进。

所以，工人如果把同"本"民族资产阶级在政治上的统一看得高于同各民族无产者的完全统一，那就违背了自己的利益，违背了社会主义的利益和民主的利益。

5. 社会民主党主张建立彻底民主的国家制度，它要求各民族一律平等，反对某个民族或某些民族享有任何特权。

特别是，社会民主党反对所谓"国"语。在俄国，这样的"国"语尤其是多余的，因为俄国7/10以上的人口属于同源的斯拉夫民族，在自由国家的自由教育的条件下，由于经济流转的要求，即使不给某一语言以任何"国家的"特权，他们也会很容易地进行交际。

社会民主党要求取消农奴主专制国家的农奴主——地主和官吏所规定的俄国原有的行政区划，而代之以根据现代经济生活要求和尽可能同居民民族成分相适应的区划。

凡是居民生活习惯特点或民族成分不同的国内的各个区域，都应当享有广泛的自我管理和自治，其机构应在普遍、平等、无记名的投票的基础上建立起来。

6. 社会民主党要求颁布一项全国性的法律，以保护国内任何地方的任何少数民族的权利。根据这项法律，凡人口占多数的民族企图用来为自己建立民族特权或缩小少数民族的权利（在教育事业、使用某种语言、预算等方面）的任何措施，应当一律宣布无效，谁采取这种措施，谁就应当受到惩罚。

7. 社会民主党对"民族文化"（或者只是"民族"）"自治"这个口号，对实现这个口号的种种方案均持否定态度，因为这个口号第一，根本违反无产阶级阶级斗争的国际主义；第二，容易使无产阶级和劳动群众受资产阶级民族主义思想的影响；第三，会置整个国家的彻底民主改造的任务于不顾，然而只有这样的改造才能保证（一般来说是在资本主义制度下可能的限度内）民族和平。

由于民族文化自治问题在社会民主党人之间闹得特别凶，我们应当对这种情况作一些说明。

（1）从社会民主党的观点来看，无论直接或间接地提出**民族**文化的口号，都是不能允许的。这个口号是不正确的，因为人类的整个经济、政治和精神生活在资本主义制度下就已经愈来愈国际化了。社会主义会把这三方面的生活完全国际化。现在就已经由各国无产阶级系统地建立起来的国际文化，并不是把"民族文化"（不论是哪一个民族集体的）全盘接受下来，而是**只**吸取**每个**民族文化中彻底民主主义的和社会主义的因素。

（2）在各社会民主党的纲领中接近于民族文化口号的唯一例子，大概就是奥地利社会民主党布隆纲领的第3条了，虽然这种接近还不够大胆。这一条写道："属于同一民族的各自治区域共同组成单一的民族联盟，该联盟完全按自治原则来处理本民族的事务。"

这是一个妥协性的口号，因为这里丝毫没有提出超地域的（按人的民族属性的）民族自治。但这个口号也是错误的、有害的，因为把罗兹、里加、彼得堡、萨拉托夫的德意志人结成一个民族根本不是俄国社会民主党人的任务。我们的任务是争取实行充分的民主制，取消**一切**民族特权，使在俄国的德意志工人同所有其他民族的工人在保卫和发展社会主义的国际文化的事业中联合起来。

超地域的（按人的民族属性的）民族自治并要设立（根据彻底拥护这个口号的人的计划）民族议会和民族事务大臣的口号（奥·鲍威尔和卡·伦纳），是更加错误的。这种违背资本主义国家的一切经济条件并且在世界任何一个民主国家中都没有试行过的制度，是某些人的机会主义幻想，他们对于建立彻底民主的制度感到绝望，而想在某些问题（"文化"问题）上把每个民族的无产阶级和资产阶级都人为地加以隔绝，以求摆脱资产阶级的民族纷争。

情况有时迫使社会民主党人暂时服从某种妥协性的解决办法，但是我们应当向别国效法的不是妥协性的而是彻底社会民主主义的解决办法。所以，今天，当奥地利的妥协尝试甚至在奥地利本国也已经完全破产并且导致捷克社会民主党人的分离主义和分裂行动的时候，效法奥地利的这种不成功的尝试就更是不明智的。

（3）俄国的"民族文化自治"这个口号的历史表明：采用这个口号的，是**所有**（无一例外）犹太的资产阶级政党，而且**只是**犹太资产阶级政党，不加批判地跟着这些政党跑的是崩得，尽管它不彻底地反对设立犹太民族议会和犹太民族事务大臣。其实，连那些认可或者拥护民族文化自治这个妥协性口号的欧洲社会民主党人，也承认（如奥·鲍威尔和卡·考茨基等）这个口号对于犹太人是完全不能实现的。"在加里西亚和俄国的犹太人与其说是民族，不如说是帮会，而把犹太人组成一个民族的尝试，就是保存帮会的尝试。"（卡·考茨基）

（4）在一些文明国家里，我们看到在资本主义制度下，**只是**在整个国家制度和国家管理机构方面**最大限度地**实行民主制（瑞士）的条件下才有可能出现那种十分（相对地说）近似民族和平的局面。彻底民主主义的口号（如共和国、民兵制、人民选举官吏等等），正在把无产阶级和劳动群众以及每个民族中的一切先进分子联合起来，为创造彻底消除民族特权的条件而斗争，而"民族文化自治"这个口号则鼓吹各民族在教育事业（以至整个"文化"事业）上互相隔绝，而隔绝是完全符合保持一切特权（其中包括民族特权）的基础的需要的。

彻底民主主义的口号会把所有民族的无产阶级和先进的民主派（即那些不是要求隔绝，而是要求在一切事业上，其中包括在教育事业上把各民族的民主分子联合起来的人）**融**为一体，而民族文化自治的口号则**分裂**各民族的无产阶级，使他们同各民族的反动分子和资产阶级分子联在一起。

彻底民主主义的口号是同各民族的反动派和反革命资产阶级势不两立的，而民族文化自治的口号则完全为某些民族的反动派和反革命资产阶级所接受。

8. 俄国的整个经济和政治状况就是这样无条件地要求社会民主党毫无例外地**把一切**无产阶级组织（政治组织、工会组织、合作社组织和教育组织等等）中的各民族工人**打成一片**。在党的体制上不是实行联邦制，也不是成立各民族的社会民主主义团体，而是实现当地各民族的无产者的统一，并用当地无产阶级使用的**各种**语言进行宣传和鼓动，进行各民族工人反对任何民族特权的共同斗争，实行地方和区域的党组织的自治。

9. 俄国社会民主工党 10 多年来的历史经验证实了上述的论点。党在 1898 年诞生时就是"俄国的"党，即俄国各民族无产阶级的党。在党代表大会没有接受把崩得看作是犹太无产阶级的**唯一**代表的要求以后，崩得便在 1903 年退出了党，那时党仍然是"俄国的"党。1906～1907 年的实际生活充分表明这个要求是没有根据的，许多犹太无产者在许多地方组织中继续同心协力地进行共同的社会民主主义的工作，于是崩得又回到党内来了。斯德哥尔摩代表大会（1906 年）把主张**地域**自治的波兰社会民主党人和拉脱维亚社会民主党人联合了起来，而且**大会没有**接受联邦制的原则，并要求各民族的社会民主党人在当地联合起来。这个原则在高加索实行了好多年，在华沙（波兰工人和俄国士兵）、维尔纳（波兰、拉脱维亚、犹太和立陶宛的工人）和里加也在实行，这后三个中心城市实行这个原则是**针对按照分离主义分离出去的崩得的**。1908 年 12 月，俄国社会民主工党以代表会议的名义通过了一项特别决议，确认各民族工人**不是在**联邦制的**原则上统一**的要求。崩得分离主义者主张分裂，不执行党的决定，因而使这种"最坏类型的联邦制"[2]完全破产，使崩得分离主义者和捷克人日益接近，或者说使后者与前者日益接近（见《我们的曙光》杂志上科索夫斯基的文章，以及捷克分离主义者的机关刊物《捷克斯拉夫社会民主党人》杂志 1913 年第 3 期上关于科索夫斯基的文章）；最后，在取消派的八月（1912 年）代表会议上，使崩得分离主义者和取消派以及一部分高加索取消派分子对"民族文化自治"**没有作实质性的说明**就妄图把它**偷偷地**塞到党纲里去！

无论是波兰或拉脱维亚边疆区的革命的社会民主主义工人，还是高加索的革命的社会民主主义工人,都仍然坚持地域自治和**所有**民族的社会民主主义工人**统一**的观点。崩得取消派的分裂以及崩得同华沙非社会民主党人的联盟,向所有社会民主党人提出了**整个**民族问题,把这个问题(无论从它的理论意义的角度还是从党的建设事业的角度)**提上了日程**。

妥协性的解决办法正是被那些违反党的意志硬来推行这些办法的人所破坏,要求各民族的社会民主主义工人统一的呼声现在比任何时候都更加响亮。

10. 沙皇君主政府的那种粗暴好战的黑帮民族主义的存在,以及**资产阶级**民族主义的抬头——不管这种民族主义是大俄罗斯的(司徒卢威先生、《俄国评论报》、"进步党人"等等)、乌克兰的、波兰的(民族"民主党"[3]的反犹太主义),还是格鲁吉亚的、亚美尼亚的,等等——这一切都特别迫切要求俄国各地的社会民主党组织比以往更加重视民族问题,并以坚定的国际主义和各民族的无产阶级统一的精神对这个问题制定彻底的马克思主义的解决办法。

———

(一)民族文化的口号是不正确的,它表现出来的只是对民族问题理解上的资产阶级局限性。国际文化。

(二)民族区分的永久化,精致的民族主义的推行——各民族的联合、接近、混杂和**另一种**文化即国际文化的原则的表现。

(三)小资产者的绝望(反对民族纷争的毫无希望的斗争)以及对根本性的民主改造和社会主义运动的恐惧——只有根本性的民主改造才能在资本主义国家缔造民族和平,只有社会主义才能结束民族纷争。

(四)在教育事业上的民族组合。[4]

(五)犹太人。

载于《列宁文集》第3卷,1925年俄文版

选自《列宁全集》第23卷,第329~337页

注释：

[1]《民族问题提纲》是列宁为作民族问题的专题报告而写的。专题报告会于1913年7月9、10、11和13日在瑞士苏黎世、日内瓦、洛桑和伯尔尼等城市举行，前去听报告的不仅有布尔什维克，也有其他社会党侨民小组的代表。在《列宁全集》第23卷《附录》里载有这个专题报告的提纲（见《列宁全集》第23卷，第469～473页）。在《列宁文集》俄文版第17卷载有讨论这一专题报告的详细纪录。

[2]"最坏类型的联邦制"一语见于1912年布拉格代表会议的决议，是决议对俄国社会民主工党自第四次（统一）代表大会以来同各民族社会民主党组织的相互关系的评定。关于这个问题，可参看《列宁全集》第2版第21卷第143～144页和第22卷第247～249页。

[3]民族民主党是波兰地主和资产阶级的民族主义政党，成立于1897年，首领是罗·德莫夫斯基、济·巴利茨基、弗·格拉布斯基等。该党提出"阶级和谐"、"民族利益"的口号，力图使人民群众屈服于它的影响，并把人民群众拖进其反动政策的轨道。在1905～1907年俄国第一次革命期间，该党争取波兰王国自治，支持沙皇政府，反对革命。该党在波兰不择手段地打击革命无产阶级，直到告密、实行同盟歇业和进行暗杀。俄国社会民主工党第五次代表大会曾通过一个专门决议，强调必须揭露民族民主党人的反革命黑帮面目。在第一次世界大战时期，该党无条件支持协约国，期望波兰王国同德、奥两国占领的波兰领土合并，在俄罗斯帝国的范围内实现自治。1919年该党参加了波兰联合政府，主张波兰同西方列强结盟，反对苏维埃俄国。

[4]这里说的是按民族分设学校，这是"民族文化自治"这一资产阶级民族主义纲领的基本要求。

立宪民主党人论乌克兰问题

(1913年7月16日〔29日〕)

在报刊上以及杜马讲坛上,例如在社会民主党人彼得罗夫斯基的发言[1]中,早已指出某些有影响的立宪民主党人(以司徒卢威先生为首)就乌克兰问题发表的言论是非常不体面、反动和无耻的。

近来我们在立宪民主党的正式机关报——《言语报》上看到经常为该报撰稿的米·莫吉梁斯基先生写的一篇文章,我们对这篇文章**不能保持沉默**。

这篇文章以批"分离主义"为名对乌克兰人进行真正沙文主义的攻击。"不顾一切的冒险主义"、"政治上的梦呓"、"政治上的冒险",——这就是在这位披着"民主主义"外衣的、地地道道的**新时报派分子**米·莫吉梁斯基先生的文章中使用的字眼!!而立宪"民主"党竟无耻地为这篇文章打掩护,十分推崇地把它登出来,这就无声地赞许了这种赤裸裸的沙文主义。

米·莫吉梁斯基先生本人指出这样一个事实:在利沃夫召开的全乌克兰大学生代表大会[2]上,某些乌克兰社会民主党人即居住在俄罗斯的某些乌克兰人也反对乌克兰政治独立的口号,反对社会民主党人顿佐夫,因为他向大会提出了关于"独立自主的乌克兰"的决议案,这个决议案除两票反对外,被一致通过。

可见,根本谈不上所有的社会民主党人都赞同顿佐夫的意见。不过社会民主党人同顿佐夫争论过,提出了自己的论据,并且是在同一个讲坛上为说服同一些听众而争论的。

米·莫吉梁斯基先生完全丧失了起码的政治礼貌,竟用黑帮分子词汇里粗野骂人的字眼来攻击顿佐夫,攻击整个乌克兰大学生代表大会。他很清楚,他的论敌根本没有可能来驳斥《言语报》的观点,根本没有可能在同一个讲坛上面对俄国听众发表同样坚决的、公开的、自由的演说。

我们的立宪民主党人是可悲的民主派!那些对立宪民主党人的这种无礼取闹表示容忍而不作强烈抗议的人,也是可悲的民主派。马克思主义者永远不能让民族主义口号搞昏自己的头脑,不管这种民族主义口号是大俄罗斯的、波兰的、犹太的、乌克兰的还是其他民族的。但是,马克思主义者也没有忘记,一切民主派的起码责任是要反对那种以批"分离主义"为名对任何一个民族进行任何攻击,是要为承认完全的和无条件的民族平等和民族自决权而斗争。

从无产阶级的观点来看,这种自决在每个具体场合应该怎样表现是可以有不同看法的。同顿佐夫这样的民族社会主义者进行争论是可以的,也是应该的,但是以批"分离主义"为名进行卑鄙的攻击,对那些不能自卫的人进行攻击,却是我国的立宪民主党人无耻已极的行为。

载于《工人真理报》,1913 年 7 月 16 日,第 3 号

选自《列宁全集》第 23 卷,第 354~355 页

注释:

[1] 指布尔什维克代表格·伊·彼得罗夫斯基在 1913 年 5 月 20 日(6 月 2 日)国家杜马讨论内务部预算时的发言。发言稿是列宁起草的。1913 年 4 月 18 日(5 月 1 日)娜·康·克鲁普斯卡娅在由克拉科夫寄往彼得堡的信中写道:应当竭尽全力全文宣读这篇发言稿,因为它非常重要。发言稿手稿没有找到。

[2] 指 1913 年 6 月 19~22 日(7 月 2~5 日)在利沃夫举行的全乌克兰大学生第

二次代表大会。代表大会安排在伟大的乌克兰作家、学者、社会活动家、革命民主主义者伊万·弗兰科的纪念日举行。俄国的乌克兰大学生代表也参加了代表大会的工作。会上乌克兰社会民主党人德·顿佐夫作了《乌克兰青年和民族的现状》的报告，他坚持乌克兰独立的口号。

犹太学校的民族化

(1913 年 8 月 18 日〔31 日〕)

政府的政策彻头彻尾地表现出民族主义精神。当局竭力使"统治"民族，即大俄罗斯民族享有种种特权，虽然大俄罗斯人在俄国人口中占少数，即只占43％。

它竭力把住在俄国的一切其他民族的权利削减得愈来愈少，使它们彼此隔绝并煽起它们之间的仇恨。

现代民族主义的极端表现，就是犹太学校民族化的方案。这个方案出自敖德萨学区的督学之手，并且得到国民"教育"部的赞许。这种民族化究竟是怎么回事呢？

这就是想把犹太人分出来去上专门的犹太学校（中等的），想叫其他一切学校，不管是私立的还是公立的，都紧紧地对犹太人关上大门。为了使这个"天才的"计划更加完美，居然有人打算用著名的"百分数的标准"来限制犹太中学的学生人数！

在所有欧洲国家中，这类反犹太人的措施和法律，只是在中世纪的黑暗年代，即在有宗教裁判所，有焚烧异教徒以及其他奇妙行为的那个时代存在过。犹太人在欧洲早就取得了完全的平等权利，并且同他们与之相处的民族日益融合起来。

在我国的整个政治生活中，特别是在上述方案中，除了对犹太人的虐待和压迫以外，最有害的就是力图煽起民族主义情绪，使国内各民族彼此隔绝，使它们进一步疏远，把它们的学校分开。

工人阶级的利益——以及一般政治自由的利益——则要求这个国家的各个民族一律享有最完全的平等权利，消除各民族之间的种种隔膜，使各民族的儿童在统一的学校里打成一片，等等。只有抛弃一切荒谬的和愚蠢的民族偏见，只有使各民族的工人结成一个联盟，工人阶级才能成为一种力量，给资本以反击并争得生活的真正改善。

请看看资本家吧，他们竭力想在"普通人民"中间煽起民族仇恨，而他们自己却巧妙地干着自己的勾当：在同一个股份公司里既有俄罗斯人、乌克兰人，也有波兰人、犹太人和德意志人。为了对付工人，各个民族具有不同宗教信仰的资本家已经联合起来了，可是他们却力图用民族仇恨来分裂工人，削弱工人！

犹太学校民族化这个极其有害的方案还表明，所谓"民族文化自治"的计划，即把教育事业从国家手里分出来，分别交给每一个民族的计划是何等的错误。我们应当追求的决不是这种计划，而是要使各个民族的工人在反对**各种各样**的民族主义的斗争中，在争取真正民主的**共同的**学校和一般政治自由的斗争中联合起来。全世界各先进国家的榜样，即使是西欧的瑞士或东欧的芬兰也向我们表明，只有建立全国性的彻底民主的设施，才可以保证各民族最和平最合乎人道地（不是野蛮地）共同生活，而**不是**人为地、有害地按民族来割裂教育事业。

载于《北方真理报》，1913 年 8 月 18 日，第 14 号

选自《列宁全集》第 23 卷，第 395～396 页

都柏林的阶级战争

(1913 年 8 月 29 日〔9 月 11 日〕)

爱尔兰的首都都柏林是一个有 50 万人口、工业不很发达的城市。在那里，渗透到一切资本主义社会整个生活的阶级斗争已经激化，成了阶级战争。警察局简直象发了疯，喝醉了酒的警察殴打和平工人，擅自闯入民宅，折磨老弱妇孺。数百名（400 人以上）工人受伤，有**两名**工人**被打死**——这就是这场战争的牺牲品。所有杰出的工人领袖都已被捕。发表最和平的言论也要被关进监牢。城市就象一座兵营。

这是怎么回事呢？在一个和平的、有文化的、文明的、自由的国家里，怎么会燃起这样的战火来呢？

爱尔兰有点象英属波兰，只是在类型上与其说它象华沙—罗兹—栋布罗瓦，不如说它象加里西亚。民族压迫和天主教反动势力，使这个不幸国家的无产者变得一贫如洗，使农民成了僧侣主义的顽固守旧、愚昧无知的奴隶，使资产阶级成了在民族主义美丽辞藻掩盖下的一支压迫工人的暴君即资本家的队伍，最后，还使行政当局成了惯于采取种种暴力的匪帮。

现在，爱尔兰的民族主义者（即爱尔兰的资产者）取得了胜利：他们即将从英国地主手里赎回自己的土地；他们即将取得民族**自治权**（为了这个著名的爱尔兰自治[1]，爱尔兰同英国进行了长期而顽强的斗争）；他们将与"自己的"爱尔兰神父们一道自由地来管理"自己的"国土。

现在，这个民族主义的爱尔兰资产阶级便以宣布要同爱尔兰工人运动进行你死我活的战争来庆祝自己"民族的"胜利和自己"国家的"成熟。

英国的总督住在都柏林。但是他的权力实际上不如都柏林资本家的领袖,一个姓墨菲(Murphy)的人。这位墨菲是《Independent》报(《独立报》)[2]——这可不是闹着玩的!)的出版者,市电车公司的大股东和经理,都柏林许多资本主义企业的股东。墨菲宣称(当然是代表所有爱尔兰资本家),他准备花75万英镑(将近700万卢布)来破坏爱尔兰的工会。

但这些工会已开始蓬蓬勃勃地发展起来。继爱尔兰资产阶级坏蛋庆祝自己"民族的"胜利之后出现的是爱尔兰无产阶级的阶级觉醒。爱尔兰无产阶级发现了爱尔兰运输工人工会书记**拉金**(Larkin)同志是一位很有才干的领袖。拉金赋有卓越的演说才能,具有爱尔兰人的旺盛精力,他在非熟练工人中间创造了奇迹,这一部分不列颠无产阶级群众,在英国常常由于英国"熟练"(skilled)工人具有那种令人诅咒的市侩式的、自由主义的、贵族的情调而不得不处于同先进工人隔绝的状态。

一种新的气象在爱尔兰工会中出现了。非熟练工人群众给工会带来了空前活跃的气氛。连妇女也开始组织起来,这是信奉天主教的爱尔兰未曾有过的现象。就工人的组织情况来说,都柏林很可能成为整个大不列颠的先进城市。这个国家的特点是:天主教神父个个脑满肠肥,而工人则忍饥挨饿、衣衫褴褛,甚至在星期日也穿得很破烂,因为他们买不起节日服装。这个身受双重和三重民族压迫的国家,已开始变成一个拥有组织起来的无产阶级大军的国家。

于是墨菲便宣布向拉金和"拉金主义"进行资产阶级的十字军讨伐。一开始就解雇了200个电车工人,为的是在解雇工人期间挑起罢工,从而**破坏**整个斗争。运输工人工会举行了罢工,要求让被解雇的工人复工。墨菲组织同盟歇业来对付工人。工人则用罢工来回答他们。战争全面展开,怒火在燃烧。

拉金(附带说说,他是因参加爱尔兰解放运动而于1867年被处死的著名的拉金的孙子)在群众大会上发表了激昂慷慨的演说。他在演说中还指出,反对爱尔兰"自治"的英国资产阶级政党曾肆无忌惮地号召反抗政府，以革命相威胁，并组织对自治的武装反抗，毫无顾忌地向这个国家散发革命呼吁书。

但是，**英国的**沙文主义者卡森、伦敦德里、博纳·罗（英国的普利什凯维奇分子，扼杀爱尔兰的民族主义者）这些反动分子可以做的事，却不容许无产者-社会主义者去做。拉金被逮捕。工人集会被禁止。

爱尔兰毕竟不是俄国。剥夺集会自由激起了群众的怒潮。**不得不把拉金送交法庭审判。**然而在法庭上拉金变成了原告，实际上处于被告地位的倒是墨菲自己。拉金通过同证人的交叉讯问证明，在他（拉金）被捕前夕，墨菲曾同总督进行了长时间的谈话。拉金宣称警察是墨菲豢养的，对拉金的这种说法谁也不敢反驳。

拉金被保释出来了（政治自由不能马上取消）。拉金公开表示他无论如何要参加群众大会。果然，他化了装来到会场，并开始向群众发表演说。警察认出是他，就把他抓住并殴打他。开始了为时两天的警棍专政，他们殴打群众，折磨妇女和儿童。警察擅自闯入工人住宅。运输工会会员、工人诺兰被他们活活打死，另一个也因受伤致死。

星期四，即9月4日（俄历8月22日），举行了诺兰的葬礼。都柏林的无产者组成了5万人的游行队伍来给自己的同志送葬。野兽般的警察都躲藏起来了，他们不敢触怒群众，送葬行列秩序井然。一位爱尔兰老人对德国记者说："这次游行示威比安葬帕内尔〈爱尔兰民族主义者的著名领袖〉时还要壮观。"

都柏林事件将成为爱尔兰工人运动和社会主义运动史上的转折点。墨菲扬言要破坏爱尔兰工会。但他所破坏的只不过是爱尔兰民族主义资产阶级对爱尔兰无产阶级的最后一点残余影响。他促使爱尔兰独立自主的、毫无民族主义偏见的、革命的工人运动受到了锻炼。

这一点立刻就在9月1日（俄历8月19日）于曼彻斯特召开的工会（工联）代表大会上表现出来了。尽管有充满庸俗习气的、只想讨好上司的机会主义的工会工作者进行阻挠，都柏林事件还是激起了代表们的怒火。都柏林工人代表团受到了热烈欢迎。五金工会都柏林分会主席、代表帕特里奇讲述了警察在都柏林的令人发指的暴行。一位年轻女工刚躺下睡觉,警察就闯进屋里来了。这个姑娘躲到厕所里,但仍被他们揪着头发拖了出来。警察们喝得酩酊大醉。这帮"人"(带引号的)竟连10岁的儿童或5岁的小孩都要痛打一顿!

帕特里奇由于发表了连法官自己也认为是和平的演说而两次被捕。帕特里奇说:我相信,假如我当众念诵"我的主啊",我也会马上被捕的。

曼彻斯特代表大会派遣自己的代表团去都柏林。当地的资产阶级又抓起了民族主义的武器(同我国波兰、乌克兰或犹太人中间的资产阶级民族主义者一模一样!),他们说,"英国人管不着爱尔兰土地上的事"!**幸而民族主义者在工人中间已经失去了影响。**①

在曼彻斯特代表大会上发表了很久没有听到过的演说。有人提议整个代表大会迁到都柏林举行,并提议在英国各地组织总罢工。矿工工会主席斯迈利说,都柏林的方式将促使英国所有工人走上革命的道路,他们是一定能够学会掌握武器的。

英国工人群众正在缓慢而坚定地走上新的道路——从维护工人贵族的区区特权转到工人群众自己为建立新的社会制度而进行伟大英勇的斗争。通过这条道路,英国无产阶级凭着自己的毅力和组织性,将比任何地方更迅速、更坚决地实现社会主义。

载于1913年8月29日《北方真理报》第23号和1913年8月30日《我们的道路报》第5号

选自《列宁全集》第23卷,第424~428页

注释:

[1] 这里说的是爱尔兰自由派资产阶级争取在英帝国范围内实行政治自治的斗争。

---

① 已经可以听到爱尔兰民族主义者发出的忧虑,既担心拉金会组织爱尔兰独立工党,对于第一届爱尔兰国民议会也不得不加以考虑。

爱尔兰自治法案曾不止一次提交英国议会讨论，均未获通过。1912年，在爱尔兰工人运动和民族解放运动高涨的形势下，爱尔兰自治法案第三次提交议会。该法案于1914年9月18日为英国女王批准。

[2]《独立报》即《爱尔兰独立报》(《Irish Independent》)是爱尔兰民族主义者的主要机关报（日报），1891年起在都柏林出版。

尼孔主教是怎样保护乌克兰人的？

（1913年9月13日〔26日〕）

《基辅思想报》报道，国家杜马代表、右派尼孔主教在提交国家杜马的关于乌克兰学校和社会团体的法案上第一个签名。

法案的内容是：准许小学用乌克兰语教学；委派乌克兰人任教；设置乌克兰语文课和乌克兰历史课；不得迫害乌克兰各社会团体，不得用"行政命令以及惯用的十足专横手段"取缔这些社会团体。

这样看来，普利什凯维奇的同党尼孔主教，在**某些**情况下并不喜欢**专横手段**。

尼孔主教说得对，他所提出的"问题是一个关系到3700万乌克兰人遭受摧残的极其重要的问题"；"富饶、美丽、人才辈出、繁荣兴旺和富有诗意的乌克兰正在退化，逐渐变得愚昧和慢慢消亡"。

抗议大俄罗斯人压迫乌克兰人，这是完全正确的。但是，请大家看看，尼孔主教是用什么理由来维护乌克兰人的要求的。

> 乌克兰人民并不寻求某种臭名远扬的自治制，恢复扎波罗热营寨；乌克兰人不是分离主义者……乌克兰人不是异族人，而是自己人，是我们的亲兄弟，因此，就不应当限制他们的语言，限制他们民族文化的发展；否则，我们自己就把他们，我们的兄弟，和犹太人、波兰人、格鲁吉亚人等等这些真正的异族人等同看待了。

事情原来如此，乌克兰人尼孔主教及其同道者央求大俄罗斯的地主给予乌克兰人以**特权**，理由就是乌克兰人是兄弟，而犹太人则是异族人！说得更露骨更干脆些：如果政府向我们让步，我们就同意去镇压犹太人以及其他异族人。

所有资产阶级民族主义者，从黑帮民族主义者到自由派民族主义者以至资产阶级民派民族主义者就这样保护"民族文化"，这是十分熟悉的景象！

尼孔主教根本不想了解：不保护所有的民族免受各种压迫，不从国家生活中根除"异族人"这个概念，不坚持各民族完全平等，就不能保护乌克兰人免受压迫。不彻底实行最广泛的地方自治和区域自治，不坚决贯彻必须根据多数居民的意志解决**一切**国家问题的原则（即彻底的民主主义的原则），就不能保护所有的人免受民族压迫。

尼孔主教所说的乌克兰人的"民族文化"的口号，实际上就是用乌克兰文宣传黑帮反动主张的口号，就是乌克兰教权派文化的口号。

觉悟的工人懂得，"民族文化"这个口号是教权派的或者说是资产阶级的一种欺骗，不管这里指的是大俄罗斯的，乌克兰的，犹太的，波兰的，格鲁吉亚的，还是其他任何一个民族的文化。125 年以前，当民族还没有分裂成资产阶级和无产阶级的时候，民族文化的口号是可以作为号召向封建主义和教权主义作斗争的统一而完整的口号的。但是后来，资产阶级同无产阶级之间的阶级斗争到处都白热化起来。"统一的"民族分裂成为剥削者和被剥削者已经成了既成事实。

只有教权派或资产者才可能笼统地提民族文化。劳动群众只可能提全世界工人运动的国际主义（国际）文化。只有这样的文化，才标志着各民族之间完全的、真正的、真诚的平等，才标志着民族压迫不复存在和民主已经实现。只有把**一切**工人组织中各民族工人统一和联合起来向资本作斗争，才能使"民族问题得到解决"。

载于《劳动真理报》，1913 年 9 月 13 日，第 3 号

选自《列宁全集》第 24 卷，第 9～11 页

有党的工作者参加的俄国社会民主工党中央委员会1913年夏季会议的决议[1]（节选）

（1913年9月）

关于民族问题的决议

黑帮民族主义的甚嚣尘上，自由派资产阶级中民族主义倾向的日益滋长，被压迫民族上层分子中民族主义倾向的不断加强，目前这一切已把民族问题提到突出的位置上。

社会民主党内部的状况（高加索社会民主党人、崩得[2]、取消派企图取消党纲[3]等等），使党不得不更加注意这个问题。

为了搞好社会民主党关于民族问题的鼓动工作，会议根据俄国社会民主工党的纲领提出下列各点：

1. 在以人剥削人、巧取豪夺、勾心斗角为基础的资本主义社会里，实现民族和平的条件只能是：建立彻底的民主共和国国家制度，保证一切民族和语言完全平等，取消强制性国语；保证为居民设立用本地语言授课的学校，宪法中还要加一条基本法律条款，宣布任何一个民族不得享有特权，不得侵犯少数民族的权利。与此同时，尤其必须实行广泛的区域自治和完全民主的地方自治，并且根据当地居民自己对经济条件和生活条件、居民民族成分等等的估计，确定地方自治地区和区域自治地区的区划。

2. 从民主观点来看，特别是从无产阶级阶级斗争的利益来看，在一国之内按民族分开办学是绝对有害的。在俄国一切犹太资产阶级政党和各民族的市侩机会主义分子通过的所谓"民族文化"自治或"建立保障民族发展自由的机构"的计划中，恰恰就是要这样分开办学。

3. 工人阶级的利益要求一国之内各族工人在统一的无产阶级组织——政治组织、工会组织、合作-教育组织等等中打成一片。只有各族工人在这种统一的组织中打成一片，无产阶级才有可能进行反对国际资本、反对反动派的胜利斗争，粉碎各民族的地主、神父和资产阶级民族主义者的宣传和意图，因为这些人通常都是在"民族文化"的幌子下，贯彻反对无产阶级的意图的。全世界的工人运动正在创造而且正在日益发展各民族共同的（国际的）无产阶级文化。

4. 至于在沙皇君主制度压迫下的各民族的自决权，即分离权和成立独立国家的权利[4]，无疑是社会民主党应当维护的。这是国际民主派的基本原则的要求，尤其是遭受沙皇君主制度空前的民族压迫的俄国多数居民的要求，因为沙皇君主制度同欧洲和亚洲的邻国相比是最反动最野蛮的国家制度。其次，这也是大俄罗斯居民本身的自由事业的要求，因为不根除黑帮的大俄罗斯民族主义，大俄罗斯居民就无法建立民主国家。黑帮的大俄罗斯民族主义有一连串血腥镇压民族运动的传统，它不仅受到沙皇君主制度和一切反动政党的不断培植，而且还受到特别是在反革命时期向君主制卑躬屈节的大俄罗斯资产阶级自由派的不断培植。

5. 不允许把民族自决权问题（即受国家宪法保障用完全自由和民主的方式解决分离的问题）同某一民族实行分离是否适宜的问题混淆起来。对于后者，社会民主党应当从整个社会发展的利益和无产阶级争取社会主义的阶级斗争的利益出发，完全独立地逐个加以解决。

同时，社会民主党应当注意到，被压迫民族的地主、神父和资产阶级往往用民族主义的口号来掩饰他们离间工人和愚弄工人的意图，暗中同占统治地位的民族的地主和资产阶级勾结，损害各民族劳动群众的利益。

* * *

会议把关于民族纲领的问题列入党代表大会议程。会议请中央委员会、党的报刊和各地方组织对民族问题尽量详细地加以阐述（用小册子、讨论会等）。

载于1913年12月俄国社会民主工党中央委员会在巴黎出版的小册子《有党的工作者参加的俄国社会民主工党中央委员会1913年夏季会议的通报和决议》	选自《列宁全集》第24卷，第60~62页

注释：

[1] 这是列宁起草和审订的俄国社会民主工党中央委员会波罗宁会议的各项决议。这些决议在1913年12月出版的小册子《有党的工作者参加的俄国社会民主工党中央委员会1913年夏季会议的通报和决议》中，略去了关于罢工运动决议的第6条和关于党的报刊的决议的第1~5条。决议全文则用胶印秘密出版。在《列宁全集》俄文第5版中，这些决议是根据胶印本刊印的，并参照小册子作了校勘。这次会议的记录已失落，有关这次会议的其他列宁文献尚未发现。

有党的工作者参加的俄国社会民主工党中央委员会波罗宁会议于1913年9月23日~10月1日（10月6~14日）在波兰扎科帕内附近的波罗宁村举行，列宁当时住在那里。出于保密考虑，会议定名为八月会议或夏季会议。出席会议的代表共22人，其中有表决权的17人，有发言权的5人。地方党组织的代表共16人，几乎占代表总数的3/4（第四届杜马中的布尔什维克代表同时作为地方党组织代表出席）。彼得堡代表为伊·费·阿尔曼德、阿·叶·巴达耶夫和亚·瓦·绍特曼，莫斯科和中部工业地区代表为Ф.А.巴拉绍夫、Я.Т.诺沃日洛夫、罗·瓦·马林诺夫斯基和А.И.洛博夫（后2人后来发现是奸细），叶卡捷琳诺斯拉夫代表为格·伊·彼得罗夫斯基，哈尔科夫代表为马·康·穆拉诺夫，科斯特罗马代表为尼·罗·沙果夫，基辅代表为叶·费·罗兹米罗维奇，乌拉尔代表为 С. И. 杰里亚宾娜。列宁、娜·康·克鲁普斯卡娅、亚·安·特罗雅诺夫斯基等代表中央委员会国外局、中央机关报《社会民主党人报》和《启蒙》杂志出席会议。波兰社会民主党"分裂派"的雅·斯·加涅茨基和亨·卡缅斯基以有发言权代表身分出席了会议。

　　这次会议是布拉格代表会议以后召开的第二次中央委员会扩大会议。会议议程除决议所包括的各项问题外，还有各地的报告，关于波兰和立陶宛社会民主党工作的报告、关于布拉格代表会议选出的中央委员会工作的总结报告，以及关于即将在维也纳召开的国际社会党代表大会。会议是在列宁领导下进行的。他在会上致了开幕词和闭幕词，作了中央委员会工作的总结报告、关于民族问题的报告和关于将在维也纳举行的国际社会党代表大会的报告，就议程上几乎所有问题发了言。会议总结了中央委员会克拉科夫会议以来党的工作，决定了党的新任务。就所讨论的问题和通过的决议的重要性来说，这次会议相当于一次代表会议。俄国社会民主工党中央委员会关于这次会议的《通报》对这次会议作了介绍，并对会议的决议作了补充说明（见《苏联共产党代表大会、代表会议和中央全会决议汇编》第 1 分册，人民出版社，1964，第 388~396 页）。

[2] 崩得（立陶宛、波兰和俄罗斯犹太工人总联盟）于 1897 年 9 月在维尔诺成立。参加这个组织的主要是俄国西部各省的犹太手工业者。崩得在成立初期曾进行社会主义宣传，后来在争取废除反犹太特别法律的斗争过程中滑到了民族主义立场上。在 1898 年俄国社会民主工党第一次代表大会上，崩得作为只在专门涉及犹太无产阶级的问题上独立的"自治组织"，加入了俄国社会民主工党。在 1903 年俄国社会民主工党第二次代表大会上，崩得分子要求承认崩得是犹太无产阶级的唯一代表。在代表大会否决了这个要求之后，崩得退出了党。在 1906 年俄国社会民主工党第四次（统一）代表大会后崩得重新加入了党。从 1901 年起，崩得是俄国工人运动中民族主义和分离主义的代表。它在党内一贯支持机会主义派别（经济派、孟什维克和取消派），反对布尔什维克。第一次世界大战期间，崩得分子采取社会沙文主义立场。1917 年二月革命后，崩得支持资产阶级临时政府，1918~1920 年外国武装干涉和国内战争时期，崩得的领导人同反革命势力勾结在一起，而一般的崩得分子则开始转变，主张同苏维埃政权合作。1921 年 3 月崩得自行解散，部分成员加入了

俄国共产党（布）。

[3] 指1912年在维也纳举行的取消派八月代表会议通过的一个认为"民族文化自治"的机会主义口号可以同俄国社会民主工党的纲领相容的决议。实际上早在1903年俄国社会民主工党第二次代表大会讨论党纲草案时就否决过崩得分子提出的对民族自决权的条款增补民族文化自治内容的建议。八月代表会议的决议说："据高加索代表团报告，俄国社会民主工党高加索各地组织的最近一次代表会议和这些组织的机关刊物都表达了高加索同志们的一个意见，即必须提出民族文化自治的要求。代表会议在听取了这个报告以后，对这一要求的实质不表示意见，认定对党纲中承认每一民族均有自决权的条文这样解释和党纲原意并不抵触，并希望把民族问题列入即将召开的俄国社会民主工党代表大会的议程。"

[4] 俄国社会民主工党关于民族问题的这一基本口号的后半部分，在该党文件中形成文字，这里是首次。

关于民族问题的决议草稿[1]

（1913年9月）

关于民族问题的决议

Ⅰ.1. 迫切需要详尽地、周密地确定我们对民族问题的态度，这是由于

（α）历史的（客观的）原因——反革命时期的反动民族主义和资产阶级进步（甚至资产阶级民主）民族主义。

（β）党内生活的原因：崩得的分裂活动，它的分离主义，它同保持民族主义特征的非社会民主主义的政党（波兰社会党）的联盟，它利用斯德哥尔摩代表大会的妥协性决议[2]进行的破坏活动。"最坏类型的联邦制"的瓦解。

Ⅱ.2. 关于自决这一条**只**意味着政治分离。

3. 这一条对俄国是必要的，这是由于

（α）一般的民主原则

（β）被压迫民族居住在边疆地区

（γ）资产阶级民主变革在整个东欧，特别是在俄国都未完成

（δ）无论同西方还是同东方相比较，俄国的国家制度（**君主制**）最为反动。

4. 承认自决权只意味着

（α）要求通过挪威方式的民主途径解决问题

（β）既同黑帮也同否认这一权利的自由派进行斗争——用反民族主义的精神教育群众（庄稼汉！）

5. 这一权利绝不排斥无产阶级独立的评价，相反正要求这种评价。

6. 1905年波兰和芬兰的例子，表明地主的政党和资产阶级民族主义的政党向尼古拉二世的君主制靠拢，——表明波兰和芬兰的工人受本国民族主义资产阶级的欺骗，——表明工人如果宁可在政治上（和思想上）向自己的资产阶级靠拢，而不愿同其他民族的无产阶级统一，那么这对社会主义、民主主义和自己祖国来说，都是背叛。

Ⅰ.7. 民族和语言的一律平等。由国家出资保障当地居民的语言。

8. 反对"国"语。

9. 重新规定国家的行政区划。

10. 关于保障少数民族权利等等的全国性法律等。

Ⅴ.11. 对民族文化自治的否定态度

（α）"民族文化"的口号在思想政治上不正确

（β）违反无产阶级的国际主义

（γ）用资产阶级民族主义思想影响群众

（δ）不顾集中的民主变革任务（指出所谓的民族分离道路，但在实际上只可能进行集中的民主变革）

（ε）一个处于帮会状态的民族（犹太）的所有资产阶级政党宣传这一口号

（ζ）在办学校方面，把无产阶级（居住在一起的各民族的）分开是有害的，需要联合。

Ⅴ.12. 一切组织中的各民族工人打成一片。

13. 不是党的联邦制，而是党的整体制（高加索等）。

载于《列宁文集》第30卷，1937年俄文版

选自《列宁全集》第24卷，第405~407页

注释：

[1] 1913年9月26日和28日（10月9日和11日），列宁在有党的工作者参加的俄国社会民主工党中央委员会波罗宁会议上，作了关于民族问题的长篇报告。关于这个问题的决议草案没有保存下来。这个决议草稿大概就是该决议草案的提纲。波罗宁会议关于民族问题的决议，见《列宁全集》第24卷，第60~62页。

[2] 指1906年4月10~25日（4月23日~5月8日）在斯德哥尔摩召开的俄国社会民主工党第四次（统一）代表大会所通过的《崩得同俄国社会民主工党统一的条件草案》。根据草案第1条，崩得被承认是"犹太无产阶级的组织，其活动不受地区范围的限制"；根据草案第8条，崩得有权派代表参加俄国社会民主工党的中央委员会和出席国际社会党代表大会的代表团（见《苏联共产党代表大会、代表会议和中央全会决议汇编》第1分册，人民出版社，1964，第162~163页）。

资本主义和工人移民

(1913年10月29日〔11月11日〕)

资本主义创造了一种特殊的移民方式。工业迅速发展的国家大量采用机器,把落后国家排挤出世界市场,同时又把工资提高到平均工资水平以上,从落后国家招收雇佣工人。

这样,数以万计的工人就奔向几百几千俄里以外的地方。先进的资本主义强行将他们纳入自己的发展轨道,使他们离开穷乡僻壤去参加全世界历史性的运动,使他们面对一个强大的联合起来的国际工业主阶级。

毫无疑问,资本家剥削移民工人丧尽天良。但是,只有反动派才会无视当前这种移民的**进步**意义。不进一步发展资本主义,不在资本主义基地上进行阶级斗争,就谈不到也不可能摆脱资本的压迫。也正是资本主义吸引**全**世界劳动群众参加这场斗争,不断打破地方生活的沉寂和保守状态,消除民族间的隔阂和偏见,把来到美国、德国和其他国家最大的工厂和矿山的各国工人联合起来。

各国中以美国输入工人最多。下面是向美国移民的人数的材料:

1821~1830年的10年间	99000人
1831~1840年的10年间	496000人
1841~1850年的10年间	1597000人
1851~1860年的10年间	2453000人

续表

1861～1870 年的 10 年间	2064000 人
1871～1880 年的 10 年间	2262000 人
1881～1890 年的 10 年间	4722000 人
1891～1900 年的 10 年间	3703000 人
1901～1909 年的 9 年间	7210000 人

移民增加，十分迅速，并且有增无减。1905～1909 年的 5 年间，平均每年到美洲的移民（这里仅指美国）达 **100 万人以上**。

此外，值得注意的是移民（即移居美国的侨民）成分的变化。1880 年以前，大部分是所谓**老侨民**，来自文明古国英国、德国、一部分来自瑞典。即使到了 1890 年，英德侨民的总数也还超过侨民总数的一半。

从 1880 年起，来自东欧和南欧即奥地利、意大利和俄国的所谓**新侨民**开始猛增。这三个国家在美国的侨民人数如下：

1871～1880 年的 10 年间	201000 人
1881～1890 年的 10 年间	927000 人
1891～1900 年的 10 年间	1847000 人
1901～1909 年的 9 年间	5127000 人

因此，在整个生活制度中农奴制残余保留得最多的旧世界最落后的国家，可以说，被强迫去学习文明。美国资本主义使落后的东欧（其中包括俄国，1891～1900 年它提供的移民为 594000 人，1900～1909 年则为 1410000 人）的数百万工人摆脱了半中世纪状态，加入了先进的国际无产阶级大军的行列。

去年出版了一本很有教益的英文书《移民与劳动》，该书作者古尔维奇作了很有意义的考察。1905 年革命后，移居美国的人数激增（1905 年是 100 万，1906 年是 120 万，1907 年是 140 万，1908～1909 年达 190 万）。在俄国经历过各种罢工的工人，把更勇敢、更具有进攻性的群众性罢工的精神也带到了美国。

俄国把自己的一部分优秀工人送到国外,而本身却愈来愈落后了;美国由于从世界各国吸收了最积极、劳动力最强的工人而日益迅速向前发展①。

德国和美国的发展水平大体相同,它从一个输出工人的国家变成为招收他国工人的国家。1881~1890年的10年间,自德国移居美国的达1453000人,1901~1909年的9年,就减少到310000人了。1910~1911年,在德国的外国工人是695000人,而1911~1912年就有729000人。如果我们看看这些人的职业和国籍的分布,就会得到下列情况:

1911~1912年德国的外籍工人

(单位:千)

	在农业方面	在工业方面	共计
来自俄国	274	34	308
来自奥地利	101	162	263
来自其他国家	22	135	157
共计	397	331	728

国家愈是落后,它所提供的未经训练的、"干粗活的"农业工人就愈多。先进的民族可以说总是捞取好的工种,把坏的工种留给半开化的国家。欧洲("其他国家")总共给德国提供了157000名工人,其中8/10以上(157000人中有135000人)是产业工人。落后的奥地利提供的产业工人只占6/10(263000人中有162000名产业工人)。最落后的俄国总共只提供1/10的产业工人(308000人中有34000名产业工人)。

可见,俄国因为落后到处挨打。但是,俄国工人比起其他国家的人民

---

① 除美国外,其他美洲国家也在迅速前进。去年,到美国去的移民将近25万,到巴西去的将近17万,到加拿大的达20多万,全年共计62万。

来，就更加努力地摆脱这种落后和野蛮的状态，更能给祖国的这些"可爱"特征以坚决的反击，更能紧密地同各国工人团结成一支全世界的解放力量。

资产阶级唆使一个民族的工人反对另一个民族的工人，千方百计分裂他们。觉悟的工人懂得，消除资本主义所造成的各民族间的隔阂具有必然性和进步性，因此他们正在竭力帮助启发落后国家的同志，并使他们组织起来。

载于《拥护真理报》，1913年10月29日，第22号

选自《列宁全集》第24卷，第95~98页

关于民族问题的批评意见[1]

（1913年10~12月）

在俄国社会生活诸问题中，民族问题目前已经很突出，这是显而易见的。无论是反动派的民族主义气焰嚣张，还是反革命资产阶级自由派转向民族主义（特别是转向大俄罗斯民族主义，其次是转向波兰、犹太、乌克兰以及其他的民族主义），甚至各个不同"民族的"（也就是非大俄罗斯的）社会民主党人中民族主义的动摇思想日趋严重，发展到违反党纲的地步，——这一切都绝对要求我们比以往更加关注民族问题。

本文的目的，就是专门对马克思主义者和也是马克思主义者在民族问题上的这些涉及纲领的动摇思想从总的方面进行研究。我在《北方真理报》第29号上（1913年9月5日《自由派和民主派对语言问题的态度》)①谈过自由派在民族问题上的机会主义。犹太机会主义报纸《时报》[2]发表的弗·李普曼先生的文章，对我这篇文章进行抨击。另一方面，乌克兰的机会主义分子列夫·尤尔凯维奇先生也批评了俄国马克思主义者的民族问题纲领（1913年《钟声》杂志[3]第7~8期合刊）。这两位著作家提到的问题很多，要回答他们，就非得涉及我们这个题目的各个方面不可。因此，我感到最方便的办法就是先转载《北方真理报》的那篇文章。

---

① 见《列宁全集》第23卷，第423~426页。——编者注

1. 自由派和民主派对语言问题的态度

许多报纸都不止一次地提到高加索总督的报告。这个报告的特点并不在于它的黑帮反动主张，而在于它的羞羞答答的"自由主义"。顺便提一下，总督表示反对人为的俄罗斯化，即反对非俄罗斯民族俄罗斯化。高加索非俄罗斯民族的代表**自己**就在竭力教儿童讲俄语，例如，在不一定要教俄语的亚美尼亚教会学校里就有这种情形。

俄国发行最广的自由派报纸之一《俄罗斯言论报》[4]（第198号）指出了这一点，并且作了一个公正的结论：在俄国，俄语之所以遭到敌视，"完全是"由于"人为地"（应当说：强制地）推广俄语"引起的"。

该报写道："用不着为俄语的命运担心，它自己会得到全俄国的承认。"这说得很对，因为经济流转的需要总是要使居住在一个国家内的各民族（只要他们愿意居住在一起）学习多数人使用的语言。俄国的制度愈民主，资本主义的发展就会愈有力、愈迅速、愈广泛，经济流转的需要就会愈迫切地推动各个民族去学习最便于共同的贸易往来的语言。

但是自由派报纸很快就自己打自己的嘴巴，证明它的自由主义不彻底。

该报写道："就是反对俄罗斯化的人里面也未必会有人反对象俄国这样大的国家应当有一种全国通用的语言，而这种语言……只能是俄语。"

逻辑正好相反！瑞士没有**一**种全国通用的语言，而是有三种语言——德语、法语和意大利语，但是小小的瑞士并没有因此吃亏，反而得到了好处。在瑞士居民中，德意志人占70%（在俄国，大俄罗斯人占43%），法兰西人占22%（在俄国，乌克兰人占17%），意大利人占7%

（在俄国，波兰人占6％，白俄罗斯人占4.5％）。在瑞士，意大利人在联邦议会经常讲法语，这并不是由于某种野蛮的警察法（在瑞士没有这种法律）强迫他们这样做，而纯粹是由于民主国家的文明公民自己愿意使用多数人都懂得的语言。法语之所以没有引起意大利人的仇视，是因为它是一个自由的、文明的民族的语言，而不是靠令人厌恶的警察措施强迫别人接受的语言。

为什么民族成分复杂得多而又极端落后的"庞大的"俄国却一定要保留一种语言的特权，从而**妨碍**自己的发展呢？自由派先生们，情况不是正好相反吗？如果俄国想赶上欧洲，它不是应当尽量迅速、彻底、坚决地取消一切特权吗？

如果取消一切特权，如果不再强迫使用一种语言，那么所有的斯拉夫人就会很快而且很容易地学会相互了解，就不用担心在联邦议会里使用不同的语言发言这一"可怕的"主张。经济流转的需要本身自然会**确定**一个国家的哪种语言使用起来对多数人的贸易往来**有好处**。由于这种确定是各民族的居民自愿接受的，因而它会更加巩固，而且民主制实行得愈彻底，资本主义因此发展得愈迅速，这种确定也就会愈加迅速、愈加广泛。

自由派对待语言问题也象对待所有的政治问题一样，活象一个虚伪的小商人，一只手（公开地）伸给民主派，另一只手（在背后）却伸给农奴主和警察。自由派分子高喊：我们反对特权；但在背后却向农奴主时而要求这种特权，时而要求那种特权。

一切自由派资产阶级的民族主义都是这样的，不仅大俄罗斯的民族主义（它是最坏的，因为它带有强制性，并且同普利什凯维奇之流有着血缘关系）是这样，波兰的、犹太的、乌克兰的、格鲁吉亚的以及一切其他的民族主义也是这样。无论在奥地利还是在俄国，**一切**民族的资产阶级都高喊"民族文化"这个口号，**实际上**是在分裂工人，削弱民主派，同农奴主大做出卖人民权利和人民自由的交易。

工人民主派的口号不是"民族文化"，而是民主主义和全世界工人运动的国际主义文化。让资产阶级用各种"良好的"民族纲领去欺骗人民吧。觉悟的工人将这样回答他们：解决民族问题的办法只有一个（如果说在资本主义世界，在追逐金钱、互相争吵和人剥削人的世界，民族问题能够解决的话），那就是实行彻底的民主主义。

证据是：西欧的瑞士是一个具有古老文化的国家，东欧的芬兰是一个具有新兴文化的国家。

工人民主派的民族纲领是：绝不允许任何一个民族，任何一种语言享有任何特权；采取完全自由和民主的办法解决各民族的政治自决问题，即各民族的国家分离权问题；颁布一种全国性的法律，规定凡是赋予某一民族任何特权、破坏民族平等或侵犯少数民族权利的措施（地方自治机关的、城市的、村社的等等），都是非法的和无效的，同时国家的每一个公民都有权要求取消这种违反宪法的措施，都有权要求给予采取这种措施的人以刑事处分。

各民族的资产阶级政党由于语言问题以及其他问题而争吵不休，工人民主派则反对这样争吵，要求在**一切**工人组织中，即在工会组织、合作社组织、消费合作社组织、教育组织以及其他一切组织中，**各**民族的工人无条件地统一，并且完全打成一片，以对抗各种资产阶级的民族主义。只有这样的统一，这样的打成一片，才能捍卫民主，捍卫工人的利益而反对资本（资本已经成为而且愈来愈成为国际资本），捍卫人类向不容许任何特权、任何剥削现象的新的生活制度发展的利益。

2. "民族文化"

读者看到，《北方真理报》上的那篇文章通过一个实例即通过全国性的语言问题阐明了自由派资产阶级的不彻底性和机会主义，说明了自由派资产阶级在民族问题上有一只手伸给农奴主和警察。谁都知道，除了全国通用的语言问题外，在其他一系列类似的问题上，自由派资产阶级的表现也很阴险、虚伪和愚蠢（甚至从自由派的利益来看也是如此）。

由此可以得出什么结论呢？结论是：**任何**自由派资产阶级的民族主

义，都会在工人中起严重的腐蚀作用，都会使自由的事业和无产阶级阶级斗争的事业遭受极大的损失。尤其危险的是，资产阶级的（以及资产阶级-农奴主的）趋向是以"民族文化"的口号**作掩护**的。黑帮和教权派以及**一切**民族的资产者，都在大俄罗斯的、波兰的、犹太的、乌克兰的等等民族文化的幌子下，干反动肮脏的勾当。

如果用马克思主义的观点，即用阶级斗争的观点来观察现代的民族生活，如果把口号同阶级利益和阶级政策加以对照而不是同空洞的"一般原则"、高调和空话加以对照，那么事实就是如此。

民族文化的口号是资产阶级的（而且常常是黑帮-教权派的）骗局。我们的口号是民主主义的和全世界工人运动的各民族共同的文化。

于是崩得分子李普曼先生失去克制而大打出手，写了一大段杀气腾腾的话对我大肆攻击：

> 凡是对民族问题略知一二的人，都知道各民族共同的（интернационалъная）文化并不是非民族的（иннационалъная）① 文化（没有民族形式的文化）；非民族的文化，即既不应当是俄罗斯的，也不应当是犹太的，更不应当是波兰的，而只应当是纯粹的文化，这种非民族的文化是荒谬的；超越民族的思想只有适合工人的语言、适合工人生活的具体民族条件，才能成为工人阶级所亲近的思想；工人对自己的民族文化状况及其发展不应当漠不关心，因为通过民族文化，而且只有通过民族文化，工人才有可能参加"民主主义的和全世界工人运动的各民族共同的文化"。这是大家早已知道的，然而对这一切，弗·伊·却不愿意知道……

请仔细考虑考虑这个典型的崩得分子用来驳倒我提出的马克思主义的

---

① Интер——在……之间；ин——非；интернациональный——各民族间的，国际的；иннациональный——非民族的，非国民的，无民族的，无国民的。

论点的议论吧。崩得分子先生非常自信,俨然以"了解民族问题"的人自居,把常见的资产阶级观点当作"大家早已知道的"真理奉献给我们。

是的,亲爱的崩得分子,各民族共同的文化不是非民族的。谁也没有否认过这一点。谁也没有宣布过什么既不是波兰的,也不是犹太的,更不是俄罗斯等等的"纯粹"文化,可见你说了一大堆废话只不过是想转移读者的注意力,想用空话来掩盖事情的本质。

每个民族文化,都有一些民主主义的和社会主义的即使是不发达的文化**成分**,因为**每个**民族都有被剥削劳动群众,他们的生活条件必然会产生民主主义的和社会主义的意识形态。但是**每个**民族也都有资产阶级的文化(大多数还是黑帮的和教权派的),而且这不仅表现为一些"成分",而表现为**占统治地位的**文化。因此,笼统说的"民族文化"**就是**地主、神父、资产阶级的文化。崩得分子避而不谈这个对马克思主义者来说是最起码的基本的道理,而"大谈"其空话,这实际上就是**反对**揭露和阐明阶级鸿沟,把阶级鸿沟掩盖起来,使读者看不清楚。**实际上**,崩得分子和资产者的表现一样,因为资产者的整个利益要求散布对超阶级的民族文化的信仰。

我们提出"民主主义的和全世界工人运动的各民族共同的文化"这个口号,**只是从每一个**民族的文化中抽出民主主义和社会主义的成分,我们抽出这些成分**只是**并且**绝对**是为了对抗**每个**民族的资产阶级文化、资产阶级民族主义。任何一个民主主义者,特别是任何一个马克思主义者,都不会否认语言平等,不会否认用母语同"本民族的"资产阶级进行论战、向"本民族的"农民和小市民宣传反教权派的思想或反资产阶级的思想的必要性,这是用不着多说的,但是崩得分子却用这些无可争辩的道理来掩盖争论的问题,也就是掩盖问题的实质。

问题在于:马克思主义者可否直接或间接提出民族文化的口号呢,还是说必须"适应"各地方和各民族的特点,用各种语言宣传工人的**国际主义**口号以**反对**民族文化这一口号。

"民族文化"这个口号的含义,不取决于这位知识分子的诺言或他想

"说明"这个口号"是指通过它来推行各民族共同的文化"的善良愿望。这样看问题就是幼稚的主观主义。民族文化这个口号的含义,取决于这个国家同世界各国各阶级的客观相互关系。资产阶级的民族文化就是一个**事实**(而且我还要重说一遍,资产阶级到处都在同地主和神父勾结)。气焰嚣张的资产阶级民族主义麻醉、愚弄和分化工人,使工人听任资产阶级摆布,——这就是当代的基本事实。

谁想为无产阶级服务,谁就应当联合各民族工人,不屈不挠地同"**自己的**"和别人的资产阶级民族主义作斗争。谁拥护民族文化的口号,谁就只能与民族主义市侩为伍,而不能与马克思主义者为伍。

举个具体例子。大俄罗斯的马克思主义者能采纳大俄罗斯的民族文化这个口号吗?不能。这样的人应当请他到民族主义者那儿去,而不应让他呆在马克思主义者当中。我们的任务是同占统治地位的、黑帮和资产阶级的大俄罗斯民族文化作斗争,完全用国际主义精神并通过同别国的工人结成最紧密的联盟,来培植那些在我国民主工人运动史上出现的幼苗。你的任务是同本国的大俄罗斯的地主和资产者作斗争,反对他们的"文化","适应"普利什凯维奇和司徒卢威之流的特点为国际主义而斗争,不是去鼓吹民族文化这一口号,不是让这个口号畅行无阻。

对于最受压迫最受欺凌的民族——犹太民族来说同样如此。犹太的民族文化,这是拉比和资产者的口号,是我们敌人的口号。但是犹太的文化中和犹太人的全部历史中还有别的成分。全世界1050万犹太人中,有一半多一点居住在落后的、半野蛮的加里西亚和俄国境内,这两个国家**用暴力**把犹太人置于帮会地位。另一半居住在文明世界,那里的犹太人没有帮会式的隔绝。那里犹太文化明显地表现出具有世界进步意义的伟大特征:它的国际主义,它对时代的先进运动的同情(犹太人参加民主运动和无产阶级运动的百分比,任何地方都高于犹太人在居民中所占的百分比)。

谁直接或间接地提出犹太"民族文化"的口号,谁(不管他的愿望多么好)就是无产阶级的敌人,谁就在维护犹太的旧的和**帮会的一套**,谁就是拉比和资产者的帮凶。相反,犹太的马克思主义者已经同俄罗斯、立陶宛、乌克兰以及其他民族的工人在国际主义的马克思主义组织之中打成一片，并且为建立工人运动的各民族共同的文化作出自己的贡献（既用俄语又用依地语），也正是这些犹太人不顾崩得的分离主义，继承了犹太人的优良传统，同时反对"民族文化"这一口号。

资产阶级的民族主义和无产阶级的国际主义——这是两个不可调和的敌对口号，这两个同整个资本主义世界的两大阶级营垒相适应的口号，代表着民族问题上的**两种政策**（也是两种世界观）。崩得分子维护民族文化这一口号，并且根据这个口号制定出所谓"民族文化自治"的一揽子计划和实践纲领，因此，他们**实际上**充当了向工人传播资产阶级民族主义的人。

3. 民族主义的吓人字眼——"同化"

同化①问题，即失去民族特点，变成另一个民族的问题，清楚地表明了崩得分子及其同道者的民族主义动摇思想所产生的后果。

李普曼先生正确地转述和重复了崩得分子惯用的论据，更确切些说，转述和重复了崩得分子的手法，他把本国的各民族工人必须在统一的工人组织之中统一和打成一片的这个要求（见上面提到的《北方真理报》刊载的那篇文章的最后一段）叫作"**同化的陈词滥调**"。

关于《北方真理报》那篇文章的结尾，弗·李普曼先生说："因此，要是有人问你属于哪个民族，工人就应该回答说：我是社会民主党人。"

我们的崩得分子认为这种说法俏皮极了。其实，**这种立意反对**彻底民主主义和**马克思主义**口号的俏皮话和关于"同化"的叫嚣，正是他们的彻底自我揭露。

发展中的资本主义在民族问题上有两种历史趋势。民族生活和民族运

---

① 字面的意思是同类化，一律化。

动的觉醒，反对一切民族压迫的斗争，民族国家的建立，这是其一。各民族彼此间各种交往的发展和日益频繁，民族隔阂的消除，资本、一般经济生活、政治、科学等等的国际统一的形成，这是其二。

这两种趋势都是资本主义的世界性规律。第一种趋势在资本主义发展初期是占主导地位的，第二种趋势标志着资本主义已经成熟，正在向社会主义社会转化。马克思主义者的民族纲领考虑到这两种趋势，因而首先要维护民族平等和语言平等，不允许在这方面存在任何**特权**（同时维护民族自决权，关于这一点下面还要专门谈），其次要维护国际主义原则，毫不妥协地反对资产阶级民族主义（哪怕是最精致的）毒害无产阶级。

试问，我们的崩得分子向苍天高喊反对"同化"，他指的究竟是什么呢？这里他**不会是**指对民族采取暴力和某个民族**应享有特权**，因为"同化"二字在这里根本不适合；因为所有的马克思主义者，不论是个人还是正式的统一整体，都非常明确而**毫**不含糊地斥责过哪怕是最轻微的民族暴力、压迫和不平等现象；还因为那篇遭到崩得分子攻击的《北方真理报》的文章，也十分坚决地阐明了这个一般的马克思主义思想。

不。这里含糊其辞是不行的。李普曼先生在斥责"同化"时，他指的既**不是**暴力，也**不是**不平等，更**不是**特权。那么同化这一概念，除了一切暴力和一切不平等现象外，还有没有什么实际的东西呢？

还有消除民族隔阂、消灭民族差别、使各民族**同化**等等具有世界历史意义的资本主义趋势，这种趋势每过10年就显得更加强大，并且是使资本主义向社会主义转化的最大推动力之一。

谁不承认和不维护民族平等和语言平等，不同一切民族压迫或不平等现象作斗争，谁就不是马克思主义者，甚至也不是民主主义者。这是毫无疑问的。但是，大骂其他民族的马克思主义者主张"同化"，这样的假马克思主义者实际上不过是**民族主义的市侩**而已，这也是毫无疑问的。所有的崩得分子以及（我们就要看到的）列·尤尔凯维奇和顿佐夫先生之流的乌克兰民族社会党人，都属于这类不值得尊敬的人物之列。

为了具体说清楚这些民族主义市侩的观点的十足反动性，我们引证三种材料。

反对俄国正统派马克思主义者的"同化"喊得最厉害的是俄国的犹太民族主义者，特别是其中的崩得分子。不过，从上面引证的材料可以看到，全世界1050万犹太人中，**约一半人**生活在**文明**世界里，处在"同化"**最多**的条件下；只有俄国和加里西亚的被蹂躏的、无权的、受普利什凯维奇之流（俄国和波兰的）压迫的不幸的犹太人，才生活在"同化"**最少**、隔绝得最厉害，甚至还有"犹太区"[5]、"百分比限额[6]"以及其他普利什凯维奇式的种种好处的条件下。

卡·考茨基和奥·鲍威尔说，文明世界的犹太人不是一个民族，他们被同化得最厉害。加里西亚和俄国的犹太人不是一个民族，很遗憾，他们（**不是**由于他们的过错，而是由于普利什凯维奇之流的过错）在这里还是**帮会**。这就是那些完全了解犹太人历史并且考虑到上述种种事实的人所作的无可争辩的论断。

这些事实究竟说明了什么呢？说明只有犹太的反动市侩才会高喊反对"同化"，他们想使历史的车轮倒转，想让历史不要从俄国和加里西亚的制度走向巴黎和纽约的制度，而是想让历史开倒车。

在世界历史上享有盛名的犹太优秀人物，其中出现过全世界民主主义和社会主义的先进领袖，他们从未高喊过反对同化。只有那些肃然起敬地注视犹太人"后背"[7]的人才高喊反对同化。

在现代先进的资本主义条件下，民族同化过程的规模一般究竟有多大，以北美合众国的移民材料为例就可以得出一个大致的概念。1891～1900这10年，欧洲有370万人去那里，而1901～1909这9年，就有720万人。根据1900年的统计调查，合众国有1000多万外国人。而纽约州活象一个磨掉民族差别的磨坊，根据这份统计调查，这里有78000多奥地利人，136000英国人，20000法国人，480000德国人，37000匈牙利人，425000爱尔兰人，182000意大利人，70000波兰人，166000俄国移民（大部分是犹太人），43000瑞典人等等。在纽约州以巨大的国际规模发生的过程，现在也在**每个**大城市和工厂区发生了。

谁没有陷进民族主义偏见，谁就不会不把资本主义的民族同化过程看作是极其伟大的历史进步，看作是对各个偏僻角落的民族保守状态的破坏，对俄国这样的落后国家来说尤其如此。

就拿俄国和大俄罗斯人对乌克兰人的态度来说吧。自然，任何一个民主主义者，马克思主义者就更不用说了，都会坚决反对骇人听闻的对乌克兰人的侮辱，都会要求保证他们享有完全平等的权利。但是，如果**削弱**目前存在的乌克兰无产阶级同大俄罗斯无产阶级在一国范围内的联系和联盟，那就是直接背叛社会主义，**甚至**从乌克兰人的资产阶级的"民族任务"来看，这也是愚蠢的政策。

列夫·尤尔凯维奇先生，自称也是"马克思主义者"（不幸的马克思！），他就是推行这种愚蠢政策的榜样。尤尔凯维奇先生写道：1906年索柯洛夫斯基（巴索克）和卢卡舍维奇（图恰普斯基）断言，乌克兰的无产阶级已经完全俄罗斯化了，因此它不需要另立组织。尤尔凯维奇先生根本不打算举出任何一件**涉及问题实质**的事实，而是抓住这一点对他们二人进行攻击，完全以最低级、愚蠢和反动的民族主义精神，歇斯底里地狂叫什么这是"民族的消极性"，是"对民族的背弃"，扬言这些人"分裂了〈!!〉乌克兰的马克思主义者"等等。尤尔凯维奇先生硬说，现在我们这里，尽管"工人的乌克兰民族意识增强了"，但是有"民族意识的"工人还是**少数**，多数人"仍然处于俄罗斯文化的影响下"。这位民族主义的市侩大声疾呼，我们的任务"不是跟着群众走，而是率领群众前进，向他们说明民族的任务（民族事业）"（《钟声》杂志第89页）。

尤尔凯维奇先生的所有这些议论完全是资产阶级民族主义的议论。但是，甚至在资产阶级民族主义者（他们中一些人想使乌克兰获得完全平等和自治，另一些人想建立一个独立的乌克兰国家）看来，这种议论也是不值一驳的。反对乌克兰人谋求解放的意愿的是大俄罗斯和波兰的地主阶级以及这两个民族的资产阶级。什么样的社会力量有能力抵抗这些阶级呢？20世纪的头10年已经作出实际的回答，只有率领民主主义农民的工人阶级才是这种社会力量。如果真正的民主力量获得胜利，民族暴力就不可能存在，而尤尔凯维奇先生则竭力分裂这种真正的民主力量，从而削弱它，因此他不仅背叛了民主派的利益，而且背叛了本民族即乌克兰的利益。只有大俄罗斯和乌克兰的无产者统一行动，才**可能**有自由的乌克兰，没有这种统一行动，就根本谈不上这一点。

然而，马克思主义者并不受资产阶级民族观点的限制。在南部即乌克兰，已有好几十年十分清楚地显示出较快的经济发展过程，乌克兰把数以几万、几十万计的大俄罗斯农民和工人吸引到资本主义农场、矿山和城市中去了。在这些地方，大俄罗斯的无产阶级和乌克兰的无产阶级"同化"的事实是无可置疑的。而**这一事实肯定**是进步的。资本主义把大俄罗斯或乌克兰愚蠢、保守、死守在穷乡僻壤的不开化的庄稼汉变为流动的无产者，这些无产者的生活条件既打破了大俄罗斯特有的民族狭隘性，也打破了乌克兰特有的民族狭隘性。假定说，大俄罗斯和乌克兰之间以后要划国界，但是即使在这种情况下，大俄罗斯工人和乌克兰工人"同化"的历史进步性也是不容置疑的，这和美国的民族界限的磨掉有其进步性一样。乌克兰和大俄罗斯愈自由，资本主义的发展就会**愈广泛愈迅速**，那么资本主义将会更加有力地把国内各地区的**各民族**工人和各邻国（如果俄罗斯成了乌克兰的邻国的话）的劳动群众吸引到城市、矿山和工厂里去。

列夫·尤尔凯维奇先生的所作所为，活象是一个十足的资产者，而且是一个狭隘愚蠢、鼠目寸光的资产者即市侩，他为了乌克兰的民族事业的一时成就而将两个民族的**无产阶级**彼此交往、联合、同化的利益置之脑后。资产阶级民族主义者和跟着他们跑的尤尔凯维奇和顿佐夫先生之流可怜的马克思主义者说，首先是民族的事业，然后才是无产阶级的事业。而我们说，首先是无产阶级的事业，因为它不仅能保证劳动的长远根本利益和人类的利益，而且能保证民主派的利益，而没有民主，无论是自治的乌克兰，还是独立的乌克兰，都是不可思议的。

最后，在尤尔凯维奇先生层出不穷的关于民族主义的奇谈怪论中，还应当指出下面一点。他说，乌克兰工人中有民族意识的是少数，"多数人仍然处于俄国文化的影响下"（більшість перебувае ще лід впливом російської культури）。

在谈到无产阶级时，这种把整个乌克兰文化同整个大俄罗斯文化对立起来的做法，就是对无产阶级利益的最无耻的背叛，为资产阶级民族主义效劳。

我们要告诉一切民族的社会党人：每一个现代民族中，都有两个民族。每一种民族文化中，都有两种民族文化。一种是普利什凯维奇、古契柯夫和司徒卢威之流的大俄罗斯文化，但是还有一种是以车尔尼雪夫斯基和普列汉诺夫的名字为代表的大俄罗斯文化。乌克兰同德国、法国、英国和犹太人等等一样，也有**这样两种**文化。如果说多数乌克兰工人处于大俄罗斯文化的影响下，那么我们就确凿地知道了，除了大俄罗斯神父的和资产阶级的文化思想外，还有大俄罗斯的民主派和社会民主党的思想在产生影响。乌克兰的**马克思主义者**在同前一种"文化"作斗争时，总是要把后一种文化区别开来，并且要告诉自己的工人们："必须用全力抓住、利用、巩固一切机会，同大俄罗斯的觉悟工人相交往，阅读他们的书刊，了解他们的思想，乌克兰的工人运动的根本利益和大俄罗斯的工人运动的根本利益**都**要求这样做。"

一个乌克兰的马克思主义者对大俄罗斯压迫者的仇恨是**完全合情合理的**，但是如果忘乎所以，**以致**对大俄罗斯工人的无产阶级文化和无产阶级事业也仇恨起来，哪怕只有一点儿，哪怕仅仅采取疏远态度，那么这个马克思主义者也就会滚入资产阶级民族主义的泥潭。如果一个大俄罗斯的马克思主义者哪怕只是一分钟忘记了乌克兰人对于完全平等的要求，或者忘记了他们享有建立独立国家的**权利**，那么他同样也会滚入民族主义的泥潭，并且不仅会滚入资产阶级民族主义的泥潭，而且还会滚入黑帮民族主义的泥潭。

只要大俄罗斯和乌克兰的工人生活在一个国家里，他们就应该一同通过组织上最紧密的统一和打成一片，维护无产阶级运动共同的文化或各民族共同的文化，以绝对宽容的态度对待用何种语言进行宣传的问题和在这种宣传中如何照顾一些纯地方的或纯民族的**特点**问题。这就是马克思主义的绝对要求。任何鼓吹把一个民族的工人同另一个民族的工人分离开来的论调，任何攻击马克思主义的"同化"的言论，任何在涉及无产阶级的问题时把某个民族文化当作整体同另一个据说是整体的民族文化相对立等等的行为，都是**资产阶级**民族主义，应该与之作无情的斗争。

4. "民族文化自治"

"民族文化"这个口号问题对于马克思主义者之所以意义重大，不仅是因为它决定了我们在民族问题上的整个宣传鼓动工作的思想内容不同于资产阶级的宣传，而且还因为臭名远扬的民族文化自治的一整套纲领是以这个口号为依据的。

这个纲领主要的、根本的缺陷，就在于它竭力要实现最精致、最绝对、最彻底的民族主义。这个纲领的实质是：每一个公民都登记加入某一个民族，每一个民族就是一个法律上的整体，有权强迫自己的成员纳税，有本民族的议会（国会），有本民族的"国务大臣"（大臣）。

这种思想用到民族问题上，正如蒲鲁东思想用到资本主义上一样。不是消灭资本主义及其基础——商品生产，而是**清除**这个基础的各种弊端和赘瘤等等；不是消灭交换和交换价值，而相反，是"确立"交换价值，使之成为普遍的、绝对的、"**公正的**"、没有波动、没有危机、也没有弊端的东西。——这就是蒲鲁东思想。

蒲鲁东是小资产阶级，他的理论把交换和商品生产绝对化，把它当作宝贝，而"民族文化自治"的理论和纲领也是小资产阶级的，同样是把资产阶级民族主义绝对化，把它当作宝贝，清除其中的暴力、不公正等等现象。

马克思主义同民族主义是不能调和的，即使它是最"公正的"、"纯洁的"、精致的和文明的民族主义。马克思主义提出以国际主义代替一切民族主义，这就是各民族通过高度统一而达到融合，我们亲眼看到，在修筑每一俄里铁路，建立每一个国际托拉斯，建立每一个工人协会（首先是经济活动方面的，其次是思想方面、意向方面的国际性协会）的同时，这种融合正在加强。

民族原则在资产阶级社会中有其历史的必然性，因此，马克思主义者重视这个社会，完全承认民族运动的历史合理性。然而，不要把这种承认变成替民族主义辩护，因此应该极严格地仅限于承认这些运动中的进步东西，因此不能因为这种承认而让资产阶级思想模糊了无产阶级意识。

群众从封建沉睡状态中觉醒，反对一切民族压迫，为争取人民主权、争取民族主权而斗争，这是进步。因此，在民族问题的各个方面维护最坚决最彻底的民主主义是马克思主义者的**义不容辞**的责任。这项任务多半是消极的。可是无产阶级不能超出这项任务去支持民族主义，因为超出这项任务就属于力图**巩固**民族主义的**资产阶级**的"积极"活动了。

冲破一切封建桎梏，打倒一切民族压迫，取消一个民族或一种语言的一切特权，这是无产阶级这个民主力量的义不容辞的责任，是正在为民族纠纷所掩盖和妨碍的无产阶级阶级斗争的绝对利益。然而，**超出**这些受一定历史范围的严格限制的界限去协助资产阶级的民族主义，就是背叛无产阶级而站到资产阶级方面去了。这里有一条界线，这条界线往往是很细微的，而崩得分子和乌克兰民族社会党人却把它全忘光了。

反对一切民族压迫的斗争是绝对正确的。为一切民族发展，为笼统的"民族文化"而斗争是绝对不正确的。全世界资本主义社会的经济发展给我们提供了一些没有充分发展的民族运动的实例，提供了一些由若干小民族组成大民族或损害某些小民族而组成大民族的实例，也提供了一些民族同化的实例。资产阶级民族主义的原则是笼统的民族发展，由此而产生了资产阶级民族主义的局限性，由此而产生了难解难分的民族纠纷。无产阶级不仅不维护每个民族的民族发展，相反，还提醒群众不要抱这种幻想，无产阶级维护资本主义周转的最充分的自由，欢迎民族的一切同化，只要同化不是强制性的或者依靠特权进行的。

在某种"公正"划定的范围内巩固民族主义，"确立"民族主义，借助于专门的国家机关牢固而长期地隔离一切民族，——这就是民族文化自治的思想基础和内容。这种思想是彻头彻尾资产阶级的，是彻头彻尾虚伪的。无产阶级不能支持任何巩固民族主义的做法，相反，它支持一切有助于消灭民族差别、消除民族隔阂的措施，支持一切促进各民族间日益紧密的联系和促进各民族打成一片的措施。不这样做就站到反动的民族主义市侩一边去了。

奥地利社会民主党人在他们的布隆代表大会[8]上（1899年）讨论民族文化自治草案时，几乎没有注意对这个草案从理论上加以评价。然而，值得指出的是，当时提出了以下两个反对这一纲领的论据：（1）它会加强教权主义；（2）"它导致的后果就是使沙文主义永世长存，把沙文主义搬进每一个小团体，每一个小组"（见布隆代表大会正式德文记录第92页。这个记录有犹太民族主义政党"犹太社会主义工人党"[9]出版的俄文译本）。

毫无疑问，目前世界各国，一般含义的"民族文化"即学校等等，都处于教权派和资产阶级沙文主义者的绝对影响下。崩得分子为"民族文化"自治进行辩护，说民族的确立会使民族内部的阶级斗争成为不带任何不相干的意图的**纯粹**斗争，这是很明显很可笑的诡辩。在任何资本主义社会中，重大的阶级斗争都首先是在经济和政治领域内进行的。把教育部门**从这个**领域分出来，首先，这是一种荒谬的空想，因为要学校（以及笼统的"民族文化"）脱离经济和政治是不行的；其次，正是资本主义国家的经济和政治生活每走一步都**迫使**消除荒谬陈腐的民族隔阂和偏见，而把学校教育这一类事业分出来恰恰会保持、加剧、加强"纯粹的"教权主义和"纯粹的"资产阶级沙文主义。

在股份公司里，不同民族的资本家坐在一起，不分彼此。在工厂里，不同民族的工人在一起工作。当发生任何真正严肃而深刻的政治问题时，人们是按阶级而不是按民族来进行组合的。使教育这一类事业"不受国家管理"交给各个民族管理，恰恰是企图**把**社会生活的可以说是最高的意识形态领域同使各民族打成一片的经济**分开**，在意识形态这一领域中，对

"纯粹"民族文化的存在或教权主义和沙文主义在民族中的培植都是极为有利的。

"超地域的"（非地域的，同某一民族所居住的地域无关的）或"民族文化的"自治计划付诸实施，只能意味着**以民族划线分割教育事业**，即分民族办教育事业。只要清楚地想想著名的崩得计划的这种**真正**本质，就足以了解这个计划的十足反动性了，即使从民主派的观点来看这个计划也是极其反动的，更不用说从无产阶级争取实现社会主义的阶级斗争的观点来看了。

只要举出学校教育"民族化"的一个例子和一个草案，就可以清楚地说明问题的实质。北美合众国在全部生活中直到现在仍然划分为北方诸州和南方诸州；前者自由传统和反对奴隶主斗争的传统最多，后者奴隶占有制的传统最多，经济上压制黑人、文化上歧视黑人（黑人中44%是文盲，白人中6%是文盲）等等对黑人迫害的残余现象仍然存在。因此，在北方诸州，黑人和白人是合校上课的。在南方则有专门的——"民族的"或种族的，怎么称呼都行——黑人学校。看来，这倒是学校"民族化"的唯一实例。

东欧有一个国家直到现在还有可能发生类似贝利斯案件[10]的事情，那里的犹太人被普利什凯维奇先生们贬到比黑人还不如的地位。这个国家的内阁不久前拟了一个**犹太学校民族化**的草案。值得庆幸的是，这个反动的空想未必能够实现，奥地利的小资产者的空想也是如此，这些人对实现彻底的民主主义、对终止民族纠纷已经绝望了，于是就在学校教育方面给各民族**重重设防**，使各民族不会**因为分**校而发生纠纷……然而各民族之间却"确定地"要发生一种"民族文化"反对另一种"民族文化"的**永无休止的纠纷**。

奥地利的民族文化自治在很大程度上是著作家杜撰出来的，奥地利的社会民主党人自己都没有把它当真。但是俄国所有的犹太资产阶级政党和各民族的一些市侩机会主义分子，例如崩得分子、高加索的取消派以及俄国各民族左派民粹派政党代表会议[11]，却都把它纳入了纲领。（顺便说一

289

下，这个代表会议在1907年召开，代表会议的决议是**在俄国社会革命党和波兰社会爱国派、波兰社会党**[12]**弃权的情况下**通过的。弃权——这是社会革命党人和波兰社会党人在涉及民族纲领方面的最重要的原则问题上所采用的一种极其典型的方法！）

在奥地利，正是"民族文化自治"的最主要的理论家奥托·鲍威尔在自己的书中，用专门一章来论证对犹太人不能提出这个纲领。而在俄国，正是所有的犹太资产阶级政党及其应声虫崩得采纳了这个纲领①。这说明什么呢？这就是说，历史用另一个国家的政治实践揭露了鲍威尔的荒谬杜撰，同样，俄罗斯的伯恩施坦分子（司徒卢威、杜冈-巴拉诺夫斯基、别尔嘉耶夫之流）也用自己从马克思主义向自由主义的迅速演变的事实揭露了德国伯恩施坦派的实际思想内容。

无论是奥地利的社会民主党人，还是俄国的社会民主党人，都没有把"民族文化"自治纳入自己的纲领。然而，一个最落后的国家里的犹太资产阶级政党和许多冒牌的社会主义市侩集团却**采纳了它**，以便用精致的形式把资产阶级民族主义思想灌输到工人中去。这个事实本身很清楚地说明了问题。

既然我们已经谈到了奥地利关于民族问题的纲领，那就不能不恢复常常被崩得分子所歪曲的真相。在布隆代表大会上**曾经**提出一个**纯粹的**"民族文化自治"纲领。这是南方斯拉夫社会民主党的纲领，这个纲领的第2条说："居住在奥地利的每一个民族，不论其成员所居住的地域，组成一

---

① 崩得分子常常激动万分地否认**所有的**犹太资产阶级政党都采纳了"民族文化自治"的事实，这是可以理解的。这一事实彻底揭露了崩得所起的真正作用。崩得分子之一马宁先生在《光线报》上试图重申其否认，恩·斯科宾则对他进行行了彻底的揭露（见《启蒙》杂志第3期）。但是列夫·尤尔凯维奇先生在《钟声》杂志上（1913年第7～8期合刊，第92页）引用《启蒙》杂志（第3期，第78页）上恩·斯科宾关于"崩得分子同所有的犹太资产阶级政党和集团一起，早就维护民族文化自治"这段话时，竟加以**歪曲**，**删去了**这句话中的"崩得分子"几个字，并以"民族权利"一语**偷换了**"民族文化自治"一语，对此，我们只能感到惊奇！！列夫·尤尔凯维奇先生不仅是一个民族主义者，不仅是一个对社会民主党的历史和它的纲领极其无知的人，而且是一个为了维护崩得利益而**干脆捏造引文的人**。崩得和尤尔凯维奇先生们的情况不妙啊！

个自治团体,完全独立地管理本民族的(语言的和文化的)一切事务。"维护这个纲领的不仅有克里斯坦,而且还有颇具威信的埃伦博根。但是这个纲领被否决了,没有一票赞成。大会所通过的纲领是**拥护地域原则的**,即主张不建立**任何**"与民族成员的居住地域无关"的民族集团。

已通过的纲领的第3条写道:"同一个民族所居住的各自治**区域**共同组成统一的民族联盟,完全按自治原则来处理本民族的事务。"(参看1913年《启蒙》杂志第4期第28页[13])显然,这个折中的纲领也是不正确的。我们举个例子来说明。萨拉托夫省的德意志移民村社、里加或罗兹城郊的德意志工人区和彼得堡附近的德意志人的居住区等等合起来组成俄国境内的德意志人"统一民族联盟"。显然,社会民主党人不能**要求**干这种事,不能**巩固**这种联盟,虽然他们当然丝毫不否认在这个国家成立任何联盟的**自由**,包括成立任何民族的任何村社联盟的**自由**。但是,按国家法律把俄国各地的和各阶级中的德意志人等单独组成统一的德意志民族联盟,这种事只有神父、资产者、市侩等等人才会干,社会民主党人是决不干的。

5. 民族平等和少数民族的权利

俄国的机会主义者在讨论民族问题时最惯用的手法,就是以奥地利作例子。我在《北方真理报》①(《启蒙》杂志第10期第96～98页)上发表的那篇遭到机会主义分子攻击(谢姆柯夫斯基先生在《新工人报》上,李普曼先生在《时报》上)的文章中肯定地说:既然在资本主义世界民族问题一般地说有解决的可能,那就只有一种解决办法,这就是实行彻底的民主主义。为了证明这一点,我顺便举了瑞士的例子。

上面提到的那两个机会主义分子都不喜欢这个例子,都企图驳倒这个

---

① 见《列宁全集》第24卷,第121～124页。——编者注

例子或缩小其意义。据说，考茨基曾经说瑞士是个例外，说瑞士有完全独特的分权制，有独特的历史，有独特的地理条件，说那里操外国语的居民居住分散，情况非常特殊等等，等等。

所有这些说法都不过是企图**回避**论争的实质罢了。当然，瑞士不是一个单一民族的国家，从这层意义上来说，它是个例外。但是奥地利和俄国也属于这样的例外（或落后，——考茨基补充说）。当然，在瑞士，正是独特的、不寻常的、历史形成的条件和生活条件，才保证了它比那些同它接壤的多数欧洲邻国有**更多的**民主。

可是，既然我们所谈的是一个应该借鉴的**榜样**，那为什么要说这番话呢？在现代条件下，那些已经根据**彻底的**民主原则建立了某种机构的国家，在全世界来说都是例外。我们在自己的纲领中，难道因此就不该坚持一切机构都应实行彻底的民主主义吗？

瑞士的特点在于它的历史、它的地理条件和其他条件。俄国的特点在于资产阶级革命时代从未有过的无产阶级的力量和国家的各方面都非常落后，这种落后客观上要求必须冒着种种失利和失败的危险，特别迅速、特别坚决地向前迈进。

我们是以无产阶级的观点为依据来制定民族纲领的；从什么时候起选个榜样必须选坏的而不该选好的？

在资本主义条件下，**只有**在彻底实行民主主义的国家里才能实现民族和平（既然一般地说是有可能实现的），这在任何情况下难道不都是不可争辩、不可反驳的事实吗？

既然这是无可争辩的，那么机会主义分子坚持要以奥地利而不以瑞士为例，就是地道的立宪民主党人的手法，因为立宪民主党人总是抄袭欧洲的坏宪制，而不是抄袭好宪制。

瑞士通行**三种**国语，然而法律草案在付诸全民投票时，是用**五种**文字刊印的，也就是除了用三种国语外，还用了两种"罗马语族的"方言。根据1900年的调查，在瑞士的3315443个居民中有38651人操这两种方言，即占**1%**强。军队中军官和士官"享有用母语同士兵讲话的最大自由"。在格劳宾登和瓦利斯两个州（各有居民10万多一点），这两种方言是完全平等的①。

试问，我们是应该宣传并且维护一个先进国家的这种生动的**经验**呢，还是应该从奥地利人那里抄袭世界上任何地方都没有试验过的（奥地利人自己也还没有采纳的）象"超地域自治"一类的**杜撰出来的东西**呢？

鼓吹这种杜撰出来的东西就是鼓吹按民族分校，就是鼓吹非常有害的观点。而瑞士的经验表明，在整个国家实行彻底（仍然是相对而言）民主主义的条件下保证高度的（相对而言）民族和平，**在实践上是可能的并且已经实现了**。

对这个问题有研究的人们说："瑞士**不存在**东欧那样的**民族问题**。这个词汇（民族问题）在这里甚至都无人知晓……瑞士的民族斗争早在1797～1803年间就终止了。"②

这就是说，法国大革命时代不仅用最民主的方式解决了从封建制度向资本主义制度过渡的一些首要问题，同时还顺便地"解决了"民族问题。

俄国境内有的县份甚至一个县的一部分的20万居民中就有4万人操**两种方言**并且希望在本地区享有使用语言方面的**完全平等**，现在就让谢姆柯夫斯基和李普曼之流先生们以及其他机会主义分子去试试作出论断，说这个"唯独瑞士的"解决办法**不适合于**这些地方吧！

宣传民族和语言的完全平等，就可以把每个民族的彻底的民主分子（即只是无产者）单独分出来，可以不按民族，而是根据他们对一般国家制度进行深入和重大改善的愿望**把**他们**联合起来**。反之，宣传"民族文化自治"（尽管个别人和个别集团出于好意），就是**离间民族**，并且实际上是

---

① 见勒内·昂利《瑞士与语言问题》，1907年伯尔尼版。
② 见爱·布洛赫尔《瑞士的民族》，1910年柏林版。

促使一个民族的工人同**该民族的**资产阶级接近（所有的犹太资产阶级政党都采纳了这个"民族文化自治"）。

保障少数民族权利同完全平等的原则是分不开的。我在《北方真理报》上发表的那篇文章，对这个原则的表述几乎同马克思主义者后来召开的会议作出的更确切的正式决定的表述完全一样。这个决定要求"宪法中还要加一条基本法律条款，宣布任何一个民族不得享有特权、不得侵犯少数民族的权利"。

李普曼先生试图嘲笑这个提法，他问道："怎样才能知道什么是少数民族的权利呢？"民族学校使用"自己的教学大纲"的权利，是否属于这些权利之列呢？少数民族要有多大才有权设自己的法官，自己的官员，开办使用母语的学校呢？李普曼先生想从这些问题中作出必须要有"**积极的**"民族纲领的结论。

其实，这些问题清楚地表明，我们这个崩得分子用所谓细节问题的争论作掩护，正在偷运着多么反动的货色。

在自己的民族学校里有"自己的教学大纲"！……可亲的民族社会党人，马克思主义者有一个**共同的**学校教学大纲，比方说，大纲要求实施绝对的世俗教育。马克思主义的观点认为，在一个民主国家里，任何地方任何时候都不允许**背离**这个共同的大纲（至于用某些"地方性的"课程、语言等等作补充的问题，可由当地居民决定）。可是，根据使教育事业"不受国家管理"而交给各民族管理的原则，我们工人就得允许各"民族"在我们的民主国家中把人民的钱财花在办教权派的学校上！李普曼先生自己不知不觉清楚地说明了"民族文化自治"的反动性！

"少数民族要有多大？"这一点连崩得分子心爱的奥地利纲领也没有确定，这个纲领说（比我们的更简短更不清楚）："对于少数民族的权利，帝国议会将颁布一项特别法律加以保障。"（布隆纲领第 4 条）

这究竟是什么样的法律？为什么谁也没有提出这个问题来质问奥地利社会民主党人呢？这个法律究竟应该保证什么样的少数民族有什么样的权利呢？

因为一切明白事理的人都懂得，纲领中规定细节问题是不适当的，也是不可能的。纲领只能确定一些基本原则。这里所说的基本原则在奥地利人那里是不言而喻的，俄国的马克思主义者最近举行的一次会议所通过的决定也直接表述了这条原则。这条原则就是不容许存在任何民族特权和任何民族不平等。

为了给崩得分子解释清楚问题，我们举一个具体例子。根据1911年1月18日的学校普查材料，圣彼得堡市国民"教育"部所属的初等学校有学生48076人。其中犹太学生396人，也就是说，不到1%。其次，罗马尼亚学生2人、格鲁吉亚学生1人、亚美尼亚学生3人等等[14]。能不能制定一个包罗这些各种各样的关系和条件的"积极的"民族纲领呢？（自然，在俄国，彼得堡还远不是民族成分最"复杂的"城市。）看来，连崩得分子这样的研究民族"微妙问题"的专家也制定不出这样的纲领。

然而，如果在国家宪法中有一项规定不得侵犯少数民族权利的基本法律条款，那么任何一个公民都可以要求废除这样的命令，例如，规定不得用公费雇专门教员讲授犹太语、犹太史等等的命令，或者规定不向犹太、亚美尼亚、罗马尼亚孩子乃至一个格鲁吉亚孩子提供公家场所听课的命令。在平等的基础上满足少数民族的一切合理公正的愿望决不是什么不可能的事，而且谁也不会说，宣传平等是有害的。相反，宣传按民族分校，例如，宣传在彼得堡专门为犹太孩子办犹太学校，那就是绝对有害的，而且为**所有的**少数民族，为一两个或两三个孩子办民族学校简直是不可能的。

其次，在任何一项全国性的法律中，都不可能规定究竟什么样的少数民族才有权开办专门学校或聘请讲授补充课程的专门教员等等。

相反，关于民族平等的全国性的法律，完全可以在各地区议会、各城市、各地方自治机关、各村社等等的专门法令和决定中，详细地加以规定并加以发展。

6. 中央集权制和自治

李普曼先生在自己的反驳意见中写道：

> 以我国的立陶宛、波罗的海边疆区、波兰、沃伦、俄国南部等地为例，——你们到处都可以发现**杂居**的居民；没有一个城市没有一个大的少数民族。不管分权制实行得怎样广泛，到处（主要在城市公社中）都可以发现各种不同的民族居住在一起，正是民主主义把少数民族完全交给多数民族支配。然而，大家知道，弗·伊·是反对瑞士联邦实行的那种国家联邦制和无限分权制的。试问，他为什么要举瑞士作例子呢？

我为什么举瑞士作例子，上面已经说明了。同时说明了，保障少数民族权利的问题，**只有**在不背离平等原则的彻底的民主国家中，通过颁布全国性的法律才有可能得到解决。可是在上面的一段引文中，李普曼先生还重复了一条最流行的（也是最不正确的）反对意见（或者怀疑意见），这种意见通常是用来反对马克思主义的民族纲领的，因此值得加以分析。

当然，马克思主义者是反对联邦制和分权制的，原因很简单，资本主义为了自身的发展要求有尽可能大尽可能集中的国家。**在其他条件相同的情况下**，觉悟的无产阶级将始终坚持建立更大的国家。它将始终反对中世纪的部落制度，始终欢迎各个大地域在经济上尽可能达到紧密的团结，因为只有在这样的地域上，无产阶级反对资产阶级的斗争才能广泛地开展起来。

资本主义生产力广泛而迅速的发展，**要求**有广阔的、联合和统一成为国家的地域，只有在这样的地域里，资产者阶级，还有和它必然同时存在的死对头无产者阶级，才能各自团结起来，消灭一切古老的、中世纪的、等级的、狭隘地方性的、小民族的、宗教信仰的以及其他的隔阂。

关于民族自决权，即关于民族享有分离和成立独立的民族国家的权利，我们还要专门来谈。① 但是，在各种不同的民族组成一个统一的国家的情况下，并且正是由于这种情况，马克思主义者是决不会主张实行任何联邦制原则，也不会主张实行任何分权制的。中央集权制的大国是从中世纪的分散状态向将来全世界社会主义的统一迈出的巨大的历史性的一步，除了**通过**这样的国家（同资本主义**紧密**相联的）外，没有也不可能有别的通向社会主义的道路。

然而，决不能忘记，我们维护集中制只是维护**民主**集中制。在这方面，所有的市侩和民族主义市侩（包括已故的德拉哥马诺夫），把问题搅乱了，这就不得不一次又一次地花时间来进行澄清。

民主集中制不仅不排斥地方自治以及有独特的经济和生活条件、民族成分等等的区域**自治**，相反，它必须**既要求地方自治，也要求区域自治**。我们这里人们总是把集中制同专横和官僚主义混为一谈。俄国的历史自然会引起这种混淆，然而这对马克思主义者来说，仍然是绝对不能允许的。

举个具体例子就足以说明这个问题。

罗莎·卢森堡在她的长篇文章《民族问题和自治》② 中犯有许多可笑的错误（下面将要谈到），其中一个错误特别可笑，这就是她试图说明自治的要求**只适用于**波兰。

然而，请先看看她是**怎样**给自治下定义的。

罗莎·卢森堡承认（她既然是一个马克思主义者，当然必须承认），一切对资本主义社会来说最重要的和重大的经济问题和政治问题，决不应该由各区域的自治议会掌管，而只能由全国性的中央议会掌管。属于这类

---

① 见《列宁全集》第25卷，第223～285页。——编者注
② 《社会民主党评论》杂志（该杂志是波兰社会民主党人在罗·卢森堡积极参加下办的刊物，于1902～1904、1908～1010年在克拉科夫出版——编者注）1908年和1909年克拉科夫版。

问题的有：关税政策、工商法、交通和联络工具（铁路、邮局、电报、电话等）、军队、税制、民法①和刑法、教育的一般原则（例如，关于绝对的世俗教育、关于普及教育、关于最低教学大纲、关于学校的民主制度等等的法律）、劳动保护法、政治自由法（结社权）等等，等等。

根据全国性的立法，由自治议会掌管的是纯粹地方性的、区域性的或纯粹民族方面的问题。罗莎·卢森堡在发挥这个思想时也谈得十分详细（甚至过于详细），她指出了例如建设地方铁路（第12期第149页）、地方公路（第14~15期合刊第376页）等等。

非常明显，如果**不保证**每一个在经济和生活上有较大特点并且民族成分不同等等的区域享有这样的自治，那么现代真正的民主国家就不可能设想了。资本主义发展所必需的集中制原则，不仅不会因为实行这样的（地方的和区域的）自治而遭到破坏，反而会因此能够**民主地**而不是官僚主义地得到贯彻。**没有**这种既**促进**资本集中、生产力发展，又**促进**资产阶级及无产阶级在**全**国范围内的团结的自治，那么，资本主义广泛、自由和迅速的发展就是不可能的，或者至少会有极大的阻力。这是因为，对**纯粹**地方性的（区域的、民族的等等）问题实行官僚主义的干预，是经济和政治发展的最大障碍之一，特别是在大的、重要的、根本性的问题上实行**集中制**的障碍之一。

因此，当读到我们杰出的罗莎·卢森堡非常严肃地用"纯粹马克思主义的"词句来竭力证明自治要求**只**适用于波兰，而且**只**是作为一种例外的时候，是很难叫人不发笑的！自然，这里并没有一点对"自己教区"的爱国主义，这里只有"实际的"考虑……例如对立陶宛的考虑。

罗莎·卢森堡以维尔纳、科夫诺、格罗德诺和苏瓦乌基四省为例，力求使读者（也使她自己）相信，这些省份居住的"主要"是立陶宛人，她还把这些省份的居民加在一起，结果是立陶宛人占全体居民的23%，如果

---

① 罗莎·卢森堡在发挥自己的思想时谈得很细，例如，她还谈到（而且谈得很对）离婚法（上述杂志第12期，第162页）。

再把日穆奇人[15]同立陶宛人加在一起，则占居民的31%，就是说不到1/3。结论自然就是关于立陶宛自治的想法是"无根据和人为的"（第10期第807页）。

凡是了解我们俄国官方统计方面存在的人所共知的缺点的读者，立刻就会发现罗莎·卢森堡的错误。为什么要以立陶宛人只占**百分之零点二**（0.2%）的格罗德诺省为例呢？为什么要以整个维尔纳省而不是只以该省的立陶宛人在居民中占**多数**的特罗基一县为例呢？为什么要以整个苏瓦乌基省为例，确定立陶宛人占该省居民的52%，而不以该省一些立陶宛人居住的县份，即以7个县中立陶宛人占居民**72%**的5个县为例呢？

在说明现代资本主义的条件和要求时，不用"现代的"，不用"资本主义的"行政区划，而用俄国中世纪的、农奴制的、官方官僚制的行政区划，而且用的是最粗线条的行政区划形式（用省而不是用县），这是很可笑的。非常明显，不废除这些区划，不代之以**真正**"现代的"区划、真正符合资本主义的而**不是**官家的、**不是**官僚制度的、**不是**守旧势力的、**不是**地主的、**不是神父的要求的**区划，那么就谈不上在俄国进行什么比较认真的地方改革，同时，现代资本主义的要求，无疑会包括居民的民族成分要尽可能统一的这项要求，因为民族性、语言统一对于完全控制国内市场和经济流转的完全自由是一个重要因素。

崩得分子麦迭姆重犯罗莎·卢森堡的这个明显的错误，他想证明的不是波兰的那些"例外"特征，而是民族地域自治原则行不通（崩得分子是拥护民族超地域自治的!），这实在令人惊奇。我们的崩得分子和取消派分子搜集了全世界各国、各民族的社会民主党人的一切错误和一切机会主义的动摇思想，并且囊括的一定是全世界社会民主党中**最坏的东西**：从崩得分子和取消派分子的著述中摘录的只言片语凑在一起就能组成一个标准的社会民主主义**垃圾博物馆**。

麦迭姆用教训的口吻说：区域自治对于区域和"边疆区"是适合的，而对于拥有50万到200万居民、面积相当于一个省的拉脱维亚、爱沙尼亚等这样的州就不适合了。"**这就不是区域自治，而是普通的地方自治**……

在这种地方自治之上必须建立真正的区域自治……"同时这位作者还斥责了对旧的省和县的"破坏"。①

事实上,保留中世纪的、农奴制的、官方行政的区划就是"破坏"和损害现代资本主义条件。只有满脑子是这种区划精神的人,才会"故作博学的专家的姿态",动脑筋把"地方自治"同"区域自治"对立起来,考虑什么按照死板公式大区域应推行"区域自治",小区域应推行地方自治。现代资本主义完全不需要这些官僚死板公式。为什么不仅不可能成立拥有50万居民的民族自治州,甚至拥有5万居民的民族自治州也不可能,为什么这一类的州在合适的情况下,在经济流转需要的情况下,不能采取各种不同的方式同毗邻的大大小小的州联合成统一的自治"边疆区",——这一切始终是崩得分子麦迭姆的一个秘密。

我们要指出,社会民主党布隆民族纲领完全立足于民族地域自治,它提出"废除历代的皇朝封地",而把奥地利划成若干"以民族为界"的州(布隆纲领第2条)。我们是不想走这么远的。毫无疑义,统一的居民民族成分,是实现自由的、广泛的、真正现代化的商业周转的最可靠的因素之一。毫无疑义,任何一个马克思主义者甚至任何一个坚定的民主主义者,都不会去保护奥地利的皇朝封地和俄罗斯的省和县(后者不象奥地利皇朝封地那样糟糕,但毕竟还是很糟糕的),都不会否认必须尽可能地用按居民的民族成分划分区域的办法来代替这些旧的划分办法。最后,毫无疑义,建立拥有清一色的、统一的民族成分的自治州,哪怕是最小的自治州,对于消灭一切民族压迫都是极其重要的,而且散居全国各地甚至世界各地的这个民族的成员都会"倾向"这些州,同它们交往,同它们组成各种自由联盟。所有这一切都是无可争辩的,只有从顽固的官僚主义观点出发,才会对这一切提出异议。

---

① 弗·麦迭姆《关于俄国民族问题的提法》,1912年《欧洲通报》杂志(是俄国资产阶级自由派的历史、政治和文学刊物,1866年3月至1918年3月在彼得堡出版——编者注)第8期和第9期。

居民的民族成分是极重要的经济因素**之一**,但它**不是唯一的**,在其他诸因素中**也不是**最重要的。例如,城市在资本主义制度下起着**极其重要的**经济作用,但是任何地方的城市,波兰的也好,立陶宛的也好,乌克兰的也好,大俄罗斯等地的也好,居民的民族成分都是十分复杂的。由于考虑"民族"因素而把城市同那些经济上倾向城市的乡村和州分割开来,这是荒谬的,也是不可思议的。因此,马克思主义者不应当完全绝对地以"民族地域"原则为立足点。

因此,俄国马克思主义者在最近一次会议上所规定的解决问题的办法,比奥地利的办法要正确得多。这个会议在民族问题上提出了如下的原则:

"……必须实行广泛的区域自治"(当然,不是指波兰一地,而是指俄国各个区域)"和完全民主的地方自治,并且根据当地居民自己对经济条件和生活条件、居民民族成分等等的估计,确定地方自治地区和区域自治地区的区划"①(不是按照现在的省界、县界等)。

这里是把居民的民族成分和其他条件(首先是经济条件,其次是生活条件等等)**相提并论**的,这些条件应该作为确定与现代资本主义相适应而不是与官场习气和亚洲式的野蛮状态相适应的新区划的根据。只有当地居民才能够完全准确地"估计"所有这些条件,而国家的中央议会将根据这种估计来确定自治区域的区划和自治议会的管辖范围。

* * *

我们还要研究一下民族自决权的问题。在这个问题上,各民族的一大帮机会主义分子——既有取消派分子谢姆柯夫斯基,也有崩得分子李普曼,还有乌克兰民族社会党人尤尔凯维奇——都在"推广"罗莎·卢森堡的错误。下一篇文章,我们将专门探讨这个被这"一大帮"搅得特别混乱的问题[16]。

---

① 见《列宁全集》第24卷,第61页。——编者注

载于1913年11月和12月《启蒙》杂志第10、11、12期

选自《列宁全集》第24卷，第120~154页

注释：

[1]《关于民族问题的批评意见》一文写于1913年10~12月，并于同年11月7日（20日）、12月7日（20日）、12月23日（1914年1月5日）发表在布尔什维克的合法刊物《启蒙》杂志第10、11、12期上。

在写这篇文章之前，列宁曾于1913年夏在瑞士的苏黎世、日内瓦、洛桑和伯尔尼等城市作过关于民族问题的专题报告，并于1913年秋在有党的工作者参加的俄国社会民主工党中央委员会波罗宁会议上作了关于民族问题的长篇报告。

[2]《时报》（《Di Zait》）是崩得的机关报（周报），1912年12月20日（1913年1月2日）~1914年5月5日（18日）用依地文在彼得堡出版。

[3]《钟声》杂志（《Дзвін》）是合法的资产阶级民族主义刊物（月刊），倾向孟什维克，1913年1月~1914年在基辅用乌克兰文出版，共出了18期。参加该杂志工作的有В.П.列文斯基、弗·基·温尼琴柯、列·尤尔凯维奇（雷巴尔卡）、德·顿佐夫、西·瓦·佩特留拉、格·阿·阿列克辛斯基、帕·波·阿克雪里罗得、列·达·托洛茨基等人。第一次世界大战爆发后停刊。

[4]《俄罗斯言论报》（《Русское Слово》）是俄国报纸（日报），1895年起在莫斯科出版（第1号为试刊号，于1894年出版）。出版人是伊·德·瑟京，撰稿人有弗·米·多罗舍维奇（1902年起实际上为该报编辑）、亚·瓦·阿姆菲捷阿特罗夫、彼·德·博博雷金、弗·阿·吉利亚罗夫斯基、瓦·伊·涅米罗维奇-丹琴科等。该报表面上是无党派报纸，实际上持资产阶级自由派立场。二月革命后完全支持资产阶级临时政府，并曾拥护科尔尼洛夫叛乱，是一家公开的反革命报纸。1917年十月革命后不久被查封，其印刷厂被没收。1918年1月起，该报曾一度以《新言论报》和《我们的言论报》的名称出版。1918年7月最终被查封。

[5]"犹太区"是沙皇俄国当局在18世纪末规定的可以允许犹太人定居的区域，包括俄罗斯帝国西部15个省，以及高加索和中亚细亚的一些地区，1917年二月革命后被废除。

[6] "百分比限额"是指沙皇政府从1887年起实行的限制中等学校和高等学校录取犹太人学生的办法。根据规定，在所谓"犹太区"内，中等学校和高等学校录取的犹太人学生不得超过学生总数的10%，在"犹太区"外限定在5%以内，在莫斯科和彼得堡限定在3%以内。

[7] "后背"一词出自圣经中摩西见耶和华只能看到后背的传说（见《旧约全书·出埃及记》第33章）。

[8] 指1899年9月24～29日在布隆（现捷克斯洛伐克布尔诺）举行的奥地利社会民主党代表大会。代表大会的中心议题是民族问题。在代表大会上提出了反映不同观点的两个决议案：一个是总的说来主张民族区域自治的党中央委员会的决议案；另一个是主张超地域的民族文化自治的南方斯拉夫社会民主党委员会的决议案。代表大会一致否决了民族文化自治纲领，通过了一个承认在奥地利国家范围内的民族自治的妥协决议（参看《列宁全集》第24卷，第339～341页《关于奥地利和俄国民族纲领的历史》一文）。

[9] 犹太社会主义工人党是俄国的小资产阶级民族主义组织，成立于1906年。该党的纲领基础是要求犹太人民族自治，即建立有全权决定俄国犹太人政治制度问题的超地域的犹太议会（因此该党亦称议会派）。犹太社会主义工人党在思想上同社会革命党人接近，并同他们一起反对俄国社会民主工党。

[10] 贝利斯案件是沙皇政府和黑帮分子迫害俄国一个砖厂的营业员犹太人门·捷·贝利斯的冤案。贝利斯被控出于宗教仪式的目的杀害了信基督教的俄国男孩A.尤辛斯基，而真正的杀人犯却在司法大臣伊·格·舍格洛维托夫的庇护下逍遥法外。贝利斯案件的侦查工作从1911年持续到1913年。黑帮分子企图利用贝利斯案件进攻民主力量，并策动政变。俄国先进的知识分子以及一些外国社会活动家则仗义执言，为贝利斯辩护。1913年9～10月在基辅对贝利斯案件进行审判。俄国许多城市举行了抗议罢工。布尔什维克还作好准备，一旦贝利斯被判刑，就在彼得堡举行总罢工。贝利斯终于被宣告无罪。

[11] 指1907年4月16～20日在芬兰举行的俄国各民族社会主义政党代表会议。出席代表会议的有社会革命党和各民族内与社会革命党相近的政党的代表。代表会议通过了关于每年召开一次各民族社会主义政党代表大会、关于组织专门的秘书处来执行会议的决议、关于各民族社会主义政党之间的相互关系

和创办秘书处的定期机关刊物等决议。《1907年4月16～20日俄国各民族社会主义政党代表会议记录》于1908年由圣彼得堡议会出版社出版。

[12] 这里说的波兰社会党是指波兰社会党—"革命派"（见《列宁全集》第24卷，第341页）。

波兰社会党是以波兰社会党人巴黎代表大会（1892年11月）确定的纲领方针为基础于1893年成立的。这次代表大会提出了建立独立民主共和国、为争取人民群众的民主权利而斗争的口号，但是没有把这一斗争同俄国、德国和奥匈帝国的革命力量的斗争结合起来。该党右翼领导人约·皮尔苏茨基等认为恢复波兰国家的唯一道路是民族起义而不是以无产阶级为领导的全俄反对沙皇的革命。从1905年2月起，以马·亨·瓦列茨基、费·雅·柯恩等为首的左派逐步在该党内占了优势。他们反对皮尔苏茨基分子的民族主义及其恐怖主义和密谋策略，认为只有在全俄革命运动胜利基础上才能解决波兰劳动人民的民族解放和社会解放问题。1906年11月在维也纳召开的波兰社会党第九次代表大会把皮尔苏茨基及其拥护者开除出党，该党遂分裂为两个党：波兰社会党—"左派"和所谓的波兰社会党—"革命派"（弗腊克派）。

波兰社会党—"左派"主张同全俄工人运动密切合作，可是它力图把波兰和俄国工人运动中除民族主义派别外的所有派别机械地联合起来。在1908～1910年期间，它主要通过工会、文教团体等合法组织进行活动。它不接受孟什维克的在反对专制制度斗争中领导权属于资产阶级的论点，可是与孟什维克合作，支持他们反对第四届国家杜马中的布尔什维克代表。第一次世界大战爆发后，该党持国际主义立场，参加了1915年的齐美尔瓦尔德会议和1916年的昆塔尔会议。该党欢迎俄国十月革命。1918年12月，该党同波兰王国和立陶宛社会民主党一起建立了波兰共产党。

波兰社会党—"革命派"于1909年重新使用波兰社会党的名称，强调通过武装斗争争取波兰独立，但把这一斗争同无产阶级的阶级斗争割裂开来。从第一次世界大战开始起，该党的骨干分子参加了皮尔苏茨基站在奥德帝国主义一边搞的军事政治活动（成立波兰军团）。在战争期间，以皮尔苏茨基为首的一批领导骨干脱离该党。1917年俄国二月革命后，该党转而对德奥占领者采取反对立场，开展争取建立独立的民主共和国和进行社会改革的斗争。1918年波兰社会党参加创建独立的资产阶级波兰国家,1919年同原普鲁士占领区的波兰社会党和原奥地利占领区的加里西亚和西里西亚波兰社会民主党合并。该党不反对地主资产阶级波兰对苏维埃俄国的武装干涉,并于1920年7月参加了所谓国防联合政府。1926年该党支持皮尔苏茨基发动的政变,同年11月由于拒绝同推行"健全化"的当局合作而成为反对党。

[13] 这里指的是发表在《启蒙》杂志上的斯大林的《马克思主义和民族问题》一文。该文第4章引用了奥地利社会民主党布隆代表大会通过的民族纲领的条文(见《斯大林全集》第2卷,第316~317页)。参看注135。

[14] 列宁引用的这个材料摘自统计汇编《1911年1月18日进行的帝国初等学校一日普查。第1编,第2册,圣彼得堡学区。阿尔汉格尔斯克省、沃洛格达省、诺夫哥罗德省、奥洛涅茨省、普斯科夫省和圣彼得堡省》,1913年圣彼得堡版,第72页。

[15] 日穆奇人是俄罗斯人和波兰人对居住在立陶宛西部的古立陶宛部落热迈特人的称呼。

[16] 这里列宁说的是他准备写的《论民族自决权》一文。该文写于1914年2~5月,载于1914年4~6月《启蒙》杂志第4、5、6期(见《列宁全集》第25卷,第223~285页)。

论"民族文化"自治

(1913 年 11 月 28 日〔12 月 11 日〕)

所谓"民族文化"自治(换句话说:"建立保障民族发展自由的机构")计划或纲领,其实质就是**按民族分学校**。

一切公开的和隐蔽的民族主义者(崩得分子在内)愈要掩盖这一实质,我们就愈要坚持讲这一实质。

每个民族,不论其所属成员的居住地点(不论地域:"超地域自治"、非地域自治一语源于此),组成一个统一的得到国家承认的联盟,管理各种民族文化事业。其中主要的是教育事业。每个公民(不分居住地点)自由登记加入一个民族联盟,通过这种办法来确定民族成分,这就保证了绝对准确和绝对彻底地按民族分学校。

试问,按照一般民主观点,特别是按照无产阶级的阶级斗争利益的观点,是否允许这样的划分办法呢?

只要弄清"民族文化自治"纲领的实质,就可以斩钉截铁地回答这个问题:绝对不允许。

只要不同的民族住在一国之内,它们在经济上、法律上和生活习惯上就有千丝万缕的联系。怎么能把学校教育与这种联系割断呢?是否可以按照崩得的经典性(就其特别强调毫无意义的空话而言)提法所说的那样,使教育事业"不受"国家"管理"呢?既然经济生活使居住在一国之内的各民族结合在一起,那么,企图在"文化"问题特别是在学校教育问题方面把这些民族一劳永逸地分开的做法就是荒谬和反动的。相反，必须努力使各民族在学校教育中**联合起来**，以便把实际生活中要做的事在学校中先准备起来。目前，我们看到的是民族之间的不平等和发展水平不齐；在这种情况下按民族分学校的做法**实际上**必然会使那些较落后的民族更加**落后**。美国南方过去实行奴隶占有制的各州，黑人的孩子至今仍在单独办的学校念书，而北方的白人和黑人则合校上课。不久以前，在俄国搞了个"犹太学校民族化"方案，就是说，给犹太儿童单独办学校，把他们和其他民族的儿童分开。用不着多说，这个方案是出自最反动的普利什凯维奇分子之手。

坚持按民族分学校的原则，就不能成为一个民主主义者。请注意，我们仅仅是从一般民主的，即资产阶级民主的角度来谈的。

从无产阶级的阶级斗争的角度来看，那就必须极其坚决地反对按民族分学校。一个国家的各民族的资本家都在股份企业、卡特尔、托拉斯、工业家协会等组织中最紧密、不可分地合在一起来**反对**任何民族的工人，这一点谁不知道呢？**任何一个**资本主义企业（从大型的厂矿到贸易公司乃至资本主义土地占有者的农场）中的工人的民族成分，无一例外，**从来都比**偏僻、宁静而沉寂的农村中更为复杂，这一点谁不知道呢？

一个对发达的资本主义最熟悉，阶级斗争的心理最强的城市工人，他从自己的整个生活中，甚至可能从吃母亲奶的时候起就接受了这种心理，自然会考虑而且必然会考虑按民族分学校不仅是**害人**的花招，而且简直是**资本家**行骗蒙人的花招。鼓吹这种思想，尤其是按民族分国民学校，**就会**分裂、瓦解和削弱工人的队伍；而任何"民族文化自治"**在任何情况下**都不会使资本家受到任何分裂和任何削弱的威胁，资本家的子弟有优越的保障条件，他们可以进私立贵族学校，可以专门雇用教师。

其实，"民族文化自治"，即绝对彻底地按民族分学校，并不是资本家杜撰出来的（他们**目前还**在用更粗暴的方法来分裂工人），而是奥地利的机会主义知识分子市侩杜撰出来的。无论哪个民族成分复杂的西欧民主国家，都**根本不存在**这种绝妙的市侩思想和绝妙的民族主义思想。只有在欧洲东部，在落后的、封建的、教权派的、官僚化的奥地利这个**任何**社会生活和政治生活都由于语言引起的无谓争吵（更糟糕的甚至是破口大骂，大打出手）而处于停滞状态的国家，才出现了这种绝望的小资产者的思想。既然不能让猫和狗和睦相处，那就在学校教育上用纯而又纯的彻底办法一劳永逸地把所有的民族隔开，分成"民族集团"吧！——这就是产生糊涂的"民族文化自治"的心理。无产阶级意识到并且珍视自己的国际主义，因此决不会同意这种精致的民族主义的糊涂观念。

在俄国，接受"民族文化自治"的，**仅仅**是犹太人的**所有**资产阶级政党，其次（1907年）是各个民族的**小资产阶级的**左派民粹派政党的代表会议，最后是**貌似马克思主义**团体的市侩、机会主义分子，即崩得分子和取消派（后者甚至还不敢直截了当、完全明确地表示接受），这不是偶然的。在国家杜马的讲坛上，谈论"民族文化自治"的，**只有**沾染了民族主义意识的半取消派契恒凯里和小资产者克伦斯基，这也不是偶然的。

总之，取消派和崩得分子在这个问题上援引的奥地利的材料，读起来很可笑。第一，为什么要从民族成分复杂的国家中拿一个最落后的国家做**样板**呢？为什么不拿一个最先进的国家呢？要知道，这种方法同那些糟糕的俄国自由派即立宪民主党人所使用的方法很相似；他们在寻找立宪的样板时，总是到普鲁士和奥地利这些落后国家中去找，而不是到法国、瑞士和美国这些先进国家中去找！

第二，俄国的民族主义市侩们，即崩得分子、取消派分子、左派民粹派分子等以奥地利为例，却把它弄得**更**不象话。在我国的宣传鼓动中首先兜售"民族文化自治"计划并且最为卖力的正是崩得分子（还有犹太人的**所有**资产阶级政党，崩得分子跟着这些政党跑，但他们这样做并不是完全有意识的）。其实，就在"民族文化自治"思想的发源地奥地利，这一思想的创始人奥托·鲍威尔也曾在自己的著述中专门写了一章来论证**不能把**"民族文化自治"的思想用于犹太人！

这比那些长篇大论都更有力地证明：奥托·鲍威尔是不怎么坚持，也不怎么相信自己的思想的。他把**唯一**超地域的（没有自己区域的）民族排除在超地域的民族自治计划之外了。

这证明，崩得分子仿效欧洲**过时**的计划，并且把欧洲的错误扩大了10倍，甚至使错误"发展"到荒唐的地步。

这是因为——这是第三——奥地利社会民主党人在布隆代表大会（1899年）上**不接受**向他们提出的"民族文化自治"纲领。他们只采纳了一个折中方案，即实行国内按民族划分的各**区域**的联盟。这个折中方案既**没有**提超地域，也**没有**提按民族分学校。根据这个折中方案，在最先进的（在资本主义关系上）居住区、城市、工厂、矿山、大庄园等地方都**不按民族分学校**！

俄国的工人阶级过去曾经同反动的、有害的、市侩的、民族主义的"民族文化自治"的思想作斗争，今后还要同这种思想作斗争。

载于《拥护真理报》，1913年11月28日，第46号

选自《列宁全集》第24卷，第180~184页

致斯·格·邵武勉

（1913 年 12 月 6 日）

1913 年 12 月 6 日

亲爱的朋友：非常高兴接到您 11 月 15 日的来信。您该知道，我在目前的处境下，是多么珍视国内的同志们，特别是那些善于思考和正在探讨本问题的同志们的反应。因此，您的迅速回复，使我感到特别愉快。每当收到这样的来信，被隔绝的感觉便会有所减轻。好吧，不再抒情了，谈正事吧。

1. 您**赞成**在俄国推行国语。认为它是"必要的；它起过并且还将起巨大的进步作用"。这我绝对不能同意。我早就在《真理报》上谈过这个问题①，到目前为止还没有发现反驳意见。您的论据完全不能说服我，而是恰恰相反。**俄罗斯**语言对许多弱小民族和落后民族起过进步作用，这是不容争辩的。但是，难道您看不见，假如不搞强迫的话，它本来**可以**在更大的范围内起进步作用？难道"国语"不正是**驱使**大家离开俄罗斯语言的一根棍子吗？？您怎么就不想弄明白在民族问题上特别重要的那种**心理因素**呢？？只要搞一点强迫，这种心理因素就会破坏和损害中央集权、大国家和统一语言的无可争辩的进步作用，使之化为乌有。但是，经济**比**心理因

---

① 见《列宁全集》第 23 卷，第 447～450 页。——编者注

素更重要：俄国**已经**有了**资本主义**经济，它正在使**俄罗斯**语言成为必不可少的东西。您难道不相信经济的力量而想用警察坏蛋们的棍棒来"加强"经济吗？？难道您看不见，您这样做是**在破坏**经济、阻碍经济的发展吗？？难道可恶的警察制度的垮台，不能使保卫和推广俄罗斯语言的自由团体增多十倍（以至千倍）吗？？不，我决不能同意您的意见。并且要责备您，因为您搞的是君主制普鲁士式的社会主义！！

2. 您**反对**自治制。您**只**赞成实行区域自治。我也无论如何不能同意。请回忆一下恩格斯的阐述吧：中央集权完全不排斥地方"自由"。[1] 为什么能给波兰自治，而不给高加索、南方、乌拉尔自治呢？？要知道，自治的**范围**是要由中央议会来决定的！我们无条件地拥护民主集中制。我们反对**联邦制**。我们赞成雅各宾党人，反对吉伦特派。但是害怕在俄国实行自治制……这就未免太可笑了！这是反动的。请给我举出一个例子，想出一个例子，证明一下在何处自治制**可能**成为有害的东西！这样的例子您是举不出来的。而狭隘的解释，即只提区域自治，在俄国（和在普鲁士）是有利于万恶的警察制度的。

3. 您写道："自决权不仅意味着有要求分离的权利，而且还意味着有要求结成联邦的权利和要求自治的权利。"我绝对不能同意。自决权并**不**意味着有成立**联邦**的权利。联邦是各平等者的联盟，是一个要求**一致**同意的联盟。怎么会引出一方面要求另一方面**同意**的**权利**呢？？这是胡说。我们在原则上反对联邦制，因为它削弱经济联系，它对一个国家来说是不合适的形式。你想要分离吗？如果你能割断经济联系，或者说得确切些，如果"共居"所引起的压迫和纷争会**损害**和毁坏经济联系的事业的话，那么你就滚开好了。你不想分离吗？那么对不起，你不要代我作决定，不要以为你有"**权利**"要求成立联邦。

有"要求自治的权利"吗？？也不对。我们**赞成**所有地区都能**自治**，我们赞成有分离的**权利**（但不**赞成**所有民族的**分离**！）。自治制是**我们**建立民主国家的计划。分离绝对不是我们的计划。我们绝对不宣传分离。总的说来，我们反对分离。但我们赞成有要求分离的**权利**，因为黑帮的大俄罗斯民族主义大大损害了民族共居的事业，有时**在自由分离以后**，反而可以获得**更多的联系**！！

自决权是我们集中制这个总前提中的一个**例外**。这个例外，在黑帮的大俄罗斯民族主义存在的时候，是绝对必要的，稍一抛弃这个例外，就是机会主义（象罗莎·卢森堡那样），就是对黑帮的大俄罗斯民族主义有利的愚蠢做法。但是对这个例外**不能**解释得过头。这一点上只是指有要求**分离**的**权利**，此外绝对没有也不应该有**别**的**什么东西**。

我在《启蒙》杂志上写的文章就是谈这个问题的①。我写完这些文章之后（将分3期登完），您一定得更详细地把您的意见写给我。我还会寄给你一点东西。执行决议最积极的正是我。夏天，我作了几次有关民族问题的报告[2]，对民族问题稍微钻研了一下。因此，我打算"固执己见"，当然也要洗耳恭听对这个问题研究得更多更久的同志们的意见。

4. 您反对"更改"纲领，即反对"民族纲领"？？这我也不能同意。您害怕那些**词句**。词句没有什么可怕的。反正**大家**都在**偷偷地**卑鄙地把它（纲领）往坏的方面篡改。我们则是在按照**它**的精神，按照**彻底的**民主主义的精神，按照马克思主义的（反奥地利方式的）精神来判断它，阐明它，发展它并巩固它。这**本是应当**做的。现在让那些机会主义的（崩得派的、取消派的、民粹派的）恶棍们去挑剔吧，让他们对我们决议中所涉及和解决的**全部**问题，提出**自己的**同样**精确**和同样**完善**的回答吧。让他们试试看吧。不，我们没有在机会主义者面前"甘拜下风"，而是把他们**所有的**论点都**驳倒了**！

——关于民族问题的通俗小册子是很需要的。您只管写吧。等待您的回信，紧紧地、紧紧地握手！

向全体朋友问好！

您的 弗·伊·

---

① 见《列宁全集》第24卷，第120～154页。——编者注

从克拉科夫发往阿斯特拉罕

载于《巴库工人报》1918年3月2日
(15日)，第48号

选自《列宁全集》第46卷，第377~381页

注释：

［1］列宁指的是恩格斯在《1891年社会民主党纲领草案批判》一文中所发表的意见（见《马克思恩格斯全集》第22卷，第276页。

［2］见《列宁全集》第46卷注300。列宁写的《民族问题提纲》和报告提纲，见《列宁全集》第23卷，第329~337、469~473页。

立宪民主党人和"民族自决权"

(1913年12月11日〔24日〕)

今年夏天,俄国自由派的主要机关报《言语报》刊载了米·莫吉梁斯基先生的一篇论述在利沃夫召开的全乌克兰学生代表大会[1]的文章。《工人真理报》[2]指出,莫吉梁斯基先生采取了一种完全不能容许的(对一个民主主义者或希望被称为民主主义者的人来说不能容许的)方式**谩骂**乌克兰的分离主义(顺便说明一下,是顿佐夫先生所宣扬的分离主义①)。该报并立即指出,问题完全不在于是否同意顿佐夫先生的意见,因为也有很多乌克兰的马克思主义者是反对他的。问题在于,大骂"分离主义"是"梦呓"和冒险主义,**是不能容许的**,这是沙文主义的手法,而大俄罗斯民主主义者在批判某种分离(分立)的计划时,务必宣传分离**自由**,宣传分离的**权利**。

读者看到,这是一个涉及整个民主派职责的、具有原则性和纲领性的问题。

现在,过了半年之后,米·莫吉梁斯基先生又在《言语报》(第331号)上就这一点发表了文章,但他不是回答我们,而是回答顿佐夫先生的,因为顿佐夫先生在利沃夫的《道路报》[3]上尖锐地抨击了《言语报》,

---

① 见《列宁全集》第23卷,第337~338页。——编者注

并且同时指出,"只有俄国社会民主党的刊物才对《言语报》的沙文主义攻讦进行了应有的反击"。

莫吉梁斯基先生反驳顿佐夫的时候,**三次**声明说:"批评顿佐夫先生所提出的办法**与否认民族自决权毫无共同之处**。"

自由派的《言语报》撰稿人的这个声明非常重要,因此,我们请各位读者特别注意这个声明。自由派的先生们不再散布流行的政治反对派的流言蜚语而转向查明和分析民主派的基本主要论点,这种情况愈少,我们就愈要坚决地号召对这种转变的每一个事例进行认真评价。

我们的立宪"民主"党是否承认民族自决权呢?这就是莫吉梁斯基先生无意之中触及的一个有趣的问题。

他三次修正自己的意见,但是对这个问题不作直接的回答!他明明知道,无论是在立宪民主党的纲领中,还是在这个党平常的政治说教(宣传和鼓动)中,都找不到对这个问题的直接、准确、明白的回答。

> 莫吉梁斯基先生写道:"应当指出,'民族自决权'也不是什么不容批评的偶像:民族生活的不良条件能引起民族自决问题上的不良倾向,而揭穿这种不良倾向并不就是否认民族自决权。"

这就是自由派的典型遁词,你们也可以在取消派的报纸上看到谢姆柯夫斯基先生之流的同样论调!啊,是的,莫吉梁斯基先生,**任何一种**民主权利都不是"偶像",但是也不能忘记任何一种民主权利所包含的,比如说,**阶级**内容。所有的一般民主要求都是**资产阶级的**民主要求,但是,只有无政府主义者和机会主义者才会由此得出那种反对无产阶级彻底维护这些要求的结论。

不言而喻,自决**权**是一回事,而某个民族在某种情况下实行自决即分离**是否适宜**,——这又是另外一回事。这是一个起码的道理。向群众(特别是向大俄罗斯的群众)宣传这种权利的重大意义及其迫切性是民主主义者的义务。但是,这种**义务**莫吉梁斯基先生承认吗?俄国的自由派承认吗？立宪民主党承认吗？

不会承认，根本不会承认。这正是莫吉梁斯基先生所要回避的，所要隐瞒的。这正是立宪民主党人的**民族主义和沙文主义**的根源之一，这里所指的立宪民主党人，不仅有司徒卢威、伊兹哥耶夫和其他直言不讳的立宪民主党人，而且还有立宪民主党的外交家们，如米留可夫和这个党的庸人，如……不过姓名是无关紧要的！

俄国的觉悟工人不会忘记，我国除民族主义反动派外，还有民族主义自由派，而民族民主主义也正在萌生（请回忆一下彼舍霍诺夫先生在1906年《俄国财富》杂志第8期上关于"谨慎对待"大俄罗斯庄稼汉的民族主义偏见的号召吧[4]）。

为了同一切形式的民族主义祸害进行斗争，宣传民族自决权的意义非常重大。

载于《无产阶级真理报》，1913年12月11日，第4号

选自《列宁全集》第24卷，第217~219页

注释：

[1] 指1913年6月19~22日（7月2~5日）在利沃夫举行的全乌克兰大学生第二次代表大会。代表大会安排在伟大的乌克兰作家、学者、社会活动家、革命民主主义者伊万·弗兰科的纪念日举行。俄国的乌克兰大学生代表也参加了代表大会的工作。会上乌克兰社会民主党人德·顿佐夫作了《乌克兰青年和民族的现状》的报告。他坚持乌克兰独立这一口号。

[2]《工人真理报》（《Рабочая Правда》）是俄国布尔什维克报纸《真理报》在1913年7月13日（26日）~8月1日（14日）期间使用的名称。《真理报》用这一名称共出了17号。关于《真理报》，见《列宁全集》第24卷注1。

[3]《道路报》（《Шляхи》）是乌克兰大学生联合会的机关报，持民族主义立场，1913年4月~1914年3月在利沃夫用乌克兰文出版。

[4] 这里说的是发表在1906年8月《俄国财富》杂志第8期上的阿·瓦·彼舍霍诺夫的文章《当前问题。我们的纲领（它的梗概和范围）》。这篇文章认为在

民族问题上"也必须考虑人民在千百年历史中养成的心理",因此"必须向群众提出的,不是民族独立的口号","而是实际生活提出的要求,即民族自治的要求"。列宁对这篇文章的批判,见《社会革命党的孟什维克》一文(《列宁全集》第13卷,第391~401页)。

《俄国财富》杂志(《Русское Богатство》)是俄国科学、文学和政治刊物。1876年创办于莫斯科,同年年中迁至彼得堡。1879年以前为旬刊,以后为月刊。1879年起成为自由主义民粹派的刊物。1892年以后由尼·康·米海洛夫斯基和弗·加·柯罗连科领导,成为自由主义民粹派的中心,在其周围聚集了一批后来成为社会革命党、人民社会党和历届国家杜马中的劳动派的著名成员的政论家。在1893年以后的几年中,曾同马克思主义展开理论上的争论。1906年成为人民社会党的机关刊物。1914~1917年3月以《俄国纪事》为刊名出版。1918年被查封。

俄国学校中学生的民族成分

(1913年12月14日〔27日〕)

"民族文化自治"计划，归纳起来就是实行按民族分学校，为了对这个计划有一个更确切的认识，看看一些有关俄国学校中学生的民族成分的具体材料是有好处的。关于彼得堡学区的这种材料，是通过1911年1月18日的学校普查搜集来的。

下面是国民教育部所属的初等学校按学生的**母语**而划分学生的材料。这是一份有关整个圣彼得堡学区的材料，**括号内**我们援引的是**有关**圣彼得堡的**数字**。官员们总是把大俄罗斯语、白俄罗斯语和乌克兰语（官方称为"小俄罗斯语"）混为一谈，统统名之为"俄语"。学生共265660（48076）人。

俄罗斯人——232618（44223）人；波兰人——1737（780）人；捷克人——3（2）人；立陶宛人——84（35）人；拉脱维亚人——1371（113）人；日穆奇人——1（0）人；法兰西人——14（13）人；意大利人——4（4）人；罗马尼亚人——2（2）人；德意志人——2408（845）人；瑞典人——228（217）人；挪威人——31（0）人；丹麦人——1（1）人；荷兰人——1（0）人；英吉利人——8（7）人；亚美尼亚人——3（3）人；茨冈人——4（0）人；犹太人——1196（396）人；格鲁吉亚人——2（1）人；奥塞梯人[1]——1（0）人；芬兰人——10750（874）人；卡累利阿人——3998（2）人；楚德人[2]——247（0）人；爱沙尼亚人——4723

(536)人；拉普人[3]——9（0）人；济良人[4]——6008（0）人；萨莫耶德人[5]——5（0）人；鞑靼人——63（13）人；波斯人——1（1）人；中国人——1（1）人；民族成分不明者——138（7）人。

这是比较准确的材料。这些材料表明即使在俄国的一个最富有大俄罗斯特征的地区，居民的民族构成也是很复杂的。一望而知，圣彼得堡这样一个大城市的民族构成极其复杂。这不是偶然现象，而是世界各国和各地区资本主义的**规律**。大城市、工厂区、矿区、铁路区以至一切工商业区，其特点是居民必然具有非常复杂的民族构成，而正是这种居住地区发展得最快，并且不断地从偏僻乡村夺走愈来愈多的居民。

民族主义市侩们有一种极不现实的空想，这种空想叫作"民族文化自治"，或者说是（照崩得分子的说法）"使"民族文化问题，即首先是教育事业"不受国家管理"。现在你们不妨把这种空想拿来同上面说的实际生活的材料作一比较。

"使"教育事业"不受国家管理"而交给23个（指彼得堡的）正在发展"自己的""民族文化"的"民族联盟"去管理！！

要为证实这种"民族纲领"的荒谬性和反动性而去花费口舌，这甚至是可笑的。

非常清楚，宣扬这种计划，**实际上**就是贯彻或者支持资产阶级民族主义、沙文主义和教权主义的思想。民主派的利益，特别是工人阶级的利益所要求的恰恰相反：应当竭力使**各**民族的儿童在当地**统一**的学校里**打成一片**；应当让各民族的工人**共同**贯彻无产阶级在学校教育方面的政策，这个政策已经由弗拉基米尔省工人代表萨莫伊洛夫以俄国社会民主党国家杜马工人党团的名义作了透彻的阐述[6]。我们应当最坚决地反对任何按民族分学校的做法。

我们应当关心的不是在学校教育上想方设法来隔离各民族，恰恰相反，我们应当关心的是，为各个民族在平等基础上和睦相处创造基本的民主条件。我们不应当鼓吹"民族文化"，而应当揭穿这一口号的教权主义性质和资产阶级性质，以维护全世界工人运动的各民族共同的（国际的）

文化。

　　有人会问我们，能不能在平等基础上对彼得堡48076个小学生中的**1个格鲁吉亚儿童**的利益给予保障呢？我们对这个问题的回答是：按格鲁吉亚"民族文化"的原则在彼得堡单独办一所格鲁吉亚学校是不可能的，而宣扬这种计划，就是向人民群众灌输**有害**的思想。

　　但是，我们不会去坚持任何有害的东西，也不会去做任何办不到的事，我们仅仅要求让这个儿童免费利用公家场所来听格鲁吉亚语文课，听格鲁吉亚历史课等等，要求从中央图书馆借给他一些格鲁吉亚文书籍，要求用公款支付格鲁吉亚教师的部分工资等等。只有实行真正的民主，彻底铲除学校中的官僚主义和"彼列多诺夫习气"[7]，居民才能完全获得这一切。而除非**各民族工人打成一片**，否则就**不可能**获得这种真正的民主。

　　鼓吹为每一种"民族文化"单独办民族学校，这是反动的。但是在真正实行民主制的条件下，则完全可以保障用母语授课，讲授本民族的历史等等，**不必按民族分学校**。而完全的地方自治，也就是意味着不能用强迫手段把什么事情强加给别人，比如说，强加给凯姆县的713个卡累利阿儿童（那里只有514个俄罗斯儿童），或者强加给伯朝拉县的681个济良儿童（153个为俄罗斯儿童），或者强加给诺夫哥罗德县的267个拉脱维亚儿童（那里有7000多个俄罗斯儿童），如此等等。

　　宣扬实现不了的民族文化自治，是一种荒谬的行为，只能如目前这样，造成工人的思想分裂。宣传各民族工人打成一片，就会促进无产阶级的阶级团结，而这种团结则能够保证各民族的平等和最为和睦的相处。

载于《无产阶级真理报》，1913年12月14日，第7号

选自《列宁全集》第24卷，第230~233页

注释：

　　[1] 奥塞梯人是北高加索地区的一个民族，操奥塞梯语，现主要居住在俄罗斯和格鲁吉亚。——编者注

[2] 楚德人是古代俄国史书上对居住在奥涅加湖以东直到奥涅加河与北德维纳河一带的爱沙尼亚人和与他们有亲缘关系的一些乌戈尔—芬人部落的统称。

[3] 拉普人亦称拉普兰人,自称萨米人,是北欧的一个民族,主要居住在瑞典、挪威、芬兰的北部和俄罗斯的科拉半岛,操萨米语。——编者注

[4] 济良人是科米人的旧称,现主要居住在俄罗斯联邦的科米自治共和国,操科米语(科米—济良语)。——编者注

[5] 萨莫耶德人是操萨莫季语的民族(涅涅茨人、埃涅茨人、恩加纳桑人和谢利库普人)的旧称。现主要居住在俄罗斯的阿尔汉格尔斯克、秋明、托木斯克各州和克拉斯诺亚尔斯克等地。——编者注

[6] 指布尔什维克代表费·尼·萨莫伊洛夫在1913年11月26日(12月9日)国家杜马会议讨论给初级农业学校宗教课教师加薪的法案时,代表俄国社会民主党工人党团发表的声明。声明全文如下:

"考虑到:

(1)社会民主党始终坚持教会同国家分离、学校与教会分离的原则,具体表现在,要求全部取消学校里宗教课的讲授,国家不得支付任何拨款作为僧侣的薪俸;

(2)在俄国现实情况下,牧师们和初级学校宗教课教师们过去是,现在仍然是政府和至圣正教院反动政策最可靠的支柱之一,而政府和至圣正教院力图利用儿童和居民朴素的宗教感情,借助于宗教的权威在他们面前为这一反动政策辩解;

(3)社会民主党尽管一贯为争取提高国民学校教师的低微薪金而斗争,却不能不认为对现行法律提出的修正案是企图把初级学校宗教课教师更紧地束缚在现行的教会官僚教阶制度上,其目的仍然是为了不断麻醉儿童并为了实行同一反动政策,而宗教课教师正好是这一反动政策的可靠宣传者。

考虑到上述情况,社会民主党党团将投票反对因多年劳绩给初级农业国民学校宗教课教师加薪的修正案。"(见1913年11月27日(12月10日)《拥护真理报》第45号)

这个声明稿可能是列宁起草的,至少是经他审订的。

[7] "彼列多诺夫习气"一词来自俄国作家费·索洛古布的长篇小说《小鬼》(1907年)中的主人公彼列多诺夫的名字。彼列多诺夫是一个中学教员,他

不仅不学无术，而且是一个迫害狂，以戕害学生为乐事。他常常无中生有地诬告学生，每天至少要训斥和恐吓一个学生。列宁在《论国民教育部的政策问题》一文中对彼列多诺夫作过评述（见《列宁全集》第 23 卷，第 108～118 页）。

论俄国社会民主工党的民族纲领

(1913年12月15日〔28日〕)

中央委员会会议通过了已由《通报》[1]发表的关于民族问题的决议①,并且将民族纲领问题列入代表大会议程。

为什么目前反革命势力的整个政策也好,资产阶级的阶级意识也好,俄国无产阶级的社会民主党也好,都把民族问题提得很突出,民族问题究竟是如何提出来的,这在决议中已经详尽地指出了。情况已经完全清楚,大可不必再谈这个问题。近来,在马克思主义的理论文献中,对这种情况以及对社会民主党民族纲领的原则,都进行过阐述(在这里首先要提出的是斯大林的文章[2])。因此,本文只谈纯粹是党对这个问题的提法,阐明合法刊物因受斯托雷平-马克拉柯夫压制而不能说明的问题,我们认为这样做是恰当的。

俄国社会民主党完全是凭借先进国家的经验即欧洲的经验,并且以这种经验的理论表述即马克思主义为依据而形成的。我国的特点以及在我国建立社会民主党这一历史时期的特点是:第一,我国与欧洲不同,社会民主党是**在**资产阶级革命**以前**就开始形成并且**在**资产阶级革命**时期**继续形成。第二,在我国进行了一场以划清无产阶级民主派同一般资产阶级民主

---

① 见《列宁全集》第24卷,第60~62页。——编者注

派和小资产阶级民主派的界限为内容的不可避免的斗争，这一斗争基本上和一切国家所经历过的斗争相同，是马克思主义在西方和我国在理论方面获得完全胜利的条件下进行的。因此，这种形式的斗争与其说是一场坚持马克思主义的斗争，不如说是一场坚持或者反对以"准马克思主义"词句作掩护的种种小资产阶级理论的斗争。

这就是从"经济主义"（1895～1901年）和"合法马克思主义"（1895～1901年、1902年）产生以来的情形。只有那些害怕历史真相的人才会无视这些思潮同孟什维主义（1903～1907年）和取消主义（1908～1913年）之间的密切的直接联系和血缘关系。

旧《火星报》[3]在民族问题上也同在其他问题上一样，同小资产阶级的机会主义作过斗争。它在1901～1903年就起草并拟定了俄国社会民主工党纲领，同时通过俄国工人运动的理论和实践对马克思主义进行了初步的基本的论证。小资产阶级的机会主义首先表现为崩得的民族主义的狂热或者说民族主义的动摇思想。旧《火星报》同崩得的民族主义进行了顽强的斗争，忘记这一斗争，就又会变成健忘的伊万，就是把自己同整个俄国社会民主主义工人运动的历史基础和思想基础割断。

另一方面，在1903年8月第二次代表大会上最后批准俄国社会民主工党纲领时又对几个波兰社会民主党人的笨拙的尝试进行了斗争，他们试图对"民族自决权"提出怀疑，也就是试图完全从另一方面倒向机会主义和民族主义。这场斗争在代表大会记录上未作记载，因为事情是在几乎每个与会者都出席了的**纲领委员会**发生的。

现在10年过去了，而这场斗争仍然沿着这两条基本**路线**在进行，这同样也证明这场斗争同俄国民族问题的一切客观条件有着深刻的联系。

奥地利布隆代表大会（1899年）**否决**了克里斯坦、埃伦博根等人所维护的、并且写进了南方斯拉夫人草案中的"民族文化自治"纲领。通过的是民族**区域**自治；因此，社会民主党只宣传一切民族区域必须结成联盟，这是同"民族文化自治"思想**妥协**。这一不幸的思想的主要理论家们特地专门强调指出了这一思想**不适用于**犹太人。

在俄国**总是**有一些人认为自己的任务就是把不大的机会主义的错误扩大成为一整套机会主义的政策。德国的伯恩施坦使俄国产生了右派立宪民主党人如司徒卢威、布尔加柯夫、杜冈之流,同样,奥托·鲍威尔"完全忘记国际因素"(根据极其谨慎的考茨基的评价!)**使**俄国**所有的**犹太资产阶级政党以及许多小资产阶级流派(崩得以及1907年各民族的社会革命**党代表会议**)**完全**接受了"民族文化自治"。可以说,落后的俄国提供了一个例证,即西欧的机会主义细菌是如何在我国荒野的土壤里使**流行病**大量滋生的。

我国有人喜欢说欧洲能够"容忍"伯恩施坦,但是他们忘记补充一句话,在世界上任何地方,除了在"神圣的"俄罗斯母亲那里,伯恩施坦主义没有产生过司徒卢威主义,而"鲍威尔主义"也没有导致社会民主党人替犹太资产阶级的精致的民族主义辩解。

"民族文化自治"就是最精致的、因而也是最有害的民族主义,就是用民族文化这一口号来腐蚀工人,并且宣传极其有害的甚至是反民主的按民族分学校的主张。总之,这个纲领同无产阶级国际主义是绝对矛盾的,它只符合民族主义市侩的理想。

然而有**一种情况**,这就是马克思主义者如果不愿背叛民主派和无产阶级,那他们就必须坚持民族问题上的一项特别要求,即民族自决**权**(俄国社会民主工党纲领第9条),也就是政治分离**权**。会议的决议十分详尽地阐明和论证了这项要求,根本不可能引起任何误解。

因此,我们只简略地说明一下针对纲领的这一条提出来的一些无知得令人吃惊的机会主义的反对意见。同时我们要指出,有了纲领以来的**10年中**,俄国社会民主工党的**任何一个部分**,任何一个民族组织,任何一个省代表会议,任何一个地方委员会,任何一个代表大会或会议的代表都没有提出过关于修改或取消第9条的问题!!

这是必须注意到的。这立刻向我们说明,针对这一条提出的各种反对意见有没有哪怕是一丁点严肃性和党性。

请看谢姆柯夫斯基先生在取消派报纸上的言论。他以一个取消党的人

的那种轻松口气说道:"根据某些考虑,我们不同意罗莎·卢森堡把第9条从纲领中完全删掉的建议。"(《新工人报》第71号)

考虑是保密的!既然对我们党的纲领的历史这样无知,又怎能不"保密"呢?就是这位无比轻松的(那算是什么党,什么纲领呀!)谢姆柯夫斯基先生把芬兰作为例外时,又怎能不"保密"呢?

如果波兰无产阶级希望同全体俄国无产阶级在一国范围内共同进行斗争,而波兰社会中的反动阶级则相反,希望波兰同俄国分离,希望在全民投票(征求全民意见)中赞成分离的票占多数……那又该怎么办呢?我们俄罗斯社会民主党人在中央议会中究竟跟我们的波兰同志共同投票**反对**分离呢,还是为了不破坏"自决权"而**赞成**分离呢?

真的,要是提出这些天真幼稚、胡涂透顶的问题,那该怎么办呢?

亲爱的取消派先生,自决权正是意味着**不由中央议会**,而由**实行分离的少数民族**的议会、国会和全民投票来决定问题。当挪威同瑞典分离[4]时(1905年),就是由挪威(其领土比瑞典小一半)**独自作出决定**的。

甚至小孩子也会看出,谢姆柯夫斯基先生在乱搅和。

"自决权"意味着**这样**一种民主制度,即在这种制度下不仅有一般的民主,而且特别**不能有用不民主的方式**来决定分离问题的事情。一般说来,民主可以与气焰嚣张的、压迫者的民族主义并存。无产阶级要求的是那种**排除**用暴力将某一民族强行控制在一国范围内的民主。因此,"为了不违犯自决权",我们**不**应当象机灵的谢姆科夫斯基先生考虑的那样"投票赞成分离",而应当赞成让实行分离的区域**自己**去决定这个问题。

看来,即使有谢姆柯夫斯基先生这样智力的人也不难领悟到,"离婚权"并不要求**投票赞成离婚**!然而批评第9条的人竟然走到了这一步,他们连起码的逻辑也忘记了。

当挪威同瑞典实行分离时,瑞典的无产阶级既然不愿跟着民族主义的市侩走,就**必须投票**和鼓动反对用暴力手段归并挪威,而归并正是瑞典的神父和地主竭力追求的。这很清楚，不是太难理解的。自决**权**这条原则要求**掌权的压迫**民族的无产阶级进行这种鼓动，而瑞典的民族主义民主派可能不这样做。

谢姆柯夫斯基先生问道："如果反动派占多数，那又该怎么办呢？"中学三年级学生才提得出这样的问题。如果民主表决使反动派得到多数，那么应该怎么对待**俄国**宪制呢？谢姆柯夫斯基先生提了一个无聊、空洞、不着边际的问题，对这种问题有句俗话说，7个傻瓜提问题，70个聪明人也回答不过来。

当反动派在民主表决中居多数时，一般都有而且可能有下面两种情况：要么贯彻反动派的决定，而它所起的有害作用就会把群众较快地推向民主派方面去对付反动派；要么通过国内战争或者别的在民主条件下可能发生的（大概连谢姆柯夫斯基先生们也听说过这一点吧）战争来解决民主派同反动派的冲突。

谢姆柯夫斯基先生断言：承认自决权"有利于""臭名远扬的资产阶级民族主义"。这是幼稚的胡说，因为承认这种**权**利，既毫不排斥鼓动和宣传**反对分离**，也毫不排斥揭露资产阶级民族主义。但是，否认分离**权**则"有利于"**臭名远扬的大俄罗斯黑帮**民族主义，这是完全不容争辩的！

罗莎·卢森堡可笑的错误的症结也就在这里。她的这个错误无论在德国还是在俄国（1903年8月）的社会民主党中早就受到嘲笑，因为担心有利于被压迫民族的资产阶级民族主义的人们却使**压迫**民族的资产阶级民族主义，甚至黑帮民族主义有利可图。

假如谢姆柯夫斯基先生对党的历史和纲领的情况不是那样幼稚无知，那他会明白自己有责任驳斥普列汉诺夫。**11年前**，普列汉诺夫为维护俄国社会民主工党的纲领草案（从1903年起已成为正式纲领），曾在《曙光》杂志[5]上（第38页）**特别强调**承认自决权这一点，当时关于这一点他写道：

> 这个要求对于资产阶级民主派并不是非有不可的，甚至在理论上

也是如此,但是对于我们社会民主党人是非有不可的。如果我们把它忘记了,或者不敢把它提出来,唯恐触犯我们大俄罗斯同胞的民族偏见,那么我们口里所喊的"全世界无产者,联合起来!"这个国际社会民主党的战斗口号,就会成为一句可耻的谎言。

普列汉诺夫早在《曙光》杂志上就提出了那个在会议决议中得到详尽阐发的根本论据,而谢姆柯夫斯基先生们11年来一直没有打算对这个论据给以重视。大俄罗斯人在俄国占43%,但是大俄罗斯民族主义却统治着57%的居民,压迫着所有的民族。我们的民族自由主义者(司徒卢威之流,进步党人等)已经同民族反动派为伍了,并且出现了**民族**民主主义的"先声"(请回忆一下1906年8月彼舍霍诺夫先生关于谨慎对待庄稼汉的民族偏见的号召)。

在俄国,只有取消派才认为资产阶级民主革命已经结束,而世界上任何地方的民族运动总是伴随着**这种**革命而兴起。在俄国,正是在许多边疆地区,我们看到一些被压迫的民族在邻国却享有更多的自由。沙皇制度比邻国都反动,它是经济自由发展的**最大**障碍,并且拼命激起大俄罗斯人的民族主义。当然,在马克思主义者看来,**在其他条件相同的情况下**,大国总是要比小国好一些。然而,如果认为沙皇君主制下的条件和所有欧洲国家和大部分亚洲国家的条件相同,那就是可笑而反动的。

因此,在当代的俄国否认民族自决权,就是不折不扣的机会主义,就是拒绝同至今还势力极大的黑帮大俄罗斯民族主义作斗争。

载于《社会民主党人报》,1913年12月15日(28日),第32号

选自《列宁全集》第24卷,第234~240页

注释:

[1]《通报》是指1913年12月中央委员会在巴黎出版的小册子《有党的工作者参加的俄国社会民主工党中央委员会1913年夏季会议的通报和决议》。

[2] 指《马克思主义和民族问题》一文。该文是斯大林于1912年底～1913年初在维也纳写的,第一次发表在1913年《启蒙》杂志第3、4、5期上,当时用的题目是《民族问题和社会民主党》。这篇文章于1914年由彼得堡波涛出版社出了单行本,书名为《民族问题和马克思主义》。但是所有公共图书馆和阅览室都按照沙皇政府内务大臣的命令把它列为禁书。列宁在1913年2月25日和3月29日以前给列·波·加米涅夫的两封信里对斯大林的这篇文章也作了肯定的评价(见《列宁全集》第2版第46卷)。

[3]《火星报》(《Искра》)是第一个全俄马克思主义的秘密报纸,由列宁创办。创刊号于1900年12月在莱比锡出版,以后各号的出版地点是慕尼黑、伦敦(1902年7月起)和日内瓦(1903年春起)。参加《火星报》编辑部的有:列宁、格·瓦·普列汉诺夫、尔·马尔托夫、亚·尼·波特列索夫、帕·波·阿克雪里罗得和维·伊·查苏利奇。编辑部的秘书起初是因·格·斯米多维奇-列曼,1901年4月起由娜·康·克鲁普斯卡娅担任。列宁实际上是《火星报》的主编和领导者。他在《火星报》上发表了许多文章,阐述有关党的建设和俄国无产阶级的阶级斗争的基本问题,并评论国际生活中的重大事件。

《火星报》在国外出版后,秘密运往俄国翻印和传播。《火星报》成了团结党的力量、聚集和培养党的干部的中心。在俄国许多城市成立了俄国社会民主工党列宁火星派的小组和委员会。1902年1月在萨马拉举行了火星派代表大会,建立了《火星报》俄国组织常设局。

《火星报》在建立俄国马克思主义政党方面起了重大的作用。在列宁的倡议和亲自参加下,《火星报》编辑部制订了党纲草案,筹备了俄国社会民主工党第二次代表大会。这次代表大会宣布《火星报》为党的中央机关报。

根据俄国社会民主工党第二次代表大会的决议,《火星报》编辑部改由列宁、普列汉诺夫、马尔托夫三人组成。但是马尔托夫坚持保留原来的六人编辑部,拒绝参加新的编辑部,因此《火星报》第46～51号是由列宁和普列汉诺夫二人编辑的。后来普列汉诺夫转到了孟什维主义的立场上,要求把原来的编辑都吸收进编辑部,列宁不同意这样做,于1903年10月19日(11月1日)退出了编辑部。从第52号起,《火星报》变成了孟什维克的机关报。人们称这以前的《火星报》为旧《火星报》,而把孟什维克的《火星报》称为新《火星报》。

[4] 挪威于1814年被丹麦割让给瑞典，同瑞典结成了瑞挪联盟，由瑞典国王兼挪威国王。1905年7月，挪威政府宣布不承认瑞典国王奥斯卡尔二世为挪威国王，脱离联盟，成为独立王国（参看《列宁全集》第2版第25卷，第253～259页）。

[5]《曙光》杂志（《Заря》）是俄国马克思主义的科学政治刊物，由《火星报》编辑部编辑，1901～1902年在斯图加特出版，共出了4期（第2、3期为合刊）。杂志宣传马克思主义，批判民粹主义和合法马克思主义、经济主义、伯恩施坦主义等机会主义错误思潮。

再论按民族分学校

(1913年12月17日〔30日〕)

马克思主义者正在同一切形式的民族主义——从我国统治集团和右派十月党的粗暴的、反动的民族主义直到资产阶级和小资产阶级政党的比较精致的和隐蔽的民族主义进行坚决的斗争。

反动或黑帮民族主义力图保证一个民族的特权,而使其余一切民族处于从属、不平等甚至根本无权的地位。任何一个马克思主义者,甚至任何一个民主主义者对这种民族主义,都只能持完全敌对的态度。

资产阶级和资产阶级民主派的民族主义,口头上承认民族平等,行动上则维护(常常暗中,背着人民)一个民族的某些特权,并且总是力图为"自己的"民族(即为本民族的资产阶级)获得更大的利益,力图把各民族分开,划清它们之间的界限,力图发展民族的特殊性等等。资产阶级的民族主义最喜欢谈"民族文化",强调一个民族同另一个民族的差异,从而把不同民族的**工人分开**,用"民族的口号"来愚弄他们。

觉悟的工人反对**一切**民族压迫和**一切**民族特权,但是他们并不以此为限。他们反对一切民族主义,甚至最精致的民族主义,同时,在同反动派和形形色色的资产阶级民族主义的斗争中不仅坚持**各民族工人**团结一致,而且坚持**各民族工人打成一片**。我们的任务不是把各个民族分开,而是把各民族工人团结起来。我们旗帜上写的不是"民族文化",而是**各民族共同的**(国际的)文化,这种文化能使一切民族在高度的社会主义团结中打成一片，目前这种文化由于国际资本的联合正在形成。

小资产阶级的市侩民族主义的影响也使某些"也是社会主义者"受到感染，他们维护所谓"文化教育自治"，即把教育事业（和整个民族文化事业）从国家手里转交到各个民族手里。显然，马克思主义者反对这种**把各民族分开**的说教，反对这种精致的民族主义，反对**按民族分学校**。当我国的崩得分子以及后来取消派**违反**纲领，企图维护"民族文化自治"的时候，谴责他们的不仅有布尔什维克，而且有孟什维克护党派[1]（普列汉诺夫）。

现在，阿恩先生在《新工人报》（第 103 号）上试图为这件坏事辩护，他们偷换问题，大骂我们。我们不在乎这些谩骂，因为这不过是证明取消派软弱无能。

阿恩先生硬说：学校用母语讲课就是按民族分学校；真理派要取缔异族人的民族学校！

对阿恩先生的这种手法只能嗤之以鼻，因为尽人皆知，真理派主张各民族语言绝对完全平等，甚至主张不要国语！阿恩先生恼羞成怒而开始丧失理智，——亲爱的阿恩先生，这是危险的！

使用母语的权利在马克思主义者的纲领第 8 条[2]中已经非常确切肯定地得到承认。

假如阿恩先生关于学校用母语讲课就是按民族分学校的说法是正确的，那么为什么崩得分子在 1906 年、取消派在 1912 年要"补充"（正确些说，是**歪曲**）这个纲领，在 1903 年**否决**"民族文化自治"的那次代表大会上，这个纲领不是已经**完全**承认使用**母语**的权利了吗？

不，阿恩先生，偷换问题，用喧嚷、叫喊、骂来掩盖取消派**破坏**这个纲领，以及掩盖他们"使社会主义迁就民族主义"（普列汉诺夫同志的提法），你这样干是不会得逞的。

我们不想破坏纲领。我们不想使社会主义迁就民族主义。我们维护充分的民主、充分的自由和各民族语言平等，但绝不会以此来为"把教育事业交给各民族"、"按民族分学校"辩护。

阿恩先生写道："要知道，目前的问题是按民族分学校，就是说，那些互相妨碍发展的民族应当原地不动，因此，在国民教育方面也**必须把它们分开**。"

我们作了着重标记的这些文字清楚地表明，取消派正在把阿恩先生从社会主义拖向民族主义。在一国之内**把各民族分开**是有害的，因此我们马克思主义者力求**使各民族接近和打成一片**。我们的目的不是把各个民族"分开"，而是用充分的民主来保证各民族的平等，像在瑞士那样①和睦（相对而言）相处。

载于《无产阶级真理报》，1913 年 12 月 17 日，第 9 号

选自《列宁全集》第 24 卷，第 247～249 页

注释：

[1] 孟什维克护党派是孟什维克队伍中的一个组织上没有完全形成的派别，于 1908 年开始出现，为首的是格·瓦·普列汉诺夫。在斯托雷平反动年代，孟什维克护党派反对取消派，在保持孟什维主义立场的同时，主张保存和巩固党的秘密组织，为此目的而同布尔什维克结成了联盟。1911 年底，普列汉诺夫破坏了同布尔什维克的联盟。他打着反对俄国社会民主工党内部的"派别活动"和分裂的旗号，企图使布尔什维克同机会主义者和解。1912 年普列汉诺夫派同托洛茨基分子、崩得分子和取消派一起反对俄国社会民主工党布拉格代表会议的决议。

[2] 指 1903 年 7～8 月俄国社会民主工党第二次代表大会通过的党纲的第 8 条，其中谈到："居民有权受到用本民族语言进行的教育"，"每个公民都有在各种会议上讲本民族语言的权利"，"在一切地方的社会团体和国家机关中，本民族语言和国语地位平等"（见《列宁全集》第 7 卷，第 427 页）。

---

① 阿恩先生大胆地说："在瑞士各州也没有民族混同的现象。"如果我们给他指出伯尔尼、弗赖堡、格劳宾登、瓦利斯这 4 个州来，他不感到难为情吗？

民族自由主义和民族自决权

（1913年12月20日〔1914年1月2日〕）

自由派的《言语报》编辑部为了给思想混乱的莫吉梁斯基先生帮忙，不久前（第340号）曾就民族自决权这一重要问题发表了一条未署名的即编辑部的正式声明。

莫吉梁斯基先生回避直接回答问题，只表示他的观点"与否认民族自决权毫无共同之处"。现在，《言语报》正式声明，立宪民主党纲领第11条对"自由**文化**自决权问题作了直接、准确和明白的回答"。

我们用黑体标出的两个字特别重要，因为无论是莫吉梁斯基先生的第一篇文章，还是顿佐夫先生给他的答复，或是莫吉梁斯基先生对顿佐夫先生的反驳，谈的恰恰都**不是**"文化"自决。他们谈的是民族**政治**自决，即民族分离权，而自由派所说的"文化自决"（这是与**整个**民主运动史相矛盾的毫无意义的夸夸其谈），实质上只不过是使用语言的自由。

现在《言语报》说，《无产阶级真理报》把自决权同"分离主义"，即一个民族的分离权彻底相混淆了。

到底是哪一方彻底（也许可说是蓄意……）混淆了问题呢？

在整个国际民主运动史上，特别是19世纪中叶以来，民族自决正是指的**政治**自决，即分离权，成立独立民族国家的权利，我们开明的"立宪民主党人"是不是要否认这一点呢？

1896年的伦敦国际社会党代表大会在重申已经确立的民主原则时

（代表大会确立的原则当然不限于此），所指的也正是**政治**自决，而决不是什么"文化"自决，我们开明的"立宪民主党人"是不是要否认这一点呢？

普列汉诺夫早在1902年论述自决问题时，正是把它理解为政治自决，我们开明的"立宪民主党人"是不是也要否认这一点呢？

先生们，请说得详细一些，不要对"庶民"隐瞒你们的"教育"的果实[1]吧！

《言语报》作了如下实质性的声明：

> 立宪民主党人确实从来也没有拥护过脱离俄国的"民族分离"权。

精彩极了！感谢你们的坦率和绝对原则性的声明！请《俄国报》、《新时报》和《庶民报》[2]等等报纸注意立宪民主党人半官方刊物的这个"特别忠诚老实的"声明！

不过，立宪民主党人先生们，如果正因为如此而必须把你们称为**民族自由主义者**的话，请你们不要冒火。你们的沙文主义基础之一，你们和普利什凯维奇分子在思想上政治上结盟（或者是你们在思想上政治上依附于他们）的基础之一正在于此。普利什凯维奇之流以及他们的阶级，教愚昧无知的群众要对"抓走和不准"[3]的"权利"有"坚定的"意识。立宪民主党人先生们学过历史，他们很清楚在实际中运用这种"古已有之的权利"往往会导致什么样的……说得委婉些……"类似大暴行的"行动。民主派如果不经常用俄罗斯语言向大俄罗斯的群众宣传政治上的而不是"文化"上的民族"自决"，他就不成其为民主派了（更不用说无产阶级的民主派了）。

民族自由主义处处表明，它完完全全站在普利什凯维奇分子的阶级所确定的和普利什凯维奇分子的方法所维护的（往往同经济发展要求和"文化"要求背道而驰的）关系（和范围）方面。实际上，这是迁就农奴主的利益，这是迁就统治民族的恶劣的民族主义偏见，而不是不断地与这种偏见作斗争。

载于《无产阶级真理报》，1913年12月20日，第12号

选自《列宁全集》第24卷，第259～261页

注释：

[1] 教育的果实是俄国作家列·尼·托尔斯泰的一部讽刺喜剧。该剧嘲笑当时俄国的一些地主、学者热中于招魂术之类的迷信活动，说明这是他们所受的"教育"结出的"果实"。列宁在这里借用这个词来讽刺立宪民主党人。

[2] 《俄国报》（《Россия》）是俄国黑帮报纸（日报），1905年11月～1914年4月在彼得堡出版。从1906年起成为内务部的机关报。该报接受由内务大臣掌握的政府秘密基金的资助。

《新时报》（《Новое Время》）是俄国报纸，1868～1917年在彼得堡出版。出版人多次更换，政治方向也随之改变。1872～1873年采取进步自由主义的方针。1876～1912年由反动出版家阿·谢·苏沃林掌握，成为俄国最没有原则的报纸。1905年起是黑帮报纸。1917年二月革命后，完全支持资产阶级临时政府的反革命政策，攻击布尔什维克。1917年10月26日（11月8日）被查封。列宁称《新时报》是卖身投靠的报纸的典型。

《庶民报》（《Земщина》）是俄国黑帮报纸（日报），国家杜马极右派代表的机关报，1909年6月～1917年2月在彼得堡出版。

[3] "抓走和不准"一词出自俄国作家格·伊·乌斯宾斯基的特写《岗亭》。特写中的主人公梅穆列佐夫是俄国某县城的岗警。在沙皇军队的野蛮训练下，他丧失了人的一切优良天性，"抓走"和"不准"成了他的口头禅。梅穆列佐夫这个形象是沙皇专制警察制度的化身。

《新时报》和《言语报》论民族自决权

(1913年12月25日〔1914年1月7日〕)

果然不出所料,《新时报》对社会民主党人和立宪民主党人就民族自决权问题开展的论战关心起来了。这家大俄罗斯民族主义的主要机关报在第13563号上写道:

在社会民主党人看来是政治常识公理的东西〈即承认民族自决权,分离权〉,现在甚至在立宪民主党人中间也开始引起非议。

《新时报》尽管对自由派说了这种黑帮式的挖苦话(用了"甚至"一词),仍然不得不援引《言语报》说的一句话,即"立宪民主党人从来也没有拥护过脱离俄国的民族分离权"。

这句话说得如此露骨,以致《新时报》不得不搪塞一下。它写道:

在立宪民主党人看来,实质上,广义的文化自决同拥护分离主义之间的差别显然只是在行动方式方面。

但是,《新时报》自己对于荒谬的"文化"自决和真正自决即**政治**自决之间的差别很清楚,因为它接着写道:

立宪民主党人先生们确实从来也没有拥护过脱离俄国的民族分离权……仅仅采用过一种极其文明的，即由异族人和犹太人津贴他们的报刊的办法。

骂自由派接受犹太人的资助，这是黑帮分子陈腐可笑的花招！但是我们还是不能因为这些不高明的花招而忘记本质的东西。《新时报》完全弄清楚了社会民主党人和立宪民主党人之间的差别，承认立宪民主党人没有**拥护过分离权**，这就是本质。

立宪民主党人和社会民主党人之间的差别，就是民族自由派和彻底民主派之间的差别。

载于《无产阶级真理报》，1913年12月25日，第16号

选自《列宁全集》第24卷，第269~270页

关于民族问题的报告提纲[1]

(1914年1月10日和20日
〔1月23日和2月2日〕之间)

民族问题

(根据回忆写的提纲)

(A) 民族问题在当前的意义。
(B) 民族运动的历史地位（或者民族问题在历史上的提法）。
(C) 关于民族问题的两种理论。
(D) 民族自决。
(E) 平等和保障少数民族的权利。自治。
(F) 民族文化自治。
(G) 党的建设中的民族原则。

A. 导言。

民族问题在目前历史时期的意义

1. 政府的民族主义。一切反革命势力都涂上了一层民族主义的色彩。

2. 资产阶级自由派（司徒卢威之流）也是如此。

3. 在民族（俄国居民的57%）遭受极其深重的、前所未闻的压迫的情况下——被压迫民族的民族主义（泛欧争斗）。

4. 违反俄国社会民主工党的纲领（歪曲自决+民族文化自治）。

5. 犹太分离主义的分裂活动。民族隔绝状态。

B. 6. 应当从历史和经济的角度来提民族问题。民族问题是**世界性**的现象。

7. 民族运动的时代——中世纪末和近代初，**资产阶级民主**革命的时代。这一时期**各地**都兴起民族运动。

8. 经济基础？资本主义要求统一国内市场。市场是贸易往来的中心。人类商业交往的主要工具是**语言**。

9. 团结各民族区域（恢复语言，唤醒民族等）和创建**民族国家**。民族国家在经济上的必要性。

10. 经济之上的政治上层建筑。民主主义，民族主权。由此"**民族国家**"……

11. 民族国家是**世界通例**（Ⅰ，18① 上卡·考茨基的话，《国际性》第23页和第23～25页），而"**多民族国家是例外**"。

卡·考茨基论奥·鲍威尔：鲍威尔**低估**了建立民族国家的趋向。

> 这一点要注意

（"欲望的力量"）

> 顺便指出：有些人认为，民族国家是比民族文化自治**更大**的民族主义。幼稚可笑的错觉！民族国家是世界历史经验中的通例。民族文化自治是一些蹩脚知识分子的臆造，任何地方都未曾实现过。

12. 19世纪民族（资产阶级民主）革命的时代（意大利，德意志）。在西欧这个时代已经结束。**在东方刚开始，而在亚洲**……

C. 马克思主义关于民族问题的两种理论。

13. 各民族国家中无产阶级政党的产生。落后的东方。民族问题的"**种种理论**"。（很少注意理论基础。卡·考茨基+奥·鲍威尔。）

14. **奥·鲍威尔**。民族=文化共同体。"民族文化"的口号（（贯穿始终））。民族性格是主要的东西。（一大堆说明，但这并不重要。）

---

① 指民族问题笔记第一册第18页。——俄文版编者注

(考茨基的评价:文化共同体=奥·鲍威尔的主要错误。)

15. "社会主义将加强民族原则"(奥·鲍威尔Ⅰ,5①——**他的书**第**532**页)。

16. 鲍威尔的根本性错误——精致的民族主义。纯粹的、没有剥削、没有争斗的民族主义。

注意 ‖ 蒲鲁东替资本主义洗刷、美化、粉饰资本主义,奥·鲍威尔对待民族主义也是如此。

17. 统治阶级的政策是"保守的民族政策",而我们的政策则是"演进的民族政策"(奥·鲍威尔)。

18. "老的国际主义不能使我们满意"(奥·鲍威尔)

    (奥·鲍威尔Ⅰ,6)。

19. 奥·鲍威尔的总结

    (α)唯心主义的民族理论

    (β)民族文化的口号(=资产阶级的口号)

    (γ)净化的、精致的、绝对的民族主义,包括社会主义

    (δ)完全忘记国际主义。

总结=**民族机会主义**(潘涅库克)

20. **卡·考茨基**揭露了思维混乱的奥·鲍威尔。

    (α)特点和弱点在于奥·鲍威尔总是谈民族文化。(Ⅰ,17)(《国际性》第15页)

    (β)"纯粹的民族文化目前不可能有"(同上,《国际性》第15页)——

取代:

英　法　德

——例:
1800:20——30——30(共计=80)

1900:125——40——70(共计=235)

---

① 这里和下面指的是民族问题笔记第一册第5、6和17页。——俄文版编者注

　　　　　　　　　　((英语可能成为世界语言，也可能+俄语))

注意　｜｜（γ）"我们的国际主义并非因具有非侵略性、平等性等因而与资产阶级民族主义有所区别的一种特殊形式的民族主义，而是经济上和文化上统一的社会机体。"（同上，第17页）

注意　｜｜奥·鲍威尔的这种观点由于他"强调民族文化"而消失。

　　　　　（δ）民族不是文化共同体，不是命运共同体，而是语言共同体。

　　　　　（ε）奥·鲍威尔得出"强调民族因素……"

注意　｜｜（ζ）总结（卡·考茨基的）——过分夸大民族……因素（《国际性》第35页）。完全忘记国际因素。

21. 卡·考茨基著作中的语言和地域
　　　　　　　　　历史经济理论
　　　那　时　　资产阶级民主运动中的
　　　——和　　　　　　民族国家　　　　　　　注意
　　　现　在　　现在的国际主义。

D. 纲领第9条＝政治自决。

　22. 该条的原则意义和1848年以来整个国际民主运动的用语＝政治分离，建立民族国家。

　23. 从全世界民族运动史的观点来看该条的意义＝创建民族国家。

　24. 企图对这一条另作解释就很滑稽（可笑！）!! 民族问题上的

（α）（α）民主原则和民族运动的历史经济条件不可分割地联系在一起。

　25. 放弃民主原则就是背叛和遗忘全部历史。

　　　　资产阶级革命尚未结束。

（β）（β）俄国＝民族国家的基础、基地、中心

　　　　　　　　　┌─────────┐
　　　　　　　　　│普斯科夫—　　│
　　　　　　　　　│顿河畔罗斯托夫│
　　　　　　　　　└─────────┘

　　　　边疆地区——少数民族的。

压迫深重。

资产阶级民主革命尚未结束，这个革命没有民族运动，没有建立一般的**民族**国家的趋向就**不可能实现**。

26. 俄国的国际环境：旁边是奥地利（在民族问题上资产阶级（γ）（γ）革命尚未结束）和觉醒的亚洲（共和制的中国）。）

沙皇制度——最反动的国家制度。因而民族运动尤其不可避免，而且要求大俄罗斯人承认自决权。

27. 具体例子。挪威（丹麦统治6个世纪）。19世纪初 拿破仑战争时代 被送给（根据瑞典、英国和俄国三国的条约）瑞典。在瑞典人同挪威人的**战争**被占领。

归并入瑞典。保持**完全**自治（议会、军队、税收、关税等等）。几十年的摩擦和争斗。

1905年。欧洲东部大革命的开始——旁边，在毗邻的一个西欧很自由的国家中**资产阶级民主革命尚未结束**。结果？**1905年的挪威革命**。

挪威的八月革命。议会的决定（1905年8月17日）。瑞典的神父和地主的鼓动。

全民投票｜500万瑞典人和200万挪威人。

同邻国缔结条约。和约和全部完成。

瑞典工人的职责？不仅争取一般的自由，不仅争取自治，而且一定要争取分离权。

28. 1905年。芬兰和波兰。

民族资产阶级同俄国资产阶级的勾结。各阶级政党的任务：反对民族主义的种种勾结，**同俄国的革命无产阶级结成联盟**。

29. 总结：(α) 从整个民族运动史来看第 9 条的意义。

(β) 建立了民族国家基地以及在边疆地区存在民族压迫的条件下俄国的民族压迫。

(γ) 俄国尚未结束的资产阶级民主革命。

(δ) 俄国的国际环境。

(ε) 独立解决分离问题，但宣传是必要的。

30. 波兰社会民主党的特殊立场。

资本主义的发展把波兰和俄国紧密地联系起来。罗兹的工厂面向俄国市场。创建新的阶级国家不是我们的事。仅此而已！！

(α) 没有说完：俄国和**东方**的资产阶级民主革命结束了没有？**没有**。

(β) 问题的实质不在于波兰和波兰的分离，而在于**俄国的庄稼汉**。

1863 年

1905 年 11 月

不仅在要求不进行民族压迫的问题上，不仅在自治问题上，而且一定要在**分离权**问题上反击俄国庄稼汉的民族主义。

否认或削弱这一点是荒谬而反动的。

否认分离权意味着帮助沙皇制度，**纵容**俄国庄稼汉的民族主义。　注意

(γ) 例子：马克思对波兰问题（洛帕廷）和对爱尔兰的态度……[2]

马克思谈爱尔兰问题。**压制其他民族的自由的民族是不可能自由的**。　注意

波兰社会民主党的荒谬从何而来？

变相的民族主义。

被巴布亚人吓坏了。

克拉科夫——例子。

不按照那条路线。

思想荒谬而又反动的波兰社会民主党的历次表演。

1895：卡·考茨基

（α）唯物主义是**片面的**

（β）你们害怕纵容小资产阶级的民族主义？**你们在帮助俄国的反动势力！**

1903。第二次代表大会委员会与瓦尔斯基。[3]

E. 民族平等和少数民族的权利……

31. 任何一个民族、任何一种语言都不得享有任何特权。

    从民主主义和工人团结的起码常识来看，这是必需的。

32. 国语。不需要。

43%	大俄罗斯人
17	小俄罗斯人
$\frac{6}{66}$	白俄罗斯人
$\frac{6}{}$	波兰人
72%	斯拉夫人。

33. 瑞士的例子。传单。

    （α）三种语言（70—22—7%）。

    （β）格劳宾登 100000 居民

    <30000 罗马人　1%。①

    关于（γ）少数民族的权利和**根本法**。

    （δ）**资产阶级**社会中解决民族问题的范例。

    （比利时、**芬兰**等）　不是臆造

---

① 见《列宁全集》第24卷，第122页。——编者注

34. 区域自治和地方自治＝民主制的一般原则。区别？民族的＋经济的＋生活习惯的等等。

35. 能否实现？福尔图纳托夫与麦迭姆。

    应该按最小限度的地域而不是最大限度的地域来评定民族中心。

    麦迭姆著作中的"未享受权利者"的观点：小岛民族的绝对民族主义！！！

36. "既然要和经济割断"（麦迭姆）。

37. 保障少数民族的权利。国家的根本法（对照布隆第4条）。

38. 麦迭姆的反对意见Ⅰ，**2**①注意））

39. 这种共同的、中央的法律（对照瑞士）的必要性。

40. 只有一般民主的和**集中**的民主制是保障。

F. 民族文化自治。

术语：
$$\left\{\begin{array}{l}\text{超地域的}\\ \text{按人的民族属性的}\\ \text{民族的}\end{array}\right\}$$

41. 计划是什么？（1）名册

    （2）议会

    （3）强迫纳税。

42. 奥地利的经验（布隆）。

    民族文化自治纲领。失败。教权主义。不能实现。

    通过了1/2②纲领。其荒谬性立即可见。

43. 计划的原则基础。

---

① 指民族问题笔记第1册第2页。——原编者注
② 折中的。——原编者注

(0) 绝对的、净化的民族主义。彻底的。

(α) **民族文化**的口号。资产阶级的口号,对工人运动和国际主义是反动的。

民族文化和各民族共同的文化:

$$\begin{cases} \text{隔离状态} \\ \text{同资产阶级、教救派} \\ \text{等的联合} \end{cases} \quad \begin{matrix} \text{——团结} \\ \text{——同其他民族的民主派及} \\ \text{社会主义者的联合。} \end{matrix}$$

> 注意
> 利沃夫民族博物馆="民族文化"!!

(β) "使……不受管理"。**空想**!它的小资产阶级根据。蹩脚知识分子的臆造。

> "没有夺取,没有利用多数拒绝少数的建议,没有斗争"
> （麦迭姆)。参看**卡·考茨基**

(γ) 在办学问题上的民族集团。危害。美国的黑人。

(δ) 客观逻辑:"不是代替,而是连同"集中的民主制。奥地利和瑞士。

(ε) 各民族阶级成分不平衡性。
不是分开,而是分离。

$$\begin{cases} \text{庄稼汉民族} \\ \text{和城市} \end{cases}$$

(ζ) 犹太人——主要是商人。

> 崩得分子的诡辩:我们实行分离是为了**纯粹**的阶级斗争。

44. 民族自治是对犹太人的?

奥·鲍威尔和卡·考波基。"帮会"。

犹太人在全世界文化中的功绩和犹太人中的**两个**流派。

45. 俄国犹太人的帮会隔绝状态。

出路?(1)用各种方式巩固隔绝状态

(2) 使他们同季阿斯波拉[4]所在国的**民主主义**运动和**社会主义**运动接近。

"把犹太人从各民族中驱逐出去……"

46. 全世界 1050 万。两个一半 艾舍尔谈维也纳——150000 。

47. 在俄国，所有的犹太资产阶级政党都通过了民族文化自治
$$\left\{\begin{array}{l}+小资产阶级民主派1907年\\+崩得？\qquad（部分）\end{array}\right.$$

鲍威尔的臆造（小资产阶级机会主义的臆造）作了怎样的掩饰？

G. 组织社会主义政党的民族原则。

奥地利。仅从维姆堡（1907）开始。（奥托·鲍威尔。I，7. **1907** 年）

奥托·鲍威尔 I，7 论奥地利的敌人

同上 I，8。①

分裂和**破产**。捷克分离主义者（1910 年哥本哈根代表大会）及其对**崩得**的同情。

俄国

"最坏类型的联邦制"[5]

1898～1903 年。　崩得退党。

1903～1906 年

1907～1911 年。　麦迭姆　传单

合并（高加索，里加，维尔纳）。

从下面实现统一。

================

语言②

---

① 指民族问题笔记第 1 册第 7、8 页。——俄文版编者注
② 从这里到结束的文字是用铅笔写在笔记本的封底上的。那里还记下一个地址："圣格里伊埃教堂广场。人民会堂。№15 10 时"——俄文版编者注

348

(1)**对照语言的推广**。

列日：1914年2月2日

拉比诺维奇：民族问题＝"臆造"

载于《列宁文集》第30卷，1937年俄文版

选自《列宁全集》第24卷，第287～300页

注释：

［1］《关于民族问题的报告提纲》看来是列宁1914年1月10日（23日）在巴黎作了民族问题的报告后写的。从笔记《民族问题Ⅲ》封底上的记载看，1914年2月2日列宁在比利时列日把这个报告重作了一次。列宁自己编了号的关于民族问题的笔记共4本，其中第1本尚未找到，第2、3、4本编入了《列宁文集》俄文版第30卷。

［2］见马克思1870年7月5日给恩格斯的信。信中谈到对格·亚·洛帕廷的印象说："他头脑很清醒，**有批判力**，性格开朗，刚毅，象一个俄国农民一样知足。弱点就是**波兰**问题。他对于这个问题所说的话，完全同英国人——例如英国旧宪章主义者——对于爱尔兰所说的话一样。"（《马克思恩格斯全集》第32卷，第505～506页）

［3］在俄国社会民主工党第二次代表大会纲领委员会的第三次会议的晚上会议上，波兰和立陶宛社会民主党的一名代表曾提议采纳关于"保障组成国家的各民族在文化发展上的充分自由的机构"这一条文。（见《列宁全集》第2版第7卷，第406页）。

［4］季阿斯波拉（来自希腊语"分散"一词）是指居住在犹太国以外的犹太人。公元前6世纪初，埃及、巴比伦和地中海沿岸其他各国都有犹太人的移民区。从公元前3世纪起，季阿斯波拉迅速增加，在公元前1世纪已达450万人。在罗马帝国中，季阿斯波拉营公社生活，有时组成公法性的团体（如在亚历山大），有时仅组成私人的祭祀性的联盟（如在罗马）。季阿斯波拉在宣传犹太教方面有成就，但同时也逐渐丧失了自己的民族特点和民族

语言。

[5]"最坏类型的联邦制"一语见于1912年1月俄国社会民主工党第六次(布拉格)全国代表会议《关于各民族中央机关没有代表出席全党代表会议的问题》决议,是会议对俄国社会民主工党自第四次(统一)代表大会以来同各民族社会民主党组织的相互关系的评定(参看《列宁全集》第21卷第143~144页和第22卷第247~249页)。

需要强制性国语吗？

（1914年1月18日〔31日〕）

自由派和反动派不同的地方，在于自由派至少还承认**初等**学校享有使用母语授课的权利。但是他们在必须有强制性国语这一点上，和反动派是完全一致的。

强制性国语是什么意思呢？实际上，这就是强迫俄国其他各族居民使用仅占俄国居民**少数**的大俄罗斯人的语言。每个学校都**必须**教国语课。一切正式公文都必须使用国语，而不是使用当地居民的语言。

那些维护强制性国语的政党是用什么来论证强制性国语的必要性的呢？

黑帮的"论据"当然很简单：所有的异族人必须严加管束，不许"放肆"。俄国不可分割，一切民族都应当服从大俄罗斯人的领导，因为大俄罗斯人据说是俄国大地的建设者和集中者。因此，执政阶级的语言就应当成为强制性国语。普利什凯维奇之流先生们甚至也不反对完全禁止使用占60%的俄国非大俄罗斯居民所使用的"粗野的方言"。

自由派的立论就"文明"和"含蓄"得多了。他们主张在一定范围内（例如初等学校）允许使用母语。但同时他们又坚持强制推行国语。据说，必须这样做，这对"文化"、对"统一的"、"不可分割的"俄国等等都是有利的。

国家本身就是确认文化的统一……国家文化必定包括国语……统一的政权是国家本身的基础，而国语是政权统一的工具。国语同国家本身的一切其他形式一样，是具有强制力和普遍约束力的……

如果俄国注定是统一而不可分割的，那就必须坚持俄罗斯标准语对全国都适用的主张。

这就是自由派关于必须推行国语的典型哲学。

上面我们借用的是自由派报纸《日报》[1]第7号上登载的谢·帕特拉什金先生的一篇文章里的话。黑帮的《新时报》为这些思想而赏给（由于十分明显的原因）这些思想的创造者一个热烈的亲吻。缅施科夫的报纸（第13588号）说，帕特拉什金先生在这篇文章里说出了"完全合理的思想"。黑帮分子还因为这些非常"合理的"思想而经常吹捧民族自由主义的《俄国思想》杂志。既然自由派用"文明的"论据来宣传新时报派如此喜欢的东西，那么怎么不吹捧他们呢？

自由派对我们说，俄罗斯语言是伟大而有力的。难道你们不愿意让每个住在俄国任何边疆地区的人都懂这种伟大而有力的语言吗？俄罗斯语言必将丰富异族人的文化，使他们享有伟大的文化宝藏，这一点你们就没有看到吗？如此等等。

我们回答他们说：自由派先生们，这一切都说得对。屠格涅夫、托尔斯泰、杜勃罗留波夫、车尔尼雪夫斯基的语言是伟大而有力的，这一点我们比你们更清楚。所有居住在俄国的被压迫阶级，不分民族，都应当尽可能地建立更密切的联系，达到兄弟般的统一，我们对这一点的希望比你们更迫切。我们当然赞成每个俄国居民都有机会学习伟大的俄罗斯语言。

我们不赞成的只有一点，那就是**强制**的成分。我们不赞成用棍棒把人赶进天堂，因为无论你们说了多少关于"文化"的漂亮话，**强制性**国语总还是少不了强制和灌输。我们认为，伟大而有力的俄罗斯语言不需要**用棍棒强迫**任何人学习。我们相信，俄国资本主义的发展，社会生活的整个进程，正在使各民族相互接近。数以万计的人从俄国的这个角落跑到那个角落，居民的民族成分正在混杂糅合起来，隔绝和民族保守状态一定会消失。由于自己的生活条件和工作条件而需要掌握俄罗斯语言的人，不用棍棒强迫也会学会俄罗斯语言的。而强迫（棍棒）只会引起一种后果：使伟大而有力的俄罗斯语言难以为其他民族集团所接受，主要是会加深敌对情绪，造成无数新的摩擦，增加不和和隔膜等等。

谁需要这些呢？俄国人民、俄国民主派是不需要这些的。俄国人民不赞成**任何**民族压迫，哪怕它"有利于俄国文化和国家本身"。

因此，俄国的马克思主义者说：必须**取消**强制性国语，保证为居民设立用本地语言授课的学校，宪法中还要加一条基本法律条款，宣布任何一个民族不得享有特权，不得侵犯少数民族的权利……

载于《无产阶级真理报》，1914年1月18日，第14号（总第32号）

选自《列宁全集》第24卷，第309~311页

注释：

[1]《日报》（《День》）是俄国自由派资产阶级的报纸（日报），1912年在彼得堡创刊。孟什维克取消派参加了该报的工作。该报站在自由派和孟什维克立场上批评沙皇制度和资产阶级地主政党。在第一次世界大战期间，持护国主义立场。从1917年5月30日起，成为孟什维克的机关报，支持资产阶级临时政府，反对布尔什维克。1917年10月26日（11月8日）被查封。

致社会党国际局的报告(节选)

(1914年1月18~19日〔1月31日~2月1日〕)

致卡·胡斯曼

根据您的请求,我以我个人的名义写了下面一篇简短报告(bref rapport),由于时间仓促,这个报告(rapport)难免出差错,先致歉意。我们党的中央委员会大概会给社会党国际局执行委员会寄去正式报告①,我个人的报告中可能出现的错误就会得到纠正。

我们党的中央委员会和**组织委员会**之间的分歧(dissentiments)是什么呢?问题就在这里。这些分歧可以归纳为如下六点:

……

三

民族问题也是我们发生分歧的一个原因。这个问题在俄国十分尖锐。我们党的纲领绝对不承认所谓"超地域的民族自治"。维护这种民族自治,实际上就等于宣扬精致的资产阶级民族主义。可是取消派的八月代表会议

---

① 见《列宁全集》第25卷,第86~89页。——编者注

（1912年）公开违反党的纲领，承认这种"超地域的民族自治"。在中央委员会和组织委员会之间采取中立的普列汉诺夫同志，曾经反对这种违反党的纲领的行为，并且说这种行为是使社会主义迁就民族主义。

组织委员会不愿意收回它的违反我们党的纲领的决定，这是我们发生分歧的原因。

四

其次，表现在组织方面的民族问题也是我们发生分歧的原因。哥本哈根代表大会公开谴责了按民族分开成立工会的做法。奥地利的经验已经证明，按这种办法来区分工会和无产阶级政党是行不通的。

我们党一贯主张建立一个统一的国际主义的社会民主党组织。在1908年分裂前，党曾经又一次提出关于各地各民族的社会民主主义组织合并的要求。

我们之所以同支持组织委员会的独立的犹太工人组织崩得发生分歧，是因为崩得违反党的决定，坚决拒绝宣布各地各民族组织实现统一的原则，拒绝在行动上实现这样的联合。

必须着重指出，崩得不仅拒绝同那些属于我们中央委员会领导的各个组织实现这样的联合，而且还拒绝同拉脱维亚社会民主党、波兰社会民主党和波兰社会党（左派）实现联合。因此，对崩得自称为联合者，我们不予承认，并声明：分裂分子恰恰就是崩得，因为它不实现社会民主主义工人在各地方组织中的国际主义统一。

五

组织委员会维护取消派和崩得同非社会民主主义的政党波兰社会党（左派）的联盟——**反对**波兰社会民主党的两个部分，这种做法使我们发生分歧。

波兰社会民主党在1906~1907年间就已经加入了我们的党。

波兰社会党（左派）**从来**也没有加入过我们的党。

组织委员会同波兰社会党结成联盟来**反对**波兰社会民主党的两个部分，进行骇人听闻的分裂活动。

组织委员会和杜马代表中拥护组织委员会的人，不顾波兰社会民主党的两个部分的正式抗议，把非社会民主党人亚格洛（波兰社会党党员）吸收进社会民主党杜马党团，制造了骇人听闻的分裂。

组织委员会不愿意谴责并解散这个同波兰社会党（左派）一起进行分裂活动的联盟，因此我们发生了分歧。

尼·列宁

1914年1月31日~2月1日于布鲁塞尔

载于《无产阶级革命》杂志1924年第3期

选自《列宁全集》第24卷，第312、315~316页

关于奥地利和俄国的民族纲领的历史

(1914年2月5日〔18日〕)

1899年布隆代表大会讨论并通过了奥地利社会民主党的民族纲领。有一种非常流行的错误意见,认为这次代表大会通过了所谓"民族文化自治"。恰恰相反,在这次代表大会上"民族文化自治"遭到**一致否决**。

南方斯拉夫社会民主党人曾向布隆代表大会提出如下民族文化自治纲领(见德文正式记录第ⅩⅤ页):

(纲领第2条)居住在奥地利的每一个民族,**不论其成员所居住的地域**,组成一个自治团体,完全独立地管理本民族的(语言的和文化的)一切事务。

我们用黑体标出的这句话十分清楚地说明了"民族文化自治"(又称超地域自治)的**本质**:各人自己登记加入任何一个民族,国家应该把在教育事业等方面以民族划线的做法固定下来。

克里斯坦和权威人士埃伦博根在代表大会上维护这个纲领。但是这个纲领后来被撤销了。没有一个人投票赞成这个纲领。党的领袖维克多·阿德勒说:"……我怀疑是否有人在目前认为这个计划是切实可行的。"(会议记录第82页)

根据一些原则性的反对意见,普罗伊斯勒作出这样的结论:"克里斯坦和埃伦博根两同志的建议会产生这样的后果：沙文主义永世长存，并被搬进每一个最小的团体，每一个最小的小组。"（同上，第92页）

在布隆代表大会通过的纲领中有关这个问题的第3条说：

> 同一民族所居住的各自治**区域**共同组成统一的民族联盟，完全按自治原则来处理本民族的事务。

这是一个**地域主义的**纲领，因此它**直接排斥**例如**犹太**民族文化自治。"民族文化自治"的主要理论家奥托·鲍威尔，曾经在他的书中（1907年）用**专门一章**来论证犹太人要求"民族文化自治"是行不通的。

实质上，马克思主义者是主张联盟也包括任何民族区域（县、乡、村等）联盟的充分自由的；但是，社会民主党人决不能同意用国家法律来**巩固**一国之内的统一的**民族联盟**。

在俄国，恰恰是犹太人的**所有**资产阶级政党（还有崩得，它实际上是这些政党的应声虫）**通过了**被奥地利所有的理论家和奥地利社会民主党人代表大会否决了的那个"超地域的（民族文化）自治"纲领！！

只要查阅一下《民族运动的形式》（1910年圣彼得堡版）这本有名的书和1913年《启蒙》杂志第3期[1]，就很容易核实这件事，但是崩得分子常常要否认这个事实，其原因是显而易见的。

这一事实清楚地说明，较为落后、较为小资产阶级的俄国社会结构已使部分马克思主义者深受资产阶级民族主义的感染。

崩得的民族主义动摇性，早在**第二次**（1903年）代表大会上就遭到了正式的不容争辩的斥责，代表大会**直接否决了**崩得分子戈尔德布拉特提出的关于"建立保障民族发展自由的机构"（"民族文化自治"的化名）的修正案。

高加索的孟什维克由于受到整个反革命**民族主义**气氛的影响，在1912年取消派的八月代表会议上（在这以前的10年中，他们曾和崩得作过坚决斗争）滚到了民族主义方面，当时斥责他们的**决不仅仅**是布尔什维克。

孟什维克普列汉诺夫也坚决斥责过他们,指出他们的决定是"使社会主义迁就民族主义"。

> 普列汉诺夫写道:"高加索的同志们只谈文化自治,而不提政治自治,这只能证明他们愚蠢地服从崩得领导权的事实。"

除了犹太人的资产阶级政党、崩得和取消派以外,只有左派民粹派的一些小资产阶级民族政党的代表会议通过了"民族文化自治"。但是就在这个代表会议上,也只有4个政党(犹太社会主义工人党、白俄罗斯格罗马达、达什纳克楚纯和格鲁吉亚社会联邦派[2])通过了这个纲领,而两个最大的政党,俄国左派民粹派和波兰"弗腊克派"(波兰社会党)都**弃权**!

俄国的左派民粹派特别反对著名的崩得计划中**强制性的**国家法律上的各民族联盟。

从这个简短的历史考证中,对1913年马克思主义者的无论是二月会议或者是夏季会议之所以坚决斥责"民族文化自治"这种小资产阶级和民族主义的思想,也就可以理解了①。

载于《真理之路报》,1914年2月5日,　　选自《列宁全集》第24卷,第339～
第13号　　　　　　　　　　　　　　　341页

注释:

[1] 指斯大林的《马克思主义和民族问题》一文,见《列宁全集》第24卷注135。

[2] 白俄罗斯格罗马达(白俄罗斯社会主义格罗马达)是小资产阶级民族主义政党,1902年成立(当时称白俄罗斯革命格罗马达),1903年12月在维尔诺举行第一次代表大会最终形成。该党借用波兰社会党的纲领作为自己的纲领,

---

① 见《列宁全集》第22卷第263、267～269页及第24卷第61页。——编者注

要求白俄罗斯边疆区实行自治并在维尔诺设立地方议会，把地主、皇族和寺院的土地转归地方公有，允许西北边疆地区各民族实行民族文化自治。白俄罗斯格罗马达的多数成员代表白俄罗斯农村资产阶级的利益，但也有一些成员代表劳动农民的利益。在1905～1907年俄国革命时期，白俄罗斯格罗马达采取资产阶级改良主义的策略。随着这次革命的失败，该党滑向资产阶级自由主义立场。1907年初，该党正式宣布解散，它的成员们开始进行合法的资产阶级民族主义活动，出版了合法报纸《我们的田地报》（1906～1915年）。在第一次世界大战期间，留在德军占领区的格罗马达分子鼓吹在德国的保护下"复兴"白俄罗斯。在1917年俄国二月革命后，白俄罗斯格罗马达恢复组织，支持资产阶级临时政府的政策。1917年7月，该党右翼领袖参加了白俄罗斯拉达。十月社会主义革命后，白俄罗斯格罗马达分裂，它的一部分成员进行反革命活动，一部分成员转向苏维埃政权方面。

达什纳克楚纯是亚美尼亚资产阶级民族主义政党，1890年在梯弗利斯成立。党员中，除资产阶级外，民族知识分子和小资产阶级占重要地位，此外，还有受骗的农民和工人。在1905～1907年革命时期，该党同社会革命党接近。1907年，该党正式通过了具有民粹主义性质的"社会主义"纲领，并加入了第二国际。1917年二月资产阶级民主革命后，他们同孟什维克、社会革命党人和木沙瓦特党人结成了反对苏维埃政权的反革命联盟，组织了外高加索议会。1918～1920年间，该党曾领导亚美尼亚的反革命资产阶级民族主义政府。1920年11月，亚美尼亚劳动人民在布尔什维克党的领导和红军的支持下，推翻了达什纳克党人的政府，建立了苏维埃政权。1921年2月，达什纳克楚纯发动叛乱，被粉碎。随着苏维埃政权的胜利，该党在外高加索的组织陆续被清除。

格鲁吉亚社会联邦派是格鲁吉亚社会联邦革命党的成员。格鲁吉亚社会联邦革命党是资产阶级民族主义政党，于1904年4月建立。该党要求在俄国资产阶级地主国家范围内实行格鲁吉亚的民族自治。在第一次俄国革命失败后的反动年代里，该党成了革命的公开敌人。它同孟什维克和无政府主义者共同行动，企图破坏外高加索各族劳动人民反对沙皇制度和资本主义的统一战线。在十月社会主义革命后，社会联邦党人同格鲁吉亚孟什维克、达什纳克党人和木沙瓦特党人组成反革命联盟。这个反革命联盟先后得到德、土武装干涉者和英、法武装干涉者的支持。

再论"民族主义"

（1914年2月20日〔3月5日〕）

"目前就在这个时候"，有人正在策划第二次贝利斯案件，应当更加处处当心民族主义者的鼓动。不久前召开的"全俄民族联盟"[1]第二次代表大会，特别清楚地表明了这种鼓动是怎么回事。

如果以为总共只有21个来自俄国各地的代表参加的这个"全俄民族联盟"是无足轻重的，形同虚设的（虚构的），因而这种鼓动的作用也就无足轻重，那就大错特错了。"全俄民族联盟"是无足轻重的，是虚构的，但是它的宣传得到一切右翼政党和一切**官方**机关的支持；它在每所乡村学校、每个兵营、每个教堂中都在进行宣传。

下面就是关于2月2日在这个代表大会上所作的一个报告的新闻报道：

国家杜马代表萨文科作了关于"马泽帕主义"[2]（这是民族主义者的行话，意即乌克兰运动）的报告。报告人认为白俄罗斯人和乌克兰人中的分离主义〈即要求从国家中分离出去〉倾向特别危险。乌克兰运动尤其是一个威胁俄国统一的很大的实际危险。乌克兰人的最低纲领无非就是实行联邦制和乌克兰自治。

乌克兰人将自己实现自治的希望寄托在俄国将来同奥匈帝国和德国作战时遭到失败上。自治的波兰和乌克兰将在大俄罗斯的废墟上，在哈布斯堡王朝统治下的奥匈帝国的疆土上建立起来。

如果乌克兰人真能使3000万小俄罗斯人脱离俄罗斯民族，那么大俄罗斯帝国的末日就要到了。（鼓掌）

为什么这个"联邦制"既没有妨碍北美合众国的统一，也没有妨碍瑞士的统一呢？为什么"自治"并没有妨碍奥匈帝国的统一呢？为什么"自治"甚至在一个很长的时期内加强了英国和它的许多殖民地的统一呢？

萨文科先生对他所主张的"民族主义"进行了极其荒谬的阐述，因此驳倒他的思想就非常容易了。据说，乌克兰自治"威胁着"俄国的统一，而奥匈帝国由于实行普选制及其各区域的自治却**加强了**自身的统一！怎么这样奇怪呢？为什么不能**通过**乌克兰自治来**加强**俄国的统一呢，读到或听到这种"民族主义"宣传的人，脑子里难道不会产生这样的问题吗？

地主和资产阶级的民族主义，力图借助攻击"异族人"来离间和腐蚀工人阶级，以便麻醉工人阶级。觉悟工人对此的回答是，**在实践中捍卫了各民族工人的完全平等**和**团结一致**。

民族主义者先生们在宣布白俄罗斯人和乌克兰人是异族人的时候，忘了说明，大俄罗斯人（唯一的非"异族人"）在俄国至多占人口总数的43％。这就是说，"异族人"是多数！少数不给予这个多数**好处**，不给予这个多数政治自由、民族平等、地方自治和区域自治等好处，怎么能稳定多数呢？

民族主义者攻击乌克兰人和其他民族搞"分离主义"，攻击他们闹分离，用这种办法来维护大俄罗斯地主与大俄罗斯资产阶级对"自己的"国家享有的**特权**。工人阶级反对**任何**特权；因此工人阶级要捍卫民族自决权。

觉悟工人是不宣传**分离**的；他们知道大国的种种好处和广大工人群众联合起来的种种好处。但是，只有在各民族真正完全平等的情况下，大国才可能成为民主国家,而各民族的这种平等,就意味着享有分离权。

反对民族压迫和反对民族特权的斗争,是同捍卫分离权分不开的。

载于《真理之路报》,1914 年 2 月 20 日,第 17 号

选自《列宁全集》第 24 卷,第 350～352 页

注释:

[1] 全俄民族联盟是俄国地主、官僚的反革命君主主义政党。该党前身是 1908 年初从第三届国家杜马右派总联盟中分离出来的一个独立派别,共 20 人,主要由西南各省的杜马代表组成。1909 年 10 月 25 日,该派同当年 4 月 19 日组成的温和右派党的党团合并成为"俄国民族党人"共同党团(100 人左右)。1910 年 1 月 31 日组成为统一的党——全俄民族联盟,党和党团主席是彼·尼·巴拉绍夫,领导人 П. H. 克鲁平斯基、弗·阿·鲍勃凌斯基、米·奥·缅施科夫和瓦·维·舒利金。该党以维护贵族特权和地主所有制、向群众灌输好战的民族主义思想为自己的主要任务。该党的纲领可以归结为极端沙文主义、反犹太主义和要求各民族边疆区俄罗斯化。1917 年二月资产阶级民主革命后,该党即不复存在。

[2] 马泽帕主义得名于 17 世纪末～18 世纪初第聂伯河左岸乌克兰地区的盖特曼伊·捷·马泽帕。他主张乌克兰独立和脱离俄国。在 1700～1721 年的北方战争中曾公开投向瑞典国王查理十二世方面。

编辑部对老兵的《民族问题和拉脱维亚的无产阶级》一文的意见

(1914年2月)

我们很高兴刊登老兵同志的文章,他在这篇文章中对拉脱维亚人中存在的,特别是拉脱维亚社会民主党人中存在的民族问题作了历史的概述。要是拉脱维亚马克思主义者能对夏季会议(1913年)的决定提出修改草案或补充草案,那就太好了。拉脱维亚社会民主党人长期以来对崩得的同情现在开始动摇。首先是由于马克思主义者从理论上进行了批评;其次是由于崩得分子在实践中搞分离主义,特别是在1906年以后。我们希望拉脱维亚社会民主党人关于民族问题的争论继续进行下去,并且希望最后通过一些十分明确的决定。

关于老兵同志的评论的本质,我们只想指出下面一点。老兵同志认为我们举瑞士的例子[①]是没有说服力的,因为那里的三个民族都是历史的民族,并且一开始就是平等的。但是,"没有历史的民族"的例子是任何地方都找不到的(除非在乌托邦),要找,只能到历史的民族之中去找。不过,"民族文化自治"的拥护者本身也是要求民族平等的。总之,文明人类的经验告诉我们,**在真正民族平等和彻底的民主制条件下**,"民族文化

---

① 见《列宁全集》第24卷,第122页。——编者注

自治"是多余的；而**不具备**这些条件，"民族文化自治"就是空想，宣传"民族文化自治"就等于宣传精致的民族主义。

载于《启蒙》杂志 1914 年 2 月第 2 期　　选自《列宁全集》第 24 卷，第 369～370 页

英国自由党人和爱尔兰

（1914年3月12日〔25日〕）

当前英国议院讨论爱尔兰**自治**法案（或者更确切些说，是讨论爱尔兰的自治）的情况，无论从阶级关系的角度来看，还是从剖析民族问题和土地问题的角度来看，都是非常引人注目的。

许多世纪以来，英格兰一直奴役爱尔兰，爱尔兰农民苦不堪言，忍饥挨饿，甚至饿死，他们的土地被剥夺，几十万、几百万人被迫离乡背井迁居美洲。19世纪初，爱尔兰有550万居民，现在只剩下430多万了。爱尔兰已人烟稀少。19世纪的100年中，有500多万爱尔兰人迁到美洲，现在，美国的爱尔兰人要比爱尔兰的爱尔兰人还**多**！

爱尔兰农民遭受的前所未闻的灾难和痛苦是一个大有教益的例子，从中可以看到"统治"民族的地主和自由派资产者是何等残酷。英格兰的"辉煌的"经济发展，它的工商业的"繁荣"，在很大程度上是建立在对付爱尔兰农民所立下的功劳上的，这些功劳不禁使人想起俄国的女农奴主萨尔特奇哈。

英格兰"繁荣起来了"，爱尔兰则奄奄待毙，仍旧是一个不开展、半野蛮的纯农业国，一个贫困的佃农国。尽管"文明的和自由派的"英格兰资产阶级想世世代代奴役爱尔兰，使它永远贫困，可是改革还是不可避免地进行了，——尤其是因为爱尔兰人民争取自由和争取土地的革命斗争此起彼伏，愈演愈烈。1861年成立了爱尔兰革命组织——**芬尼亚**[1]。移居美洲的爱尔兰人都想方设法帮助它。

从1868年起，即从自由派资产者和愚蠢市侩的英雄格莱斯顿主持内阁起，在爱尔兰开始了**改革的时代**，这个时代居然太太平平地拖延到现在，——也就是拖了差不多半个世纪。瞧，自由派资产阶级的英明的国家要人多么善于"慢慢腾腾地抓紧"他们的"改革"呀！

那时卡尔·马克思已经在伦敦居住了15年多，他非常关心、非常同情地注视着爱尔兰人民的斗争。1867年11月2日他在给弗里德里希·恩格斯的信中说："我已竭力设法激起英国工人举行示威来援助芬尼亚运动。过去我认为爱尔兰从英国分离出去是不可能的。现在我认为这是不可避免的，即使分离以后还会成立联邦……"① 在同年11月30日的信里，马克思又谈到这个问题："……试问，我们应当对英国工人提什么样的建议呢？我以为他们应当在自己的纲领中写上取消合并这一条〈取消合并爱尔兰〉，简单地说，就是1783年的要求，不过要使这一要求民主化，使它适合于目前的条件。这是能被**英国**〈工〉党采纳到纲领中去的爱尔兰获得解放的唯一合法的，因而也是唯一可能的形式。"② 接着马克思论证了爱尔兰人需要自治和脱离英国而独立，需要土地革命，需要实行关税以抵制英国。

以上就是马克思为了帮助爱尔兰获得自由、加速爱尔兰的社会发展、帮助英国工人获得自由而向英国工人建议的纲领；因为只要英国工人帮助（或者仅仅容许）奴役其他民族，他们自己是不能获得自由的。

多么不幸啊！19世纪最后的30多年中，由于一系列特殊的历史原因，英国工人一直依附于自由派，浸透了自由派工人政策的精神。他们没有成为争取自由的民族和阶级的领导者，而成了大财主的卑鄙走狗的尾巴，成了英国自由派老爷们的尾巴。

自由派已经把爱尔兰的解放事业拖延了**半个世纪**，爱尔兰的解放事业至今还没有完成！爱尔兰农民直到20世纪才开始从佃农变成自由的土地所

---

① 见《马克思恩格斯全集》中文第1版第31卷，第381页。——编者注
② 见《马克思恩格斯全集》中文第1版第31卷，第405页。——编者注

有者，可是自由派老爷们还强迫他们按"公道的"价格交纳赎金！爱尔兰农民要向英国地主交纳千百万贡赋，而且还将继续长期交纳，以报答英国地主，因为英国地主掠夺了他们几百年，使他们常年挨饿。英国自由派资产者强迫爱尔兰农民用现金来报答地主的恩惠……

现在议院正在通过爱尔兰**地方自治**（自治）法。在爱尔兰北部有个阿尔斯特（人们往往把它错写成北爱尔兰）省，这里有一部分居民是英格兰的移民，他们与信天主教的爱尔兰人不同，都是新教徒。于是以黑帮地主普利什凯维奇……不，以卡森为首的英国保守派，疯狂叫嚣反对爱尔兰自治。据他们说，这就等于让阿尔斯特人受异教徒和异族人管辖！卡森勋爵威胁说要举行暴动，并且组织了黑帮分子的武装匪帮。

不言而喻，这种威胁是空喊。一小撮流氓谈不上什么暴动。同样也谈不上什么爱尔兰议会（它的权力是由**英国法律决定的**）"压迫"新教徒。

这不过是黑帮地主在**吓唬**自由派。

自由派害怕起来了，他们向黑帮分子讨好、让步，建议在阿尔斯特举行一次**特别的全民投票**（所谓的公民投票），把阿尔斯特的改革再延迟6年！

自由派同黑帮分子之间的讨价还价还在继续。改革暂缓，爱尔兰人既然已经等了半个世纪，那就再等一等吧，可别"得罪了"地主！

如果自由派诉诸英国人民，诉诸无产阶级，那么卡森的黑帮集团自然马上就会冰消瓦解，消失得无影无踪，爱尔兰和平的、充分的自由也就有了保障。

可是，要自由派资产者向无产阶级求援去反对地主，这难道可能吗？要知道，英国自由派也是大财主的走狗，他们只会向卡森之流摇尾乞怜。

载于《真理之路报》，1914年3月12日，第34号

选自《列宁全集》第24卷，第394～397页

注释：

[1] 芬尼亚是19世纪后半期~20世纪初爱尔兰的小资产阶级革命共和派，爱尔兰革命兄弟会的成员（芬尼亚一词来自爱尔兰历史上的一个传奇性军事义勇队的名称 fiann）。爱尔兰革命兄弟会是秘密组织，于1858年成立（中心在美国和爱尔兰），主要宗旨是通过秘密准备的武装起义建立独立的爱尔兰共和国。该会采取密谋策略，在群众中缺乏巩固的基础。

告乌克兰工人书[1]

(不晚于1914年3月19日〔4月1日〕)

乌克兰工人同志们:

在乌克兰,在叶卡捷琳诺斯拉夫地区,建立起了巨大的采矿工业中心,那里有几万名矿工——有大俄罗斯人,也有乌克兰人,他们同千百万乌克兰工人居民一样,正在用自己艰苦的劳动为资本家创造财富,遭受资本家的剥削。在基辅、沃伦、赫尔松等地以及在全乌克兰的地主农庄里的乌克兰农业工人生活得也不比他们好。

现在也该是我们乌克兰工人觉醒和坚决地联合起来同资本作斗争的时候了。因为我们作为工人和被奴役民族的一员,正在遭受压迫,我们的民族被剥夺了在学校用母语受教育的权利。然而我们的敌人已经使我们也懂得了:(1)工人的解放应该是工人自己的事情;我们只有自己觉悟起来,自己组织起来,才能争取到较好的生活;(2)只有同一切民族的工人首先是同大俄罗斯工人,即矿工、工厂工人和农业工人结成兄弟联盟,我们才有可能找到解放的道路。

同志们!我们的道路是:一切民族的工人结成兄弟的联盟。任何民族主义者,无论是大俄罗斯民族主义者或是乌克兰民族主义者,都欺骗不了我们。大俄罗斯民族主义者禁止使用我们的语言,从而剥夺了我们真正发展的手段,他们还在我们同大俄罗斯工人之间散布不和。乌克兰民族主义者声称他们也反对民族压迫,然而他们只不过是假装成工人的朋友,用自己的民族主义思想来愚弄工人。不！我们知道，俄国马克思主义者同俄国境内一切民族中觉悟的工人联合起来，正在争取一切民族的平等权利。我们知道，大俄罗斯的觉悟工人并不承认大俄罗斯民族享有特殊的国家特权，而是争取民族自决权，即俄国被压迫民族自由建立自己生活的权利。

对工人来说，除了各民族工人在共同组织里兄弟般地联合起来以外，没有别的和更好的道路。

乌克兰工人同志们！

为了使我们的运动能取得成功，我们必须有自己的报纸，我们应当尽快地开始出版工人报纸《劳动的真理报》[2]的附刊——《乌克兰工人专页》。

出版《乌克兰工人专页》还能把我们同俄罗斯的无产阶级联合起来。《乌克兰工人专页》能帮我们唤醒更广泛的乌克兰工人群众并把他们吸引到普遍的马克思主义工人运动中去。

然而《乌克兰工人专页》也同《劳动的真理报》的矿工专页[3]一样，只有乌克兰工人自己不失时机地立即大力筹集款项才能存在下去。

乌克兰工人同志们！

你们要尽快地为自己的专页募捐，请在你们中间建立一些小组来进行这项工作，并把筹集的款项寄给《劳动的真理报》编辑部。在钱数足够时，我们就立即开始出版专页。我们的乌克兰工人专页发展下去有可能成为乌克兰工人日报。不过，我们乌克兰工人需要积极地直接参加专页的工作，否则我们所创办的事业就会毫无生气。请把论文、短评和通讯寄给《乌克兰工人专页》。

同志们！所有城市和乡村，所有矿井和工厂都来响应我们的倡议吧，为了你们自己的事业，为了你们的《乌克兰工人专页》开始工作吧。

载于《劳动的真理报》，1914年6月29日，第28号　　　　选自《列宁全集》第25卷，第5~7页

注释：

[1]《告乌克兰工人书》用乌克兰文发表于1914年6月29日《劳动的真理报》第28号，署名奥克先·洛拉。它号召工人们不分民族地联合起来同资本作斗争，并在《劳动的真理报》出版《乌克兰工人专页》。

《告乌克兰工人书》的草稿是列宁在1914年春天用俄文写的，原来打算在《真理之路报》的附刊《矿工专页》上发表。后来他托伊涅萨·阿尔曼德将草稿转寄给了洛拉（弗·斯捷潘纽克），建议洛拉用乌克兰文发表这个《告乌克兰工人书》。他认为，重要的是由乌克兰社会民主党人发出主张统一而反对按民族划线分裂工人的呼声。他说，如果用乌克兰人的口吻来转述我的草稿，并加上几个生动的乌克兰例子，那就再好没有了。

《乌克兰工人专页》未能出版。列宁《为奥克先·洛拉的〈告乌克兰工人书〉加的〈编者按〉》，见《列宁全集》第25卷，第376页。

[2]《劳动的真理报》（《Трудовая Правда》）是俄国布尔什维克的合法报纸，1914年5月23日（6月5日）~7月8日（21日）代替被沙皇政府查封的《真理报》在彼得堡出版，共出了35号。

[3]《矿工专页》（《Шахтёрский Листок》）是在顿巴斯矿工的倡议下由工人募捐在彼得堡出版的小报，第1号作为1914年3月16日（29日）《真理之路报》第38号的附刊出版，第2号作为1914年5月4日（17日）《真理之路报》第77号的附刊出版。

政治教训

(1914年3月22日〔4月4日〕)

前不久，国务会议[1]否决了在波兰未来的自治机构中使用波兰语的提案。这次违反政府首脑的意志而举行的表决，在关于俄国各统治阶级以及我国国家制度和国家管理的"特点"问题上向我们说明了许多东西。

报刊上已经披露了波兰自治机构使用波兰语问题的久远历史。掌握政权的俄国地主早从1907年起就已经同波兰的上层贵族进行了这方面的谈判。商谈过俄国黑帮和波兰黑帮哪怕进行某种程度的合作或者仅仅实现比较和平地相处的条件。——而且这一切自然完完全全是为了"民族文化"的利益。

波兰地主一向维护波兰的民族文化，要争得自治机构（而不仅是自治权）和使用波兰语的权利。大俄罗斯地主则维护俄罗斯的民族文化，声明（他们已经掌握了一切，因此无需再争得什么）俄罗斯民族文化是至高无上的，"俄罗斯的"海乌姆地区应当脱离波兰。同时，双方还缔结了**反对犹太人的协定**，预先把犹太人的"百分比"缩小到一定限度，——使波兰在用黑帮手段迫害和压迫犹太人方面不致落后于俄国。

据报道，是斯托雷平亲自和波兰的贵族、波兰的大地主进行这些谈判的。斯托雷平作了承诺。草案也提出来了。但是……海乌姆地区虽已分离出来，而在波兰自治机构使用波兰语的权利却被我们的国务会议**否决了**。科科夫佐夫"忠心耿耿地"维护斯托雷平的事业，但是并没有能维护住。

国务会议中的右派成员没有跟着他走。

另外还有一个虽然是小小的协定，也被"撕毁了"。不久以前，古契柯夫代表全俄国的资产阶级说，他们同反革命政府达成了默契："他们支持政府进行改革。"支持倒是支持了，可是改革并**没有**实行。

而在我们所举的例子里，不是资产阶级，不是反对派，而是最道地的地主们也达成了默契："我们"进一步靠拢斯托雷平，他们给我们自治和使用波兰语的权利。靠拢倒是靠拢了，可是使用波兰语的权利并没有获得。

从这个小小的例子可以得到丰富的政治教训。民族间的斗争在我们眼前变成了两个民族的统治阶级勾结起来对第三个（犹太）民族进行特殊压迫。必须记住，所有的统治阶级，不仅地主，就是资产阶级，甚至最民主的资产阶级都是这样干的。

俄国的现实的制度和管理暴露了它们的阶级基础：是地主在指挥、决定和操纵一切。这个阶级的权力是无限的。它只"允许"资产阶级……缔结协定，然后它又**撕毁**这些协定。

不仅如此。实际表明，连统治阶级**内部**的协定也往往被非常轻易地"撕毁"掉。这就是俄国与其他阶级国家的差别，这就是我们的独特之处，——正因为如此，欧洲在一二百年以前就已经解决了的问题在我们这里还没有得到解决。

载于《启蒙》杂志1914年3月第3期　　选自《列宁全集》第25卷，第17~18页

注释：

[1] 国务会议是俄罗斯帝国的最高咨议机关，于1810年设立，1917年二月革命后废除。国务会议审议各部大臣提出的法案，然后由沙皇批准；它本身不具有立法提案权。国务会议的主席和成员由沙皇从高级官员中任命。在沙皇亲自出席国务会议时，由沙皇担任主席。国家杜马设立以后，国务会议获得了除

改变国家根本法律以外的立法提案权。国务会议成员半数改由正教、各省地方自治会议、各省和各州贵族组织、科学院院士和大学教授、工商业主组织、芬兰议会分别选举产生。国务会议讨论业经国家杜马审议的法案，然后由沙皇批准。

关于民族平等的法律草案[1]

（1914年3月28日〔4月10日〕）

同志们！

俄国社会民主党工人党团决定向第四届国家杜马提出关于废除对犹太人和其他"异族人"的权利限制的法律草案，草案附在本文后面。

这个法律草案的宗旨是要废除对犹太人、波兰人等一切民族的一切民族限制。但是它特别详细地谈到了对犹太人的限制。原因很明显，因为在俄国没有哪一个民族受到象犹太民族受到的那样的压迫和迫害。反犹太主义在有产者阶层中日益根深蒂固。犹太工人在双重压迫下痛苦呻吟，因为他们既是工人又是犹太人。近几年来对犹太人的迫害已经具有一种令人难以相信的规模。大家只要回想一下反犹大暴行和贝利斯案件就够了。

在这种情况下，有组织的马克思主义者对犹太人问题必须予以应有的注意。

不言而喻，犹太人问题只有同俄国当前的基本问题放在一起才能得到认真的解决。当然，我们也不指望民族主义的和普利什凯维奇的第四届杜马会废除对犹太人和其他"异族人"的限制。但是工人阶级应该发出自己的呼声。**俄罗斯**工人反对民族压迫的呼声应该特别响亮。

我们公布这个法律草案，是希望犹太工人、波兰工人以及其他被压迫民族的工人就草案发表自己的意见，如果他们认为有必要，就提出自己的修正意见。

同时我们也希望俄罗斯工人用自己的声明等等大力支持我们的法律草案。

根据草案第4条，我们将应予废除的规定和法令另列清单附在草案后面。这个附件中单是涉及犹太人的法令就有近100条。

关于废除对犹太人权利的一切限制及与任何民族出身或族籍有关的一切限制的法律草案

1. 居住在俄国境内的各民族公民在法律面前一律平等。

2. 对俄国的任何一个公民，不分性别和宗教信仰，都不得因为他的任何民族出身或族籍而在政治权利和任何其他权利上加以限制。

3. 凡在社会生活和国家生活的任何方面对犹太人加以限制的一切法律、暂行规定、法律附则等等，一律废除。第9卷第767条称："**在没有对犹太人作专门规定**的一切场合，一般法律均适用于犹太人。"这一条文应予取消。在居住权和迁徙权、受教育权、担任国家职务和社会职务权、选举权、服兵役、在城市和乡村购置和租用不动产权等方面对犹太人的所有一切限制应予废除；在从事自由职业等方面对犹太人的一切限制应予废除。

4. 本法律另附应予废除的旨在限制犹太人权利的法令、命令、暂行规定等等的清单。

载于《真理之路报》，1914年3月28日，第48号

选自《列宁全集》第25卷，第19~21页

注释：

[1] 关于民族平等的法律草案（正式名称是《关于废除对犹太人权利的一切限制及与任何民族出身和族籍有关的一切限制的法律草案》）是列宁为第四届国家

杜马俄国社会民主党工人党团起草的,显然准备在杜马讨论内务部预算时提出。

　　法律草案以俄国社会民主党工人党团的名义公布在《真理之路报》上。列宁认为用成千上万个无产者的签名和声明来支持该草案是俄国工人的光荣的事情。他指出:"这将最有效地巩固俄国不分民族的全体工人的**充分**团结,使他们更加打成一片。"(见《列宁全集》第 25 卷,第 90~91 页《民族平等》一文)

"八月联盟"的空架子被戳穿了(节选)

(1914年3月30日〔4月12日〕)

我们将来还要不止一次地引用拉脱维亚马克思主义者的这些决议,因为这些决议再次证明,我们说俄国的马克思主义工人只有**反对**取消派才能实现统一,是十分正确的。最后,我们在这里只提一下这个马克思主义组织关于民族原则问题的一项特别重要的决议。

拉脱维亚马克思主义者自己就代表着没有充分权利的被压迫民族的工人,他们自己就是在居民的民族成分十分复杂的中心城市工作的。例如,在里加,他们必须同德意志族、俄罗斯族、拉脱维亚族、犹太族、立陶宛族的无产阶级打交道。多年的经验已经使拉脱维亚马克思主义者非常坚定地相信工人阶级地方组织的**各民族团结**的原则是正确的。

拉脱维亚马克思主义者的决议说:"……在每一个城市中都应当有一个马克思主义无产者的联合组织,这个组织要根据斯德哥尔摩代表大会所肯定的原则,以及1908年的全俄代表会议附加的说明进行工作。"

大家知道,这个附加说明**直截了当地**斥责了联邦制原则。不是实行各个民族工人组织的联邦制,而是实行各民族的团结,建立用当地无产阶级的**各种语言**来进行工作的统一组织。

这才是唯一正确的马克思主义原则。这才是对那些力图**以民族划线分裂**无产阶级的民族主义市侩们的唯一符合社会主义的反击。这就是要求执行一直遭到崩得肆无忌惮践踏的全党决议。

自己制造分裂而又竭力高唱"统一"的取消派和崩得分子在工人中间布下的骗局,就要彻底破产了。对我们俄国国内的斗争抱中立态度的拉脱维亚马克思主义者的决议最清楚地向全体工人表明,真正实现**统一**是可能的而且是应该的,但是只有反对分裂派才能做到,因为分裂派拒绝执行全党早就提出的放弃取消主义、放弃按民族划分工人组织这个一贯要求。

载于《真理之路报》,1914年3月30日,第50号

选自《列宁全集》第25卷,第32~33页

致伊·费·阿尔曼德

(1914年4月1日)

亲爱的朋友：现寄上为《矿工专页》撰写的告乌克兰工人书的草稿，[1]请你务必巧妙地使这个草稿（当然，不用我的名义，最好也不用你的名义）**通过洛拉和三五个乌克兰人提出**（当然，这是**反对**尤尔凯维奇的，**要尽可能**不让这个打着马克思主义旗号，鼓吹工人按民族**划分**，鼓吹乌克兰工人要有**单独**的民族组织的卑鄙龌龊的民族主义市侩事先知道）。

为什么**我**不便自己出面把这份草稿寄去。洛拉写信告诉我，他同意我要**反对**尤尔凯维奇的意见，但是洛拉很天真。然而，事情刻不容缓。最要紧的是让**乌克兰社会民主党人出来**呼吁，要求统一，**反对把工人按民族划分开**，——而现在有了《矿工专页》（我是今天，即4月1日，星期三才收到的——《真理之路报》星期日号的附页），应当**马上**利用它来做这件事。

请把我的草稿再抄一份（**任何修改我都同意**，当然，直截了当抗议按民族划分这一点必须保留）——让洛拉**一个人**或者再加别人**接受**这份草稿**并译成乌克兰文**，然后用自己的名义或者（最好）用乌克兰马克思主义者（更好的是用乌克兰工人）小组（两三个人也行）的名义**由我寄给《真理之路报》**。

这件事必须做得巧妙，迅速，要反对尤尔凯维奇并且**不让他事先知道**，因为这个骗子会暗中使坏。

（读了你对斯捷潘纽克的报告和尤尔凯维奇的发言所作的叙述，坦白说，我真生你的气，你还是没有看清尤尔凯维奇那一套的**实质**。我又在——很抱歉——骂你糊涂了。请不要生气，我这是出于对你的友谊和爱护，但我一看到谁"稀里糊涂"，就不能不生气。）

能否在接信后立即办妥委托您代办的事，请速告知。

星期一寄上的文集以及在娜嘉给你的信上写的附言，收到了吗？

紧紧握手！

你的　弗·乌·

对我的草稿如果能用乌克兰人的口吻来转述，并加几个生动的乌克兰的例子，那就再好没有了！！我这就要求《真理之路报》准备刊登。

从克科科夫发往巴黎	选自《列宁全集》第46卷，第443~444页
载于《列宁全集》第35卷，1950年俄文第4版	

注释：

[1]《矿工专页》(《Шахтёрский Листок》)是在顿巴斯矿工的倡议下由工人募捐在彼得堡出版的小报，第1号作为1914年3月16日（29日）《真理之路报》第38号的附刊出版，第2号作为1914年5月4日（17日）《真理之路报》第77号的附刊出版。

《告乌克兰工人书》用乌克兰文发表于1914年6月29日《劳动的真理报》第28号，署名奥克先·洛拉（见《列宁文集》俄文版第39卷，第120~121页）。《告乌克兰工人书》的草稿是列宁写的。列宁还为它写了《编者按》（见《列宁全集》第25卷，第376页）。

关于民族政策问题[1]

（1914年4月6日〔19日〕以后）

我想谈谈我们政府关于民族问题的政策。在我国内务部所"主管"的那些问题中间，这是一个极其重要的问题。从国家杜马最后一次讨论该部预算的时候起，俄国民族问题就被我们的统治阶级提到日程上来，并且愈来愈尖锐化了。

贝利斯案件再一次引起整个文明世界对俄国的注意，它揭露了我国盛行的可耻制度。在俄国连法制的影子也没有。行政当局和警察局完全可以肆无忌惮、厚颜无耻地迫害犹太人，甚至完全可以包庇和隐瞒罪行。贝利斯案件的结论正是如此，这个案件表明了一种最密切最隐秘的联系……①

现在俄国可以说笼罩着大暴行的气氛，为了表明我这样说并非夸大，不妨引用一下最"可靠的"、最保守的、"可以制造大臣的"作家美舍尔斯基公爵提供的证明。下面是他在他的《公民》杂志[2]上所引用的"一个来自基辅的俄罗斯人"的反映：

我们的生活气氛窒息着我们，无论走到哪里，到处都有阴谋的低

---

① 手稿缺第3页和第4页。——俄文版编者注

语，到处都是嗜血的渴望，到处都有告密的臭气，到处都有憎恨，到处都有怨声，到处都有呻吟。

……笼罩着俄国的就是这种政治气氛。在这种气氛下谈论或者考虑法律、法制、宪法以及诸如此类天真的自由派主张，那简直是可笑的，更确切些说，令人可笑，更令人感到……严重!

我国任何一个稍微有点觉悟、用点心思的人每天都能感到这种气氛。但是并不是所有的人都有足够的勇气透彻地想一想这种大暴行气氛的**意义**。为什么这种气氛笼罩着我国?为什么这种气氛**能够**笼罩我国?这完全是因为我国实际上正处于一种遮遮掩掩的**国内战争**状态。有些人极不愿意承认这个现实，有些人想用一块罩单把这种现象遮盖起来。我国的自由派，无论是进步党人还是立宪民主党人[3]，特别喜欢用几乎完全是"立宪的"理论的破布条来缝制这种罩单。但是我认为，对于人民代表来说，最有害最罪恶的事情莫过于在国家杜马讲坛上散布"令人鼓舞的谎言"了。

只要正视现实，只要承认我国正处于遮遮掩掩的国内战争状态这个无可怀疑的事实，那么政府对待犹太人和其他（请原谅我用"政府的"说法）"异族人"的全部政策就容易理解了，就显得很自然而且不可避免，因为政府不是在管理，而是在战斗。

政府选用"纯粹俄罗斯式的"大暴行的手段来作战，那是因为**政府再没有其他的手段**。任何人都会尽其所能来自卫。普利什凯维奇和他的朋友们只好用"大暴行的"政策来自卫，因为**他们再没有其他的政策了**。这里没有什么可叹息的，在这里用宪法、法律或者管理制度等用语来支吾搪塞是荒谬的，——这里的问题仅仅在于普利什凯维奇之流的**阶级**利益，在于这个阶级的困难处境。

或者是坚决地而且不只是在口头上"清算"这个阶级，或者是承认俄国整个政策中的"大暴行"气氛是不可避免的和无法消除的。或者是容忍这种政策，或者是支持人民的、群众的、首先是无产阶级的反对这种政策的运动。二者必居其一，在这里中间道路是没有的。

在俄国，甚至政府的，也就是显然夸大了的和按照"政府意图"编造的统计，也认为大俄罗斯人只占全国人口的43%。大俄罗斯人还**不到**俄国人口总数的一半。连小俄罗斯人即乌克兰人也被我国官方，被斯托雷平"**本人**"亲口说成"**异族人**"。这就是说，"异族人"在俄国占人口总数的57%，也就是占人口的大多数，几乎占人口总数的3/5，实际上也许超过3/5。我是被叶卡捷琳诺斯拉夫省选为国家杜马代表的，那里绝大多数居民是乌克兰人。不许纪念舍甫琴柯这一禁令成了反政府鼓动最好的、绝妙的、千载难逢的和最成功的办法，再也想不出比它更好的鼓动办法了。我认为，我们社会民主党所有从事反政府宣传的优秀鼓动家，从来没有象采用这种办法那样，在如此短的时间内在反对政府方面取得如此惊人的成就。采用这种办法之后，千百万"平民百姓"都变成了自觉的公民，都对俄国是"各族人民的牢狱"[4]这句名言坚信不移了。

我国的右派政党和民族主义者现在这么起劲地高呼反对"马泽帕派"[5]，我国著名的鲍勃凌斯基怀着民主主义者的满腔热忱保卫乌克兰人，不让他们受**奥地利**政府的压迫，——好象鲍勃凌斯基想参加奥地利社会民主党似的。但是，如果把向往奥地利、偏爱奥地利政治制度的行为称为"马泽帕主义"，那么鲍勃凌斯基也许还不是最差劲的"马泽帕分子"，因为鲍勃凌斯基为乌克兰人在奥地利受压迫大抱不平，大声疾呼!!请你们想一想，俄国的乌克兰人，就算是我所代表的叶卡捷琳诺斯拉夫省的居民，他们读到或听到了这些会怎么样！如果鲍勃凌斯基"本人"，如果民族主义者鲍勃凌斯基，如果伯爵鲍勃凌斯基，如果地主鲍勃凌斯基，如果工厂主鲍勃凌斯基，如果结交最高贵的名门贵族（几乎是结交了"统治阶层"）的鲍勃凌斯基认为少数异族在奥地利处于不公正和受压迫的境地，——尽管在奥地利既没有任何类似犹太区[6]的可耻界限，也没有刚愎自用的总督们任意放逐犹太人的卑劣行为，也没有在学校中排斥母语的事情，——那么关于俄国的乌克兰人的处境该怎么说呢??关于俄国的其他"异族人"的处境又该怎么说呢??

难道鲍勃凌斯基和其他民族主义者以及右派分子没有发觉他们是在唤

醒俄国的"异族人",即唤醒五分之三的俄国居民,使他们认识到俄国**甚至比欧洲最落后的国家奥地利还要落后**吗??

整个问题就在于普利什凯维奇之流所统治的俄国,或者更确切些说,在普利什凯维奇之流的铁蹄下呻吟的俄国的情况是如此独特,以致民族主义者鲍勃凌斯基的演说竟能卓越地阐明和激励社会民主党人的鼓动。

努力干吧!努力干吧!工厂主兼地主的鲍勃凌斯基阁下,您大概会帮助我们唤醒、教育、振奋奥地利和俄国的所有乌克兰人吧!!我在叶卡捷琳诺斯拉夫省听到一些乌克兰人说,他们想给鲍勃凌斯基伯爵写一封致谢信,感谢他成功地进行了有利于乌克兰同俄国分离的宣传。我在听到这些话后并不感到惊奇,因为我曾经看到一些传单,它一面印着不许纪念舍甫琴柯的禁令,另一面印着鲍勃凌斯基娓娓动听的**有利于乌克兰人**的演说摘录……我曾经建议把这些传单寄给鲍勃凌斯基、普利什凯维奇和**其他的**大臣。

但是,如果说普利什凯维奇和鲍勃凌斯基是鼓吹把俄国改造成一个民主共和国的头等宣传家,那么,我国的自由派,包括立宪民主党人在内,却希望把自己在民族政策的某些主要问题上同普利什凯维奇之流**一致的看法**对居民隐瞒起来。在谈到执行众所周知的民族政策的内务部的预算的时候,如果我不谈一谈立宪民主党所持的同内务部原则**一致的看法**,那我就是没有尽到我的责任。

其实很明显,谁想做——说得温和些——内务部的"反对派",谁也就应当认清内务部那些来自立宪民主党阵营的**思想上**的同盟者。

据《言语报》[7]的报道,今年3月23～25日在圣彼得堡举行了立宪民主党即"人民自由党"的例行的代表会议。

《言语报》(第83号)写道:"民族问题讨论得……特别热烈。基辅的代表们(尼·维·涅克拉索夫和亚·米·科柳巴金两人也赞同他们的意见)指出,民族问题是正在成熟的巨大因素,对此必须采取比以前更为果断的态度。费·费·科科什金则指出,无论是纲领或过去的政治经验,都要求我们十分小心地对待'民族'政治自决这一'有伸缩性的原则'。"

《言语报》就是这样报道情况的。尽管这个报道故意写得含含糊糊，好让**尽可能少的**读者能够看清问题的本质，但是在任何一个细心的肯思考的人看来，问题的本质仍然是很清楚的。同情立宪民主党人和传播他们观点的《基辅思想报》[8]也报道了科科什金的讲话，其中补充了一条理由："因为这会引起国家的瓦解。"

　　科科什金的讲话的用意无疑就是如此。科科什金的观点在立宪民主党人中间把涅克拉索夫和科柳巴金之流的最畏怯的民主主义也打败了。科科什金的观点也就是维护**大俄罗斯人**（虽然他们在俄国占少数）的特权、同**内务部并肩**捍卫这种特权的**大俄罗斯**自由派资产阶级民族主义者的观点。科科什金"在理论上"捍卫了内务部的政策，——这就是问题的本质，这就是问题的关键。

　　"要更加小心地对待"民族"政治自决"！可别让政治自决"引起国家瓦解"！——这就是科科什金的民族政策的**内容**，它和内务部政策的基本方针**是完全一致的**。但是科科什金和立宪民主党的其他领袖们不是小孩子。他们很清楚这样一句格言："并非人为安息日而生，而是安息日为人而设。"人民不是为国家而生的，国家是为人民而设的。科科什金和立宪民主党的其他领袖们不是小孩子。他们很懂得，在我们这里，国家就是（实际上）普利什凯维奇之流的阶级。国家的完整就是普利什凯维奇之流的阶级的完整。这才是科科什金之流所关心的东西，如果撕下他们政策的外交辞令的外衣而直接看一下他们政策的**本质**，就会知道这一点。

　　为了更清楚地说明问题，我要举一个简单的例子。大家都知道，在1905年，挪威不顾用战争相要挟的瑞典地主的激烈反对，终于同瑞典分离了。[9]幸亏瑞典的农奴主没有俄国农奴主那么大的神通，所以战争没有发生。人口只占少数的挪威不是象农奴主和主战派所希望的那样，而是和平地、民主地、文明地同瑞典分离了。结果怎样呢？这种分离使人民受到损失了吗？使文明的利益受到损失了吗？使民主的利益受到损失了吗？使工人阶级的利益受到损失了吗？？

　　丝毫没有！无论挪威或者瑞典，都属于比俄国文明得多的国家，——

顺便提一句，**这正是因为**它们能够民主地运用民族"政治自决"的原则。**断绝强制的**联系也就是**加强**自愿的经济联系，加强文化联系，加强这两个在语言和其他方面十分接近的民族之间的相互尊重的关系。瑞典民族和挪威民族的共同性和亲密关系实际上由于分离而**增进了**，因为分离也就是断绝**强制的**联系。

我希望从这个例子能够看清楚，科科什金和立宪民主党是完全站在内务部的立场上的，因为他们用"国家的瓦解"来吓唬我们，号召人们"小心地对待"这个十分明确而且在整个国际民主运动中不容争辩的民族"政治自决"的原则。我们社会民主党人反对**各种**民族主义，主张民主**集中制**。我们反对分立主义，我们深信，**在其他条件相等的情况下**，大国比小国能有效得多地完成促使经济进步的任务，完成无产阶级同资产阶级斗争的任务。但是我们珍视的只是自愿的联系，而决不是强制的联系。凡是我们看到存在着民族间的**强制的**联系的地方，虽然我们决不宣传每个民族一定要分离，但是我们**无条件地**、坚决地维护每个民族的政治自决的**权利**，即分离的权利。

维护、宣传、承认这种**权利**，就是维护民族平等，就是不承认**强制的**联系，就是反对任何民族的任何国家特权，就是培养各民族工人的充分的阶级团结精神。

取消强制的、封建的和军事的联系，代之以自愿的联系，才有利于各民族工人的阶级团结。

我们最珍视的就是人民自由中的民族平等和为了社会主义……①

并维护大俄罗斯人的特权。可是我们说：**任何**民族都不应该有任何特权，各民族完全平等，**一切民族**的工人应该团结和打成一片。

18年以前，即1896年，伦敦国际工人和社会主义组织代表大会[10]通过了一项关于民族问题的决议，只有这项决议为促进真正的"人民自由"

---

① 手稿缺第25页和第26页。——俄文版编者注

和争取社会主义指出了正确的道路,这项决议说:

> 代表大会宣布,它主张一切民族有完全的自决权,它同情现在受到军事、民族或其他专制制度压迫的一切国家的工人。大会号召所有这些国家的工人加入全世界有觉悟的工人的队伍,以便和他们一起为打倒国际资本主义、实现国际社会民主党的目的而斗争。

我们也号召俄国各族工人的队伍要团结一致,因为只有这种团结一致才能保证民族平等和人民自由,才有利于社会主义。

1905年团结了俄国各民族的工人。反动派则极力煽起民族仇恨。**一切民族的自由派资产阶级,首先是和主要是大俄罗斯自由派资产阶级,都争取本民族的特权**(例如,波兰代表联盟[11]反对犹太人在波兰享有平等权利),维护民族的隔绝,维护民族的特殊性,这样来**帮助**我国内务部的政策。

以工人阶级为首的真正的民主派举起了各民族完全平等以及各民族工人在其阶级斗争中打成一片的旗帜。我们就是从这种观点出发反对所谓的"民族文化"自治,即反对以民族划线分割一个国家的教育事业,或者使教育事业不受国家管理而交给各个单独组成的民族联盟管理。一个民主国家必须承认各地区的自治权,特别是居民的民族成分复杂的地区和专区的自治权。这种自治同民主集中制一点也不矛盾;相反地,一个民族成分复杂的大国只有通过地区的自治才**能够**实现真正民主的集中制。一个民主国家必须无条件地承认用母语的**充分自由**,屏弃**任何**一种语言的任何特权。一个民主国家不容许在公共事务的任何一个方面、任何一个部门中,有任何一个民族压迫其他民族,即以多压少的现象。

但是从国家手中接过教育事业,再按组成民族联盟的各个民族把教育事业划分开,从民主的观点看来,尤其是从无产阶级的观点看来,这是有害的办法。这只会使民族的隔绝加深,而我们应当极力使各民族接近起来。这还会引起沙文主义的增长,而我们应当建立各民族工人最亲密的联盟，使他们协力进行反对**各种各样的**沙文主义、**各种各样的**民族特殊性、**各种各样的**民族主义的斗争。各民族工人的教育政策是统一的：使用母语的自由，实行民主的和**世俗的**教育。

最后我再一次向普利什凯维奇、马尔柯夫第二和鲍勃凌斯基表示谢意，感谢他们成功地进行了反对俄国整个国家制度的鼓动，感谢他们为人们上了关于俄国必然要变为民主共和国的**直观教育课**。

载于《无产阶级革命》杂志1924年第3期

选自《列宁全集》第25卷，第66～74页

注释：

[1]《关于民族政策问题》是列宁拟的一篇发言稿，原定由布尔什维克代表格·伊·彼得罗夫斯基在第四届国家杜马会议上宣读。由于1914年4月22日（5月5日）左派代表受到不得参加杜马会议15次的处分（详见《列宁全集》第25卷，第136～138页），这篇发言未能发表。发言稿的手稿没有全部保存下来，文中缺失的地方已在脚注中作了说明。

[2]《公民》（《Гражданин》）是俄国文学政治刊物，1872～1914年在彼得堡出版，创办人是弗·彼·美舍尔斯基公爵。原为每周出版一次或两次，1887年后改为每日出版。19世纪80年代起是靠沙皇政府供给经费的极端君主派刊物，发行份数不多，但对政府官员有影响。

[3]进步党人是俄国进步党的成员。该党是大资产阶级和按资本主义方式经营的地主的民族主义自由派政党，成立于1912年11月，它的核心是由和平革新党人和民主改革党人组成的第三届国家杜马中的"进步派"，创建人有纺织工厂主亚·伊·柯诺瓦洛夫、地方自治人士伊·尼·叶弗列莫夫、格·叶·李沃夫等。该党纲领要点是：制订温和的宪法，实行细微的改革，建立责任内阁即对杜马负责的政府，镇压革命运动。列宁指出，进步党人按成分和思想体系来说是十月党人同立宪民主党人的混合物，这个党将成为"真正的"资本主义资产阶级的政党。

第一次世界大战期间，进步党人支持沙皇政府，倡议成立军事工业委员

会。1915年夏，进步党同其他地主资产阶级政党联合组成"进步同盟"，后于1916年退出。1917年二月革命后，进步党的一些首领加入了国家杜马临时委员会，后又加入了资产阶级临时政府。但这时进步党本身实际上已经瓦解。十月革命胜利后，进步党前首领积极反对苏维埃政权。

　　立宪民主党人是俄国自由主义君主派资产阶级的主要政党立宪民主党的成员。立宪民主党（正式名称为人民自由党）于1905年10月成立。中央委员中多数是资产阶级知识分子、地方自治人士和自由派地主。主要活动家有帕·尼·米留可夫、谢·安·穆罗姆采夫、瓦·阿·马克拉柯夫、安·伊·盛加略夫、彼·伯·司徒卢威、约·弗·盖森等。立宪民主党提出一条与革命道路相对抗的和平的宪政发展道路。在第一次世界大战期间，它支持沙皇政府的掠夺政策，曾同十月党等反动政党组成"进步同盟"，要求成立责任内阁，即为资产阶级和地主所信任的政府，力图阻止革命并把战争进行到最后胜利。二月革命后，立宪民主党在资产阶级临时政府中居于领导地位，竭力阻挠土地问题、民族问题等基本问题的解决，并奉行继续帝国主义战争的政策。七月事变后，它支持科尔尼洛夫叛乱，阴谋建立军事独裁。十月革命胜利后，苏维埃政府于1917年11月28日（12月11日）宣布立宪民主党为"人民公敌的党"，该党随之转入地下，继续进行反革命活动，并参与白卫将军的武装叛乱。国内战争结束后，该党上层分子大多数逃亡国外。1921年5月，该党在巴黎召开代表大会时分裂，作为统一的党不复存在。

[4] "各族人民的牢狱"这句话源出于法国作家和旅行家阿道夫·德·居斯蒂纳所著《1839年的俄国》一书。书中说："这个帝国虽然幅员辽阔，其实却是一座牢狱，牢门的钥匙握在皇帝手中。"

[5] 马泽帕派是指追随伊·捷·马泽帕（1644～1709年）的哥萨克上层分子。马泽帕是第聂伯河左岸乌克兰地区的盖特曼，主张乌克兰独立和脱离俄国，在1700～1721年的北方战争中公开投向瑞典国王查理十二世一方。

[6] 犹太区是沙皇俄国当局在18世纪末规定的可以允许犹太人定居的区域，包括俄罗斯帝国西部15个省，以及高加索和中亚细亚的一些地区，1917年二月革命后被废除。

[7] 《言语报》（《Речь》）是俄国立宪民主党的中央机关报（日报），1906年2月23日（3月8日）起在彼得堡出版，实际编辑是帕·尼·米留可夫和约·

弗·盖森。积极参加该报工作的有马·莫·维纳维尔、帕·德·多尔戈鲁科夫、彼·伯·司徒卢威等。1917年二月革命后，该报积极支持资产阶级临时政府的对内对外政策，反对布尔什维克。1917年10月26日（11月8日）被查封。后曾改用《我们的言语报》、《自由言语报》、《时代报》、《新言语报》和《我们时代报》等名称继续出版，1918年8月最终被查封。

［8］《基辅思想报》（《Киевская Мысль》）是俄国资产阶级民主派的政治文学报纸（日报），1906～1918年在基辅出版。1915年以前，该报每周出版插图附刊一份；1917年起出晨刊和晚刊。该报的编辑是 А. 尼古拉耶夫和 И. 塔尔诺夫斯基。参加该报工作的社会民主党人主要是孟什维克，其中有亚·马尔丁诺夫、列·达·托洛茨基等。在第一次世界大战中，该报采取护国主义立场。

［9］挪威于1814年被丹麦割让给瑞典，同瑞典结成了瑞挪联盟，由瑞典国王兼挪威国王。1905年7月，挪威政府宣布不承认瑞典国王奥斯卡尔二世为挪威国王，脱离联盟，成为独立王国（参看《列宁全集》第25卷，第253～259页）。

［10］指1896年7月29日～8月1日在伦敦举行的第二国际第四次代表大会。

［11］波兰代表联盟是俄国国家杜马中波兰代表的联合组织。在第一届和第二届国家杜马中，这个联合组织的领导核心是波兰地主资产阶级政党——民族民主党的党员。波兰代表联盟在杜马策略的一切主要问题上都支持十月党。

民族平等

（1914年4月16日〔29日〕）

在《真理之路报》第48号（3月28日）上，俄国社会民主党工人党团公布了关于民族平等的法律草案，该法律草案的正式名称是《关于废除对犹太人权利的一切限制及与任何民族出身或族籍有关的一切限制的法律草案》[①]。

为争取生存、争取面包的斗争而焦虑不安的俄罗斯工人，不会也不应忘记居住在俄国的千百万"异族人"所遭受的民族压迫。统治民族——大俄罗斯人约占帝国全部人口的45%。在每100个居民中，"异族人"就有50多人。

这么多居民的生活状况比俄罗斯人更为凄惨。

民族压迫政策是**分裂**各民族的政策。它同时又是一种不断**腐蚀**人民意识的政策。黑帮的全部打算，就是要把各民族的利益对立起来，毒害愚昧无知和备受压制的群众的意识。只要拿起黑帮的任何一张报纸，你就可以看到，迫害"异族人"，挑起俄罗斯农民、俄罗斯小市民、俄罗斯手工业者同犹太的、芬兰的、波兰的、格鲁吉亚的，乌克兰的农民、小市民、手工业者之间互相猜疑，——这就是整个黑帮赖以为生的粮食。

[①] 见《列宁全集》第25卷，第19～21页。——编者注

但是工人阶级需要的**不是分裂，而是团结**。对于工人阶级来说，再没有比荒唐的偏见和迷信更加可恨的敌人了，而工人阶级的敌人却在愚昧无知的群众中散播这些毒素。对"异族人"的压迫，是一根棍子两个头。一头打击"异族人"，另一头打击俄罗斯民族。

因此，工人阶级必须以最坚决的态度反对任何民族压迫。

工人阶级应当用必须实现完全平等、完全和彻底屏弃任何民族的任何特权这种信念来抵制黑帮的煽动，不让他们以此转移工人阶级的视线，不去注意对异族人的迫害。

黑帮正在进行特别仇恨犹太人的煽动。普利什凯维奇之流企图把犹太民族变成自己的一切罪恶的替罪羊。

因此，俄国社会民主党工人党团在自己法律草案中十分正确地把**犹太人**的无权地位问题摆在首要地位。

不管学校也好，报刊也好，议会讲坛也好，这一切都被用来散播对犹太人的愚蠢的、荒唐的、恶毒的仇恨。

干这种卑鄙龌龊勾当的不只是黑帮这伙败类，而且还有一些反动的教授、学者、新闻记者和杜马代表。为了毒害人民的意识正在耗费亿万卢布。

俄国工人的一件光荣的事情，就是用成千上万个无产者的签名和声明来支持俄国社会民主党工人党团反对民族压迫的法律草案……这将最有效地巩固俄国不分民族的全体工人的**充分**团结，使他们更加打成一片。

载于《真理之路报》，1914年4月16日，第62号

选自《列宁全集》第25卷，第90～91页

我们的任务(节选)

(1914年4月22日〔5月5日〕)

《真理之路报》的发行量应当扩大为现在的3倍、4倍乃至5倍。应当增设整个工会的附刊,并且应有各个工会和工人团体的代表参加编辑。我们的报纸还应当增设区域性(莫斯科、乌拉尔、高加索、波罗的海沿岸和乌克兰)的附刊。同各民族的形形色色的资产阶级和小资产阶级的民族主义者相反,应当不断地加强俄国各民族工人的团结,为此我们的报纸还应当创办有关俄国各民族工人运动的附刊。

载于《工人日报》,1914年4月22日,第1号

选自《列宁全集》第25卷,第108～109页

致《钟声》杂志编辑部[1]

(1914年4月26日)

附言：我没有同尤尔凯维奇谈过，但是应当说明，我对鼓吹乌克兰工人**分离出去**，组成单独的社会民主主义组织的行为，感到无比愤慨。

致社会民主党的敬礼！

列　宁

写于克拉科夫
载于《列宁文集》第30卷，1937年俄文版

选自《列宁全集》第46卷，第457页

注释：

[1] 列宁的这封信是写在格·叶·季诺维也夫给《钟声》杂志编辑部的信上的附言。季诺维也夫在信中谈到的是他同《钟声》杂志编辑部成员列·尤尔凯维奇就布尔什维克为该杂志撰稿的条件问题进行谈判的情况。

尤尔凯维奇在为В.П.列文斯基的《加里西亚乌克兰工人运动发展概略》一书（1914年基辅版）写的序言里主张乌克兰工人分离出去，组成单独的社会民主主义组织。这引起了列宁的愤慨，他在《论民族自决权》一文中尖锐地批评了尤尔凯维奇的资产阶级民族主义的观点。（见《列宁全集》第2版第

25卷，第279～280页）。

《钟声》杂志（《Дзвін》）是合法的资产阶级民族主义刊物（月刊），倾向孟什维克，1913年1月～1914年在基辅用乌克兰文出版，共出了18期。参加该杂志工作的有弗·基·温尼琴柯、尤尔凯维奇（雷巴尔卡）、德·顿佐夫、西·瓦·佩特留拉、格·阿·阿列克辛斯基、帕·波·阿克雪里罗得、列·达·托洛茨基等人。第一次世界大战爆发后停刊。

关于民族平等和保护少数民族权利的法律草案[1]

（1914年5月6日〔19日〕以后）

1. 俄国行政区划的变动，不论是农村或城市（村、乡、县、省、城市的区和段，以及郊区等），都必须以当前经济条件和当地居民民族成分的调查为依据。

2. 这种调查由当地居民按照比例代表制通过普遍、直接、平等和无记名投票选出的委员会来进行；少数民族因人口过少（按照比例代表制）不足以选出一名委员的，可以选出一名享有发言权的委员。

3. 新界的最后批准权属于国家中央议会。

4. 全国各地应毫无例外地按照比例代表制通过普遍、直接、平等和无记名投票选举产生地方自治机关；在地理、生活或经济条件以及居民的民族成分特殊的所有地区，有权成立自治区并设自治区议会。

5. 自治议会和地方自治机关的管辖范围由国家中央议会确定。

6. 国内各民族无条件地一律平等，属于一个民族或一种语言的任何特权都应被认为是不能容许的、违背宪法的。

7. 某一地区或边疆区的一切国家机关和社会团体用何种语言处理事务，由当地的地方自治机关或自治议会确定，同时，各个少数民族根据平等的原则，有权要求无条件地保护本民族语言的权利，例如，要求国家机关和社会团体用来访来函的语言作答复的权利，等等。地方自治机关、市政当局等等不论在财政或行政、司法以及任何其他方面破坏少数民族语言平等的措施应被认为无效，必须根据国家公民提出的抗议予以废除，国家的任何公民不论居住何处都可以提出抗议。

8. 国家的每个自治单位，无论是农村的或城市的，都应当按照比例代表制通过普遍、平等、直接和无记名投票来选举教育委员会，这种教育委员会在城市和地方自治机关的监督和领导下，全面地、独立自主地管理用于居民一切文化教育所需要的经费。

9. 在非单一民族成分的地域单位，教育委员会的委员人数不得少于20人。这个数目（20人）根据自治单位和自治议会的决定可以增加。凡少数民族达到当地人口5%的那些地区，可被认为是非单一民族成分的地区。

10. 该自治单位的任何少数民族因人口过少按照比例代表制不足以选出一名教育委员会的委员的，都有权选出一名享有发言权的委员参加教育委员会。

11. 一个地区用于少数民族文化教育需要的经费的比例数字，不得少于这些少数民族在该地区总人口中所占的比例数字。

12. 人口普查，包括公民母语的调查，在全国范围内每10年至少进行一次，而在非单一民族成分的区域和地区，每5年至少进行一次。

13. 教育委员会所采取的任何措施，不论在哪方面破坏当地居民民族的完全平等和语言的完全平等，或者使文化教育经费的分配比例与少数民族在人口中的比例不相适应，都应被认为无效，必须根据国家公民提出的抗议予以废除，国家的任何公民不论居住何处都有权提出抗议。

载于《列宁文集》第30卷，1937年俄文版

选自《列宁全集》第25卷，第143～145页

注释：

[1]《关于民族平等和保护少数民族权利的法律草案》是为国家杜马布尔什维克党团草拟的，准备提交第四届国家杜马讨论。

1914年5月6日（19日）列宁在给斯·格·邵武勉的信中叙述了《草案》的要点。列宁指出，利用这种方法可以广泛地说明民族文化自治是一种胡说（见《列宁全集》第46卷）。

这个法律草案未能提交杜马。

精致的民族主义对工人的腐蚀

（1914年5月10日〔23日〕）

工人运动愈发展，资产阶级和农奴主就愈拼命地试图镇压或瓦解它。用暴力来镇压和用资产阶级影响来瓦解，这两种方法在全世界、在各个国家都经常采用，统治阶级的各个党时而采用这种方法，时而采用那种方法。

在俄国，特别在1905年以后，最聪明的资产者清楚地看到，光用赤裸裸的暴力是靠不住的，于是各"进步的"资产阶级党派就愈来愈经常地鼓吹各种各样的能够削弱工人阶级斗争的资产阶级思想和学说，用这种方法来**分化**工人。

精致的民族主义就是这样一种思想，它在最漂亮和最动听的借口下，例如在保护"民族文化"利益、保护"民族自治或独立"等等利益的借口下鼓吹分化瓦解无产阶级。

觉悟的工人正用全副力量反击**各种各样的**民族主义，不论是粗鲁的、暴力的、黑帮的民族主义，还是鼓吹各民族平等**同时又主张……以民族划线分化瓦解**工人事业、工人组织、工人运动的最精致的民族主义。觉悟的工人正在执行马克思主义者最近（1913年夏天）一次会议[1]的决议，他们跟各种各样的民族主义资产阶级不同，不但坚持各个民族和各种语言最充分、最一贯、最彻底的**平等**，而且还坚持各个民族的工人必须在各种统一的无产阶级组织中**打成一片**。

马克思主义的民族纲领与任何资产阶级的，即使是最"进步的"资产阶级的民族纲领的根本区别就在这里。

马克思主义者重视承认民族平等和语言平等，不仅因为他们是最彻底的民主派。无产阶级团结的利益、工人的阶级斗争的同志般团结一致的利益要求各民族最充分的平等，以消除民族间最微小的不信任、疏远、猜疑和仇恨。充分平等也包括否认某种语言的任何特权，包括承认各民族自决的**权利**。

但是对于资产阶级来说，要求民族平等实际上往往就等于**鼓吹**民族特殊性和沙文主义，而且这种要求又经常是同鼓吹民族分裂和疏远同时并进的。无产阶级**国际主义决**不能容忍这种要求，因为国际主义不但宣传民族**接近**，而且宣传一国的各族工人在**统一**的无产阶级组织中**打成一片**。因此，马克思主义者坚决斥责所谓"民族文化自治"，也就是使教育事业不受国家管理而交给**各个**民族管理的计划。这个计划就是在"民族文化"问题上，以一个国家联盟的民族划线分割教育事业，把它交给各自有**单独的**议会、教育经费、教育委员会和教育机关的**民族联盟**。

这是腐蚀和分化工人阶级的精致的民族主义的计划。针对这个计划（崩得分子、取消派分子、民粹派分子的，即各种小资产阶级集团的计划），马克思主义者提出了如下的原则：各个民族和各种语言最充分的平等，直到否认国语的必要，同时坚持各民族最亲密的接近，坚持建立各民族统一的**国家机关**、统一的教育委员会、统一的教育政策（世俗教育！），坚持各族工人团结一致反对**一切民族资产阶级的民族主义**，反对以"民族文化"的口号作幌子来欺骗头脑简单者的民族主义。

让那些小市民民族主义者——崩得分子、取消派分子、民粹派分子和《钟声》杂志[2]的作者们——去公开捍卫他们那些精致的资产阶级民族主义的原则吧！这是他们的权利。但愿他们不要象弗·奥·女士在《北方工人报》第35号上那样欺骗工人，硬要读者相信，似乎《拥护真理报》[3]否定用母语来教学！！！

这是极大诬蔑，因为真理派不但承认这种权利，而且比任何人都**更坚**

定不移地承认这种权利。真理派拥护宣布**不要义务国语**的那次马克思主义者会议，在俄国**首先完全**承认使用母语的权利！

把用母语教学同"以民族划线分割一个国家的教育事业"混淆起来，同"民族文化自治"混淆起来，同"使教育事业不受国家管理"的做法混淆起来，是绝顶无知的表现。

世界上任何地方的马克思主义者（甚至民主主义者）都没有否定用母语教学。**世界上任何地方**的马克思主义者都没有采纳过"民族文化自治"的纲领，——只有在奥地利**一个**国家有人**提出过**这个纲领。

弗·奥·女士所引用的芬兰的例子恰恰打了她自己的耳光，因为在这个国家中承认并实现了**各个民族和各种语言的平等**（这是我们无条件地并且比一切人都更彻底地承认的），至于象"**使教育事业不受国家管理**"、成立单独的民族联盟来管理整个教育事业以及用民族藩篱把国家整个教育事业分割开等等，那是根本没有的事。

载于《真理之路报》，1914年5月10日，第82号

选自《列宁全集》第25卷，第152~154页

注释：

[1] 指1913年9月23日~10月1日（10月6~14日）在波兰扎科帕内附近的波罗宁村举行的有党的工作者参加的俄国社会民主工党中央委员会会议（出于保密考虑定名为"八月"会议或"夏季"会议）。这次会议就其历史意义说相当于一次代表会议。出席会议的有22人，其中有表决权的17人，有发言权的5人。会议是在列宁领导下进行的，他作了中央委员会工作的总结报告、关于民族问题的报告、关于将在维也纳举行的国际社会党代表大会的报告及议程上其他问题的报告，审订了全部决议。会议还听取了各地的报告以及关于目前的鼓动任务、组织问题和关于党代表大会、关于罢工运动、关于党的报刊、关于社会民主党的杜马工作、关于社会民主党杜马党团、关于在合法团体里的工作和关于民粹派等项报告。会议指出在国内工人运动加强、革命不断发展和取消派影响普遍下降的情况下，党的主要革命口号仍然是建立民

主共和国，没收地主土地和实行八小时工作制。会议决定立即普遍开展全俄政治罢工的鼓动。会议强调指出，合法报刊已成为使群众布尔什维克化的有力工具，各个党组织必须用订阅和捐款来支持合法报刊，并把这看作是交纳党费。会议同时还决定扩大秘密书刊的出版。为了加强革命鼓动，会议建议布尔什维克杜马代表更广泛地利用国家杜马的讲坛。由于孟什维克侵犯布尔什维克代表的权利，会议要求社会民主党党团内布尔什维克和孟什维克两部分权利平等。会议决定加强在合法组织（工会、俱乐部等）中的工作，以便把它们变成党的支柱。会议所通过的关于民族问题的决议驳斥了孟什维克和崩得分子的民族文化自治的论点，强调指出工人阶级的利益要求将一国各民族的无产者在统一的政治、工会、合作社和教育组织中打成一片。社会民主党应当坚持被压迫民族自决直至分离和组成独立国家的权利。会议认为主要的组织任务是加强每一城市的党的领导组织，并建立地区的党的联合组织。会议还就拟订党代表大会的议程和准备决议草案的问题向各个党组织发出了指示。

[2]《钟声》杂志（《Дзвін》）是合法的资产阶级民族主义刊物（月刊），倾向孟什维克，1913年1月~1914年在基辅用乌克兰文出版，共出了18期。参加该杂志工作的有В. П. 列文斯基、弗·基·温尼琴柯、列·尤尔凯维奇（雷巴尔卡）、德·顿佐夫、西·瓦·佩特留拉、格·阿·阿列克辛斯基、帕·波·阿克雪里罗得、列·达·托洛茨基等人。第一次世界大战爆发后停刊。

[3]《拥护真理报》（《ЗаПравду》）是俄国布尔什维克党的中央机关报，1913年10月1日（14日）~12月5日（18日）代替被沙皇政府查封的《真理报》在彼得堡出版，共出了52号。

致斯·格·邵武勉

（1914年5月19日）

1914年5月19日[①]

亲爱的苏连：您4月17日的来信收到了。希望您看完《启蒙》杂志即将刊登的《论民族自决权》一文[②]的结尾部分（我正在写）后能写信给我。

关于您那本反对阿恩的小册子[1]，您**一定要**写篇作者对作品的介绍或简述刊登在《启蒙》杂志上。

下面再给您提出一个计划。为了反对"民族文化自治论者"的胡说，应该让俄国社会民主党工人党团向国家杜马提出一项关于民族平等和保护少数民族权利的法律草案。

让我们拟出这样一个草案[2]。关于平等的总则，——按照特征，即民族的特征，划分全国为自治单位和地域自治单位（当地居民划定区域，全国议会批准），——规定自治区、自治州以及地方自治单位的管辖范

---

① 在手稿上，"5月19日"这一写信的日期被娜·康·克鲁普斯卡娅划去，改为"6月4日"，并在信的下一段旁批了"紧急"一词。她还在信上写了如下附言："由于'法律草案'的缘故，这封信拖了两周没有发。按同一地址寄去的前一封信收到了吗？为何没有回音？致热烈的敬礼！"——俄文版编者注

② 见《列宁全集》第25卷，第223～285页。——编者注

围；——自治区、地方自治机关及其他自治单位的决议中对民族平等的任何违反都属非法；民主选出的总教育委员会及其他机关，语言的自由和平等，——地方自治机关对语言的选择等等，——保护少数民族，使之有权获得一定比例的经费用于给"异族"学生盖校舍（无偿地），聘请"异族"教师，设立博物馆、图书馆、剧院及其他机构的"异族"分部；——让每个公民有权要求废除（向法院提出）任何违反平等或任何"蹂躏"少数民族权利的东西（人口普查在民族杂居地区5年进行一次，在全国范围10年进行一次），等等。

我以为，用这种方法可以通俗易懂地揭穿民族文化自治的胡说，彻底**打掉**这种胡说的拥护者的妄想。

这项法律草案可以由俄国**所有**民族或大多数民族的马克思主义者来拟订。

是否愿意协助，请立即回信。总之请**常**来信，至少每星期一次。长时间不复信是不可原谅的，记住这点，特别是现在！！

握手！

您的　弗·伊·

从波罗宁发往巴库
载于《列宁文集》第13卷，1930年俄文版

选自《列宁全集》第46卷，第473~474页

注释：

[1] 指斯·格·邵武勉于1913年用亚美尼亚文写的小册子《论民族文化自治》。小册子反驳了亚美尼亚资产阶级民族主义者 Д. 阿纳嫩（阿恩）的《民族问题和民主》一文。《启蒙》杂志没有发表过作者关于这本小册子的介绍文章。小册子的俄译文见苏联1957年出版的《邵武勉选集》第1卷，第417~460页。

[2] 信中阐述的法律草案提纲是列宁起草的《关于民族平等和保护少数民族权利的法律草案》(见《列宁全集》第2版第25卷，第143~145页) 的基础。这个法律草案是为第四届国家杜马布尔什维克党团草拟的，准备提交杜马讨论，但未能提交。

论民族自决权

(1914年2~5月)

俄国马克思主义者纲领中关于民族自决权的第9条，近来引起了（我们在《启蒙》杂志上已经指出了这一点①）机会主义者的大举进攻。俄国取消派分子谢姆柯夫斯基在彼得堡取消派报纸上，崩得分子李普曼和乌克兰民族社会党人尤尔凯维奇分别在自己的机关刊物上，极力攻击这一条，用极端轻蔑的态度鄙视这一条。机会主义对我们马克思主义纲领进行这种"十二个民族的侵犯"[1]，无疑同现在的各种民族主义偏向有密切联系。因此，我们认为详细地分析一下这个问题是切合时宜的。不过我们要指出，上述的机会主义者中，没有一个人拿出过什么独立的论据：他们都只是重复罗莎·卢森堡在1908~1909年间用波兰文写的一篇长文《民族问题和自治》的论点。所以我们在本文中要对罗莎·卢森堡的"新奇"论据给予最多的注意。

1. 什么是民族自决？

要用马克思主义观点来研究所谓自决，首先自然就得提出这个问题。

---

① 见《列宁全集》第24卷《关于民族问题的批评意见》一文。——编者注

应当怎样理解自决？是从权利的各种"一般概念"得出的法律定义中去寻找答案呢，还是从对民族运动所作的历史-经济的研究中去寻找答案？

谢姆柯夫斯基、李普曼和尤尔凯维奇之流的先生们甚至没有想到要提出这个问题，只是借嘲笑马克思主义纲领"不清楚"来敷衍了事，由于头脑简单，看来他们甚至还不知道民族自决问题不仅在1903年通过的俄国党纲中谈到了，而且在1896年伦敦国际代表大会决议中也谈到了（我将要在适当地方详细谈到这一点）。这些都是不足为奇的。使人感到非常奇怪的是，曾多次宣称这一条似乎太抽象、太形而上学的罗莎·卢森堡，自己却犯了这种抽象和形而上学的错误。正是罗莎·卢森堡老是泛泛地谈论民族自决（甚至非常可笑地空谈怎样去认识民族意志），而从来没有明确地提出这样的问题：事情的本质究竟是在于法律的定义，还是在于全世界民族运动的经验？

明确提出这个马克思主义者不能回避的问题，立刻就会把罗莎·卢森堡的论据驳倒十分之九。民族运动并不是首先在俄国发生，也不是俄国一国特有的现象。在全世界，资本主义彻底战胜封建主义的时代是同民族运动联系在一起的。这种运动的经济基础就是：为了使商品生产获得完全胜利，资产阶级必须夺得国内市场，必须使操同一种语言的人所居住的地域用国家形式统一起来，同时清除阻碍这种语言发展和阻碍把这种语言用文字固定下来的一切障碍。语言是人类最重要的交际手段；语言的统一和无阻碍的发展，是实现真正自由广泛的、适应现代资本主义的商业周转的最重要条件之一，是使居民自由广泛地按各个阶级组合的最重要条件之一，最后，是使市场同一切大大小小的业主、卖主和买主密切联系起来的条件。

因此，建立最能满足现代资本主义这些要求的**民族国家**，是一切民族运动的趋势（趋向）。最深刻的经济因素推动人们来实现这一点，因此民族国家对于整个西欧，甚至对于整个文明世界，都是资本主义时期**典型的**正常的国家形式。

因此，如果我们要懂得民族自决的意义，不是去玩弄法律上的定义，

"杜撰"抽象的定义，而是去研究民族运动的历史-经济条件，那就必然得出如下结论：所谓民族自决，就是民族脱离异族集合体的国家分离，就是成立独立的民族国家。

至于为什么只能把自决权理解为作为单独的国家生存的权利，而作别的理解是不正确的，这还有其他一些理由，我们下面再谈。现在我们要谈的是，罗莎·卢森堡如何企图"避开"成立民族国家的趋向是有深刻经济原因的这个必然的结论。

考茨基的小册子《民族性和国际性》（《新时代》杂志[2]1907～1908年卷第1期附刊，俄译文载于1908年里加出版的《科学思想》杂志[2]），罗莎·卢森堡是很熟悉的。她知道，考茨基①在这本小册子的第4节里详细地分析了民族国家问题，并且得出结论说，奥托·鲍威尔"**低估了**建立**民族国家趋向的力量**"（见上引小册子第23页）。罗莎·卢森堡自己引用了考茨基的话："民族国家是最适合现代的〈即资本主义的、文明的、经济上进步的，不同于中世纪的、前资本主义等等时代的〉条件的国家形式，是使国家能最容易完成其任务〈即保证资本主义最自由、广泛、迅速发展的任务〉的国家形式。"这里应当再补充考茨基的一个更确切的结论，这个结论就是：民族复杂的国家（即不同于民族国家的所谓多民族国家）"由于这样或那样的原因，仍然是内部结构不正常或者说发育不完全的〈落后的〉国家"。不言而喻，考茨基所说的不正常，完全是指还不能做到最适应发展中的资本主义的要求。

现在我们要问：罗莎·卢森堡对考茨基的这些历史——经济的结论，究竟采取了什么态度呢？这些结论正确不正确呢？是考茨基的历史——经济理论正确，还是鲍威尔的那个基本上是心理学的理论正确？鲍威尔的明

---

① 1916年，列宁在准备再版本文时，在此处加了一条注释："请读者不要忘记，考茨基在1909年以前，在出版他那本卓越的小册子《通向政权的道路》以前，曾经是机会主义的敌人，他转而维护机会主义只是1910～1911年的事，到1914～1916年才变得异常坚决。"——俄文版编者注

显的"民族机会主义",他的民族文化自治的主张,他对民族主义的迷恋(如考茨基所说"有时强调民族因素"),他"过分夸大民族因素而完全忘记国际因素"(考茨基),这一切同他低估建立民族国家这一趋向的力量有什么联系呢?

罗莎·卢森堡甚至没有提出这个问题。她没有看出这种联系。她没有仔细地考虑鲍威尔理论观点的**整体**。她甚至完全没有把民族问题上的历史-经济理论同心理学理论加以对比。她只是对考茨基提出了如下的反驳意见。

> ……这种"最好的"民族国家只是一个抽象概念,在理论上加以发挥和在理论上加以维护倒很容易,但是不符合实际。(《社会民主党评论》[4]1908年第6期,第499页)

罗莎·卢森堡为了证实这个大胆的意见,接着就大发议论说,资本主义列强的发展和帝国主义,使小民族的"自决权"成为虚幻的东西。她大声疾呼地说:"对那些形式上独立的门的内哥罗人、保加利亚人、罗马尼亚人、塞尔维亚人、希腊人来说,甚至在一定程度上对瑞士人来说,能够真正谈到'自决'吗?他们的独立不就是'欧洲音乐会'上政治斗争和外交把戏的产物吗?!"(第500页)最适合条件的,"并不是考茨基所认定的民族国家,而是强盗国家"。然后她就列举了几十个数字,说明英法等国所属殖民地面积的大小。

看了这些议论,不能不对作者不通**事理**的本领表示惊奇!摆出一付了不起的架势教训考茨基,说什么小国在经济上依赖大国,说什么资产阶级国家为了用强盗手段征服其他民族而互相斗争,说什么存在着帝国主义和殖民地,这是一种可笑的幼稚的卖弄聪明的行为,因为所有这些都和问题毫不相干。不仅小国,就是俄国这样的国家在经济上也完全依赖"富裕的"资产阶级国家的帝国主义金融资本势力。不仅巴尔干的几个蕞尔小国,就连19世纪的美国在经济上也曾经是欧洲的殖民地,这一点马克思在

《资本论》里就已经说过了①。所有这些,考茨基和每个马克思主义者当然都十分清楚,但是同民族运动和民族国家问题是牛头不对马嘴。

罗莎·卢森堡用资产阶级社会中的民族经济独立自主问题偷换了民族政治自决,即民族国家独立问题。这种聪明的做法,正象一个人在讨论议会(即人民代表会议)在资产阶级国家内应拥有最高权力这个纲领要求时,竟扯到大资本在资产阶级国家任何一种制度下都拥有最高权力这种十分正确的见解一样。

毫无疑问,世界上人口最多的亚洲,大部分或者处于"列强"殖民地的地位,或者是一些极不独立和备受民族压迫的国家。可是,这种尽人皆知的情况难道能够丝毫动摇下面一件无可争辩的事实吗?这就是在亚洲只有日本,也就是说,只有这个独立的民族国家才造成了能够最充分地发展商品生产,能够最自由、广泛、迅速地发展资本主义的条件。这个国家是资产阶级国家,因此它自己已在压迫其他民族和奴役殖民地了;我们不知道,亚洲是否来得及在资本主义崩溃以前,也象欧洲那样形成独立的民族国家的体系。但是有一点是无可争辩的,这就是资本主义唤醒了亚洲,在那里也到处都激起了民族运动,这些运动的趋势就是要在亚洲建立民族国家,也只有这样的国家才能保证资本主义的发展有最好的条件。亚洲的实例**证实了**考茨基的观点,而**推翻了**罗莎·卢森堡的观点。

巴尔干各国的实例也推翻了她的观点,因为现在大家都看到,在巴尔干保证资本主义发展的最好的条件,正是随着在这个半岛上建立独立的民族国家才形成起来的。

所以,无论是全体先进文明人类的实例也好,巴尔干的实例也好,亚洲的实例也好,都同罗莎·卢森堡所说的相反,而证明考茨基的论点绝对正确:民族国家是资本主义的通例和"常规",而民族复杂的国家是一种落后状态或者是一种例外。从民族关系方面来看,民族国家无疑是保证资

---

① 见《马克思恩格斯全集》第23卷,第833页。——编者注

本主义发展的最好的条件。这当然不是说,这种国家在资产阶级关系基础上能够排除民族剥削和民族压迫。这只是说,马克思主义者不能忽视那些产生建立民族国家趋向的强大的**经济**因素。这就是说,从历史-经济的观点看来,马克思主义者的纲领中所谈的"民族自决",除政治自决,即国家独立、建立民族国家以外,**不可能有什么别的意义**。

至于从马克思主义的观点,即无产阶级的阶级观点看来,究竟在什么条件下,才能支持"民族国家"这个资产阶级民主要求,下面将要详细地谈到。现在,我们只是阐明一下"自决"这一**概念**的定义,不过还应当指出,罗莎·卢森堡是**知道**这个概念("民族国家")的内涵的,而拥护她的那些机会主义者,如李普曼、谢姆柯夫斯基、尤尔凯维奇之流,**连这一点也不知道**!

2. 历史的具体的问题提法

在分析任何一个社会问题时,马克思主义理论的绝对要求,就是要把问题提到**一定的**历史范围之内;此外,如果谈到某一国家(例如,谈到这个国家的民族纲领),那就要估计到在同一历史时代这个国家不同于其他各国的具体特点。

如果把马克思主义的这个绝对要求应用到我们现在这个问题上来,那应该怎么办呢?

首先必须把从民族运动的角度来看根本不同的两个资本主义时代严格区别开来。一个时代是封建制度和专制制度崩溃的时代,是资产阶级民主制的社会和国家形成的时代,当时民族运动第一次成为群众性的运动,它通过报刊和参加代表机关等等途径,以不同方式把**一切**阶级的居民卷入了政治。另一个时代,就是我们所处的各资本主义国家已经完全形成、宪制早已确立、无产阶级同资产阶级的对抗大大发展的时代,这个时代可以叫作资本主义崩溃的前夜。

前一时代的典型现象,就是由于争取政治自由,特别是民族权利的斗争的开展，民族运动方兴未艾，人数最多、最"难发动的"居民阶层——农民投入这个运动。后一时代的典型现象，就是没有群众性的资产阶级民主运动，这时发达的资本主义使完全卷入商业周转的各个民族日益接近，杂居在一起，而把跨民族联合起来的资本同跨民族的工人运动的对抗提到第一位。

当然，这两个时代没有被一堵墙隔开，而是由许多过渡环节联系在一起；同时各个国家在民族的发展速度、居民的民族成分、居民的分布等等方面仍各不相同。如果不估计到所有这些一般历史条件和具体国家条件，就根本无法着手考察某个国家的马克思主义者的民族纲领。

正是在这里，我们发现了罗莎·卢森堡的议论中最大的弱点。她拼命用一套反对我们纲领第9条的"厉害"字眼来点缀自己的文章，喋喋不休地说它"笼统"、"死板"，是"形而上学的空谈"等等。这位著作家既然如此高明地斥责形而上学的观点（按照马克思的理解，就是反辩证法的观点）和空洞抽象的观点，我们自然也就应该期待她给我们作出一个用具体的历史的方法研究问题的榜样。这里所说的是在一个特定的时代——20世纪初和一个特定的国家——俄国的马克思主义者的民族纲领。罗莎·卢森堡想必应当这样提出问题：俄国究竟处在**什么历史**时代？**这个国家在这个时代的民族问题和民族运动究竟有哪些具体特点**？

可是罗莎·卢森堡丝毫没有谈到这一点！民族问题在这个历史时代的**俄国**究竟是什么问题，**俄国**在这方面究竟具有哪些特点，——在她的文章里根本找不到对这个问题的分析！

文章告诉我们：巴尔干的民族问题跟爱尔兰的不同；马克思怎样估计1848年具体环境下的波兰人和捷克人的民族运动（整页都是引证马克思的话）；恩格斯怎样估计瑞士林区各州反对奥地利的斗争以及1315年的莫尔加滕战役（整页都是摘引恩格斯的话和考茨基的有关评注）；拉萨尔认为16世纪德国农民战争是反动的，等等。

这些意见和引证谈不上有什么新颖之处，但不管怎么样，对读者来说，再次回顾一下马克思、恩格斯和拉萨尔用什么方法分析各国的具体历史问题，还是颇有兴味的。只要重读一下从马克思和恩格斯那里摘录来的那些大有教益的话，就会十分明显地看到罗莎·卢森堡把自己置于何等可笑的境地了。她娓娓动听又怒气冲冲地鼓吹必须用具体的历史的方法分析各个时代各个国家的民族问题，但是她**丝毫**没有打算确定一下，20世纪初的**俄国**究竟是处在资本主义发展的**什么**历史阶段，这个国家的民族问题究竟有哪些**特点**。罗莎·卢森堡举出一些**别人**怎样用马克思主义方法分析问题的例子，好象是故意在强调：善良的愿望往往铺成地狱，好心的忠告往往被用来掩饰不愿意或不善于实际运用这些忠告。

请看一个大有教益的对照。罗莎·卢森堡在反对波兰独立的口号时，引用了她在1898年所写的一篇证明"波兰工业发展"迅速是由于能向俄国推销工厂产品的著作。不用说，从这里丝毫也不能得出什么有关自决权问题的结论，这只不过证明旧的贵族波兰已经消失，如此等等。但罗莎·卢森堡总是悄悄地把笔锋一转，得出这样一种结论，说什么促使俄国同波兰结合的诸因素中，现代资本主义关系的纯经济的因素现在已经占了优势。

可是，我们的罗莎一谈到自治问题时，尽管她的文章标题叫《民族问题和自治》，是**泛指**的论题，她却开始证明**唯独**波兰王国应该有自治权（见1913年《启蒙》杂志第12期上关于这个问题的评论①）。为了证明波兰应有自治权，罗莎·卢森堡剖析了俄国国家制度的各种特征，显然既有经济的，也有政治的，既有生活习俗的，也有社会学方面的特征，认为它具有构成"亚洲式的专制制度"这一概念的全部特征（《社会民主党评论》第12期第137页）。

大家知道，如果在一个国家的经济中纯属宗法制的特征，即前资本主义的特征还占优势，商品经济极不发达，阶级分化还极不明显，那么上述那种国家制度就具有极大的牢固性。如果在国家制度显然带有**前资本主义**

---

① 参见《列宁全集》第24卷《关于民族问题的批评意见》一文。——编者注

性质的国家里,存在着一个资本主义发展**迅速**的按民族划分的区域,那么这种资本主义的发展愈迅速,它同**前**资本主义的国家制度之间的矛盾也就愈厉害,这个先进区域脱离整体的可能性也就愈大,因为联结这个区域和整体的不是"现代资本主义的"关系,而是"亚洲式的专制制度的"关系。

可见,罗莎·卢森堡甚至在俄国政权的社会结构同资产阶级波兰作对比的问题上,也完全不能自圆其说。至于俄国民族运动的具体历史特点问题,她甚至根本没有提出来。

这个问题我们必须分析一下。

3. 俄国民族问题的具体特点和俄国的资产阶级民主改革

……虽然"民族自决权"原则有伸缩性,纯粹是老生常谈,显然不但适用于俄国的各个民族,而且同样适用于德国和奥地利、瑞士和瑞典、美洲和澳洲的各个民族,但是我们在当今任何一个社会党的纲领内,都找不到这个原则……(《社会民主党评论》第6期,第483页)

罗莎·卢森堡开始攻击马克思主义纲领第9条时就是这样写的。她说纲领的这一条"纯粹是老生常谈",要我们接受这种见解,而她自己恰巧是犯了这种错误,因为她竟可笑地大胆地宣称这一条"显然同样适用于"俄德等等国家。

我们的回答是:罗莎·卢森堡显然下决心要使自己的文章成为供中学生做习题用的逻辑错误大全,因为她的这一论断完全是胡说八道,完全是对历史的具体的问题提法的嘲笑。

如果不是象小孩子那样,而是象马克思主义者那样来解释马克思主义的纲领,那就不难看出,这个纲领是同资产阶级民主民族运动有关的。既然如此（而且无疑是如此），那么，这个纲领"显然""笼统地"适用于**一切**有资产阶级民主民族运动的场合，是一种"老生常谈"等等。罗莎·卢森堡只要稍加思索，也显然会得出结论说，我们的纲领**仅仅**适用于确有民族运动存在的场合。

罗莎·卢森堡只要把这些明显的道理思索一下，就会很容易地知道，她说的话是多么荒谬。她责难**我们**提出的是"老生常谈"，她用来**反驳我们**的论据是：在**没有**资产阶级民主民族运动的国家的纲领里没有民族自决的条文。好一个聪明绝顶的论据啊！

把各个国家的政治经济的发展情况加以比较，把各个国家的马克思主义纲领也加以比较，从马克思主义观点看来，具有极大的意义，因为各现代国家无疑具有共同的资本主义本性和共同的发展规律。可是，这样的比较必须作得适当。这里有一个起码的条件，就是要弄清所比较的各个国家的历史发展时期是否**可比**。例如，只有十分无知的人，才会把俄国马克思主义者的土地纲领拿去同西欧的土地纲领"作比较"（如叶·特鲁别茨科伊公爵在《俄国思想》杂志上所作的那样），因为我们的纲领所回答的是**资产阶级民主**的土地改革问题，而西欧各国根本谈不到这样的改革。

民族问题也是这样。这个问题在西欧大多数国家里早已解决了。在西欧各国的纲领里寻找并不存在的问题的答案，这是可笑的。这里罗莎·卢森堡恰恰忽视了最主要的一点：资产阶级民主改革早已完成的国家和没有完成的国家之间的区别。

这种区别正是全部关键的所在。由于罗莎·卢森堡完全忽视了这种区别，她那篇宏论也就成了一套空洞无物的老生常谈了。

在西欧大陆上，资产阶级民主革命时代所包括的是一段相当确定的时期，大致是从1789年到1871年。这个时代恰恰是民族运动以及建立民族国家的时代。这个时代结束后，西欧便形成了资产阶级国家的体系，这些国家通常都是单一民族国家。因此，现在到西欧社会党人纲领里去寻找民族自决权，就是不懂得马克思主义的起码常识。

在东欧和亚洲，资产阶级民主革命时代是在1905年才开始的。俄国、波斯、土耳其和中国的革命，巴尔干的战争，就是**我们**这个时代我们"东方"所发生的一连串有世界意义的事变。只有瞎子才不能从这一串事变中看出**一系列**资产阶级民主民族运动的兴起，看出建立民族独立的和单一民族的国家的趋向。正是因为而且仅仅是因为俄国及其邻邦处在这个时代，所以我们需要在我们的纲领上提出民族自决权这一条。

我们不妨从上面引自罗莎·卢森堡论文的那段话往下再摘一句：

> 她写道："……特别是在民族成分非常复杂的国家中进行活动并且认为民族问题对党具有头等意义的那个党的纲领里，即奥地利社会民主党的纲领里，并没有包含民族自决权的原则。"（同上）

总之，她"特别"想拿奥地利的例子来说服读者。那就让我们从具体的历史的观点来看看，举这个例子是否很有道理。

第一，我们要提出资产阶级民主革命是否完成这个基本问题。奥地利的资产阶级民主革命是1848年开始，1867年完成的。从那时起到现在差不多经历了半个世纪，那里始终是由大体上已经建立的资产阶级宪制统治着，而合法的工人政党也就是根据这个宪制公开进行活动的。

因此，就奥地利发展的内部条件来说（即从整个奥地利资本主义发展，特别是奥地利各个民族资本主义发展来看），**并没有**产生飞跃的因素，而伴随这种飞跃的现象之一，则可能是建立独立的民族国家。罗莎·卢森堡在进行比较时，设定俄国在这一点上处于同样的条件，于是她不仅作了这种根本不符合事实的、反历史的假设，而且不由自主地滑到取消主义立场上去了。

第二，奥地利各民族的相互关系和俄国各民族的相互关系完全不同，这对于我们所讨论的问题具有特别重大的意义。奥地利不仅是一个长期来以德意志人占优势的国家，而且奥地利的德意志人还曾经怀有想做整个德意志民族霸主的野心。对老生常谈、死板公式、抽象概念等等如此讨厌的……罗莎·卢森堡，也许肯赏脸回想一下，这种"野心"已经被1866

年的战争粉碎了。在奥地利占统治地位的民族——德意志人竟留在1871年最终建成的独立的德意志国家**外面**了。另一方面，匈牙利人建立独立的民族国家的尝试，早在1849年就被俄国农奴制的军队粉碎了。

于是就造成了一种非常特殊的局面：匈牙利人和捷克人恰恰不倾向于脱离奥地利，而是倾向于保持奥地利的完整，其目的正是为了保持民族独立，以免完全被那些更残暴更强悍的邻国破坏掉！由于这种特殊情况，奥地利便形成两个中心的（二元的）国家，而现在又变成三个中心的（三元的：德意志人、匈牙利人、斯拉夫人）国家。

俄国同这种情形有哪点相似的地方呢？我们这里的"异族人"是否因为怕受到**更坏的**民族压迫而情愿同大俄罗斯人联合呢？

只要提出这个问题，就足以看出在民族自决问题上拿俄国同奥地利来比较，是多么荒谬、多么死板、多么愚昧了。

在民族问题上，俄国所具有的特殊条件恰恰同我们在奥地利看到的相反。俄国是以一个民族即以大俄罗斯民族为中心的国家。大俄罗斯人占据着广袤的连片地区，人口约有7000万。这个民族国家的特点是：第一，"异族人"（总计占全国人口多数，即57%）恰恰是住在边疆地区；第二，这些异族人所受的压迫比在邻国（并且不仅是在欧洲的邻国）要厉害得多；第三，这些居住在边疆地区的被压迫民族往往有一些同族人住在国界的另一边，他们享有较多的民族独立（只要提一下住在俄国西部和南部边界以外的芬兰人、瑞典人、波兰人、乌克兰人、罗马尼亚人就够了）；第四，"异族"边疆地区的资本主义发展程度和一般文化水平，往往高于国家的中部地区。最后，我们看到，正是在毗邻的亚洲国家资产阶级革命和民族运动的阶段已经开始，这种革命和运动部分地蔓延到了俄国境内的那些同血统的民族。

可见，正是由于俄国民族问题的这些具体的历史特点，我们在当前所处的时代承认民族自决权，具有特别迫切的意义。

况且，就是从单纯事实方面来看，罗莎·卢森堡断定奥地利社会民主党纲领不承认民族自决权，也与实际不符。只要打开通过民族纲领的布隆代表大会[4]的记录，我们就可以看到，当时罗辛族社会民主党人甘凯维奇代表整个乌克兰（罗辛人）代表团（记录第85页），波兰社会民主党人雷盖尔代表整个波兰代表团（记录第108页）都声明，这两个民族的奥地利社会民主党人已经把他们本民族要求民族统一、自由和独立的愿望，列在自己的要求之内了。可见，奥地利社会民主党虽然没有在自己的纲领里直接提出民族自决权，但是它完全容许党的**某些部分**提出民族独立的要求。事实上这当然就是承认民族自决权！可见，罗莎·卢森堡把奥地利拿来作论据，实际上是在**各**方面**反驳**了罗莎·卢森堡自己。

4. 民族问题上的"实际主义"

机会主义者特别喜欢接过罗莎·卢森堡这样一个论据：我们纲领的第9条没有包含一点"实际的东西"。罗莎·卢森堡自己也非常欣赏这个论据，我们在她的这篇文章中可以看到有时在一页之内一连把这个"口号"重复了8次。

她写道，第9条"对于无产阶级的日常政策没有提供任何实际的指示，对于民族问题没有提供任何实际的解决办法"。

她的这个论据还有这样的表述：第9条不是言之无物，就是要求必须支持一切民族要求。我们现在就来探讨一下这个论据。

在民族问题上要求"实际"是什么意思呢？

或者是指支持一切民族要求；或者是指对每个民族分离的问题作出"是或否"的回答；或者是指民族要求能无条件地立即"实现"。

我们就来探讨一下要求"实际"的这三种可能的含义。

在一切民族运动开始时很自然地充当运动首领（领导者）的资产阶级，把支持一切民族要求称为实际的事情。但是无产阶级在民族问题上的政策（在其他问题上也一样），只是在一定的方向上支持资产阶级，而永远不同资产阶级的政策完全一致。工人阶级只是为了民族和睦（这是资产阶级不能完全做到的，只有在**完全**民主化的时候才能实现），为了平等，为了创造最好的阶级斗争环境，才支持资产阶级。因此，无产者恰恰是为了**反对**资产阶级的**实际主义**才提出了民族问题上的**原则性**政策，始终只是**有条件地**支持资产阶级。任何资产阶级在民族问题上都希望**本**民族享有种种特权，或者为本民族谋取特殊利益；这就叫作"实际"。无产阶级反对任何特权，反对任何特殊。要无产阶级讲"实际主义"，就等于迁就资产阶级，陷入机会主义。

对每个民族分离的问题都要作出"是或否"的回答吗？这似乎是一个很"实际的"要求。其实它在理论上是荒谬的、形而上学的，在实践上是让无产阶级服从资产阶级政策。资产阶级总是把自己的民族要求提到第一位，而且是无条件地提出来的。无产阶级认为民族要求服从阶级斗争的利益。资产阶级民主革命究竟是以该民族分离还是以该民族取得同其他民族平等的地位而告终，这在理论上是不能预先担保的；无产阶级认为重要的，是**在这两种情况下**都要保证本阶级的发展；资产阶级认为重要的，是阻碍这种发展，把无产阶级发展的任务推到"本"民族的任务后面去。因此，无产阶级就只提出所谓消极的要求，即要求承认自决权，而不向任何一个民族担保，不向任何一个民族答应提供**损害**其他民族利益的**任何东西**。

就算这是不"实际"吧，但这在事实上能最可靠地保证用尽可能民主的办法解决问题；无产阶级只需要有这种保证，而每一民族的资产阶级则需要保证**自己的**利益，不管其他民族的处境如何（不管它们可能受到什么损害）。

资产阶级最关心的是某项要求是否"能实现"——因此就产生了同其他民族的资产阶级勾结而损害无产阶级利益的永远不变的政策。而对无产阶级重要的是巩固本阶级来反对资产阶级，用彻底的民主和社会主义的精神教育群众。

让机会主义者去说这不"实际"吧，但这是唯一实际的保证，是违背封建主和**民族主义**资产阶级的意愿争取最大限度的民族平等和民族和睦的保证。

在每个民族的**民族主义**资产阶级看来，无产者在民族问题方面的全部任务都是"不实际的"，因为无产者仇视任何民族主义，而要求"抽象的"平等，要求根本取消任何特权。罗莎·卢森堡不懂得这一点，糊里糊涂地赞美实际主义，这恰巧是为机会主义者，特别是为向大俄罗斯民族主义作机会主义让步大开方便之门。

为什么说是向大俄罗斯民族主义让步呢？因为大俄罗斯民族在俄国是压迫民族，而民族问题上的机会主义在被压迫民族中和压迫民族中的表现自然是各不相同的。

被压迫民族的资产阶级借口自己的要求合乎"实际"而号召无产阶级无条件地支持它的要求。最实际的莫过于直接说个"是"字，赞成**某一个**民族的分离，而不是赞成一切民族的分离**权**！

无产阶级反对这种实际主义。它承认各民族平等，承认各民族都有成立民族国家的平等权利，同时又把各民族无产者之间的联合看得高于一切，提得高于一切，从工人的阶级斗争**着眼**来估计一切民族要求，一切民族的分离。实际主义的口号，实际上只是盲从资产阶级要求的口号。

有人对我们说：你们赞成民族分离权，就是赞成被压迫民族的资产阶级民族主义。说这种话的有罗莎·卢森堡，附和她的有机会主义者谢姆柯夫斯基，——顺便说一下，他是在取消派报纸上就这个问题鼓吹取消派思想的唯一代表！

我们的回答是：不，在这里，正是资产阶级看重"实际的"解决，而工人看重**在原则上**划清两种倾向。**在**被压迫民族的资产阶级反对压迫民族**这一点上**，我们在任何时候、任何场合都加以**支持**，而且比任何人都更坚决，因为我们反对压迫是最大胆最彻底的。当被压迫民族的资产阶级极力主张**自己的**资产阶级民族主义时，我们就要反对。我们反对压迫民族的特权和暴力，同时丝毫也不纵容被压迫民族谋求特权。

如果我们不提出和不宣传分离**权**的口号，那就不仅是帮助了**压迫民族**的资产阶级，而且是帮助了**压迫民族**的封建主和专制制度。考茨基早就提出这个论据来反对罗莎·卢森堡，而这个论据是无可争辩的。罗莎·卢森堡因害怕"帮助"波兰民族主义资产阶级而否定**俄国马克思主义者纲领中提出的分离权**，**实际上**就是帮助了大俄罗斯黑帮。她实际上是助长机会主义容忍大俄罗斯人的特权（甚至是比特权更坏的东西）的态度。

罗莎·卢森堡醉心于反对波兰民族主义，却忘记了大俄罗斯人的民族主义，而**这个**民族主义在目前恰恰是最可怕的，恰恰是资产阶级色彩较少而封建色彩较浓，恰恰是民主运动和无产阶级斗争的主要障碍。**每个**被压迫民族的资产阶级民族主义，都有**反对**压迫的一般民主主义内容，而我们**无条件**支持的正是这种内容，同时要严格地区分出谋求本民族特殊地位的趋向，反对波兰资产者压迫犹太人的趋向，等等。

这在资产者和小市民看来是"不实际的"。但这是民族问题上唯一实际的、原则性的、真正有助于民主、自由和无产阶级联合的政策。

承认一切民族都有分离权；从消除任何不平等、任何特权和任何特殊地位着眼，来评价每一个关于分离的具体问题。

让我们看看压迫民族的地位。压迫其他民族的民族能不能获得解放呢？不能。大俄罗斯居民[①]要获得解放，就必须反对这种压迫。镇压被压迫民族运动的漫长历史，数百年的历史，"上层"阶级对这种镇压的不断宣传，造成了大俄罗斯民族的种种偏见，成了大俄罗斯民族本身解放事业的莫大障碍。

大俄罗斯黑帮有意支持和煽动这种偏见。大俄罗斯资产阶级容忍或迎合这种偏见。大俄罗斯无产阶级不同这种偏见进行不断的斗争，就不能实现**自己**的目的，就不能替自己扫清走向解放的道路。

建立独立自主的民族国家，在俄国暂时还只是大俄罗斯民族的特权。我们，大俄罗斯无产者，不维护任何特权，当然也就不维护这种特权。我

[①] 巴黎有一位名叫列·弗拉·的人，认为这是一个非马克思主义的用词。这位列·弗拉·是可笑的"superklug"（译成有讽刺意味的词，就是"自作聪明的"）。这个"自作聪明的"列·弗拉·大概打算写一部怎样从我们的最低纲领中（根据阶级斗争观点！）剔除"居民"、"民族"等等字眼的研究著作。

们在这个国家的土地上进行斗争，要把这个国家的各民族工人联合起来，我们不能保证民族的发展一定要经过某条道路，我们要经过**一切**可能的道路走向我们的阶级目标。

可是，不同一切民族主义进行斗争，不捍卫各民族的平等，就不可能走向这一目标。例如，乌克兰能不能组成独立国家，这要以千百种预先不得而知的因素为转移。我们不想凭空"**猜测**"，但坚决拥护这一毫无疑问的原则：乌克兰有成立这种国家的权利。我们尊重这种权利，我们不赞成大俄罗斯人有统治乌克兰人的特权，我们**教育**群众承认这种权利，否认任何一个民族享有**国家**特权。

在资产阶级革命时代一切国家都经历过的那种飞跃中，为了建立民族国家的权利而发生冲突和斗争是可能的，而且是很有可能的。我们无产者预先就宣布我们**反对**大俄罗斯人的特权，并且依照这个方针来进行自己的全部宣传鼓动工作。

罗莎·卢森堡因追求"实际主义"而忽略了大俄罗斯无产阶级和其他民族的无产阶级的**主要**实际任务，即进行日常宣传鼓动，反对任何国家特权和民族特权，主张一切民族有成立自己的民族国家的同等权利；这种任务是我们在民族问题上的主要（在目前）任务，因为只有这样，我们才能捍卫住民主运动的利益和一切民族的一切无产者平等联合的利益。

让大俄罗斯人中的压迫者和被压迫民族的资产阶级（二者都要求**明确地**回答是或否，都责难社会民主党人的态度"不明确"）去说这种宣传"不实际"吧。其实，正是这种宣传，只有这种宣传，才能保证对群众进行真正民主主义和真正社会主义的教育。也只有这种宣传，才能保证俄国在它仍是一个多民族的国家时，有最大的民族和睦的可能，一旦出现分离为各民族国家的问题，又能保证最和平地（并且对无产阶级的阶级斗争最无损害地）实行这种分离。

为了更具体地说明民族问题上这个唯一的无产阶级政策，我们现在研究一下大俄罗斯自由派对"民族自决"的态度和挪威同瑞典分离的实例。

5. 自由派资产阶级和社会党机会主义分子对于民族问题的态度

我们已经看到，罗莎·卢森堡当作一张主要"王牌"用来反对俄国马克思主义者纲领的就是如下这个论据：承认自决权等于支持被压迫民族的资产阶级民族主义。另一方面，罗莎·卢森堡说，如果把这种权利理解为只是反对一切民族压迫，那么在纲领上就不需要专门列这一条，因为社会民主党是根本反对任何民族暴力和不平等的。

第一个论据，正如考茨基差不多在20年前就不容争辩地指出过的那样，是把自己的民族主义嫁祸于人，因为罗莎·卢森堡害怕被压迫民族的资产阶级民族主义，而**在行动上**却替大俄罗斯黑帮民族主义张目！第二个论据实质上是胆怯地回避这样一个问题：承认民族平等是不是包括承认分离权？如果包括，那就是说，罗莎·卢森堡承认我们党纲第9条在原则上是正确的。如果不包括，那就是说她不承认民族平等。在这里，回避问题和支吾搪塞是无济于事的！

然而对于上述的以及一切与此类似的论据的最好检验方法，就是研究**社会各阶级**对这个问题的态度。对马克思主义者来说必须进行这种检验。必须从客观情况出发，必须考察各阶级彼此对于这一条文的态度。罗莎·卢森堡没有这样做，因而正好犯了她枉费心机地企图加在论敌头上的形而上学、抽象、老生常谈、笼统等等的错误。

这里所说的是**俄国**马克思主义者的纲领，即俄国各民族的马克思主义者的纲领。应不应该考察一下俄国各**统治**阶级的立场呢？

"官僚"（恕我们用了这个不确切的字眼）和贵族联合会之类的封建地主的立场，是人所共知的。他们对民族平等和自决权，都采取了绝对否定的态度。他们的口号是从农奴制度时代拿来的旧口号——专制、正教、民族，他们所谓的民族只是指大俄罗斯民族。甚至乌克兰人也被宣布为"异族人"，连他们的母语也受到压制。

我们来看看"被召来"参加政权的俄国资产阶级吧,固然它在政权中所占的地位很有限,但总算是参加了政权,参加了"六三"立法和行政体制。十月党人在这个问题上实际上跟着右派走,这是用不着多说的。可惜,某些马克思主义者对于大俄罗斯自由派资产阶级,即进步党人和立宪民主党人的立场注意得太少了。然而,谁不研究这个立场,不仔细考察这个立场,那他在讨论民族自决权时就必然会犯抽象和武断的错误。

去年《真理报》同《言语报》进行了论战,这个立宪民主党的主要机关报虽然非常巧于玩弄外交辞令以逃避直接回答"不愉快的"问题,但终究被迫作了一些宝贵的自供。这场风波是1913年夏天在利沃夫召集的全乌克兰学生代表大会[6]引起的。首屈一指的"乌克兰问题专家"或者说《言语报》乌克兰问题撰稿人莫吉梁斯基先生发表了一篇文章,用许多最厉害的骂人字眼("梦呓"、"冒险主义"等等)攻击乌克兰分立(分离)的主张,攻击民族社会党人顿佐夫所鼓吹而为上述代表大会所赞同的这个主张。

《工人真理报》[7]丝毫也不赞同顿佐夫先生的意见,直截了当地指出他是个民族社会党人,说许多乌克兰马克思主义者都不同意他的看法,但还是声明说,《言语报》的**论调**,或者更确切些说,《言语报》**对于问题的原则提法**,对一个大俄罗斯的民主派或愿意当民主派的人来说,是极不得体的,是不能容许的。①《言语报》可以直接反驳顿佐夫之流的先生们,但是一个自命为民主派的大俄罗斯人的机关报竟忘记分离**自由**和分离**权**,那是**根本**不能容许的。

过了几个月,莫吉梁斯基先生在利沃夫出版的乌克兰文报纸《道路报》[8]上读到了顿佐夫先生的反驳意见,其中顺便提到"《言语报》上的沙文主义攻击只有在俄国社会民主党报刊上受到了应有的指摘〈是痛斥吧?〉",于是莫吉梁斯基先生便在《言语报》第331号上发表了一篇"解

---

① 见《列宁全集》第23卷《立宪民主党人论乌克兰问题》一文。——编者注

释"文章。莫吉梁斯基先生的"解释"就是一连三次重复说："批评顿佐夫先生所提出的办法"，"与否认民族自决权毫无共同之处"。

> 莫吉梁斯基先生写道："应当指出，'民族自决权'也不是什么不容批评的偶像：民族生活的不良条件能引起民族自决问题上的不良倾向，而揭穿这种不良倾向并不就是否认民族自决权。"

可见，自由派关于"偶像"的论调，是完全同罗莎·卢森堡的论调合拍的。显然，莫吉梁斯基先生是想回避直接回答一个问题：他究竟承认不承认政治自决权，即分离权？

于是，《无产阶级真理报》（1913年12月11日第4号）便向莫吉梁斯基先生和立宪民主**党直截了当地**提出了这个问题。①

当时《言语报》（第340号）就发表了一篇未署名的即编辑部的正式声明，来回答这个问题，其内容可归纳为下列三点：

（1）立宪民主党纲领第11条，直接地和明确地谈到了民族"自由**文化自决权**"。

（2）《言语报》断言，《无产阶级真理报》把自决同分立主义，即同某个民族的分离"彻底混淆了"。

（3）"**立宪民主党人确实从来也没有拥护过脱离俄国的'民族分离'权**。"（见1913年12月20日《无产阶级真理报》第12号上所载《民族自由主义和民族自决权》一文②）

我们先来看看《言语报》声明中的第二点。它向谢姆柯夫斯基之流、李普曼之流、尤尔凯维奇之流及其他机会主义者先生们明确地指出，他们大喊大叫，说什么"自决"的含义"不清楚"或"不明确"，**实际上**，即根据俄国各阶级相互关系和阶级斗争的客观情况来看，只是**简单地重复**自

---

① 见《列宁全集》第24卷《立宪民主党人和"民族自决权"》一文。——编者注
② 见《列宁全集》第24卷《民族自由主义和民族自决权》一文。——编者注

由主义君主派资产阶级的言论而已!

当时《无产阶级真理报》向《言语报》的那些高明的"立宪民主党人"先生们提出了**三个**问题:(1)他们是不是否认在全部国际民主运动史上,特别是从 19 世纪中叶以来,民族自决始终都正是被理解为政治自决,即成立独立民族国家的权利呢?(2)他们是不是否认 1896 年的伦敦国际社会党代表大会的著名决议也是指这种意思呢?(3)他们是不是否认普列汉诺夫早在 1902 年谈到自决问题时,就把自决理解为政治自决呢?——当《无产阶级真理报》提出这三个问题时,**立宪民主党人先生们便哑口无言了!!**

他们一句话也没有回答,因为他们无言可答。他们不得不默默承认《无产阶级真理报》绝对正确。

自由派大喊大叫,说什么"自决"这个概念不清楚,说社会民主党把自决同分立主义"彻底混淆了"等等,这不过是力图**搅乱**问题,不愿承认民主派共同确认的原则而已。谢姆柯夫斯基、李普曼和尤尔凯维奇之流的先生们如果不是这样愚昧无知,就会羞于用**自由派**口吻来向工人说话了。

让我们继续说下去吧。《无产阶级真理报》迫使《言语报》不得不承认,立宪民主党纲领上所谈的"文化"自决,恰恰就是**否认政治**自决的意思。

"立宪民主党人确实从来也没有拥护过脱离俄国的'民族分离'权",——《无产阶级真理报》把《言语报》上的这些话当作我国立宪民主党人"恭顺"的范例,介绍给《新时报》和《庶民报》[9]看,是不无原因的。《新时报》在第 13563 号上,当然没有放过机会来骂骂"犹太鬼子",还向立宪民主党人说了各种挖苦的话,但是同时也声明:

在社会民主党人看来是政治常识公理的东西〈即承认民族自决权,分离权〉,现在甚至在立宪民主党人中间也开始引起非议。

立宪民主党人声明他们"从来也没有拥护过脱离俄国的民族分离权",

于是就在原则上站到同《新时报》完全一样的立场上去了。这也就是立宪民主党人的**民族自由主义**的基本原则之一，也是导致他们同普利什凯维奇之流接近，在政治思想上和政治实践上依附于普利什凯维奇之流的基本原则之一。《无产阶级真理报》写道："立宪民主党人先生们学过历史，所以很清楚，运用普利什凯维奇之流的'抓走和不准'[10]这种历来就有的权利，在实践中往往引起怎样的——说得婉转些——'大暴行式的'行动。"立宪民主党人很清楚普利什凯维奇之流的无限权力的封建根源和性质，但他们还是完全**拥护**这个阶级所建立的关系和国界。立宪民主党人先生们很清楚，这个阶级所建立或所确定的关系和国界有很多是非欧洲式的，反欧洲式的（要不是听起来象是无端蔑视日本人和中国人，那我们就会说是亚洲式的）东西，但他们还是认为这些关系和国界是一个不可逾越的极限。

这也就是迎合普利什凯维奇之流，向他们卑躬屈节，唯恐动摇他们的地位，保卫他们不受人民运动的攻击，不受民主运动的攻击。《无产阶级真理报》写道："实际上这是迎合了农奴主的利益，迎合了统治民族最坏的民族主义偏见，而不是同这种偏见进行不断的斗争。"

立宪民主党人熟悉历史，并且奢望成为民主派，所以不敢明说（连试一试也不敢），现在已经成为东欧和亚洲特征的民主运动，力求按文明资本主义国家模样改造东欧和亚洲的民主运动，必定保持封建时代，即普利什凯维奇之流具有无限权力而资产阶级和小资产阶级的广大阶层毫无权利的时代所确定的国界。

《无产阶级真理报》同《言语报》的论战中所提出的问题，决不只是什么文字上的问题，而是一个当前迫切的实际政治问题，1914年3月23～25日举行的最近那次立宪民主党代表会议也证明了这一点。《言语报》（1914年3月26日第83号）关于这次代表会议的正式报道中说：

> 民族问题也讨论得特别热烈。得到尼·维·涅克拉索夫和亚·米·科柳巴金支持的基辅代表指出，民族问题是正在成熟的巨大因素，必须比以前更坚决地欢迎这个因素。可是〈这个"可是"恰恰

同谢德林所说的那个"但是",即"耳朵不会高过额头,不会的"一语相合)费·费·科科什金指出,无论是纲领或过去的政治经验,都要求我们十分谨慎地对待"民族政治自决"这一"有伸缩性的原则"。

立宪民主党代表会议上的这段极其精彩的言论,值得一切马克思主义者和一切民主主义者密切注意。(顺便指出,《基辅思想报》显然非常知情并且无疑是正确转述了科科什金先生的意思,这家报纸补充说,科科什金特别指出过国家"瓦解"的危险,当然,这是对论敌的一种警告。)

《言语报》的正式报道是用极圆滑的外交笔调写成的,为的是尽可能少撩起幕布,尽可能多地掩盖内情。但是从这篇报道中大体上还是可以看出立宪民主党代表会议上所发生的事情。熟悉乌克兰情况的自由派资产者代表和"左派"立宪民主党人所提出的,**正是**民族**政治**自决的问题。否则,科科什金先生就用不着号召"谨慎对待"这一"公式"了。

在立宪民主党人纲领(参加立宪民主党代表会议的代表当然知道这个纲领)上所写的,恰巧**不是**政治自决,而是"文化"自决。可见,科科什金先生是捍卫这个纲领而反对乌克兰代表和左派立宪民主党人的,是**捍卫**"文化"自决而**反对**"政治"自决的。非常明显,科科什金先生表示**反对**"政治"自决,指出"国家瓦解"的危险,把"政治自决"原则称为"**有伸缩性的**"(与罗莎·卢森堡的论调完全合拍!),也就是捍卫大俄罗斯的民族自由主义,而反对立宪民主党内比较"左倾"或比较民主的分子,反对乌克兰资产阶级。

科科什金先生在立宪民主党代表会议上获得胜利了,这从《言语报》的报道里露了马脚的"可是"二字就可以看出来。大俄罗斯的民族自由主义在立宪民主党人中获得胜利了。难道这种胜利还不能促使俄国马克思主义者中间那些开始和立宪民主党人一样也害怕"民族政治自决这一有伸缩性的原则"的糊涂虫醒悟过来吗?

"可是",我们现在要从问题的实质看看科科什金先生的思路。科科什金先生援引"过去的政治经验"（显然是指1905年的经验，当时大俄罗斯资产阶级害怕失去自己的民族特权，又以自己的这种恐惧吓坏了立宪民主党），指出"国家瓦解"的危险，这就表明他十分清楚政治自决就是指分离权和成立独立民族国家的权利，不可能有什么别的意思。试问，从民主派的观点，特别是从无产阶级的阶级斗争的观点来看，究竟应当怎样看待科科什金先生的这种忧虑呢？

科科什金先生硬要我们相信，承认分离权就会增加"国家瓦解"的危险。这是遵循"抓走和不准"这一格言的警察梅姆列佐夫的观点。而从一般民主派观点来看，恰巧相反，承认分离权就会**减少**"国家瓦解"的危险。

科科什金先生的论调和民族主义者一模一样。民族主义者在他们最近一次代表大会上猛烈攻击了乌克兰的"马泽帕分子"。萨文科先生一伙惊呼，乌克兰运动有减弱乌克兰同俄国联系的危险，因为奥地利正利用亲乌克兰政策来加强乌克兰人同奥地利的联系!!令人不解的是，为什么俄国不能用萨文科先生们怪罪于奥地利的**那种方法**，即让乌克兰人有使用母语、实行自治和成立自治议会等等自由的方法，去试一试"加强"乌克兰人同俄国的联系呢？

萨文科先生们的论调和科科什金先生们的论调完全相同，而且从单纯逻辑方面来看，也同样可笑，同样荒谬。乌克兰民族在某一国家内享有的自由愈多，乌克兰民族同这一国家的联系也就会愈加牢固，这不是很明显的吗？看来，只有断然抛弃民主主义的一切前提，才能否认这种起码的真理。试问，对一个民族来说，还能有比分离的自由，比成立独立民族国家的自由更大的民族自由吗？

为了更进一步说明这个被自由派（以及那些因为头脑简单而附和他们的人）弄糊涂了的问题，我们举一个最简单的例子。就拿离婚问题来说吧。罗莎·卢森堡在她的论文中写道，中央集权的民主国家虽然完全可以容许个别部分实行自治，但是它应当把一切最重要的立法工作，其中包括有关离婚的立法工作，留归中央议会处理。这样关心用民主国家的中央政权来保障离婚自由，是完全可以理解的。反动派反对离婚自由，号召大家要"谨慎对待"，而且大喊大叫，说离婚自由就意味着"家庭瓦解"。而民主派认为，反动派是虚伪的，实际上他们在维护警察和官僚的无限权力，维护男性的特权以及对女性最沉重的压迫；实际上离婚自由并不意味着家庭关系"瓦解"，反而会使这种关系在文明社会中唯一可能的和稳固的民主基础上巩固起来。

指责拥护自决自由即分离自由的人是在鼓励分立主义，正象指责拥护离婚自由的人是在鼓励破坏家庭关系一样愚蠢，一样虚伪。在资产阶级社会里，只有拥护资产阶级婚姻所赖以维持的特权和买卖性的人，才会反对离婚自由，同样地，在资本主义国家中，否认民族自决即民族分离自由，只能意味着拥护统治民族的特权和警察的治国方式，而损害民主的治国方式。

毫无疑义，资本主义社会的各种关系所造成的政客习气，有时也使议员或政论家极端轻率地，甚至简直荒谬地空谈某个民族的分离问题。可是，只有反动派才会被这种空谈所吓倒（或者假装被吓倒）。凡是拥护民主观点，即主张由居民群众解决国家问题的人，都很清楚，政客的空谈和群众的解决问题"有很长的距离"。居民群众根据日常的生活经验，十分清楚地理上和经济上联系的意义，大市场和大国家的优点，因此，只有当民族压迫和民族摩擦使共同生活完全不堪忍受，并且阻碍一切经济关系时，他们才会赞成分离。而在这种情况下，资本主义发展的利益和阶级斗争自由的利益恰恰是要求分离的。

总之，无论从哪一方面来看，科科什金先生的论调都是极其荒谬的，都是对民主原则的嘲笑。但是这些论调也有某种逻辑，那就是大俄罗斯资产阶级阶级利益的逻辑。科科什金先生同立宪民主党的大多数人一样，也是这个资产阶级钱袋的奴仆。他维护资产阶级的一切特权，特别是它的**国家**特权；他同普利什凯维奇并肩携手，一起维护这些特权，不过普利什凯维奇更相信农奴制的棍棒，而科科什金之流知道这根棍棒已被1905年折裂而大受损伤，所以更多地指望使用资产阶级愚弄群众的手段，例如用"国家瓦解"这个魔影来恫吓小市民和农民,用"人民自由"同历史基础相结合的词句来欺骗他们,等等。

自由派敌视民族政治自决原则的实际阶级意义只有一个,这就是民族自由主义,就是维护大俄罗斯资产阶级的国家特权。而俄国马克思主义者中间的机会主义者,即取消派分子谢姆柯夫斯基、崩得分子李普曼、乌克兰小资产者尤尔凯维奇等,正是在目前,在六三体制时代极力反对民族自决权,他们**实际上**完全是跟着民族自由主义跑,而用民族自由主义思想来腐蚀工人阶级。

工人阶级及其反资本主义斗争的利益,要求各民族的工人最充分最紧密地团结一致,要求反击任何民族的资产阶级的民族主义政策。所以社会民主党如果否认自决权,即否认被压迫民族的分离权,或支持被压迫民族资产阶级所提出的一切民族要求,都会背离无产阶级政策的任务,而使工人服从于资产阶级政策。在雇佣工人看来,不管谁是主要的剥削者,是大俄罗斯资产阶级还是异族资产阶级,是波兰资产阶级还是犹太资产阶级,诸如此类,都是一样。在意识到本阶级利益的雇佣工人看来,大俄罗斯资本家的国家特权也好,波兰资本家或乌克兰资本家说他们一旦拥有国家特权就会在人间建立天堂的诺言也好,都是无足轻重的。无论是在统一的多民族国家中,或是在一个个的民族国家中,资本主义总是在向前发展,并且会继续向前发展。

在任何情况下,雇佣工人仍是剥削的对象,因此,反对剥削的斗争要有成效,无产阶级就必须不依赖民族主义,必须在各民族资产阶级争霸的斗争中保持所谓完全中立。任何民族的无产阶级只要稍微拥护"本"民族资产阶级的特权,都必然会引起另一民族的无产阶级对它的不信任,都会削弱各民族工人之间的阶级团结,都会把工人拆散而使资产阶级称快。否认自决权或分离权,在实践上就必然是拥护统治民族的特权。

拿挪威同瑞典分离的具体例子来看,我们就会更清楚地认识这一点。

6. 挪威同瑞典的分离

罗莎·卢森堡正是引用了这个例子,并且就这个例子发表了如下的议论:

> 对联邦关系史上最近发生的挪威同瑞典分离这件事,波兰社会爱国主义报刊(见克拉科夫的《前进报》[11])曾迫不及待地表示赞赏,把它看作国家分离趋向具有力量和进步性的一种可喜现象,时隔不久这件事却令人惊异地证明,联邦制以及由此造成的国家分离决不是进步或民主的表现。挪威黜免和赶走瑞典国王的所谓"革命"之后,挪威人用全民投票正式否决了成立共和国的方案,安然地给自己另选了一个国王。那些崇拜一切民族运动和任何一种独立的浅薄之徒所宣称的"革命",原来只是农民和小资产阶级的分立主义的表现,反映出他们想用自己的金钱找一个"自己的"国王以代替瑞典贵族所强加的国王的愿望,因而这种运动是与革命毫不相干的。同时,瑞典和挪威君合国破裂一事又一次证明,在此以前的联邦制,就在这里也不过是纯粹代表王朝利益的,因而也就是君主制度和反动统治的一种形式。(《社会民主党评论》)

这就是罗莎·卢森堡在这个问题上所说的一切!!应当承认,罗莎·卢森堡就这个例子所发表的议论把她无可奈何的态度暴露得再明显不过了。

过去和现在所谈的问题都是:在多民族的国家里社会民主党有没有必要制定承认自决权或分离权的纲领。

在这个问题上罗莎·卢森堡本人所举的挪威的例子究竟告诉我们些什么呢?

我们的这位作者转弯抹角,绕来绕去,故作聪明,大叫大喊反对《前进报》，但是不回答问题！！罗莎·卢森堡什么都说到了，就是对问题的实质**不置一词！！**

  毫无疑问，挪威的小资产者希望用自己的金钱找一个自己的国王，并且用全民投票否决了成立共和国的方案，也就暴露了最恶劣的小市民品质。毫无疑问，《前进报》没有看到这一点，那也暴露了同样恶劣的小市民品质。

  但是所有这些究竟同问题有何相干呢??

  要知道，这里所谈的是民族自决权，是社会主义无产阶级对待这种权利的态度！为什么罗莎·卢森堡不回答问题，而只是兜圈子呢？

  俗语说，对老鼠来说，没有比猫更凶的野兽[12]。看来"弗腊克派"[13]也是罗莎·卢森堡心目中最凶的野兽了。"弗腊克派"是"波兰社会党"的俗称，即所谓革命派，而克拉科夫的《前进报》是赞同这个"派别"的思想的。罗莎·卢森堡一心同这个"派别"的民族主义作斗争，竟弄得头昏眼花，以致除了《前进报》，什么都从她的视野中消失了。

  如果《前进报》说："是"，那么罗莎·卢森堡认为她的神圣义务就是要马上说："不"，殊不知她持这种态度，并不表明她不依附《前进报》，恰恰相反，这表明她依附"弗腊克派"到了可笑的地步，表明她观察事物并不比克拉科夫那个鼠目寸光的人更深一些、更广一些。《前进报》当然是个很糟糕的报纸，而且根本不是个马克思主义的机关报，但是我们既然谈到挪威的例子，该报的态度决不会妨碍我们分析这个例子的实质。

  要用马克思主义观点来分析这个例子，我们应当说明的就不是极可怕的"弗腊克派"的恶劣品质，而首先是挪威同瑞典分离的具体历史特点，其次是两国**无产阶级**在发生这种分离时的任务。

  使挪威同瑞典接近的那些地理、经济和语言上的联系，其密切程度并不亚于许多非大俄罗斯斯拉夫民族同大俄罗斯民族的联系。但是挪威同瑞典的联合不是自愿的，所以罗莎·卢森堡谈论"联邦制"实在毫无道理，只是因为她不知道该说什么罢了。挪威是在拿破仑战争年代由各国君主违背挪威人的意志**送给**瑞典的，而瑞典人为了征服挪威，曾不得不把军队调到挪威去。

此后在几十年的长时期内，虽然挪威享有非常广泛的自治权（有自己的议会等等），但是挪威同瑞典不断发生摩擦，挪威人极力设法摆脱瑞典贵族的束缚。1905年8月，他们终于摆脱了这种束缚：挪威议会通过决议，不再承认瑞典国王为挪威国王，后来举行了全民投票，即向挪威人民征求意见，结果绝大多数人投票赞成（约20万票对几百票）同瑞典完全分离。瑞典人经过一番犹豫之后，只得容忍分离的事实。

这个例子告诉我们，在现代经济和政治的关系下，可能发生和实际发生民族分离的根本原因是什么，在有政治自由和民主制的情况下，这种分离有时会采取怎样的**形式**。

任何一个社会民主党人，只要他不敢说政治自由和民主制问题同他无关（他要是这样说，自然也就不成其为社会民主党人了），就不能否认，这个例子**用事实**证明觉悟的工人**必须**不断地进行宣传和准备，使民族分离可能引起的冲突，**完全按照1905年解决挪威同瑞典冲突的那种办法**去解决，而不是"按照俄国方式"去解决。这也就是纲领中要求承认民族自决权的条文所要表达的意思。于是罗莎·卢森堡只好用猛烈攻击挪威小市民的市侩习气和克拉科夫《前进报》的方法来回避这个不利于她的理论的事实，因为她十分清楚，这个历史事实已把她所发表的民族自决权是"空想"、等于"用金碗吃饭"的权利等等言论，**驳得体无完肤**。这种言论只是反映了一种贫乏的、自以为了不起的机会主义信念，以为东欧各民族间现有力量对比永远不会改变。

我们再往下看吧。在民族自决问题上，也同在其他一切问题上一样，我们首先注意和最注意的是各民族内部无产阶级的自决。罗莎·卢森堡把这个问题也轻轻放过去了，因为她觉得，用她所举的挪威的例子来分析这个问题，不利于她的"理论"。

在分离引起的冲突中，挪威无产阶级和瑞典无产阶级究竟采取了什么立场？应当采取什么立场？**在分离之后**，挪威觉悟的工人自然应当投票赞成共和制①，如果有些社会党人不这样投票，那只是证明在欧洲社会主义运动中愚蠢的小市民机会主义有时还很严重。对此不可能有两种意见，我们所以提到这一点，只是因为罗莎·卢森堡想用**文不对题**的空话来抹杀问题的实质。在分离问题上，我们不知道挪威社会党纲领是不是责成挪威社会民主党人必须持一种确定的意见。就假定他们的纲领没有责成这样做，假定挪威社会党人把挪威自治能不能充分保证阶级斗争自由以及同瑞典贵族的长期摩擦和冲突对经济生活自由妨碍到什么程度的问题留作悬案吧。但是，挪威无产阶级应当反对这个贵族而支持挪威农民民主派（即使它具有小市民的种种局限性），却是无可争辩的。

而瑞典无产阶级呢？大家知道，在瑞典神父支持下的瑞典地主们曾经鼓吹对挪威宣战，由于挪威比瑞典弱得多，由于它已经遭受过瑞典的侵犯，由于瑞典贵族在本国内占有很大的势力，这种鼓吹就构成了非常严重的威胁。可以有把握地说，瑞典的科科什金们长期以来也是竭力号召"谨慎对待""民族政治自决这一有伸缩性的原则"，大肆渲染"国家瓦解"的危险，硬说"人民自由"可以同瑞典贵族制度的基础相容，用这些言论来腐蚀瑞典民众。毫无疑问，如果瑞典社会民主党没有拿出全部力量既反对地主的思想和政策，又反对"科科什金的"思想和政策；如果**除了**一般民族平等（科科什金们也是承认这种平等的），它没有坚持民族自决权，即挪威分离的自由，那它就是背叛了社会主义事业和民主事业。

瑞典工人这样承认挪威人的分离权，**促进了**挪威和瑞典两国工人的紧密联盟，**促进了**他们同志般的充分的阶级团结，因为挪威工人相信瑞典工人没有沾染瑞典民族主义，相信瑞典工人把同挪威无产者的兄弟情谊看得高于瑞典资产阶级和贵族的特权。欧洲各国君主和瑞典贵族所强加于挪威的联系遭到破坏，却使挪威工人同瑞典工人的联系加强了。瑞典工人证

---

① 如果当时挪威民族中的大多数拥护君主制，而无产阶级拥护共和制，那么一般说来，在挪威无产阶级面前就摆着两条道路：或者是实行革命，如果革命条件已经成熟的话；或者是服从大多数而去进行长期的宣传鼓动工作。

明，无论资产阶级的政策会发生**怎样的**变故（在资产阶级关系的基础上，瑞典人用暴力迫使挪威人服从这种事完全可能重演！）他们一定能保持和捍卫两个民族的工人的完全平等和阶级团结，共同反对瑞典资产阶级和挪威资产阶级。

由此也可以看出，"弗腊克派"有时试图"利用"我们同罗莎·卢森堡的意见分歧去反对波兰社会民主党，那是毫无道理的，而且简直是不严肃的。"弗腊克派"并不是无产阶级政党，不是社会主义政党，而是小资产阶级民族主义政党，象是波兰社会党革命派。要使俄国社会民主党人同该党团结一致，根本谈不到，而且永远也不可能。相反，任何一个俄国社会民主党人从来也没有因为同波兰社会民主党人接近和联合而"后悔"。在充满民族主义倾向和狂热的波兰最先建立了一个真正马克思主义的、真正无产阶级的政党，这是波兰社会民主党的重大历史功绩。波兰社会民主党的这个功绩是伟大的功绩，这倒并不是由于罗莎·卢森堡说了一些反对俄国马克思主义纲领第9条的混话，而是说尽管有了这种令人痛心的情况，仍不失为伟大的贡献。

"自决权"对于波兰社会民主党人，当然不具有象对俄国社会民主党人那样重大的意义。波兰社会民主党人一心同民族主义的波兰小资产阶级作斗争，因此特别喜欢（有时候也许是稍微过分了些）"矫枉过正"，这是完全可以理解的。从来没有一个俄国马克思主义者想把波兰社会民主党人反对波兰分离的主张当作他们的罪过。这些社会民主党人只是在试图否认（象罗莎·卢森堡那样）**俄国**马克思主义者的纲领必须承认自决权的时候，才犯了错误。

这实质上就是把从克拉科夫的小天地来看是可以理解的关系，搬到俄国所有大大小小民族（包括大俄罗斯人）的范围中来了。这就成了"改头换面的波兰民族主义者"，而不是俄国社会民主党人，不是跨民族的社会民主党成员了。

这是因为跨民族的社会民主党正是主张承认民族自决权的。现在我们就来谈谈这个问题。

列宁卷（上册）

7. 1896年伦敦国际代表大会的决议

这个决议写道：

> 代表大会宣布，它主张一切民族有完全的自决权（Selbstbestimmungsrecht）它同情现在受到军事、民族或其他专制制度压迫的一切国家的工人。大会号召所有这些国家的工人加入全世界有觉悟的〈Klassenbewusste，即认识到本阶级利益的〉工人的队伍，以便和他们一起为打倒国际资本主义、实现国际社会民主党的目的而斗争。①

我们已经指出过，我们的机会主义者，谢姆柯夫斯基、李普曼、尤尔凯维奇之流的先生们，根本不知道有这个决议。但罗莎·卢森堡是知道的，还引了它的全文，其中也有同我们的纲领一样的"自决"一词。

试问，罗莎·卢森堡是怎样搬掉横在她的"新奇"理论前面的这块绊脚石的呢？

哦，简单得很：……决议的重点是在它的第二部分……决议带有宣言的性质……只是出于误解才会引用它！！

我们这位作者无可奈何、一筹莫展的样子，简直令人吃惊。通常只有机会主义者在怯懦地回避对彻底民主主义的和社会主义的纲领性条文公开提出异议时，才推说这些条文带有宣言性质。显然，罗莎·卢森堡这次令人痛心地与谢姆柯夫斯基、李普曼、尤尔凯维奇先生之流结伴，并不是偶然的。罗莎·卢森堡不敢公开声明，她到底认为她所引证的决议是正确的

---

① 见用德文公布的伦敦代表大会正式文件：《Verhandlungen und Beschlüsse des internationalen sozialistischen Arbeiter-und Gewerkschafts-Kongresses zu London, vom 27. Juli bis 1. August 1896》，Berlin, 1896, S. 18（《伦敦国际社会主义工人党和工会代表大会记录和决议（1896年7月27日~8月1日）》，1896年柏林版，第18页。——原编者注）历届国际代表大会决议已经印成俄文小册子出版，译文中把"自决"一词误译成"自治"了。

439

还是错误的。她支吾搪塞，躲躲闪闪，好象指望读者粗心大意、糊里糊涂、读到决议后半节便会忘掉前半节，或者从来没有听说过伦敦代表大会**以前社会主义报刊上进行过争论。**

但是，罗莎·卢森堡如果以为她在俄国觉悟的工人面前，可以这么容易地践踏国际关于这个重要原则问题的决议，甚至不愿对决议作一番批评分析，那她就大错而特错了。

罗莎·卢森堡的观点在伦敦代表大会以前的争论（主要是在德国马克思主义者的杂志《新时代》上进行的）中曾经发表过，**实际上已经在国际面前遭到了失败！**这就是俄国读者应当特别注意的问题实质。

当时争论的是波兰独立问题。发表的观点有三种：

（1）"弗腊克派"的观点，代表他们讲话的是黑克尔。他们要国际在**自己的**纲领中承认波兰独立的要求。这个提议没有通过。这个观点在国际面前遭到了失败。

（2）罗莎·卢森堡的观点：波兰社会党人不应当要求波兰独立。从这个观点来看根本谈不上宣布民族自决权。这个观点也在国际面前遭到了失败。

（3）由卡·考茨基阐发得最详尽的观点；他反对罗莎·卢森堡，证明她的唯物主义是极端"片面的"。按照这个观点，国际现在不能把波兰独立作为自己的纲领，但是考茨基说，波兰社会党人完全可以提出这类要求。从社会党人的观点看来，在有民族压迫的情况下忽视民族解放的任务，是绝对错误的。

国际的决议也就重申了这种观点最重要最基本的内容：一方面，完全直截了当地、不容许丝毫曲解地承认一切民族都有完全的自决权；另一方面，又同样毫不含糊地号召工人**在国际范围内**统一他们的阶级斗争。

我们认为这个决议是完全正确的，而且对于20世纪初的东欧和亚洲各国来说，只有根据这个决议，只有把它的两个部分密切联系起来，才能给无产阶级在民族问题上的阶级政策提供唯一正确的指示。

现在我们较详细地来分析一下上述三种观点。

大家知道，卡·马克思和弗·恩格斯认为积极支持波兰的独立要求，是西欧一切民主派，特别是社会民主党的绝对职责。对于上一世纪40年代和60年代，即奥地利和德国的资产阶级革命时代和俄国的"农民改革"时代来说，这个观点是完全正确的、唯一的彻底民主主义的和无产阶级的观点。只要俄国和大多数斯拉夫国家的人民群众还在沉睡不醒，只要这些国家还**没有**什么独立的群众性的民主运动，波兰**贵族的**解放运动，不但从全俄、从全斯拉夫的民主运动的观点，就是从全欧民主运动的观点看来，都有头等重大的意义。①

马克思的这种观点，在19世纪第二个三分之一或第三个四分之一的时期是完全正确的，但是到20世纪就不再是正确的了。在大多数斯拉夫国家，甚至在其中最落后的国家之一俄国，都掀起了独立的民主运动，甚至独立的无产阶级运动。贵族的波兰已经消失而让位给资本主义的波兰了。在这种条件下，波兰不能不失去其**特殊的**革命意义。

波兰社会党（现在的"弗腊克派"）在1896年企图把适用于**另一时代**的马克思观点"固定下来"，这已经是利用马克思主义的**词句**来反对马克思主义的**精神**了。因此，当时波兰社会民主党人起来反对波兰小资产阶级的民族主义狂热，指出民族问题对于波兰工人只有次要的意义，第一次在波兰创立了纯粹无产阶级政党，并且宣布波兰工人同俄罗斯工人在其阶级斗争中应该结成最紧密联盟的极重要的原则，这些都是完全正确的。

但这是不是说，国际在20世纪初可以认为民族政治自决原则对于东欧

---

① 如果把1863年波兰起义贵族（指波兰1863～1864年反对沙皇专制制度的起义。起义席卷波兰王国和立陶宛，并波及白俄罗斯和乌克兰部分地区。马克思曾参与组织国际军团支援起义。——编者注）的立场、全俄革命民主主义者车尔尼雪夫斯基的立场和乌克兰小市民德拉哥马诺夫在多年以后的立场加以比较，倒是一件极有趣味的历史研究工作：车尔尼雪夫斯基也能够（和马克思一样）重视波兰运动的意义，而德拉哥马诺夫则代表了农民的观点，这种农民还极端粗野愚昧，只看见自己眼前的一堆粪，他们由于对波兰地主的正当仇恨，不能了解这些地主的斗争对于全俄民主运动的意义（参看德拉哥马诺夫的《历史上的波兰和大俄罗斯民主派》）。德拉哥马诺夫后来得到当时已经变成民族主义自由派的彼·伯·司徒卢威先生的热烈亲吻，完全是受之无愧的。

和亚洲是多余的呢？可以认为民族分离权原则是多余的呢？如果这样认为，那是荒谬绝伦的，那就等于（在理论上）承认土耳其、俄国和中国对国家的资产阶级民主改革已经完成，就等于（在实践中）对专制制度采取机会主义态度。

不。对于东欧和亚洲来说，在资产阶级民主革命已经开始的时代，在民族运动兴起和加剧的时代，在独立无产阶级政党产生的时代，这些政党在民族政策上的任务应当是两方面的：一方面是承认一切民族都有自决权，因为资产阶级民主改革还没有完成，因为工人民主派不是用自由派态度，不是用科科什金派的态度，而是彻底、认真、诚心诚意地捍卫民族平等；另一方面是主张该国各民族的无产者建立最密切的、不可分割的阶级斗争联盟，不管该国的历史怎样变迁，不管资产阶级怎样变更各个国家的疆界。

1896年国际的决议所规定的正是无产阶级的这两方面的任务。1913年俄国马克思主义者夏季会议所通过的决议的基本原则也正是这样。有些人觉得这个决议"自相矛盾"，因为决议第4条承认自决权，即分离权，似乎是使民族主义"达到了"最高限度（其实，承认**一切**民族有自决**权**，正是最高限度的**民主主义**和最低限度的民族主义），而第5条却又提醒工人要反对任何一个资产阶级的民族主义口号，要求各族工人在跨民族的统一的无产阶级组织中团结一致和打成一片。可是，只有头脑简单到极点的人，才会认为这里"自相矛盾"，因为他们不能理解这种事实，例如，为什么瑞典工人维护挪威实行分离并成立独立国家的自由，反而**促进了**瑞典和挪威两国无产阶级的统一和阶级团结。

8. 空想家卡尔·马克思和实际的罗莎·卢森堡

罗莎·卢森堡宣称波兰独立是一种"空想"，并且一再加以重复，令人作呕，她用讽刺的口吻高声反问道：为什么不提出爱尔兰独立的要求呢？

"实际的"罗莎·卢森堡,显然不知道卡·马克思是如何对待爱尔兰独立问题的。这点值得一谈,以便说明应当怎样用真正马克思主义观点而不是用机会主义观点来分析**具体的**民族独立要求。

马克思正如他自己所说的那样,习惯用"探查牙齿"的办法来检验他所认识的那些社会主义者的觉悟和信念。马克思认识洛帕廷以后,在1870年7月5日写信给恩格斯,极力称赞这位俄国青年社会主义者,但是同时补充说:

……弱点就是**波兰**问题。洛帕廷对于这个问题所说的话,完全同英国人——例如英国旧派宪章主义者——对于爱尔兰所说的话一样。①

马克思向压迫民族的一位社会主义者询问了一下他对被压迫民族的态度,就能立刻发现统治民族(英吉利和俄罗斯)的社会主义者的一个**共同**缺点:不了解他们对被压迫民族所负的社会主义义务,一味重复他们从"大国"资产阶级方面接受来的偏见。

在谈到马克思关于爱尔兰问题的积极主张以前,我们必须附带说明一下,马克思和恩格斯对于任何民族问题都是采取严格的有批判的态度,认为这个问题只有相对的历史意义。例如1851年5月23日,恩格斯写信给马克思说,研究历史的结果使他对波兰问题得出了悲观的结论,波兰问题只有暂时的意义,即只是在俄国土地革命以前才有意义。波兰人在历史上所起的作用只是干了一些"大胆的蠢事"。"一分钟也不能认为,波兰甚至只是和俄国相比,曾经有成效地代表过进步,或者做出过什么具有历史意义的事情。"俄国的文明、教育、工业和资产阶级成分,要比"具有小贵族懒惰本性的波兰"多。"同彼得堡、莫斯科和敖德萨比较起来,华沙和克拉科夫算得上什么啊!"② 恩格斯不相信波兰贵族的起义会成功。

---

① 见《马克思恩格斯全集》第32卷,第505~506页。——编者注
② 见《马克思恩格斯全集》第27卷,第285页和第286页。——编者注

可是这些非常英明的和有远见的思想，绝对没有妨碍恩格斯和马克思在12年以后，即俄国仍然处于沉睡状态而波兰已经沸腾起来的时候，又对波兰运动表示最深切的和热烈的同情。

1864年，马克思起草国际告工人阶级书时写信给恩格斯（1864年11月4日）说，必须同马志尼的民族主义作斗争。马克思写道："当《告工人阶级书》中说到国际的政策时，我讲的是国家而不是民族，我所揭露的是俄国而不是比较次要的国家。"① 民族问题和"工人问题"比较起来，只有从属的意义，这在马克思看来是无可置疑的。但是他的理论同忽视民族运动的观点却有天壤之别。

1866年来到了。马克思给恩格斯的信中谈到巴黎"蒲鲁东派"，说他们"宣布民族特性是无稽之谈，并且攻击俾斯麦和加里波第等人。把这一策略当作同沙文主义论战的手段来用是有益的，也是可以理解的。可是信仰蒲鲁东的人（我这里的好友拉法格和龙格也在内）竟认为整个欧洲都可以而且应当安静地坐在那里等待法国老爷们来消灭'贫穷和愚昧'……他们简直太可笑了"（1866年6月7日的信）。②

马克思在1866年6月20日写道："昨天国际总委员会讨论了目前的战争问题。……果然不出所料，讨论归结到了'民族特性'问题和我们对该问题的态度。……'青年法兰西'的代表（**不是工人**）提出了一种观点，说一切民族特性和民族本身都是'陈腐的偏见'。这是蒲鲁东派的施蒂纳思想。……全世界都应当等候法国人成熟起来实行社会革命。……我在开始发言时说，我们的朋友拉法格和其他废除了民族特性的人，竟向我们讲'法语'，就是说，讲会场上十分之九的人不懂的语言，我的话使英国人大笑不止。接着我又暗示说，拉法格大概是完全不自觉地把否定民族特性理解为由模范的法国民族来吞并各个民族了。"③

---

① 见《马克思恩格斯全集》第31卷，第16～17页。——编者注
② 见《马克思恩格斯全集》第31卷，第224页。——编者注
③ 见《马克思恩格斯全集》第31卷，第230～231页。——编者注

从马克思所有这些批评意见中可以得出一个很明显的结论：工人阶级是最不会把民族问题当作偶像的，因为资本主义的发展不一定就唤起**一切**民族都来争取独立生活。可是，既然群众性的民族运动已经产生了，那么回避它，拒绝支持其中的进步成分，这在事实上就是陷入**民族主义**偏见，就是认为"自己的"民族是"模范民族"（我们再补充一句，或者是享有建立国家特权的民族）。①

我们再回来谈谈爱尔兰问题。

马克思关于这个问题的主张，在他的书信里有下面几段话表述得最清楚：

"我已竭力设法激起英国工人举行示威来援助芬尼亚运动……过去我认为爱尔兰从英国分离出去是不可能的。现在我认为这是不可避免的，即使分离以后还会成立联邦。"马克思在1867年11月2日给恩格斯的信中就是这样写的。②

他在同年11月30日写的一封信里又补充说：

我们应当对**英国**工人提什么样的建议呢？我以为他们应当在自己的纲领中写上Repeal〈脱离〉联盟这一条〈所谓联盟是指爱尔兰同英国的联盟，而脱离联盟就是指爱尔兰从英国分离出去〉，简单地说，就是1783年的要求，不过要使这一要求民主化，使它适合于目前的条件。这是解放爱尔兰唯一合法的形式，因而也就是**英国**党的纲领唯一可以采纳的形式。以后的经验一定会表明：两个国家之间的单纯的君

---

① 再参看马克思1867年6月3日给恩格斯的信。"我读了《泰晤士报》的巴黎通讯，得知巴黎人发出了反对亚历山大而拥护波兰的呼声等等，这真使我感到满意。蒲鲁东先生和他那个学理主义的小集团不是法国人民。"（见《马克思恩格斯全集》第31卷，第307页。——编者注）

② 见《马克思恩格斯全集》第31卷，第381页。——编者注

445

合制是否能继续存在。……

爱尔兰人需要的是：

1. 自治和脱离英国而独立
2. 土地革命。……"①

马克思非常重视爱尔兰问题，他曾在德意志工人协会里就这个问题作过几次一个半小时的报告（1867年12月17日的信）②。

恩格斯在1868年11月20日的信里指出"英国工人中间有仇恨爱尔兰人的心理"③，差不多过了一年以后（1869年10月24日），他谈到这个问题时又写道：

从爱尔兰到俄国只有一步之差（il n'y a qu'un pas）……从爱尔兰历史的例子中就可以看到，如果一个民族奴役其他民族，那对它自己来说该是多么的不幸。英国的一切卑鄙现象都可以从爱尔兰领地找到它们的根源。关于克伦威尔时代，我还应当去研究，可是无论如何我认为有一点是无疑的：假如没有必要在爱尔兰实行军事统治和形成新的贵族，那么连英国也会呈现另一种局面。④

我们还要顺便指出马克思在1869年8月18日写给恩格斯的信：

波兰工人因为有了他们柏林同志的帮助，在波兹南举行了胜利的罢工。这种反对"资本老爷"的斗争虽然采取的还是低级形式，即罢工的形式，但它在铲除民族偏见方面，要比资本家老爷们口头上空谈

---

① 见《马克思恩格斯全集》第31卷，第405页。——编者注
② 见《马克思恩格斯全集》第31卷，第418页。——编者注
③ 见《马克思恩格斯全集》第32卷，第196页。——编者注
④ 见《马克思恩格斯全集》第32卷，第359页。——编者注

和平的声明更为重要。①

马克思在国际里对爱尔兰问题所执行的政策，可从下列事实看出：

1869年11月18日，马克思写信给恩格斯说，他在国际总委员会内就英国内阁对赦免爱尔兰人的态度问题讲了1小时15分钟的话，并且提出了下列决议案：

> 决定：
>
> 格莱斯顿先生在答复爱尔兰人要求释放被囚禁的爱尔兰爱国分子时，有意地侮辱了爱尔兰民族；
>
> 他提出的实行政治大赦的条件，无论对于坏政府手下的牺牲者或对于这些牺牲者所代表的人民，都同样是一种侮辱；
>
> 格莱斯顿身为政府官吏，曾经公开而郑重地表示欢迎美国奴隶主的暴动，而现在却向爱尔兰人民宣传消极服从的学说；
>
> 格莱斯顿先生对爱尔兰人大赦问题的全部政策，十足地、彻底地表现了他先前曾慷慨激昂地加以揭露因而推翻了他的政敌托利党的内阁的那种"**征服政策**"；
>
> 国际工人协会总委员会对爱尔兰人民勇敢坚决而高尚地要求大赦的运动表示敬佩；
>
> 本决议应通知欧美各国的国际工人协会的所有支部以及所有同它有联系的工人组织。②

1869年12月10日，马克思写道，他准备在国际总委员会对爱尔兰问题作一个报告，其内容如下：

---

① 见《马克思恩格斯全集》第32卷，第348页。——编者注
② 见《马克思恩格斯全集》第32卷，第373~374页。——编者注

……英国工人阶级的直接的绝对的利益，是要它断绝现在同爱尔兰的关系，完全不顾所谓替爱尔兰主持公道的各种"国际主义的"和"人道主义的"词句，因为替爱尔兰主持公道这一点在国际总委员会里是不言而喻的。这是我的极深刻的信念，而这种信念所根据的理由有一部分我是不能向英国工人说明的。我长期以来就认为可能借英国工人阶级运动的高涨来推翻统治爱尔兰的制度；我在《纽约论坛报》[14]〈这是美国报纸，马克思在很长一个时期为该报撰稿〉上总是维护这种观点。但是我更深入地研究了这个问题以后，现在又得出了相反的信念。只要英国工人阶级没有摆脱爱尔兰，**那就毫无办法**。……英国内部的英吉利反动势力根源于对爱尔兰的奴役。（黑体是马克思用的）①

马克思对爱尔兰问题的政策，读者现在想必完全明白了吧。

"空想家"马克思竟如此"不实际"，公然主张爱尔兰分离，而这种分离在半个世纪以后也还没有实现。

马克思为什么采取这个政策呢？这个政策是不是错误的呢？

马克思最初以为能够解放爱尔兰的不是被压迫民族的民族运动，而是压迫民族的工人运动。马克思并没有把民族运动看作绝对的东西，他知道只有工人阶级的胜利才能使一切民族得到完全的解放。预先就估计到各被压迫民族的资产阶级解放运动和压迫民族的无产阶级解放运动之间的一切可能的相互关系（正是这个问题使当前俄国的民族问题变得极其困难），那是不可能的事。

但是后来出现了这样的情况：英国工人阶级在相当长的时期内受自由派的影响，成了他们的尾巴，由于实行自由派的工人政策而使自己失去了领导。爱尔兰的资产阶级解放运动加强起来，并且采取了革命的形式。马

---

① 见《马克思恩格斯全集》第32卷，第398页和第399页。——编者注

克思重新审查了自己的观点并且作了改正。"如果一个民族奴役其他民族，那对它自己来说该是多么的不幸。"① 只要爱尔兰还没有摆脱英国的压迫，英国工人阶级就不能得到解放。英国的反动势力靠奴役爱尔兰来站稳脚跟并取得养料（也象俄国的反动势力靠奴役许多民族来取得养料一样！）

马克思在国际中提出了同情"爱尔兰民族"和"爱尔兰人民"的决议（聪明的列·弗拉·大概要大骂可怜的马克思忘记了阶级斗争了！），鼓吹爱尔兰同英国**分离**，"即使分离以后还会成立联邦"。

马克思这一结论的理论前提是什么呢？在英国，资产阶级革命总的说来早已完成了。但是在爱尔兰却还没有完成；只是现在，经过半个世纪以后，英国自由派的改良才正在把它完成。如果英国资本主义的覆灭，象马克思最初所预料的那样快，那么爱尔兰就不会有全民族的资产阶级民主运动了。可是这种运动既然产生了，马克思就号召英国工人支持它，给它以革命的推动，为了**自己的**自由把它进行到底。

爱尔兰同英国在19世纪60年代的经济联系，当然比俄国同波兰和乌克兰等等的联系还要密切些。当时，爱尔兰从英国分离出去的"不实际"和"不能实现"（单就地理条件，以及英国拥有广大的殖民地来说），是显而易见的。马克思在原则上虽然是反对联邦制的，但他这次却容许联邦制②，**只要**爱尔兰的解放不是通过改良的道路而是通过革命的道路，即通过英国工人阶级支持的爱尔兰人民群众运动来实现就行了。毫无疑问，只有这样来解决历史任务，才能最符合无产阶级的利益，促进社会迅速发展。

结果不是这样，原来爱尔兰人民和英国无产阶级都软弱无力。直到现

---

① 见《马克思恩格斯全集》第32卷，第359页。——编者注
② 顺便谈一下：不难看出，为什么从社会民主党的观点看来，**既**不能把民族"自决"权理解为联邦制，**也**不能理解为自治（虽然抽象地说，两者都是包括在"自决"这个概念之内的）。联邦权根本是荒谬的，因为联邦制是双边协定。马克思主义者决不能在自己的纲领内拥护任何联邦制，这是用不着说明的。至于自治，马克思主义者所维护的并不是自治"权"，而是自治**本身**，把它当作民族成分复杂和地理等条件各异的民主国家的一般普遍原则。因此，承认"民族自治权"，也象承认"民族联邦权"一样，是荒谬的。

在，才由英国自由派和爱尔兰资产阶级通过卑鄙的交易，用土地改革（交付赎金）和自治（现在还没有实行）来**着手解决**爱尔兰问题（阿尔斯特的例子表明这是何等困难）。究竟怎样呢？能不能由此得出结论，说马克思和恩格斯是"空想家"，说他们提出的是"不能实现的"民族要求，说他们受了爱尔兰小资产者民族主义者（"芬尼亚"运动无疑是小资产阶级性质的运动）的影响等等呢？

当然不能。马克思和恩格斯在爱尔兰问题上也实行了真正以民主主义和社会主义精神教育群众的彻底的无产阶级政策。当时只有这个政策才能使爱尔兰和英国都不致把必要的改革延迟半个世纪，不致让自由派为讨好反动势力而把这种改革弄得面目全非。

马克思和恩格斯在爱尔兰问题上的政策提供了各压迫民族的无产阶级应当怎样对待民族运动的伟大范例。这种范例至今还具有巨大的**实际**意义，它警告人们要预防世界各国、各种肤色、使用各种语言的市侩们所犯的"奴仆式的急性病"，这些人匆匆忙忙认定，改变某一民族的地主资产阶级用暴力和特权所确定的疆界是"空想"。

如果当时爱尔兰无产阶级和英国无产阶级没有采纳马克思的政策，没有提出主张爱尔兰分离的口号，从他们方面来说就是最有害的机会主义，就是忘记民主主义者和社会主义者的任务而向**英国**反动势力和资产阶级让步。

9. 1903年的纲领及其取消者

俄国马克思主义者的纲领是1903年的代表大会通过的，这次大会的记录现在已成了罕有的珍本，所以现在绝大多数工人运动的活动家都不知道纲领某些条文的由来（况且有关文献远不是都能有合法印行的良机……）。因此，把1903年代表大会讨论我们所关心的这个问题的情况分析一下是必要的。

首先应当指出，俄国社会民主党关于"民族自决权"问题的文献虽然非常少，但是就从现有的文献中仍然可以十分清楚地看出，所谓自决权向来都是指分离权而言。谢姆柯夫斯基、李普曼、尤尔凯维奇之流的先生们所以怀疑这一点，说第9条"不清楚"等等，完全是由于他们极端无知或漠不关心。早在1902年，普列汉诺夫①在《曙光》杂志上维护纲领草案中的"自决权"时就写道，这个要求对于资产阶级民主派并不是非有不可的，但是"对于社会民主党人是非有不可的"。普列汉诺夫写道："如果我们把它忘记了，或者不敢把它提出来，唯恐触犯我们大俄罗斯同胞的民族偏见，那么我们口里所喊的'全世界无产者，联合起来！'……就会成为一句可耻的谎言……"[15]

这是对纲领第9条的基本论据所作的非常中肯的说明，正因为它非常中肯，所以那些批评我们纲领的"忘了自己身世的"人，过去和现在总是小心翼翼地回避它。不承认这一条，不管拿什么理由作借口，**实际上都是**对**大俄罗斯**民族主义的"可耻的"让步。既然谈论的是**一切**民族的自决权，为什么说是对大俄罗斯民族主义让步呢？因为这里所谈的是**同大俄罗斯民族分离**。**无产者联合**的利益，他们的阶级团结的利益，都要求承认**民族分离权**，——这就是12年前普列汉诺夫在上述那段话里所承认的论据；我们的机会主义者如果对这一点认真思索一下，对于自决问题也许就不会发表这么多谬论了。

在批准普列汉诺夫所维护的这个纲领草案的1903年代表大会上，主要工作是在**纲领委员会**里进行的。可惜，纲领委员会的讨论没有作记录。要是关于这一条的讨论有记录，那就非常有意思了，因为波兰社会民主党人的代表瓦尔沙夫斯基和加涅茨基**只是**在委员会里曾试图维护自己的观点，对"承认自决权"提出异议。读者如果愿意把他们的论据（瓦尔沙夫斯基的发言，他和加涅茨基的声明，见记录第134～136、388～390页）拿来同

---

① 1916年列宁在此处加了一条注释："请读者不要忘记，普列汉诺夫在1903年曾是机会主义的主要敌人之一，很久以后他才完成了他那向机会主义以及后来向沙文主义的臭名昭著的转变。"——俄文版编者注

罗莎·卢森堡在我们上面分析过的那篇用波兰文写的论文中的论据比较一下，就可以看出他们的论据是完全相同的。

第二次代表大会的纲领委员会（在这个委员会里，起来反驳波兰马克思主义者最多的是普列汉诺夫）是怎样对待这些论据的呢？对这些论据无情地嘲笑了一番！要**俄国**马克思主义者拒绝承认民族自决权的建议是如此荒谬，谁都看得一清二楚，以致波兰的马克思主义者**甚至不敢再在代表大会全体会议上重申自己的论据！！**他们知道在大俄罗斯、犹太、格鲁吉亚、亚美尼亚的马克思主义者的最高会议上守不住自己的阵地，于是就退出了代表大会。

这段历史插曲对于每一个真正关心**自己**纲领的人当然具有非常重大的意义。波兰马克思主义者的论据在代表大会的纲领委员会里被彻底驳倒了，他们放弃在代表大会的全体会议上维护自己观点的企图，——这是一件意义非常重大的事实。难怪罗莎·卢森堡在她1908年写的那篇文章里"谦逊地"隐讳了这一点，大概是一想到代表大会，就觉得不愉快吧！她还隐讳了瓦尔沙夫斯基和加涅茨基在1903年以全体波兰马克思主义者名义提出的"修改"纲领第9条的这项令人发笑的拙劣建议，无论是罗莎·卢森堡，还是其他波兰社会民主党人始终没有敢（而且现在也肯定不敢）重提这项建议。

罗莎·卢森堡为了隐瞒自己在1903年的失败，没有提起这些事实，但是关心自己党的历史的人，应该设法弄清这些事实并好好考虑它们的意义。

> 罗莎·卢森堡的朋友们在退出1903年的代表大会时给代表大会的声明写道："……我们提议，把纲领草案第7条〈现在的第9条〉改写为：第7条，**建立保障国内各民族有发展文化的充分自由的机关。**"（记录第390页）

可见，波兰的马克思主义者当时关于民族问题发表的观点是很不明确的,他们所提出来**代替**自决的东西,实质上不过是那个臭名远扬的"民族文化自治"的别名而已!

听起来几乎很难令人相信,可惜这是事实。在代表大会上,虽然5个崩得分子拥有5票,3个高加索人拥有6票,而科斯特罗夫的发言权还不计算在内,但结果竟**没有一**票赞成**取消**自决这一条。有3票主张用"民族文化自治"补充这一条(即赞成戈尔德布拉特所提出的条文:"建立保障各民族有发展文化的充分自由的机关"),有4票赞成李伯尔所提出的条文("各民族有自由发展文化的权利")。

现在出现了俄国自由派政党即立宪民主党,我们知道,在**它**的纲领中已经把民族政治自决改成"文化自决"。这样看来,罗莎·卢森堡的波兰朋友们同波兰社会党的民族主义所进行的"**斗争**"干得很出色,竟提议用**自由派**的纲领来代替马克思主义的纲领!而他们还责备我们的纲领是机会主义呢,难怪这种责备在第二次代表大会的纲领委员会里只能遭到嘲笑!

我们知道,出席第二次代表大会的代表**没有一个人**反对过"民族自决",那么这些代表究竟是怎样理解这个"自决"的呢?

记录中的下面三段话可说明这一点:

"**马尔丁诺夫**认为,不能对'自决'一词作广义的解释;它的意思只是指民族有权实行分离而组成单独的政治整体,而决不是区域自治。"(第171页)马尔丁诺夫当时是纲领委员会的委员,在这个委员会里,罗莎·卢森堡的朋友们的论据遭到了驳斥和嘲笑。当时,马尔丁诺夫按他的观点来说是"经济派",是激烈反对《火星报》的,如果他当时发表了为纲领委员会大多数委员不能同意的意见,他肯定是会被驳倒的。

当委员会工作结束以后,在代表大会上讨论纲领第8条(现在的第9条)时,首先发言的就是崩得分子戈尔德布拉特。

戈尔德布拉特说:"'自决权'是丝毫不容反对的。如果某一民族争取独立,那我们就不能反对它。就象普列汉诺夫所说的,如果波兰不愿和俄国结成合法婚姻,那我们就不应去妨碍它。在这个范围内我

同意这种意见。"（第 175～176 页）

普列汉诺夫在代表大会全体会议上根本没有就这一条发过言。戈尔德布拉特引用的是普列汉诺夫在纲领委员会会议上所说的话；在该委员会里，详细而通俗地解释了"自决权"的意思就是分离权。在戈尔德布拉特之后接着发言的是李伯尔，他说：

如果某一民族不能留在俄国版图内生活，党当然是不会阻碍它的。（第 176 页）

读者可以看到，在通过纲领的第二次党代表大会上，在自决的含义"仅仅"是指分离权这一点上没有两种意见。当时，连崩得分子也懂得这个真理，而只是在目前这个反革命继续猖獗和"背叛之风"盛行的可悲时期，才出现了一些因无知而胆大妄为的人，说纲领"不清楚"。可是，在谈到这些可怜的"也是社会民主党人"之前，我们暂且先把波兰人对纲领的态度问题谈完。

他们参加第二次（1903 年）代表大会时有一个声明，说的是联合的必要性和迫切性。可是，他们在纲领委员会里遇到"挫折"以后就退出了代表大会，而他们的**最后的话**就是载于代表大会记录的书面声明，其中包括上面所引的那个主张用民族文化自治来**代替**自决的建议。

1906 年，波兰马克思主义者加入党了，可是他们无论在入党的时候，或者在入党以后（无论在 1907 年代表大会上，在 1907 年和 1908 年代表会议上，或在 1910 年中央全体会议上），**都从来没有提出过修改俄国党纲第 9 条的任何建议**！！

这是事实。

不管人们怎样花言巧语，但是这件事实毕竟明显地证明，罗莎·卢森堡的朋友们都认为第二次代表大会纲领委员会的争论和这次代表大会通过的决议已经把问题完全解决，证明他们已经默认自己的错误并且改正了错误,因为他们在1903年退出代表大会以后,又于1906年加入了党,而且从来没有打算通过**党的**途径提出修改纲领第9条的问题。

罗莎·卢森堡的文章是在1908年由她自己署名发表的(当然谁都从来没有想到要否认党的著作家有批评党纲的权利),而**在**这篇文章发表之**后**,同样也**没有一个**波兰马克思主义者的正式机关提出修改第9条的问题。

因此,托洛茨基为罗莎·卢森堡的某些崇拜者效劳,真是熊的帮忙[16],他以《斗争》杂志编辑部的名义在第2期(1914年3月)上写道:

……波兰马克思主义者认为"民族自决权"毫无政治内容,应该从纲领中删去。(第25页)

热心效劳的托洛茨基比敌人还要危险!除了"私下的谈话"(说穿了,也就是流言蜚语,托洛茨基向来是靠这个过日子的),他找**不到**任何证据把全体"波兰的马克思主义者"都算作罗莎·卢森堡的每篇文章的拥护者。托洛茨基把"波兰的马克思主义者"说成丧失人格和良心、连自己的信念和自己党的纲领都不尊重的人。好一个热心效劳的托洛茨基!

1903年,波兰马克思主义者的代表**因为**自决权问题而退出了第二次代表大会,**当时**托洛茨基还可以说,他们认为这种权利没有什么内容而应该从纲领中删去。

可是,自此以后,波兰马克思主义者**加入了**拥有这一纲领的党,而且从来没有提出过修改纲领的建议。①

托洛茨基为什么对他的杂志的读者隐瞒这些事实呢?只是因为他想借此投机,挑起波兰反对取消派的人同俄国反对取消派的人之间的意见分

---

① 有人对我们说,波兰马克思主义者在俄国马克思主义者1913年夏季会议上**只有**发言权,他们对于自决权(分离权)问题完全没有参加表决,而在发言中反对过这种权利。他们当然完全有权这样行动,并且完全有权照旧在波兰宣传反对波兰分离。但是这跟托洛茨基说的不完全相同,因为波兰马克思主义者并没有要求"从纲领中删去"第9条。

歧，并且想在纲领问题上欺骗俄国工人，这样做对他有利。

托洛茨基在马克思主义的任何一个重大问题上，从来都没有什么定见，他只要看见有意见发生分歧，就马上"钻空子"，从一方投奔另一方。现在他是同崩得派和取消派合为一伙。而这些老爷们对党是不讲客气的。

请听听崩得分子李普曼所说的话吧！

这位绅士写道："15年前俄国社会民主党在自己的纲领里提出每个民族都有'自决'权的条文时，每个人〈!!〉都曾问过自己：这个时髦〈!!〉用语到底是什么意思呢？这个问题没有得到回答〈!!〉。这个词仍然是〈!!〉一个十分模糊的疑团。实际上，当时很难驱散这个疑团。当时有人说：现在还没有到可以把这一条具体化的时候，暂时就让它是一个疑团吧〈!!〉。生活本身会指明这一条应当包含什么内容。"

这一个"没有裤子穿的男孩"[17]嘲讽党纲，不是干得很漂亮吗？

他为什么要嘲讽党纲呢？

只是因为他一窍不通，什么都没有学过，连党史都没有读过，只是因为落入了取消派的圈子，那里的人在党和党性的问题上"通常"是不在乎赤身裸体的。

在波米亚洛夫斯基的小说里，有一个神学校学生以"把痰吐到装满白菜的桶里"[18]而自鸣得意。崩得派先生们更进了一步。他们把李普曼之流放出来，让这些绅士当众把痰吐到自己的桶里。至于国际代表大会曾经通过某个决议，至于崩得自己的两位代表在自己党的代表大会上曾表明完全能够理解（虽然他们非常"严格"批评过和坚决反对过《火星报》！）"自决"的意义，甚至表示赞同，这一切又同李普曼之流的先生们有什么关系呢？既然"党的政论家们"（别开玩笑了！）象神学校学生那样来对待党的历史和纲领，那么把党取消岂不更省事吗？

你们再看另一个"没有裤子穿的男孩"，即《钟声》杂志的尤尔凯维奇先生。尤尔凯维奇先生手头大概有第二次代表大会的记录，因为他引了普列汉诺夫所说的那一段由戈尔德布拉特转述过的话，并且看得出他知道自决的含义只能是分离权。但是这并没有妨碍他在乌克兰小资产阶级中间造谣诬蔑俄罗斯马克思主义者，说他们主张保持俄国的"国家完整性"(1913年第7～8期合刊第83页及其他各页)。当然，尤尔凯维奇之流的先生们要离间乌克兰的民主派同大俄罗斯的民主派，除这样造谣诬蔑之外，是再也想不出更好的办法来了。这种离间行为是符合《钟声》杂志这个文人集团的全部政策路线的，他们就是在鼓吹乌克兰工人**分离出去**，组成**单独的**民族组织！①

一批民族主义的市侩力图分裂无产阶级，——《钟声》杂志的客观作用就是如此——他们在民族问题上散布极端糊涂的思想，当然是和他们的身分完全相称的。不言而喻，尤尔凯维奇之流和李普曼之流的先生们（他们一听见人家把他们叫作"与党貌合神离的人"，就委屈得"要命"），简直一个字也没有提到**他们**到底打算怎样在纲领中解决分离权的问题。

现在再看第三个而且是主要的一个"没有裤子穿的男孩"，即谢姆柯夫斯基先生。他在取消派的报纸上，当着大俄罗斯公众的面"大骂"纲领第9条，同时又说他"由于某种理由不赞成"删去这一条的"建议"！！

这是令人难以置信的，然而这是事实。

1912年8月，取消派代表会议正式提出民族问题。一年半以来，谈第9条这个问题的文章，除谢姆柯夫斯基先生的一篇之外，再也没有了。而且这位作者在文章中**反驳**纲领时，又说他"由于**某种**理由〈是某种隐疾吧？〉不赞成"修改纲领的建议！！我敢担保：在全世界都很难找到这种机会主义的例子，很难找到这种比机会主义更坏的背叛党、取消党的例子。

谢姆柯夫斯基的论据如何，从下面这个例子就可以看清楚了：

---

① 请特别看一下尤尔凯维奇先生为列文斯基先生的《加里西亚乌克兰工人运动发展概略》1914年基辅版所写的序言。

他写道:"如果波兰无产阶级希望同全体俄国无产阶级在一国范围内共同进行斗争,而波兰社会中的反动阶级则相反,希望波兰同俄国分离,希望在全民投票(征求全民意见)中赞成分离的票占多数,那又该怎么办呢?我们俄罗斯社会民主党人在中央议会中究竟是跟我们的波兰同志共同投票**反对**分离呢,还是为了不破坏'自决权'而**赞成**分离呢?"(《新工人报》第71号)

可见,谢姆柯夫斯基先生甚至不知道**在说些什么**!他没有想一想,分离权的前提恰好是**不能**由中央议会来解决问题,而只能由**要分离的那个**地区的议会(议会,全民投票等等)来解决问题。

现在**无论是**普利什凯维奇之流**或是**科科什金之流,甚至把分离的念头也看作罪恶,居然有人撇开当前现实的具体政治问题,而象一个小孩那样发问:如果在民主制度下大多数人都赞成反动派,"那又该怎么办呢"!大概**整个俄国**的无产者今天不应该同普利什凯维奇和科科什金之流作斗争,而是要放过他们,去同波兰的反动阶级作斗争吧!!

这种荒谬已极的议论竟写在取消派的机关报上,而该报的思想领导者之一就是尔·马尔托夫先生,就是那个起草过纲领草案,并且在1903年使它获得通过,后来还写文章维护过分离自由的尔·马尔托夫。现在尔·马尔托夫大概是按以下惯例作出决断的:

> 那里不需要聪明人,
> 您派列阿德去就行,
> 让我看看再说。[19]

他把谢姆柯夫斯基这个列阿德派去,让他在日报上向那些不了解我们纲领的新读者们曲解纲领,制造无穷的混乱!

取消派实在是跑得太远了,——连许多过去著名的社会民主党人都没有留下一点党性的痕迹。

至于罗莎·卢森堡,当然不能把她同李普曼、尤尔凯维奇和谢姆柯夫斯基之流等量齐观,但是她的错误恰好被这班人抓住了,这个事实也就特别明显地证明她陷入了怎样的机会主义泥坑。

10. 结束语

现在让我们来总结一下。

从整个马克思主义理论看来,自决权问题并没有什么困难的地方。无论是1896年伦敦大会的决议也好,无论是自决权只能理解为分离权也好,无论是组织独立民族国家是一切资产阶级民主革命的趋势也好,严格地说都不可能有什么争议。

在某种程度上造成困难的情况是,俄国境内被压迫民族的无产阶级同压迫民族的无产阶级正在并肩奋斗,而且应当并肩奋斗。我们的任务就是要坚持无产阶级争取社会主义的阶级斗争的统一,抵抗一切资产阶级的和黑帮的民族主义影响。在被压迫民族中间,无产阶级组成独立政党的过程,有时要同该民族的民族主义作非常激烈的斗争,致使一些人看不清远景,忘记了压迫民族的民族主义。

但是,看不清远景这种现象只能是暂时的。各民族无产者共同斗争的经验非常清楚地表明,我们不应当从"克拉科夫的"观点,而应当从全俄的观点来提出政治问题。而在全俄政治中占统治地位的是普利什凯维奇和科科什金之流。他们的思想影响极大,他们对异族人的迫害(因为异族人拥护"分立主义",存有分离的**念头**)在杜马、学校、教会、营房以及千百种报纸中得到广泛宣传和实施。正是这种大俄罗斯民族主义的毒素毒化了全俄国的政治空气。一个民族奴役其他民族而使反动势力在全俄巩固起来,那是这个民族的不幸。怀念1849年和1863年仍是一种在起作用的政治传统,如果没有规模很大的风暴发生,这种传统还会在几十年的长时期内阻碍一切民主运动,**特别是**社会民主主义运动。

毫无疑问,不管被压迫民族(而被压迫民族的"不幸",有时就在于人民群众被"本"民族解放的思想所迷惑)中某些马克思主义者的观点有时看起来多么合乎情理,但**在实际上**,从俄国阶级力量的客观对比来看,拒绝维护自决权就等于最凶恶的机会主义;就等于拿科科什金之流的思想来腐蚀无产阶级。而这种思想,实质上也就是普利什凯维奇之流的思想和政策。

因此,如果说罗莎·卢森堡的观点作为波兰的、"克拉科夫的"一种特殊的狭隘观点①起初还情有可原,那么到了现在,当民族主义,首先是政府的大俄罗斯民族主义到处盛行的时候,当**这种民族主义**在左右政治的时候,这种狭隘观点就不能原谅了。实际上,现在**一切**民族中的机会主义者都抓住了这种狭隘观点,他们躲避"急风暴雨"和"飞跃"的思想,认为资产阶级民主革命已经终结,并且追随科科什金之流的自由主义。

大俄罗斯民族主义,也同任何民族主义一样,会经历几个不同的阶段,这要看资产阶级国家内部哪些阶级占首要地位。1905年以前,我们几乎只知道有民族主义反动派。革命以后,我国就产生了**民族主义自由派**。

事实上我国的十月党人和立宪民主党人(科科什金),即当代整个资产阶级,也都是站在这个立场上的。

往后**必然**会产生大俄罗斯的民族主义民主派。"人民社会"党创始人之一彼舍霍诺夫先生,在1906年《俄国财富》杂志8月号上号召人们谨慎对待农夫的民族主义偏见的时候,就表达了这种观点。不管人家怎样诬蔑我们布尔什维克,说我们把农夫"理想化"了,可是我们总是而且以后还要继续把农夫的理智和农夫的偏见,农夫反对普利什凯维奇的民主主义立场同农夫想跟神父和地主调和的倾向严格地区别开来。

无产阶级民主派现在就应当考虑到大俄罗斯农民的民族主义(考虑的

---

① 不难理解,**全俄**马克思主义者,首先是大俄罗斯马克思主义者承认民族分离权,决不排斥某个**被压迫**民族的马克思主义者去**宣传**反对分离,正象承认离婚权并不排斥在某种场合宣传反对离婚一样。所以我们认为,波兰马克思主义者中一定会有愈来愈多的人嘲笑谢姆柯夫斯基和托洛茨基现在正在"挑起的"那种并不存在的"矛盾"。

意思不是对它让步，而是要同它作斗争），而且将在相当长的时期内大概也要考虑到这一点。① 1905年以后表现得十分明显的被压迫民族的民族主义（只要提一下第一届杜马中的"自治联邦派"，乌克兰运动和穆斯林运动的发展等等就行了），必然会使城乡大俄罗斯小资产阶级的民族主义加强起来。俄国的民主改革进行得愈慢，各民族资产阶级的民族迫害和撕杀也就会愈顽强，愈粗暴，愈残酷。同时，俄国普利什凯维奇之流的特殊反动性，将会在某些被压迫民族（它们在邻国有时享有大得多的自由）中间，引起（并加强）"分立主义"趋向。

这种实际情况就使俄国无产阶级负有双重的，或者更确切些说，负有两方面的任务：一方面要反对一切民族主义，首先是反对大俄罗斯民族主义；不仅要一般地承认各民族完全平等，而且要承认建立国家方面的平等，即承认民族自决权，民族分离权；另一方面，正是为了同一切民族的各种民族主义进行有成效的斗争，必须坚持无产阶级斗争和无产阶级组织的统一，不管资产阶级如何力求造成民族隔绝，必须使各无产阶级组织极紧密地结成一个跨民族的共同体。

各民族完全平等，各民族享有自决权，各民族工人打成一片，——这就是马克思主义教给工人的民族纲领，全世界经验和俄国经验教给工人的民族纲领。

——

在本文已经排好版以后，我收到了《我们的工人报》[20]第3号，在这

---

① 波兰民族主义先由贵族民族主义变成资产阶级民族主义，然后又变成农民民族主义，如能探讨一下这一过程，那是很有趣的。路德维希·伯恩哈德在他写的《普鲁士的波兰人》（《Das polnische Gemeinwesen im preussischen Staat》，有俄译本）一书中，自己站在德国的科科什金的立场上，却描写了一种非常值得注意的现象：德国的波兰人组织了一种"农民共和国"，这就是**波兰**农民的各种合作社和其他种种团体都紧密团结起来，为民族、为宗教、为"波兰人的"领土而斗争。德国人的压迫使波兰人团结起来了，使他们形成了一个单独的团体，并且还把波兰贵族、波兰资产者和波兰农民群众中间的民族主义思想相继激发起来了（特别是1873年德国人开始禁止在学校里使用波兰文以后）。在俄国也有这种趋向，而且不仅关系到一个波兰。

份报纸上弗拉·科索夫斯基先生谈到承认一切民族有自决权,他写道:

> 这个条文是从第一次党代表大会(1898年)决议中机械地抄袭来的,而第一次党代表大会又是从国际社会党代表大会决议中搬来的。从当时的争论中可以看出,1903年代表大会对于这个条文,正是按照社会党国际所赋予它的那种意思来解释的,即解释为政治自决,民族在政治独立方面的自决。民族自决这一原则既然是指领土独立权而言,也就根本不涉及在某一国家机体**内部**如何调整那些不能或不愿退出现有国家的民族之间的关系问题。

可见,弗拉·科索夫斯基先生手头是有1903年第二次代表大会的记录的,并且很清楚自决这一概念的真正的(而且是唯一的)含义。而崩得《时报》编辑部曾经让李普曼先生嘲讽纲领并宣称纲领不清楚。请把这两件事实对照一下吧!!崩得分子先生们的那种"党的"风气真是奇怪得很……至于科索夫斯基为什么硬说代表大会通过自决条文是**机械的**抄袭,那就只有"真主知道"了。常常有这样一些人,他们只是"想要反驳",至于反驳什么,怎样反驳,为什么要反驳,为了什么目的而反驳,那他们是根本不清楚的。

载于《启蒙》杂志1914年4～6月第4、5、6期

选自《列宁全集》第25卷,第223～285页

注释:

[1]"十二个民族的侵犯"原来是指1812年拿破仑第一对俄国的进攻。据说拿破仑当时统率着一支民族成分十分复杂、操12种不同语言的军队。这里是借喻机会主义各派对马克思主义纲领的一致攻击。

[2]《新时代》杂志(《Die Neue Zeit》)是德国社会民主党的理论刊物,1883～1923年在斯图加特出版。1890年10月前为月刊,后改为周刊。1917年10月

以前编辑为卡·考茨基,以后为亨·库诺。1885~1895年间,杂志发表过马克思和恩格斯的一些文章。恩格斯经常关心编辑部的工作,并不时帮助它纠正背离马克思主义的倾向。为杂志撰过稿的还有威·李卜克内西、保·拉法格、格·瓦·普列汉诺夫、罗·卢森堡、弗·梅林等国际工人运动活动家。《新时代》杂志在介绍马克思主义基本理论、宣传俄国1905~1907年革命等方面做了有益的工作。随着考茨基转到机会主义立场,1910年以后,《新时代》杂志成了中派分子的刊物。

[3]《科学思想》杂志(《Научная Мысль》)是俄国孟什维克派的刊物,1908年在里加出版。

[4]《社会民主党评论》杂志(《Frzeglad Socjaldemokratyczny》)是波兰社会民主党人在罗·卢森堡积极参加下办的刊物,于1902~1904年、1908~1910年在克拉科夫出版。

[5] 指1899年9月24~29日在布隆(现捷克共和国的布尔诺)举行的奥地利社会民主党代表大会。代表大会的中心议题是民族问题。在代表大会上提出了反映不同观点的两个决议案:一个是总的说来主张民族区域自治的党中央委员会的决议案;另一个是主张超地域的民族文化自治的南方斯拉夫社会民主党委员会的决议案。代表大会一致否决了民族文化自治纲领,通过了一个承认在奥地利国家范围内的民族自治的妥协的决议(参看《列宁全集》第24卷《关于奥地利和俄国民族纲领的历史》一文)。

[6] 指1913年6月19~22日(7月2~5日)在利沃夫举行的全乌克兰大学生第二次代表大会。代表大会安排在伟大的乌克兰作家、学者、社会活动家、革命民主主义者伊万·弗兰科的纪念日举行。俄国的乌克兰大学生代表也参加了代表大会的工作。会上乌克兰社会民主党人德·顿佐夫作了《乌克兰青年和民族的现状》的报告。他坚持乌克兰独立这一口号。

[7]《工人真理报》(《Рабочая Правда》)是俄国布尔什维克党的中央机关报,1913年7月13日(26日)~8月1日(14日)代替被沙皇政府查封的《真理报》在彼得堡出版,共出了17号。

[8]《道路报》(《Шляхи》)是乌克兰大学生联合会的机关报,持民族主义立场,1913年4月~1914年3月在利沃夫用乌克兰文出版。

[9]《庶民报》(《Земщина》)是俄国黑帮报纸(日报),国家杜马极右派代表的

机关报，1909年6月～1917年2月在彼得堡出版。

[10] "抓走和不准"出自俄国作家格·伊·乌斯宾斯基的特写《岗亭》。书中的主人公梅穆列佐夫是俄国某县城的岗警。在沙皇军队的野蛮训练下，他丧失了人的一切优良天性，"抓走"和"不准"成了他的口头禅。梅穆列佐夫这个形象是沙皇专制警察制度的化身。

[11] 《前进报》（《Naprzod》）是加里西亚和西里西亚波兰社会民主党的中央机关报，1892年起在克拉科夫出版。该报反映小资产阶级民族主义的思想。

[12] 这里说的是俄国作家伊·安·克雷洛夫的寓言《小老鼠和大老鼠》。寓言说，有一天小老鼠听说狮子把猫逮住了，就兴高采烈地跑去告诉大老鼠。大老鼠说："你先别忙高兴，免得一场空欢喜！要是它们两个真动起爪子来，狮子肯定活不了命。要知道：没有比猫更凶的野兽了！"

[13] 弗腊克派即波兰社会党—"革命派"。见《列宁全集》第25卷注26。

[14] 指《纽约每日论坛报》。

《纽约每日论坛报》（《The New-York Daily Tribune》）是一家美国报纸，1841～1924年出版。该报由著名的美国新闻工作者和政治活动家霍勒斯·格里利创办，在50年代中期以前是美国辉格党左翼的机关报，后来是共和党的机关报。在40～50年代，该报站在进步的立场上反对奴隶占有制。1851年8月～1862年3月，马克思曾为该报撰稿。给该报写的文章，很大一部分是马克思约恩格斯写的。在欧洲的反动时期里，马克思和恩格斯曾利用当时这个发行很广的进步报纸，以具体材料来揭露资本主义社会的种种病态。在美国国内战争时期，马克思不再为该报撰稿。马克思所以和《纽约每日论坛报》断绝关系，很大的一个原因是编辑部内主张同各蓄奴州妥协的人势力加强和该报离开了进步立场。

[15] 列宁引用的是载于1902年《曙光》杂志第4期的格·瓦·普列汉诺夫的《俄国社会民主党纲领草案》一文。

《曙光》杂志（《Заря》）是俄国马克思主义的科学政治刊物，由《火星报》编辑部编辑，1901～1902年在斯图加特出版，共出了4期（第2、3期为合刊）。杂志宣传马克思主义，批判民粹主义和合法马克思主义、经济主义、伯恩施坦主义等机会主义错误思潮。

[16] 熊的帮忙意为帮倒忙，出典于俄国作家伊·安·克雷洛夫的寓言《隐士和

熊》。寓言说,一个隐士和熊做朋友,熊热心地抱起一块大石头为酣睡的隐士驱赶鼻子上的一只苍蝇,结果把他的脑袋砸成了两半。

[17] "没有裤子穿的男孩"一词出自俄国作家米·叶·萨尔蒂科夫-谢德林的特写集《在国外》。谢德林在特写集里用一个没有裤子穿的俄国男孩来比喻沙皇专制制度下落后、愚昧的俄国。后来人们经常用"没有裤子穿的男孩"来比喻粗野而愚昧的人。

[18] 这里说的是俄国作家尼·格·波米亚洛夫斯基的小说《神学校随笔》。一个叫阿克休特卡的学生受到腐败的神学校的毒害而变成了品行恶劣的流氓。有一次他和同学一起外出,钻进一家食品店里偷吃东西,并且把痰吐到白菜桶里。

[19] 列宁这里引用的是俄国作家列·尼·托尔斯泰写的讽刺歌曲《1855年8月4日黑河战役之歌》。列阿德是沙皇军队的一位有勇无谋的将军,在克里木战争中守卫塞瓦斯托波尔。老奸巨滑的利普兰吉将军在反攻时怕担风险,建议总指挥高尔查科夫公爵派列阿德去冲锋陷阵,结果俄军遭到惨败。托尔斯泰的这首歌曾在俄国士兵中广为流传。

[20]《我们的工人报》(《Наша Рабочая Газета》)是俄国孟什维克取消派的合法报纸(日报),1914年5月3日(16日)~7月在彼得堡出版。

问题明确了（节选）

请觉悟的工人们注意

（1914年6月5日〔18日〕）

在《我们的工人报》第2号上，齐赫泽党团作了《公开的答复》，这个答复使问题彻底明确了，因此值得所有力求认真弄清楚分歧所在和希望真正统一的工人们予以极大的注意。

1. 纲领和民族问题

在制定纲领的马克思主义者**代表大会**上（1903年），崩得分子（犹太取消派）提议把"建立能保障他们有发展文化的充分自由的机关"的要求载入纲领。现在的取消派马尔丁诺夫、马尔托夫、柯尔佐夫当时反对这项提案。他们非常正确地指出，这种要求是违反社会民主党的民族关系原则的。代表大会一致反对崩得分子，**否决**了这种要求（见记录）。

马克思主义者断言，"建立机关"也就是社会民主党所否定的"民族文化自治"。

6位代表在《公开的答复》里作出了相反的论断。他们说：我们宣布的是"建立机关"，但是我们没有宣布民族文化自治。

好吧，——我们回答他们说，——暂且就**假定**这真的不是一回事。**但是就连"建立机关"不也遭到了代表大会的否决吗**？这一点你们是非常清楚的。你们知道，**你们放弃纲领**是为了讨好民族主义者。提出议案而遭到代表大会否决的崩得分子，就是由于你们违反纲领才对你们表示欢迎的。

在第四届杜马开始时社会民主党党团发表一项声明之后，他们写道：

——可以指出，社会民主党〈即取消派〉的提法是不够清楚的。的确是如此。**但重要的是，工人代表**〈即齐赫泽的拥护者〉**摆脱了**民族问题上的正式理论所持的**僵化观点**。（《时报》第9号，社论第3栏）

"正式理论"就是指**纲领**。崩得分子对齐赫泽及其伙伴**违反纲领的行为**大加赞扬。俄国社会民主党工人党团提出质问："社会民主党党团是不是同意收回这种违反纲领的言论。"

回答得非常清楚："这个提法〈即'建立机关'〉根本就不含有社会民主党党团应当拒绝的任何东西。"（见《公开的答复》）

我们不愿意放弃违反纲领的做法——这就是"社会民主党党团"的回答。

载于《劳动的真理报》，1914年6月5日，第7号

选自《列宁全集》第25卷，第286~288页

一位自由派的坦率见解

(1914年6月10日〔23日〕)

自由派难得坦率。他们（以米留可夫和立宪民主党为首）通常遵循这样一条准则：人长舌头是为了隐瞒自己的思想。

自由派难得对公众发表明确的政治见解。他们通常是蒙蔽公众，拍着胸脯对天发誓说：我们也是民主派。

因此，国家杜马代表、"左派十月党人"自由派梅延多夫男爵的坦率的见解是一个非常可喜的例外。看来，梅延多夫确实要比某些立宪民主党人左些。这个见解发表在《言语报》(1914年6月1日) 第146号上，是评论政治形势的。

梅延多夫先生象所有自由派资产者一样，"不相信反动方针削弱"。他仍然象所有的资产者和立宪民主党人一样，"特别伤心地确认，政府的政策把国家推上极端危险的道路"。

这个自由派男爵认为极端危险的是什么呢？

他写道："社会条件和政治制度之间的不相适应日益加深。一旦社会上安定的和温和的分子被政府排斥到次要地位，广大群众就会登上政治舞台的前台，这无论在政治上还是在文化上，我认为都是很不妙的。迷信民主制对我是格格不入的。"

迷信民主制对我们马克思主义者也是格格不入的。我们知道，民主制就是最完善的、彻底摆脱了农奴制的**资产阶级**社会制度。民主制并不能消除资本主义的消极方面，它只是使自由的、公开的、广泛的**阶级斗争**成为可能。

马克思主义者主张民主制，同时知道**资产阶级**民主制的全部局限性。男爵这个自由派地主声称反对"迷信"，反映了他对民主制的**农奴主式的**仇视。

民主制就是没有中世纪的或者说农奴主的特权，就是群众统治。梅延多夫恰恰**不喜欢**广大群众登上政治舞台的前台，所有的自由派、所有的立宪民主党人也都不喜欢。

立宪民主党人和所有的自由派害怕民主**甚于**害怕反动。

这就是问题的实质。

必须感谢梅延多夫，感谢他坦率地吐露了自由主义对民主制的仇视。知道真相总是有益的。

自由派害怕广大群众登上政治舞台的前台，这就是关键所在。

但是梅延多夫如何解释他这样害怕呢？这里他就不坦率了。他写道：

> 我非常担心，不久将来的广大民主群众的口号同不久以前民主派的理想口号会大相径庭。最近以来的种种事实表明，广大群众极其容易受狭隘民族主义和沙文主义的情绪和行为感染……我担心，不久的将来，民主派的激进主义会同与文化毫无共同之处的极端民族主义的"冲动"和睦相处。我有时候暗自为这种情绪设想了这样一种离奇的可能性，即将来会要求废除……俄罗斯出身和信仰正教的人的死刑。

如果梅延多夫男爵是诚实的，如果他的头脑中不是从青年时代起就塞满了"唯心主义的"废物，那么从他的"担心"中只能得出一个结论：必须转到社会民主党人这边来！

这是因为只有社会民主党始终不渝、坚定不移地为争取最广泛最完整意义上的文化、**反对一切**"狭隘民族主义和沙文主义的情绪和行为"而斗争。

一旦大俄罗斯农民彻底摆脱农奴制的压迫,他们的狭隘民族主义和沙文主义的情绪大概会加强,而目前大力培植这种情绪的正是梅延多夫在党内和"社交界"的同僚,大俄罗斯的地主和资本家。我们马克思主义者非常清楚,除了民族主义者-反动派以外,还有民族主义者-自由派(或者说民族主义自由派,十月党人和立宪民主党人就属这一派),最后,还有民族主义民主派。

由此究竟应得出什么结论呢?是必须"担心"由农奴制俄国向资产阶级民主制俄国过渡呢,还是必须全力支持并帮助这种过渡,同时一分钟也不忘记无产阶级反对任何资产阶级(即使是民主资产阶级)、反对任何民族主义(即使是农夫民族主义)的阶级斗争?

梅延多夫先生由于害怕民主派而向农奴主求救。而工人们说:同资产阶级民主派一起反对农奴主,同各民族的工人结成联盟反对任何民族主义,其中包括既反对大俄罗斯的、也反对农民的、也反对民主派的民族主义。

载于《劳动的真理报》,1914年6月10日,第11号

选自《列宁全集》第25卷,第301~303页

俄国社会民主工党中央委员会在布鲁塞尔会议上的报告和给出席该会议的中央代表团的指示[1]（节选）

(1914年6月23~30日〔7月6~13日〕)

4. 必须承认，在每一个城市和每一个地区应该只有一个统一的社会民主党组织，它要把各民族的工人联合起来，并且用当地无产阶级的各种语言来进行工作。

必须谴责崩得的犹太民族分立主义，他们直到现在还是不顾1906年俄国社会民主工党斯德哥尔摩代表大会的决议和1908年十二月代表会议重申上述决议的决议，拒绝执行社会民主党工人在各地实行各民族团结的原则，即1898年以来在高加索经受了光荣考验的原则。[2]

5. 必须承认，已经被俄国社会民主工党第二次（1903年）代表大会的正式决议否定了的"民族文化自治"的要求，是要按民族划线分裂工人，鼓吹精致的民族主义，这个要求是同党的纲领相抵触的（改头换面的民族文化自治，即所谓"建立保障民族发展自由的机构"也是这样）。

我们党的一切地方的、民族的或专门的组织（其中包括杜马党团）所通过的决议，凡容许民族文化自治原则的，一律撤销；必须承认，没有得到俄国社会民主工党代表大会的准许而恢复这些决议者，是同党员的称号不相容的。

......

12. 高加索的社会民主党人应该承认,为已被俄国社会民主工党的纲领否定的民族文化自治进行鼓动工作是不能容许的。

高加索的社会民主党人应保证不破坏每个城市内只有一个统一的跨民族组织的原则,决不能在政治组织或工会组织内以民族划线分裂工人。

13. 国家杜马的6名代表(齐赫泽党团)以及布里扬诺夫代表必须承认上述一切条件。

齐赫泽党团应该在杜马讲坛上声明同意俄国社会民主党的纲领,**收回**它所宣扬的"民族文化自治"(以及改头换面的提法:"建立……机构")。

齐赫泽党团应当承认1912年一月代表会议选出的党中央委员会的领导,承认有义务遵守党的一切决议,承认中央委员会的否决权。

……

不包括某些民族团体的"**俄国**社会民主工党"是不是合法?

是合法的,因为它是**俄国**的党,从1898年到1903年就没有包括波兰人和拉脱维亚人,从1903年到1906年就没有包括波兰人、拉脱维亚人和崩得!

我们并没有排斥某些民族团体,是他们自己由于取消派问题而退出了。这对他们更糟糕!!

载于《列宁全集》第17卷,1929年俄文第2、3版

选自《列宁全集》第25卷,第398~399、402~403、415页

注释:

[1] 这是列宁起草的俄国社会民主工党中央委员会在社会党国际局召开的布鲁塞尔会议上的报告和给参加这次会议的布尔什维克代表团的指示。报告底稿有两种,一种是列宁的手稿,另一种是伊·瓦·克鲁普斯卡娅(娜·康·克鲁普斯卡娅的母亲)的誊抄稿,经列宁作过修改。两种底稿都不完整,现在的报告是根据两种底稿整理而成的。报告的提纲见《列宁全集》第25卷,第

456～459页。报告的另外一些准备材料，见《列宁文稿》第13卷，第291～295、320～328页。

布鲁塞尔"统一"会议是根据社会党国际局1913年12月会议的决定于1914年7月3～5日（16～18日）召开的（参看《列宁全集》第25卷注54）。按照这个决定，召开会议是为了就恢复俄国社会民主工党统一的可能性问题"交换意见"。但是，早在1914年夏天，社会党国际局主席埃·王德威尔得访问彼得堡时，就同取消派的首领们商定：社会党国际局将不是充当调停者，而是充当布尔什维克和孟什维克之间分歧的仲裁人。列宁和布尔什维克知道，布鲁塞尔会议所追求的真正目的是要取消布尔什维克党，但是考虑到布尔什维克如拒绝参加，将会使俄国工人无法理解，因此还是派出了俄国社会民主工党中央委员会的代表团。代表团由伊·费·阿尔曼德（彼得罗娃）、米·费·弗拉基米尔斯基（卡姆斯基）和伊·费·波波夫（巴甫洛夫）三人组成。列宁当时住在波罗宁，同代表团保持着最密切的联系。他指示代表团要采取进攻的立场，要牢牢记住社会党国际局是调停者，这是十二月会议决议宣布了的，而不是法官，谁也别想把别人意志强加于布尔什维克。

派代表参加布鲁塞尔会议的除俄国社会民主工党中央委员会外，还有10个团体和派别：组织委员会（孟什维克）以及归附于它的一些组织——高加索区域委员会和"斗争"集团（托洛茨基分子）；社会民主党杜马党团（孟什维克）；普列汉诺夫的"统一"集团；"前进"集团；崩得；拉脱维亚边疆区社会民主党；立陶宛社会民主党；波兰社会民主党；波兰社会民主党反对派；波兰社会党—"左派"。

布鲁塞尔会议充满着尖锐斗争。社会党国际局书记卡·胡斯曼在会议开幕时便宣称，各派在俄国国内的力量强弱，是与统一不相干的统计学。王德威尔得则说，国际不容许把一切归结为数字和谁是多数的争论。会议根据卡·考茨基的建议批准了下述议程：纲领分歧；策略分歧；组织问题。王德威尔得还声称，会议将就每项议程通过决议。根据列宁的指示，中央委员会代表团坚持会议必须听取各代表团的报告以及它们分别提出的保证统一的具体条件。会议不得不把已通过的议程搁置一边。

阿尔曼德在7月17日上午会议上用法语宣读列宁写的俄国社会民主工党中央委员会的报告。社会党国际局的领导人不让她读完报告全文。她只读了

473

报告的一部分便不得不转到统一的条件问题。机会主义分子对列宁拟定的条件进行恶毒攻击。格·瓦·普列汉诺夫说这不是实现统一的条件，而是"新刑法条文"。王德威尔得声称，即使这些条件在俄国得到赞同，国际也不允许付诸实施。考茨基以社会党国际局的名义提出了关于俄国社会民主工党统一的决议案，断言俄国社会民主党内不存在妨碍统一的任何重大分歧。由于通过决议一事已超出会议的权限，布尔什维克和拉脱维亚社会民主党人拒绝参加表决。但社会党国际局的决议案仍以多数票通过。原来同布尔什维克采取一致立场的波兰社会民主党反对派发生了动摇，投票赞成社会党国际局的决议。

　　布尔什维克拒绝服从布鲁塞尔会议决议。取消派、托洛茨基分子、前进派、普列汉诺夫派、崩得分子以及高加索区域组织的代表则在会后组成了反对布尔什维克的布鲁塞尔联盟（"七三联盟"），这一联盟没有存在多久就瓦解了。

[2] 指按照跨民族原则建立起来的高加索社会民主党布尔什维克组织。这些组织把各民族的先进无产者团结在自己的队伍里。列宁高度评价了高加索布尔什维克组织的活动，不止一次地指出，它们是各民族工人团结的典范。

对奥克先·洛拉的《告乌克兰工人书》加的《编者按》

(1914年6月29日〔7月12日〕)

我们很高兴地刊登了我们的同志、乌克兰马克思主义者向乌克兰觉悟工人发出的号召：不分民族地联合起来。这个口号是目前俄国特别需要的。工人的坏顾问、《钟声》杂志的小资产阶级知识分子拼命想使乌克兰社会民主党工人脱离大俄罗斯社会民主党工人。《钟声》杂志干的是民族主义市侩的勾当。

我们要完成的是各民族工人共同的事业，也就是使各民族工人为了统一的共同的工作而团结起来，联合起来，打成一片。

乌克兰工人、大俄罗斯工人和俄国所有其他民族工人的紧密的兄弟联盟万岁！

载于《劳动的真理报》，1914年6月29日，第28号

选自《列宁全集》第25卷，第376页

致斯·格·邵武勉

（1914年7月6日以前）

亲爱的苏连：

我非常奇怪，您没有回答（也许没有发现）法律草案中的实质问题。**如何**确定各民族教育经费的比例？（假定要求这笔经费不低于该民族在总人口中的比例。）

这个问题您应该考虑。搜集材料，查阅文献，详细说明并提出高加索现实生活中的数据。

可是，这一点您只字未提！

把自治权归附在自决权内是**不正确**的。这是明显的错误。请看看《启蒙》杂志上我的那些文章[1]。您现在动摇不定，还想另外"寻求"什么，这是徒劳的。应该**理解**纲领并捍卫这个纲领。

请来信把您对《启蒙》杂志上我的那些文章的批评意见告诉我——我们交换交换看法。

主张**国**语化是可耻的。那是警察统治制度。但是向小民族**提倡**俄语，这却没有丝毫警察统治制度的气味。难道您竟不懂得警察的大棒和自由人的倡导两者之间有区别吗？真令人吃惊！

"我在夸大大俄罗斯民族主义的危险性"！！！这真是笑话！俄罗斯的16000万人是否在吃**亚**美尼亚民族主义或**波兰**民族主义的苦头呢？一个**俄国**的马克思主义者持亚美尼亚鸡窝的观点不害臊吗？是大俄罗斯的民族主

476

义，还是亚美尼亚民族主义或者波兰民族主义在压制并支配俄国统治阶级的**政策**呢？？"亚美尼亚"失明症使您变成普利什凯维奇之流及**其**民族主义的帮手了！

━━━━━━━━

关于另一件事。请立即收集下列精确数字寄来：（1）社会民主党在高加索发行的格鲁吉亚文、亚美尼亚文及其他文字的报纸的出版时间及刊期（从某年某日到……），各多少号。**取消派的**和**我们的**都要；（2）所有这些报纸的发行份数；（3）捐款的工人团体数；（4）其他数字。**请快些**。维也纳会议需要的是**事实**而不是空话。请立即回信。

您的　弗·伊·

写于波罗宁　　　　　　　　　　　选自《列宁全集》第46卷，第489～490页

注释：

[1] 指《关于民族问题的批评意见》和《论民族自决权》（见《列宁全集》第24卷第120～154页和第25卷第223～285页）。

致伊·埃·格尔曼

(1914年7月18日以后)

亲爱的格尔曼同志：

我以为，拉脱维亚社会民主党在对待俄国社会民主工党的态度上（以中央委员会为代表——对待俄国社会民主工党中我们**这部分**——如果你们的那些想同取消派稍微"算一下帐"的正统派愿意的话），现正面临着一个**重要**的时刻。

这需要思想明确和态度真诚。

在1911~1914年，拉脱维亚人（他们的中央委员会）曾经是取消派。

在1914年代表大会上①，他们反对过取消主义，但在组织委员会和中央委员会之间**采取中立态度**。

现在，在布鲁塞尔会议之后，在《劳动的真理报》第32号登载了决议[1]之后，拉脱维亚人愿意加入我们党，要同中央委员会订立协议。

这好不好？

好，如果对要做的事持有明确的认识和真诚的态度的话。

不好，如果这样做不是基于明确的认识、坚定的决心并估计到一切后果的话。

---

① 拉脱维亚边疆区社会民主党第四次代表大会。——俄文版编者注

谁要正统，谁想恢复斯德哥尔摩—伦敦时期（1906～1907年）的俄国社会民主工党，那他最好不要到我们党里来，因为除了争吵、失望、呕气和互相碍事以外，什么结果也不会有。这是"最坏类型的联邦制"（象1912年俄国社会民主工党一月代表会议的决议中所说的那样）。这是**劣货**。不要这种劣货！

如果想维护联邦制的残余（例如，斯德哥尔摩协议和拉脱维亚中央委员会**派代表**参加俄国中央委员会[2]），那也不必多此一举了！我认为，这种事我们是不会干的。这是开玩笑，是梯什卡式的外交手腕（波兰反对派中那些在布鲁塞尔投到取消派那边去的下流坯目前就在仿效这种外交手腕），而不是同心同德的工作。我们有**原则上的**一致吗？有还是没有？如果有，那就要一致**反对**（1）取消主义，（2）"民族主义"（＝（a）"民族文化自治"和（b）崩得的分离主义），——就要（3）反对联邦制。

从1912年1月起，我们就在俄国所有工人面前明确而公开地举起了这几面旗帜。时间不算短了。能够而且应当把事情弄清楚了。

如果真要谈判，那就明确而诚恳地谈。我认为，扭扭捏捏，羞羞答答是不妥当的和不体面的。我们在进行**重大的战斗**：反对我们的是所有资产阶级知识分子、取消派、民族主义者和崩得分离主义者以及公开的和隐蔽的联邦主义者。要么订立协议**反对**所有这些敌人，要么**最好再缓一缓**。

如果对能否白头到老没有充分把握，与其勉强结婚，还不如光订婚的好！！

所有这些都是我个人的意见。

但是我非常想同您取得一致并明确一下我们的看法。如果在布鲁塞尔我们已经基本上意见一致，那么，可以也应当**丢开外交手腕**，问问自己我们能否达成永久协议。

使我非常担心的是，有一部分拉脱维亚人

赞成民族文化自治或摇摆不定，

赞成崩得分子的联邦制或摇摆不定，

对反对民族主义和崩得的分离主义**摇摆不定**

对支持我们关于关闭瓦解组织分子小集团在彼得堡办的取消派报纸[3]的要求,等等,**摇摆不定**。

这部分人多吗?总的有多少,中央委员中间有多少?工人和知识分子中间有多少?

他们有影响吗?

要知道,正在彼得堡和俄国同取消派进行斗争的是**我们**。如果你们真的**不能真心**协助我们跟取消派和崩得分子作战,那怎么办呢??要是这样,订立**永久**协定就是缺乏诚意,也根本不合算!

而现在波兰反对派还在这样卑鄙地左右摇摆,**赞成**取消派(投票**赞成**布鲁塞尔决议)[4],**赞成**民族主义(认为民族文化自治是"争论点"),**赞成联邦制**(要求1906年同波兰社会民主党订立的**陈旧**的梯什卡式的协议)。

要认识明确,——首先要认识明确!谁弄不清无产阶级民主派跟资产阶级民主派(=取消派和民族主义者)作战的形势和情况,**那最好请他等一等**。

很想知道您的意见!

您的 列宁

如果能听到"条文"对这些问题的意见,我将非常高兴。请把信给他看看!

(请把我们中央的"14条"给鲁德一天,让他读一遍。)

从波罗宁发往柏林 载于《无产阶级革命》杂志1935年第5期	选自《列宁全集》第46卷,第513~516页

注释：

[1] 1914年7月4日《劳动的真理报》第32号刊登了由拉脱维亚边疆区社会民主党领导机关签署的《关于当前形势和关于统一的决议》。该决议强调"必须统一工人阶级的力量和活动"，并提出以下条件作为统一的基础：（1）"要求要不打折扣"；（2）承认地下组织；（3）统一从下面开始；（4）"承认民主多数，而不承认联邦制"；（5）"从左右两方面同取消主义"斗争。

[2] 指1906年4月10～25日（4月23日～5月8日）在斯德哥尔摩召开的俄国社会民主党第四次（统一）代表大会通过的《拉脱维亚社会民主工党和俄国社会民主工党实行统一的条件草案》（见《苏联共产党代表大会、代表会议和中央全会决议汇编》第1分册，人民出版社，1964，第161～162页）。

[3] 指俄国孟什维克取消派的合法日报《我们的工人报》，该报于1914年5月3日（16日）～7月在彼得堡出版。

[4] 同布尔什维克和拉脱维亚社会民主党人一起出席布鲁塞尔会议的波兰反对派（分裂派），在最后一次会议上投票赞成卡·考茨基起草的社会党国际局的决议案。列宁在布鲁塞尔会议以后写了《布鲁塞尔代表会议上的波兰反对派》和《徘徊在十字路口的波兰社会民主党反对派》两篇短文批评了波兰反对派（见《列宁全集》第2版第25卷，第441、442～443页）。

致扬·鲁迪斯-吉普斯利斯

（1914年7月26日）

亲爱的鲁德同志：不久前我见到一位很令人尊敬和重视的拉脱维亚社会民主党人[1]，他向我讲了拉脱维亚党内的所谓"左派反对派"的一些情况。他说您也是这一派的。

我不知道，您和您的朋友们在多大的程度上真的对拉脱维亚中央采取了"左派反对派立场"。但不管怎样，我深信，如果您这样做，那您也会做得十分得体的。

无论如何，眼下的事实是：拉脱维亚中央委员会正在向左转。《劳动的真理报》第32号上的决议，以及它拒绝投票赞成声名狼藉的、荒唐的、为取消派打掩护的布鲁塞尔决议案，就是证明。波兰反对派投了**赞成票**；我认为这是背叛，要不就是卑鄙的"赌博"，或者是最拙劣的外交手腕。

据说里加第四区主张同我们的中央委员会建立更紧密的联系，是吗？[2]

此事是否确实？

多数拉脱维亚工人对此是赞成还是不赞成？

我认为，重要的是让拉脱维亚工人了解我们的"14项条件"。这些条件我已给格尔曼寄去。我想他不会拒绝暂借您一阅吧？

其次，重要的是应当阐明我们对联邦制的原则立场。我们**根本反对联邦制**。我们主张民主集中制。既然如此，为什么又保留1906年同拉脱维亚社会民主党签订的那个陈腐不堪的"协议"呢？？该协议保留了若干**联邦制**条款，诸如拉脱维亚中央委员会派**代表团**参加共同的中央委员会等。这项**联邦制**条款就连当时（1906年）在斯德哥尔摩的波兰人也根本拒绝接受。

我不相信觉悟的拉脱维亚工人会赞成这项条款——这项条款只会给进行赌博、玩弄外交手腕、搞小圈子等打开方便之门，而对工作却只有害处。

再者，觉悟的拉脱维亚工人中，在必须同崩得的分离主义及民族文化自治作斗争的问题上有动摇，是真的吗？？如果是那样，就太可悲了！

我们的夏季（1913年）会议关于民族问题的决议[3]是否已译成拉脱维亚文并且刊印了？

波兰反对派在布鲁塞尔已转到取消派的立场，而且玩弄起"梯什卡式的"外交手腕：给真理派下绊子，从背后捅刀子，"当着欧洲的面"脱离了真理派。现在他们又沿用梯什卡的故伎，企图保留协议中的联邦制条款，"掩盖"崩得的民族主义（民族文化自治），庇护**1912年以前**（即在党起来**反对**取消派以前）那种陈腐过时的（有利于取消派的）党的"合法性"。

我相信拉脱维亚人不会走这条路。我想知道您和您的里加朋友们、第四区的朋友们以及其他人的意见。[4]

握手！致崇高的敬礼！

您的 列宁

从波罗宁发往柏林
载于《无产阶级革命》杂志1935年第5期

选自《列宁全集》第46卷，第525～526页

注释：

[1] 指爱德华兹·兹维尔布利斯。兹维尔布利斯（1883～1916）是里加工人，1903年入党的布尔什维克，积极参加了1905～1907年革命。1908年起侨居德国，是1912年拉脱维亚边疆区社会民主党布尔什维克中央的组织者之一，曾为拉脱维亚边疆区社会民主党同布尔什维克党在组织上统一而斗争。在拉脱维亚边疆区社会民主党第四次代表大会上当选为中央委员。1915年被捕，死于莫斯科布特尔监狱。

[2] 拉脱维亚边疆区社会民主党里加组织第四区是里加最大的一个区。1914年春天和夏天，拉脱维亚边疆区社会民主党地方组织先后举行了大会和代表会议。里加组织第四区和其他一些地方组织主张拉脱维亚边疆区社会民主党立即无条件地同俄国社会民主工党统一。

[3] 指1913年有党的工作者参加的俄国社会民主工党中央委员会波罗宁（夏季）会议通过的《关于民族问题的决议》（见《列宁全集》第24卷，第60～62页）。

[4] 扬·鲁迪斯-吉普斯利斯在1914年7月29日的回信中就列宁这封信中提到的问题写道，拉脱维亚人中间确实有一个反对拉脱维亚中央的"左派反对派"，而他吉普斯利斯是这个反对派的支持者；反对派反对中央的行动是严格遵守组织原则的。现在拉脱维亚中央正在向左转。吉普斯利斯说，不单是里加第四区的工人，而且所有有觉悟的拉脱维亚工人都认为必须同俄国中央建立更加密切的联系，还说崩得在拉脱维亚工人中间的影响微乎其微，大多数拉脱维亚工人"将永远支持俄国同志同分离主义者、民族主义者和机会主义者进行坚决无情的斗争，不管这些人是谁"。吉普斯利斯说他收到了列宁为布鲁塞尔"统一"会议拟定的"十四项条件"。

关于无产阶级和战争的报告[1]（节选）

（1914年10月1日〔14日〕）

报　道

报告人把报告分成两部分：弄清这次战争的性质和阐明社会党人对这次战争的态度。

弄清战争的性质，是马克思主义者解决自己对战争的态度问题的必要前提。而要弄清战争的性质，首先必须判明这次战争的客观条件和具体环境是怎样的。必须把这次战争和产生它的历史环境联系起来，只有这样才能确定对它的态度。否则就会对问题作出不是唯物主义的，而是折中主义的解释。

根据历史环境、阶级关系等情况，对于战争，在不同的时期应当持不同的态度。永远地根本拒绝参加任何战争是荒谬的。另一方面，把战争分为防御性战争和进攻性战争也是荒谬的。马克思在1848年之所以痛恨俄国，是因为当时落后的俄国的反动魔掌压制着德国的民主力量，使它不能得到胜利和发展，不能把国家团结成一个统一的民族整体。

为了弄清自己对这次战争应采取的态度，必须了解这次战争同过去的战争有什么不同，它的特点是什么。

资产阶级作过这种说明吗？没有。不仅过去没有作过，而且今后也绝不会作出这种说明。如果从社会党人中间目前发生的情况来判断，或许会以为他们也不了解这次战争的特殊性质。

其实，社会党人对这次战争已经有过十分清楚的说明和预见了。而且，在社会党议会代表的任何一次演说中，在社会党政论家的任何一篇文章中，都包含有这种说明。这种说明非常简单，以致人们竟不大注意，然而这种说明却提供了如何正确对待这次战争的锁钥。

当前的战争是帝国主义战争，这就是这场战争的基本性质。

为了弄清这种性质，必须研究一下以前的各次战争是怎么回事，帝国主义战争又是怎么回事。

列宁相当详细地分析了18世纪末和整个19世纪的各次战争的性质。这些战争都是**民族战争**，它们总是伴随着并且促进民族国家的建立。

这些战争标志着封建制度的崩溃，反映了新的资产阶级社会同封建社会的斗争。民族国家是资本主义发展中的一个必经阶段。争取民族自决、民族独立、语言自由和人民代议制的斗争，目的就是为了建立民族国家，建立这个在资本主义的一定阶段上发展生产力所必需的基础。

从法国大革命起直到意大利的和普鲁士的多次战争，其性质都是如此。

民族战争的这个任务，有的由民主派本身完成，有的在俾斯麦的帮助下完成——这是不以战争参加者本身的意志和意识为转移的。使现代文明获得胜利，使资本主义繁荣昌盛，把全体人民和各个民族都吸引到资本主义方面来——这就是民族战争即资本主义初期的战争的目的。

帝国主义战争是另外一回事。在这一点上，一切国家和一切派别的社会党人之间过去没有什么意见分歧。在历次代表大会上讨论对可能爆发的战争应采取的态度的决议案时，大家都一致地认为这次战争将是**帝国主义战争**。所有欧洲国家都已经达到同等的资本主义发展阶段，它们都已经提供了资本主义所能提供的一切。资本主义已经达到自己的最高形式，输出的已经不是商品，而是资本了。资本主义在本国范围内已经容纳不下，所以现在便来争夺地球上剩下的最后一些未被占据的地盘。如果说18世纪和19世纪的民族战争曾标志着资本主义的开始，那么帝国主义战争则表明资本主义的终结。

整个19世纪末和20世纪初都充满了帝国主义的政治。

帝国主义给当前的战争打上完全不同的烙印,把它和以往所有的战争区别开来。

只有把这次战争同它的特殊历史环境联系起来加以考察,象马克思主义者必须做到的那样,我们才能弄清自己对它应采取的态度。否则我们就会搬用那些在另一种环境中、在旧的环境中使用的陈旧的概念和论据。关于祖国的概念和上面提到的把战争划分为防御性战争和进攻性战争,就属于这类陈腐的概念。

当然,就是在当前,在活生生的现实画面上也还残留着旧色彩的斑痕。例如,在所有交战国当中,唯有塞尔维亚人还在为民族生存而战。在印度和中国,觉悟的无产者也只能走民族的道路,因为他们的国家还没有形成为民族国家。如果中国为此而不得不进行进攻性战争的话,我们也只能加以支持,因为这在客观上将是进步的战争。马克思在1848年所以可以宣传对俄国的进攻性战争,道理也就在这里。

总之,19世纪末和20世纪初的特征是帝国主义政治。

载于1914年10月25日和27日《呼声报》第37号和第38号

选自《列宁全集》第26卷,第33~35页

注释:

[1] 列宁于1914年10月1日(14日)在瑞士洛桑市民众文化馆作了关于"无产阶级和战争"的报告。三天前,格·瓦·普列汉诺夫也是在这里作了题为《论社会党人对战争的态度》的报告。列宁的报告稿没有保存下来,这里收载的是1914年10月25日和27日《呼声报》第37号和第38号发表的该报记者(署名:И.К.)的记录。

列宁还于10月2日(15日)在日内瓦作了题为《欧洲大战和社会主义》的报告,报告稿也没有保存下来。

社会党国际的状况和任务(节选)

(不晚于1914年10月7日〔20日〕)

在目前这场危机中,最严重的就是欧洲社会主义运动的大多数正式的代表人物被资产阶级民族主义即沙文主义所征服。各国资产阶级报纸时而讥笑他们,时而宽宏大量地赞扬他们,这是不奇怪的。所以,对于想要继续做社会党人的人来说,最重要的任务就在于弄清社会主义的这场危机的原因和分析一下国际的任务。

有一些人害怕承认这样一个真理,即这场危机——更确切些说——第二国际的破产,是机会主义的破产。

例如他们谈到,法国社会党人的意见是一致的;社会主义运动中的那些旧有的派别,在对待战争的问题上似乎已经打乱而完全重新组合了。但这些说法都是不正确的。

维护阶级合作,背弃社会主义革命的思想和革命的斗争方法,迎合资产阶级民族主义,忘记了民族或祖国的疆界的历史暂时性,盲目崇拜资产阶级所容许的合法性,由于害怕脱离"广大群众"(应读作:小资产阶级)而放弃阶级观点和阶级斗争——这些无疑就是机会主义的思想基础。而第二国际大多数领袖当前的沙文主义、爱国主义情绪,正是在这种土壤上面生长起来的。不同的观察家早就从各个不同的方面指出了机会主义者在第二国际大多数领袖中间实际上占有的优势。战争只是特别迅速和特别尖锐地揭示出这种优势在现实中达到了什么程度。异常尖锐的危机在旧有的派别中间引起了多次重新组合，这是不足为奇的。但是，总的说来，这种重新组合只是涉及个人。社会主义运动内部的派别仍然同先前一样。

法国社会党人并不是完全一致的。同盖得、普列汉诺夫、爱尔威等人一起奉行沙文主义路线的瓦扬自己也不得不承认，他收到过许多法国社会党人的抗议信，他们在信里指出：这场战争是帝国主义战争，法国资产阶级对战争所负的责任并不比其他国家的资产阶级轻些。同时不要忘记，不仅获胜的机会主义，而且战时书报检查机关都一直在压制这种呼声。在英国人那里，海德门集团（英国的社会民主党人——"英国社会党"[1]），也同工联的大多数半自由派领袖一样，已经完全滚到沙文主义立场上去了。沙文主义遭到了机会主义的"独立工党"[2]的麦克唐纳和凯尔-哈第的反对。这确实是一个例外。而早就反对海德门的某些革命的社会民主党人，现在已退出了"英国社会党"。德国的情况很清楚：机会主义者已经取得胜利，他们兴高采烈，他们"心满意足"。以考茨基为首的"中派"已经滚到机会主义方面，并以特别虚伪、庸俗和自鸣得意的诡辩来为机会主义辩护。从革命的社会民主党人——梅林、潘涅库克、卡·李卜克内西那里以及德国和瑞士德语区的许多无名人士中间，都发出了抗议的呼声。在意大利，派别也划分得很清楚：极端机会主义者比索拉蒂之流维护"祖国"，拥护盖得—瓦扬—普列汉诺夫—爱尔威。以《前进报》为首的革命的社会民主党人（"社会党"）则同沙文主义进行斗争，揭露战争叫嚣背后的资产阶级自私目的，因而得到了大多数先进工人的支持。在俄国，取消派阵营的极端机会主义者，已经通过讲演和报刊公然表示支持沙文主义。彼·马斯洛夫和叶·斯米尔诺夫借口维护祖国而维护沙皇政府（说德国是在"用刺刀"逼迫"我们"接受通商条约，而沙皇政府过去和现在大概从来都**没有**用刺刀、皮鞭和绞架摧残十分之九的俄国居民的经济生活、政治生活和民族生活！），并且为社会党人参加资产阶级的反动内阁辩护，为他们今天投票赞成军事拨款明天投票赞成进一步扩充军备进行辩护！！普列汉诺夫已经滚进民族主义的泥潭，他正在以亲法主义来掩饰自己的俄国沙文主义，阿列克辛斯基也是如此。从巴黎的《呼声报》来看，马尔托夫是这一帮人中间表现最好的一个，他抨击德法两国的沙文主义，他既反对《前进报》，也反对海德门先生，也反对马斯洛夫，但是他不敢坚决地向整个国际机会主义和它的"最有影响的"维护者即德国社会民主党内的"中派"宣战。把当志愿兵作为实现社会主义任务的作法（见社会民主党人和社会革命党人组成的巴黎俄国志愿兵小组的宣言，以及波兰社会民主党人即列德尔等人的宣言）[3]，只得到普列汉诺夫一个人的拥护。我们党的巴黎支部[4]的大多数人都斥责了这种作法。读者从今天本报社论①中可以看到我们党中央的立场。为了避免误解起见，我们必须就我们党的观点的表述经过说明以下情况：我们党的一批党员，在克服巨大困难力求恢复被战争中断了的组织联系的同时，先草拟了一个"提纲"，并于公历9月6~8日交给同志们传阅。然后，通过瑞士社会民主党人，把提纲交给了在卢加诺召开的意大利瑞士代表会议（9月27日）的两位代表。只是在10月中旬，才得以恢复联系和表述党中央的观点。这篇社论就是"提纲"的最后定稿。

　　欧洲和俄国的社会民主党的状况，简单说来就是如此。国际的破产已经是事实。法国和德国社会党人在报刊上展开的论战确凿无疑地证实了这一点。不仅是左派社会民主党人（梅林和《不来梅市民报》），连温和的瑞士报纸（《民权报》）也确认了这一点。考茨基企图掩盖这一破产，那是一种怯懦的狡辩。而这一破产恰恰是当了资产阶级俘虏的机会主义的破产。

　　资产阶级的立场很清楚。机会主义者只是在盲目地重复资产阶级的论据，这也是同样清楚的。对于社论中所谈的，只须作一点补充，即只须提一下《新时代》杂志的一种侮辱性的说法：仿佛国际主义就是要一国的工人为了保卫祖国而向另一国的工人开枪！

　　我们对机会主义者的答复是：无视这场战争的具体的历史性质，就无法谈论祖国问题。这场战争是帝国主义战争，即资本主义最发达的时代的

---

① 见《列宁全集》第26卷，第12~19页。——编者注

战争,资本主义**灭亡**的时代的战争。《**共产党宣言**》说,工人阶级首先必须"把自身组织成为民族"①,同时又指出,我们对民族和祖国的承认,**是有限度和有条件**的,认为这是资产阶级制度的、因而也是资产阶级祖国的必要形式。机会主义者歪曲这一真理,把在资本主义产生的时代是正确的东西搬用到资本主义灭亡的时代。而在谈到这个时代,谈到无产阶级已经不是为摧毁封建主义而是为摧毁资本主义而斗争的任务时,《共产党宣言》明确地指出:"工人没有祖国"。不难理解,为什么机会主义者害怕承认这个社会主义的真理,甚至在多数场合害怕公开地探讨这一真理。社会主义运动在祖国这个旧框框内不可能取得胜利。社会主义运动正在创造人类社会生活新的更高级的形式,在这样的形式下,**任何一个**民族的劳动群众的合理要求和进步愿望,都将在消除现有民族壁垒的条件下,通过国际统一而第一次得到满足。现代资产阶级试图以"保卫祖国"的虚伪借口来分裂和离间工人,对此,觉悟的工人将要作出的回答是:进行连续不断的坚持不懈的努力,在推翻各国资产阶级统治的斗争中建立起各国工人的统一。

资产阶级愚弄群众,用旧的"民族战争"观念来掩饰帝国主义的掠夺。无产阶级则揭穿这种欺骗,宣布变帝国主义战争为国内战争的口号。这个口号正是斯图加特和巴塞尔决议所提出的,这两个决议所预见到的并不是一般的战争,而恰恰是目前的这场战争;决议所谈的,不是什么"保卫祖国",而是"加速资本主义的崩溃",利用战争造成的危机来达到这一目的,并谈到了公社这个先例。公社就是变民族间的战争为国内战争的。

载于《社会民主党人报》,1914年11月1日,第33号

选自《列宁全集》第26卷,第40~44页

---

① 见《马克思恩格斯全集》第4卷,第487页。——编者注

注释：

[1] 英国社会党是由英国社会民主党和其他一些社会主义团体合并组成的，1911年在曼彻斯特成立。英国社会党是马克思主义的政治组织，但是由于带有宗派倾向，并且党员人数不多，因此未能在群众中展开广泛的宣传活动。第一次世界大战前夕和大战期间，在党内国际主义派（威·加拉赫、约·马克林、阿·英克平等）同以亨·海德门为首的社会沙文主义派之间展开了激烈的斗争。但是在国际主义派内部也有一些不彻底分子，他们在一系列问题上采取中派立场。第一次世界大战爆发以后，1914年8月13日，英国社会党的中央机关刊物《正义》周刊发表了题为《告联合王国工人》的爱国主义宣言。1916年2月英国社会党的一部分活动家创办的《号召报》对团结国际主义派起了重要作用。1916年4月在索尔福堡召开的英国社会党年会上，以马克林、英克平为首的多数代表谴责了海德门及其追随者的立场，迫使他们退出了党。该党从1916年起是工党的集体党员。1919年加入了共产国际。该党左翼是创建英国共产党的主要发起者。1920年该党的绝大多数地方组织加入了英国共产党。

[2] 独立工党是英国改良主义政党，1893年1月成立。领导人有凯尔-哈第、拉·麦克唐纳、菲·斯诺登等。党员主要是"新工联"和一些老工会的成员以及受费边派影响的知识分子和小资产阶级分子。独立工党从建党时起就采取资产阶级改良主义立场，把主要注意力放在议会斗争和同自由主义政党进行议会交易上。列宁称它是始终依附资产阶级的机会主义政党。1900年，该党作为集体党员加入工党。在第一次世界大战期间，该党领袖采取资产阶级和平主义立场。

[3] 见《列宁全集》第26卷注36、37。

[4] 俄国社会民主工党巴黎支部（也称协助小组）成立于1908年11月5日（18日），它是在布尔什维克退出与孟什维克合组的巴黎小组后组成的，后来孟什维克护党派和前进派分子也加入了这个支部。巴黎支部与俄国国内的党组织保持联系，协助其工作，同时在侨居国外的俄国工人中开展活动。

在第一次世界大战期间，参加巴黎支部的有尼·亚·谢马什柯、米·费·弗拉基米尔斯基、伊·费·阿尔曼德、谢·伊·霍普纳尔、柳·尼·斯塔尔、维·康·塔拉图塔、亚·西·沙波瓦洛夫等人。巴黎支部采取国际主义立场并在列宁的领导下积极开展反对帝国主义战争和机会主义分子的斗争。

卡尔·马克思[1]（节选）

（传略和马克思主义概述）

（1914 年 11 月）

阶级斗争

某一社会中一些成员的意向同另一些成员的意向相抵触；社会生活充满着矛盾；我们在历史上看到各民族之间，各社会之间，以及各民族、各社会内部的斗争，还看到革命和反动、和平和战争、停滞和迅速发展或衰落等不同时期的更迭，——这些都是人所共知的事实。马克思主义提供了一条指导性的线索，使我们能在这种看来扑朔迷离、一团混乱的状态中发现规律性。这条线索就是阶级斗争的理论。只有研究某一社会或某几个社会的全体成员的意向的总和，才能科学地确定这些意向的结果。其所以有各种矛盾的意向，是因为每个社会所分成的**各阶级**的地位和生活条件不同。马克思在《共产党宣言》中写道："至今一切社会的历史〈恩格斯后来补充说明，原始公社的历史除外〉都是阶级斗争的历史。"

社会主义

从上文可以看出，资本主义社会必然要转变为社会主义社会这个结论，马克思完全是从现代社会的经济的运动规律得出的。劳动社会化通过无数种形式日益迅速地向前发展，在马克思去世后的半个世纪以来，特别明显地表现在大生产与资本家的卡特尔、辛迪加和托拉斯的增长以及金融资本的规模和势力的巨大增长上，——这就是社会主义必然到来的主要物质基础。这个转变的思想上精神上的推动者和实际上的执行者，就是资本主义本身培养的无产阶级。表现于多种多样和内容日益丰富的形式的无产阶级反对资产阶级的斗争，必然要成为以无产阶级夺取政权（"无产阶级专政"）为目标的政治斗争。生产社会化不能不导致生产资料转变为社会所有，导致"剥夺者被剥夺"。劳动生产率大大提高，工作日缩短，完善的集体劳动代替残存的原始的分散的小生产，——这就是这种转变的直接结果。资本主义彻底破坏了农业同工业的联系，但同时又以自己的高度发展准备新的因素来建立这种联系，使工业同农业在自觉运用科学和合理组织集体劳动的基础上，在重新分布人口（既消除农村的荒僻、与世隔绝和不开化状态，也消除大量人口集中在大城市的反常现象）的基础上结合起来。现代资本主义的最高形式准备着新的家庭形式，并为妇女的地位和青年一代的教育准备新的条件。在现代社会里，女工和童工的使用，资本主义对父权制家庭的瓦解，必然采取最可怕最痛苦最可憎的形式。但是"由于大工业使妇女、男女少年和儿童在家庭范围以外，在社会地组织起来的生产过程中起着决定性的作用，它也就为家庭和两性关系的更高级的形式创造了新的经济基础。当然，把基督教日耳曼家庭形式看成绝对的东西，就象把古罗马家庭形式、古希腊家庭形式和东方家庭形式看成绝对的东西一样，都是荒谬的。这些形式依次构成一个历史的发展序列。这些形式依次构成一个历史的发展序列。同样很明白，工人由各种年龄的男女搭配组合而成，尽管在其自发的、野蛮的、资本主义的形式中，也就是在工人为生产过程而存在，不是生产过程为工人而存在的那种形式中，是造成毁灭和奴役的祸根，但在适当的条件下，必然会反过来变成人类发展的源泉"（《资本论》第 1 卷第 13 章末）[①]。工厂制度使我们看到"未

[①] 见《马克思恩格斯全集》第 23 卷，第 536～537 页。——编者注

来教育的幼芽……对所有已满一定年龄的儿童来说，就是生产劳动同智育和体育相结合，它不仅是提高社会生产的一种方法，而且是造就全面发展的人的唯一方法"（同上）[①]。马克思的社会主义把民族问题和国家问题也放在同样的历史的基础上，这就是说不仅仅限于解释过去，而且大胆地预察未来，并勇敢地用实际活动来实现未来。民族是社会发展到资产阶级时代的必然产物和必然形式。工人阶级如果不"把自身组织成为民族"，如果不成为"民族的"（"虽然完全不是资产阶级所理解的那种意思"）[②]，就不能巩固、成熟和最终形成。但是资本主义的发展，日益打破民族壁垒，消除民族隔绝状态，用阶级对抗代替民族对抗。因此，就发达的资本主义国家来说，"工人没有祖国"，工人至少是各文明国家的工人的"联合的行动""是无产阶级获得解放的首要条件之一"（《共产党宣言》）[③]。这些论断，是不容置疑的真理。国家这个有组织的暴力，是社会发展到一定阶段必然产生的，这时社会已分裂成相互不可调和的阶级，如果没有一种似乎站在社会之上并在一定程度上脱离社会的"权力"，社会就无法存在。国家从阶级矛盾中产生后，便成为"最强大的、在经济上占统治地位的阶级的国家，这个阶级借助于国家而在政治上也成为占统治地位的阶级，因而获得了镇压和剥削被压迫阶级的新手段。因此，古代的国家首先是奴隶主用来镇压奴隶的国家，封建国家是贵族用来镇压农奴……的机关，现代的代议制的国家是资本剥削雇佣劳动的工具"（恩格斯《家庭、私有制和国家的起源》，这里恩格斯叙述了自己的和马克思的观点）[④]。甚至民主共和国这一最自由最进步的资产阶级国家形式，也丝毫不能消除这个事实，而只能改变这个事实的形式（政府和交易所之间的联系，对官吏和报刊的直接或间接的收买，等等）。社会主义将导致阶级消灭，从而也导致国家消

[①] 见《马克思恩格斯全集》第23卷，第530页。——编者注
[②] 见《马克思恩格斯全集》第4卷，第487页。——编者注
[③] 见《马克思恩格斯全集》第4卷，第487页——编者注
[④] 见《马克思恩格斯全集》第21卷，第196页。——编者注

灭。恩格斯在《反杜林论》中写道："国家真正作为整个社会的代表所采取的第一个行动，即以社会的名义占有生产资料，同时也是它作为国家所采取的最后一个独立行动。那时，国家政权对社会关系的干预将先后在各个领域中成为多余的事情而自行停止下来。那时，对人的统治将由对物的管理和对生产过程的领导所代替。国家不是'被废除'的，它是自行消亡的。"①"以生产者自由平等的联合体为基础……来组织生产的社会，将把全部国家机器放到它应该去的地方，即放到古物陈列馆去，同纺车和青铜斧陈列在一起。"（恩格斯《家庭、私有制和国家的起源》）②

最后，关于马克思的社会主义对待那些在剥夺者被剥夺时期还将继续存在的小农的态度问题，必须举出恩格斯表达马克思的思想的一段话："当我们掌握了国家权力的时候，我们绝不会用暴力去剥夺小农（不论有无报偿，都是一样），象我们将不得不如此对待大土地占有者那样。我们对于小农的任务，首先是把他们的私人生产和私人占有变为合作社的生产和占有，但不是采用暴力，而是通过示范和为此提供社会帮助。当然，到那时候，我们将有足够的手段，使小农懂得他们本来现在就应该明了的好处。"（恩格斯《西方土地问题》，阿列克谢耶娃出版的版本第17页，俄译本有错误。原文载于《新时代》杂志。）③

载于1915年《格拉纳特百科词典》第7版第28卷（有删节）；序言载于1918年莫斯科波涛出版社出版的《卡尔·马克思》一书

选自《列宁全集》第26卷，第60、74～77页

---

① 见《马克思恩格斯全集》第20卷，第305～306页。——编者注
② 见《马克思恩格斯全集》第21卷，第198页。——编者注
③ 《西方土地问题》即《法德农民问题》，引文见《马克思恩格斯全集》第22卷，第580～581页。——原编者注

注释：

[1]《卡尔·马克思（传略和马克思主义概述）》一文是列宁为当时在俄国颇为驰名的《格拉纳特百科词典》写的一个词条。列宁于1914年春着手撰写这一词条（1918年单行本的序言中误为写于1913年，见《列宁全集》第26卷，第47页），后因忙于党的工作和《真理报》的工作而不得不中途搁笔。1914年7月8日（21日），列宁曾给格拉纳特出版社编辑部写信，为他不能如期写完关于马克思的词条表示歉意，并请编辑部另择作者（见《列宁全集》第2版第46卷）。编辑部秘书于7月12日（25日）即收到信的当天回信，恳切请求列宁继续担任这一词条的撰稿人，说他们翻遍了俄国人乃至外国人的名单，实在物色不到作者。回信还强调列宁撰写的这一词条对于该词典的有民主思想的读者极为重要，并提出可以推迟交稿日期的意见。列宁答应了编辑部的这一请求，但是不久第一次世界大战就爆发了，他被奥地利当局逮捕，因而直到1914年9月他移居伯尔尼以后，才又重新动笔。整个词条于11月初完稿，11月4日（17日）寄给了编辑部。

1915年出版的《格拉纳特百科词典》（第7版）第28卷刊载了这一词条，署名为：弗·伊林。在书报检查的条件下，编辑部未刊出原稿中的《社会主义》和《无产阶级阶级斗争的策略》两节，并对原文作了某些修改。词条附有《马克思主义书目》。1918年，波涛出版社根据《格拉纳特百科词典》的词条出版了《卡尔·马克思》一文的单行本，但没有附《马克思主义书目》。《卡尔·马克思》一文的全文于1925年第一次按手稿发表在俄共（布）中央列宁研究院出版的列宁《论马克思恩格斯及马克思主义》文集中。

《列宁全集》第26卷《附录》中收有《卡尔·马克思》一文的提纲（见第372～375页）。

论大俄罗斯人的民族自豪感

（1914年11月29日〔12月12日〕）

现在，关于民族，关于祖国，说的、议论的、叫喊的实在太多了！英国自由派和激进派的大臣，法国无数"先进的"政论家（他们实际上和反动的政论家毫无二致），俄国许许多多官方的、立宪民主党的和进步党[1]的（直到某些民粹派的和"马克思主义的"）文痞，都异口同声地赞美"祖国"的自由和独立，赞美民族独立原则的伟大。他们当中谁是卖身求荣、歌颂刽子手尼古拉·罗曼诺夫或者歌颂黑人和印度居民的蹂躏者的无耻之徒，谁是因为愚蠢无知或没有气节而"随波逐流"的庸俗市侩，真叫人无法分辨。不过，分辨这一点也没有多大意义。我们现在所看到的，是一个很广很深的思潮，这个思潮的根源同大国民族的地主资本家老爷们的利益有着极其密切的联系。为了宣传有利于这些阶级的思想，每年要花费成千上万的金钱。这副磨盘真不小，推动磨盘的水流来自四面八方：从顽固的沙文主义者缅施科夫起，直到由于机会主义思想或者由于没有气节而成了沙文主义者的普列汉诺夫和马斯洛夫、鲁巴诺维奇和斯米尔诺夫、克鲁泡特金和布尔采夫为止。

让我们，大俄罗斯社会民主党人，也来明确一下自己对这一思潮的态度。我们作为位于欧洲最东部和亚洲很大一部分地区的一个大国民族的成员，是绝不应当忘记民族问题的巨大意义的，——特别是在这个被公正地称之为"各族人民的牢狱"[2]的国家里，特别是当资本主义在欧洲最东部和亚洲正在唤醒许许多多"新的"大小民族的时候,特别是在沙皇君主政府驱使千百万大俄罗斯人和"异族人"拿起武器,按照贵族联合会[3]的利益和古契柯夫们以及克列斯托夫尼科夫、多尔戈鲁科夫、库特列尔、罗季切夫们的利益去"解决"一系列民族问题的时刻。

我们,大俄罗斯的觉悟的无产者,是不是根本没有民族自豪感呢?当然不是!我们爱自己的语言和自己的祖国,我们正竭尽全力把**祖国的**劳动群众(即**祖国**十分之九的居民)的觉悟提高到民主主义者和社会主义者的程度。我们看到沙皇刽子手、贵族和资本家蹂躏、压迫和侮辱我们美好的祖国感到无比痛心。而使我们感到自豪的是,这些暴行在我们中间,在大俄罗斯人中间引起了反抗;在**这些**人中间产生了拉吉舍夫、十二月党人、70年代的平民知识分子革命家;大俄罗斯工人阶级在1905年创立了一个强大的群众性的革命政党;同时,大俄罗斯农夫开始成为民主主义者,开始打倒神父和地主。

我们记得,献身于革命事业的大俄罗斯民主主义者车尔尼雪夫斯基在半个世纪以前说过:"可怜的民族,奴隶的民族,上上下下都是奴隶。"大俄罗斯人中的公开的和不公开的奴隶(沙皇君主制度的奴隶)是不喜欢想起这些话的。然而我们认为,这些话表达了他对祖国的真正的爱,这种爱使他因大俄罗斯民众缺乏革命精神而忧心忡忡。当时,这种革命精神确实还没有。现在,这种革命精神也还不多,但毕竟是有了。我们满怀民族自豪感,因为大俄罗斯民族**也**造就了革命阶级,**也**证明了它能给人类提供为自由和为社会主义而斗争的伟大榜样,而不只是大暴行,大批的绞架和刑讯室,普遍的饥荒,以及对神父、沙皇、地主和资本家十足的奴颜婢膝。

我们满怀民族自豪感,正因为这样,我们**特别**痛恨**自己**奴隶般的过去(过去地主贵族为了扼杀匈牙利、波兰、波斯和中国的自由,经常驱使农夫去打仗)和自己奴隶般的现在,因为现在这些地主在资本家协助下又驱使我们去打仗,去扼杀波兰和乌克兰,镇压波斯和中国的民主运动,加强那玷污我们大俄罗斯民族声誉的罗曼诺夫、鲍勃凌斯基和普利什凯维奇们这帮恶棍的势力。谁都不会因为生下来是奴隶而有罪;但是,如果一个奴

499

隶不但不去追求自己的自由，反而为自己的奴隶地位进行辩护和粉饰（例如，把扼杀波兰和乌克兰等等叫作大俄罗斯人的"保卫祖国"），那他就是理应受到憎恨、鄙视和唾弃的下贱奴才了。

19世纪彻底的民主派的最伟大的代表、革命无产阶级的导师马克思和恩格斯说过："压迫其他民族的民族是不能获得解放的。"① 所以我们满怀民族自豪感的大俄罗斯工人，希望大俄罗斯无论如何要成为一个自由的和独立自主的、民主的、共和的、足以自豪的国家，按照平等这一人道的原则，而不是按照败坏伟大民族声誉的农奴制特权的原则对待邻国。正因为我们抱有这样的希望，所以我们说：20世纪在欧洲（即使是在欧洲的最东部）"保卫祖国"的唯一办法，就是用一切革命手段反对**自己**祖国的君主制度、地主和资本家，反对我们祖国的这些**最可恶的**敌人；大俄罗斯人"保卫祖国"，只能是希望沙皇政府在一切战争中遭到失败，这对十分之九的大俄罗斯居民为害最小，因为沙皇政府不仅在经济上和政治上压迫这十分之九的居民，而且还使他们腐化堕落，寡廉鲜耻，让他们习惯于压迫异族人民，习惯于用一些貌似爱国的虚伪言词来掩饰自己可耻的行为。

也许有人会反驳我们说，除沙皇制度以外，已经有另一种历史力量在它的卵翼下诞生和壮大起来，这就是大俄罗斯的资本主义，它起着进步的作用，把一些广大的地区在经济上集中化，连为一体。但是，这种反驳并不能为我们的社会沙文主义者辩解，反而会更有力地证明他们的过错，——这些人只配称作沙皇和普利什凯维奇的社会主义者（就象马克思称拉萨尔派为普鲁士王国政府的社会主义者那样②）。姑且假定，历史解决问题的办法将有利于大俄罗斯的大国资本主义而不利于许许多多小民族。这不是不可能的，因为资本的全部历史就是暴力和掠夺、血腥和污秽的历史。我们也绝不是无条件地主张小民族独立；**如果其他条件相同**，我们当然拥护集中制，反对小市民的联邦制理想。但是，即使在这种情

---

① 见《马克思恩格斯全集》第18卷，第577页。——编者注
② 见《马克思恩格斯全集》第16卷，第88页。——编者注

况下，第一，我们，民主主义者（更不要说社会主义者了），也不能帮助罗曼诺夫—鲍勃凌斯基—普利什凯维奇去扼杀乌克兰等等。俾斯麦依照自己的方式，依照容克的方式完成了一项历史上进步的事业，但是，如果哪个"马克思主义者"打算根据这一点来证明社会党人应当帮助俾斯麦，那这个"马克思主义者"就未免太出色了！何况俾斯麦是通过把分散的、受其他民族压迫的德意志人联合在一起，促进了经济的发展。而大俄罗斯的经济繁荣和迅速发展，却要求在我们国内消除大俄罗斯人对其他民族的压迫，——这个差别往往被我们那些崇拜真正俄国的准俾斯麦的人所忘怀。

第二，如果历史解决问题的办法将有利于大俄罗斯的大国资本主义，那么，由此得出的结论应当是：大俄罗斯无产阶级这一由资本主义造就的共产主义革命的主要动力的**社会主义**作用将更加巨大。而为了进行无产阶级革命，必须长期地用**最充分的**民族平等和友爱的精神教育工人。因此，正是从大俄罗斯无产阶级的利益出发，必须长期教育群众，使他们以最坚决、最彻底、最勇敢、最革命的态度去捍卫一切受大俄罗斯人压迫的民族的完全平等和自决的权利。大俄罗斯人的民族自豪感（不是奴才心目中的那种自豪感）的利益是同大俄罗斯（以及其他一切民族）无产者的**社会主义**利益一致的。马克思永远是我们学习的榜样，他在英国住了几十年，已经成了半个英国人，但是，为了英国工人社会主义运动的利益，他仍然要求保障爱尔兰的自由和民族独立。

我们俄国土生土长的社会沙文主义者普列汉诺夫等人，在我们所谈的后一种设想的情况下，不仅会成为自己的祖国——自由民主的大俄罗斯的叛徒，而且会成为俄国各民族无产阶级的兄弟团结即社会主义事业的叛徒。

载于《社会民主党人报》，1914年12月12日，第35号

选自《列宁全集》第26卷，第108～112页

注释：

[1] 进步党是俄国大资产阶级和按资本主义方式经营的地主的民族主义自由派政党，成立于1912年11月。它的核心是由和平革新党人和民主改革党人组成的第三届国家杜马中的"进步派"，创建人有纺织工厂主亚·伊·柯诺瓦洛夫、地方自治人士伊·尼·叶弗列莫夫、格·叶·李沃夫等。该党纲领要点是：制订温和的宪法，实行细微的改革，建立责任内阁即对杜马负责的政府，镇压革命运动。列宁指出，进步党人按成分和思想体系来说是十月党人同立宪民主党人的混合物，这个党将成为"真正的"资本主义资产阶级的政党。

第一次世界大战期间，进步党人支持沙皇政府，倡议成立军事工业委员会。1915年夏，进步党同其他地主资产阶级政党联合组成"进步同盟"，后于1916年退出。1917年二月革命后进步党的一些首领加入了国家杜马临时委员会，后又加入了资产阶级临时政府。但这时进步党本身实际上已经瓦解。进步党前首领在资产阶级反革命阵营中起了积极作用。

[2] "各族人民的牢狱"这句话源出于法国作家和旅行家阿道夫·德·居斯蒂纳所著《1839年的俄国》一书。书中说："这个帝国虽然幅员辽阔，其实却是一座牢狱，牢门的钥匙握在皇帝手中。"

[3] 贵族联合会是农奴主—地主的反革命组织，于1906年5月在各省贵族协会第一次代表大会上成立，存在到1917年10月。成立该组织的主要目的是维护君主专制制度，维护大地主土地占有制和贵族特权。贵族联合会的领导人是阿·亚·鲍勃凌斯基伯爵、Н.Ф.卡萨特金-罗斯托夫斯基公爵、Д.А.奥尔苏菲耶夫伯爵、弗·米·普利什凯维奇等人。列宁称贵族联合会为"农奴主联合会"。贵族联合会的许多成员参加了国务会议和黑帮组织的领导中心。

后　记

　　本文选在 2010 年至 2013 年间完成。根据分工，张淑娟博士承担了《列宁民族问题文选》（上下册）的选编工作，张三南博士对文稿做了校对，并对注释做出调整，王希恩研究员参与了选编、审校并统稿。

　　本书对原由中国社会科学院民族研究所选编、民族出版社 1987 年出版的《列宁论民族问题》（上下册）做了全面参考，就此向该书的选编者表示敬意和感谢。

编者
2013 年 8 月